PAUL DUCOURTIEUX

LES BARBOU

IMPRIMEURS

LYON-LIMOGES-PARIS

(1524-1820)

LES BARBOU DE LYON (1524-1566)

LIMOGES
IMPRIMERIE-LIBRAIRIE LIMOUSINE
Vᵉ H. DUCOURTIEUX
Libraire de la Société archéologique et historique du Limousin
7, RUE DES ARÈNES, 7

1894

LES BARBOU

IMPRIMEURS

IL A ÉTÉ TIRÉ DE CE VOLUME

50 exemplaires sur papier à la forme des papeteries d'Arches,

numérotés de 1 à 50

LES
BARBOU

IMPRIMEURS

LYON-LIMOGES-PARIS

(1524-1820)

PAR

Paul DUCOURTIEUX

Imprimeur,
Membre de la Société archéologique et historique du Limousin,
Correspondant du Comité des Sociétés des Beaux Arts des départements,
Sous-Conservateur du Musée national Adrien Dubouché.

LIMOGES
IMPRIMERIE-LIBRAIRIE LIMOUSINE
Vᵉ H. DUCOURTIEUX
Libraire de la Société archéologique et historique du Limousin
7, RUE DES ARÈNES, 7
1896

Bien des fois, en relisant l'*Essai de bibliographie limousine* de M. Pierre Poyet, publié dans le *Bulletin de la Société archéologique du Limousin* (1), nous regrettons que la mort soit venue frapper prématurément ce savant consciencieux, auteur de la première étude bibliographique, malheureusement inachevée, qui ait été consacrée à notre Limousin.

M. Poyet avait annoncé que la troisième partie de son travail comprendrait « la *Biographie des Barbou*, dont le nom fait époque en typo- » graphie, en rétablissant l'origine de cette illustre famille et son exis- » tence matérielle et artistique à Lyon, à Limoges et Paris ». Il comptait utiliser pour cela les titres et les documents incontestables qu'il avait découverts en 1861 au château de Monimes (2) près de Bessines (Haute-Vienne), possédé par les Barbou de 1734 à 1788. Le plus important de ces documents était le Livre de raison de la famille Barbou, commencé en 1567 par Hugues, le premier des imprimeurs de ce nom qui se soit fixé à Limoges, et continué par ses successeurs jusqu'en 1786.

Nous pensions qu'après la mort de M. Poyet la *Biographie des Barbou* serait abandonnée, et que, privés de documents, les bibliographes ne tenteraient pas de la publier. Nous eûmes alors l'occasion de voir Mme Poyet et son fils, et sur notre demande, ils voulurent bien nous confier toutes les notes recueillies par M. Poyet. Nous leur en exprimons ici notre très vive reconnaissance.

Avant de commencer cette étude nous devons rendre un pieux hommage à la mémoire de M. Poyet :

M. Pierre Poyet était né à Cremaux, arrondissement de Roanne (Loire) en juin 1823. Il est mort le 11 mars 1863 à Montluçon.

Après ses études, il entra à l'Ecole des mines de Saint-Etienne. Son intelligence et son assiduité au travail lui valurent le n° 3 à sa sortie, en 1843, et le titre d'ingénieur civil.

Il fut successivement employé dans les mines de Saint-Etienne, dans

---

(1) *Bulletin de la Soc. arch. et hist. du Limousin*, t. XI, p. 201 à 259.
(2) M. Poyet avait été conduit au château des Monimes par M. Chastenet de Géry, alors tuteur de M. de Rocard.

un des départements de l'Est, à Pontgibaud et enfin à Ahun (Creuse), où il épousa la fille de M. Jacques Goumy, gérant et l'un des principaux actionnaires des mines de charbons de cette petite ville.

Depuis 1855, date de son arrivée dans notre province, M. Poyet séjourna soit à Aubusson, soit à Guéret, soit à Limoges.

Ses connaissances géologiques, son jugement très sûr et son ardeur au travail ne tardèrent pas à appeler l'attention sur lui.

En janvier 1858, M. Pierre de Cessac, président de la Société des sciences naturelles et archéologiques, auteur d'une *Esquisse géologique du département de la Creuse*, écrivait (1) : « M. l'ingénieur Poyet m'a communiqué des cartes encore inédites des bassins houilllers de la Creuse de M. Gruner. Ces cartes sont : 1º celle d'Ahun ; 2º de Bosmoreau ; 3º de Bouzogles ; 4º de Mazuras et 5º de Saint-Michel de Vaisse. M. Poyet a en outre dressé une carte géologique du bassin de Saint-Michel-de-Vaisse qu'il a eu l'obligeance de me communiquer. »

M. Gruner, directeur de l'Ecole des mines de Paris, et M. de Cessac avaient ébauché simplement la carte géologique de la Creuse au moment de l'arrivée de M. Poyet dans ce département ; grâce au travaux de ce dernier la carte fut promptement achevée. La mort de M. Poyet a empêché la publication de cette carte, dont la famille possède la minute revêtue de la signature de l'auteur et datée d'Aubusson (2). Nous espérons qu'elle sera publiée un jour et qu'elle viendra seconder les études géologiques sur la Marche et le Limousin.

Les *Mémoires de la Société des sciences naturelles et archéologiques de la Creuse* contiennent deux notices de M. Poyet, la première, datée d'Aubusson, 5 mai 1860, a pour titre : « Concessions houillères des pays compris plus tard dans le département de la Creuse (Limousin et Marche) avant la loi sur les mines du 28 juillet 1791 » (3); la seconde, datée de Guéret, 18 avril 1862, est intitulée : « Notice historique sur les mines de Bosmoreau » (4).

Dès 1861, M. Poyet venait se fixer à Limoges et l'année d'après il publiait dans le tome XI de notre *Bulletin* son *Essai de bibliographie limousine* (5), qui fut accueilli avec beaucoup de faveur. Il reçut les félicitations de tous les principaux bibliographes, Jacques-Charles Brunet, l'auteur du *Manuel du libraire*, Paul Lacroix, Auguste Bernard, et Péricaud aîné.

C'est encore en 1862, que M. Poyet remettait à son ami Henri Ducourtieux, pour le journal *Le Grelot* que celui-ci dirigeait, une étude

---

(1) *Mémoires de la Société des sciences naturelles et archéologiques de la Creuse*, t. II, page 172.

(2) La carte a pour titre : *Essai de carte géologique de la Creuse*, etc., dressée par Pierre Poyet en 1856, d'après MM. Furgaud, Gruner et P. de Cessac, pour la Creuse ; Manès, pour la Haute-Vienne ; de Boucheporn, pour la Corrèze ; Boulanger, pour l'Allier ; Poyet et Lecoq, pour le Puy-de-Dôme.

(3) *Mémoires de la Société des sciences naturelles et archéologiques de la Creuse*, t. III, page 265.

(4) *Ibid.*, t. III. p. 393.

(5) Il a été fait un tirage à part (Limoges, Chapoulaud frères, 1862, in-8 de 68 p.)

que justifiait son séjour à Aubusson, intitulée : « Description des tapisseries exposées à Limoges lors des ostensions du 27 mai 1862 » (1).

L'année suivante, M. Poyet se fixait à Montluçon et c'est après sa mort que notre *Bulletin* (2) a publié l'appendice de sa *Bibliographie Limousine* sous le titre : Papeterie.

Indépendamment de nombreux articles scientifiques publiés dans divers journaux, M. Poyet présenta, à l'Académie des Sciences, Belles-Lettres et Arts de Lyon, un mémoire ayant pour titre : « Documents pour servir à l'histoire des mines des environs de Lyon (période de Jacques Cœur) » daté d'Aubusson le 1er février 1860 (3).

Ce mémoire fit l'objet d'un rapport de M. J. Fournet, correspondant de l'Institut, professeur à la Faculté des Sciences de Lyon, lu à l'Académie dans la séance du 13 juillet 1861. Après une analyse très savante du Mémoire, le rapport de M. Fournet se terminait ainsi :

« Un savant modeste a envoyé un Mémoire qui porte la suscription : *Et pius est, patriæ facta referre, labor*. Pour le composer, il a dû compulser, dans les archives de Lyon, de Paris et d'autres villes, les pièces relatives à la question. Il n'a évidemment épargné ni peines ni dépenses pour atteindre son but. Après avoir coordonné le tout, il a soumis à l'Académie le fruit de ses recherches pour une première partie qu'il désigne sous le nom de *Période de Jacques Cœur*, se proposant d'ailleurs de compléter successivement son œuvre.

» En présence de cette réunion de données qui nous mettent entre les mains diverses particularités historiques peu connues, qui fixent la position de plusieurs exploitations perdues, qui nous rappellent les plus anciennes ordonnances des rois de France au sujet des mines, et dont celles du Lyonnais ont été spécialement l'objet, je ne puis que demander pour l'auteur l'intégralité du prix promis, soit à titre d'indemnité, soit pour l'encourager à compléter son œuvre. »

A la suite de la lecture de ce rapport, l'Académie décida que le prix proposé, consistant en une triple médaille de la fondation Christin de Ruolz, représentant une valeur de 900 francs, serait décernée à l'auteur du Mémoire, M. Pierre Poyet, ingénieur civil des mines à Limoges (4).

Comme on le voit, les travaux de M. Poyet étaient très appréciés, aussi sa mort a-t-elle été douloureusement ressentie par tous ceux que des travaux communs avaient mis en rapport avec lui.

Pour la *Biographie des Barbou*, M. Poyet n'avait encore réuni que des notes. Il avait d'abord transcrit fidèlement le Livre de raison, puis se ravisant, il en avait fait une deuxième copie dans laquelle il avait

---

(1) *Le Grelot*, nos 7 et 8, 25 et 29 mai 1862.
(2) *Bulletin de la Société historique et archéologique*, t. XIII, p. 155 à 139.
(3) Tirage à part (Lyon, imp. Rey et Sézanne, 1862, in-8 de 54 p.)
(4) Dans son remarquable ouvrage sur Jacques Cœur et Charles VII. (Paris, Perrin, 1886, in-18). M. Pierre Clément de l'Institut, cite (p. 119) « l'intéressant *Mémoire pour servir à l'histoire des mines des environs de Lyon*, de M. Poyet, ingénieur civil des mines ».

introduit plusieurs additions. Dans son projet d'introduction, il écrivait la phrase suivante :

« J'avais d'abord pensé à recueillir le texte précieux que le hasard a mis en mes mains, mais ayant remarqué qu'il ne relate pas toujours les événements dans l'ordre chronologique, j'ai préféré les présenter méthodiquement, en conservant autant que possible la rédaction primitive avec ses formes naïves. Ce système me permettra d'utiliser, chemin faisant, d'autres données contemporaines. Elles complètent mes recherches qui établiront rigoureusement enfin la filiation des Barbou de Limoges avec ceux de Lyon, de Paris et peut-être de Hollande ? »

Cette manière de procéder présentait plusieurs inconvénients. Le plus grand était d'enlever au Livre de raison sa physionomie originale et de le noyer en quelque sorte dans une foule de détails bibliographiques.

Il nous a paru préférable de donner en premier lieu le Livre de raison dans sa véritable forme et de présenter ainsi la famille Barbou ; car le Livre, sauf dans ses premiers feuillets ne contient guère que des mentions de naissances, mariages ou décès. Dans les notes, nous avons comblé les lacunes au moyen des papiers de famille qui ont été mis à notre disposition.

Nous avons cherché ensuite, à l'aide des ouvrages imprimés eux-mêmes et des quelques renseignements bibliographiques que nous avons pu recueillir, à faire l'histoire de l'imprimerie Barbou. Les diverses villes où ces imprimeurs ont exercé nous dictaient la division à suivre : la deuxième partie de notre travail a été consacrée aux Barbou de Lyon 1524-1566) ; la troisième, aux Barbou de Limoges (1567-1820) (1) ; et enfin la quatrième, aux Barbou de Paris (1704-1808).

Nous avons pu donner, grâce à l'extrême obligeance de M. J. Baudrier, de Lyon, de M. Léopold Delisle, administrateur général et directeur de la Bibliothèque nationale, de M. Félix Desvernay, conservateur de la Grande Bibliothèque de la ville de Lyon, et de M. P. Delalain, éditeur à Paris, la description des ouvrages des Barbou de Lyon, de 1524 à 1566. Lorsque nous n'avons pu trouver ces ouvrages, nous avons indiqué les sources où nous prenions leurs titres.

Les chapitres des Barbou de Limoges et de Paris nous ont permis de dire un mot de la librairie classique dans les Collèges des Jésuites et du commerce des papiers en Limousin aux XVIIe et XVIIIe siècles.

Qu'il nous soit permis en terminant d'adresser nos bien sincères remerciements à toutes les personnes qui ont bien voulu nous aider dans notre tâche, en particulier à la famille Barbou et aux membres de notre Société archéologique.

P. D.

Juin 1894.

---

(1) Nous nous sommes arrêté à la mort de Léonard Barbou, bien que la maison de Limoges subsiste toujours.

LES BARBOU DE LYON

En commençant cette notice sur les imprimeurs du nom de Barbou, nous devions chercher si on avait fait une étude d'ensemble sur eux dans les ouvrages généraux (1).

Après avoir dit simplement que les Barbou avaient joui d'une certaine célébrité parmi les imprimeurs, les auteurs, se copiant les uns les autres, ont tout de suite parlé de Jean Barbou, imprimeur à Lyon, de son fils Hugues, imprimeur à Limoges et des libraires de ce nom qui fondèrent au xviiie siècle l'importante maison de Paris (2).

(1) Moréri, Le grand Dictionnaire historique (Paris, 1759). — Dictionnaire bibliographique [par l'abbé Duclos] (Paris, 1791). — Peignot, Manuel bibliographique... (Paris, 1800). — Peignot, Dictionnaire raisonné de bibliologie... (Paris, 1802). — H. Ternaux-Compans, Notice des imprimeries... (Paris, 1843). — P. Lacroix, E. Fournier, et F. Serré, Le livre d'or des métiers... (Paris, 1852). — P. Dupont, Histoire de l'imprimerie (Paris, 1854). — Nouvelle biographie générale de MM. Didot frères... (Paris, 1858). — Werdet, Histoire du livre (Paris, 1859). — Encyclopédie générale (Paris, 1888), etc., etc.

(2) Nous donnons quelques exemples de ce que l'on trouve dans les ouvrages généraux :

Moréri, *Le grand dictionnaire historique*, Paris, chez les libraires associés, 1759, 10 vol. in-fol.— T. VI, p. 319 « ... Et en France celle des Etienne, des Colines, de Vascosan, de Patisson, des Griffe, des Morel, de Nivelle, de Vitré, des Cramoisi, des Martin, des Coignard, de Muguet, de Barbou et de

Il résulte cependant de la consultation de ces divers ouvrages que Jean Barbou, le fondateur de la maison de Lyon, jouissait de la réputation d'un typographe habile ; que de tous les imprimeurs du nom de Barbou ayant exercé à Limoges, c'est surtout le premier, Hugues (1568 † 1603), qui a laissé des éditions remarquables, et quant

plusieurs autres qui ont porté cet art à sa perfection, et qui ont enrichi la république des lettres d'une infinité d'éditions très belles et très correctes qui les feront toujours rechercher des savans... »

Peignot (G.), *Dictionnaire raisonné de bibliologie* — Paris, 1802, 2 v. in-8º — T. 1, p. 40. « Barbou (Jean), imprimeur de Lyon au xvɪe siècle. On a de lui les œuvres de Clément Marot, 1539, in-8. L'auteur présida lui-même à cette édition qui est en lettres italiques, et qu'on regarde comme très correcte. On y voit en tête cette devise : *La Mort n'y mord*, ainsi qu'une traduction française que la belle Aubella a faite d'une épigramme latine de Barbou.

» Barbou (Hugues), fils du précédent, quitta Lyon pour aller s'établir à Limoges, où il donna, en 1580, la très belle édition, en caractères italiques, des *Epitres de Cicéron à Atticus*, avec les corrections et les notes de Siméon Du Boys, lieutenant-général de Limoges. Cette édition est très estimée des connaisseurs. La devise des Barbou est : *Meta laboris honor*, et leur emblème : une main tenant une plume et un épi d'orge, surmonté d'un croissant. Les descendants des Barbou, établis à Limoges et à Paris, exercent encore l'art de l'imprimerie d'une manière distinguée, surtout Barbou de Paris, qui a donné une très jolie collection des auteurs classiques qui est en 69 volumes in-12. »

Breghot du Lut et Péricaud aîné, *Biographie lyonnaise. Catalogue des lyonnais dignes de mémoire*, publié par la Société littéraire de Lyon. — Lyon, Giberton et Brun, 1839, in-8. — P. 24. « Barbou (Jean), habile imprimeur du xvɪe siècle. C'est lui qui imprima les épigrammes de J. Voulté, 1537, petit in-8. On cite aussi son édition des œuvres de Clément Marot, 1539, petit in-8, caractères italiques. — Hugues, son fils, qui était aussi imprimeur, quitta Lyon pour aller s'établir à Limoges. C'est d'eux, à ce qu'on croit, que sont issus les Barbou qui se sont faits une si grande réputation à Paris, par leurs éditions de classiques latins. »

Nouvelle Biographie générale, par MM. Firmin Didot, frères sous la direction de M. le Dr Hoefer. Paris, Firmin Didot frères fils et Cie, 1859, 46 vol. in-8. — T. IV, p. 462. « Barbou : Nom d'une famille d'imprimeurs qui se sont fait connaître par l'élégance et la correction des livres sortis de leurs presses. Le premier d'entre eux, *Jean*, dont le souvenir remonte jusqu'au xvɪe siècle, publia en 1539, à Lyon, une édition remarquable des *Œuvres de Clément Marot.*

» *Hugues* Barbou, son fils, publia à Limoges, en 1580, une très belle édition en caractères italiques, des *Epitres de Cicéron à Atticus.*

» Les premiers imprimeurs du nom de Barbou qui vinrent s'établir à Paris au commencement du siècle dernier furent à la fois imprimeurs et libraires, mais ne laissèrent rien après eux que l'on puisse particulièrement citer.

aux Barbou établis à Paris de 1704 à 1808, que leur réputation s'est fondée sur la belle collection des classiques latins dont ils achetèrent les premiers volumes à Antoine-Urbain II Coustelier, en 1754.

» *Joseph-Gérard*, leur neveu, qui leur succéda en 1746, attacha son nom à la jolie collection des classiques latins, qui s'élève aujourd'hui à 76 vol. in-12. L'idée première de cette entreprise ne lui appartient pourtant pas : ce fut, dit-on, l'abbé Langlet-Dufresnoy qui conçut, en 1743, le projet de réimprimer les jolies éditions des auteurs latins publiées par Elzevier, et qui réussit à faire partager ses espérances de succès à une société d'imprimeurs qui publia successivement les œuvres de Catulle, Tibulle, Properce, Lucrèce, Salluste, Virgile, Cornelius Nepos, Lucain, Phèdre, Horace, Velleius Paterculus, Eutrope, Juvénal, Perse, Martial et Térence. C'est alors que voyant le zèle des entrepreneurs se ralentir, Joseph-Gérard Barbou acheta le fond des auteurs déjà publiés et y ajouta depuis 1755 : César, Quinte-Curce, Plaute, Tacite, *Selecta Senecœ*, Ovide, Cicéron, Justin, Pline l'Ancien, Pline le Jeune et Tite-Live. Il publia plusieurs autres ouvrages remarquables, parmi lesquels il faut mettre au premier rang le *Nouveau Testament* (1767 et 1785), l'*Imitation de Jésus Christ*.

» En 1789, *Hugues* Barbou succéda à son oncle ; et ce ne fut qu'à sa mort, arrivée en 1808, que le fonds des Barbou fut vendu à Auguste Delalain. (*Enc. des gens d. m.*) »

La Grande Encyclopédie, inventaire raisonné des sciences, des lettres et des arts par une société de savants et de gens de lettres. *Paris*, H. Ladmirault et C*ie*, s. d. in-fol. en cours d'impression. — T. V, p. 387. « BARBOU. Famille d'imprimeurs et de libraires. Le fondateur de la maison *Jean* Barbou, dit le *Normand*, établi à Lyon, imprimait dès 1536 et on lui doit entre autres, en 1539, une édition des œuvres de Clément Marot. — Son fils *Hugues*, établi à Limoges donna en 1580 une édition des *Epitres* à Atticus de Cicéron. — *Jean-Joseph* fut le premier qui vint se fixer à Paris où il fut libraire-imprimeur en 1704. A sa mort (1752) son neveu *Joseph-Gérard* lui succéda (il avait déjà été reçu libraire en 1746 et imprimeur en 1750) ; c'est de lui que date la renommée et la prospérité de la maison. Une collection des grands classiques latins avait été commencée en 1743 par le libraire Antoine Coustelier, qui en publia quelques volumes. En 1754, Joseph-Gérard prit cette collection pour la continuer et y attacha le nom de la famille. De 1751 à 1789, il fit paraître en jolies et élégantes éditions in-12 dites de Barbou, d'un texte aussi pur et aussi exact que pouvait l'établir l'érudition de l'époque, la plupart des œuvres des grands écrivains latins. Joseph-Gérard publia ainsi 67 volumes. Les philologues et les grammairiens les plus fameux du temps y collaborèrent : Brottier donna les œuvres de Pline le *Naturaliste* (1779, 6 vol. in-12). Lallemand, celles de Tacite (1770, 7 vol. in-12), Jean-Claude Capperonnier, César (1755), Plaute (1759), Justin (1770), etc., etc. Bauzée y fit paraître aussi plusieurs œuvres classiques. — *Hugues Barbou*, neveu du précédent, termine cette véritable dynastie d'éditeurs. A sa mort (1808) la collection des classiques latins fut achetée par Delalain qui la continua.

Ce qu'il y a de plus remarquable dans l'histoire de ces imprimeurs, c'est le long espace de temps pendant lequel leur maison s'est transmise de père en fils, de 1524 à nos jours. Bien peu d'imprimeurs en France peuvent s'enorgueillir, comme les Barbou, de posséder l'établissement de leurs ancêtres depuis plus de trois cent cinquante ans.

Jean Barbou, le fondateur de la maison de Lyon, n'a pas été un de ces imprimeurs en vue comme Arnoullet, Dolet, Trechsel ou de Tournes; mais on peut dire qu'il était apprécié comme un homme très expert par ses contemporains, ainsi qu'on le verra plus loin.

Dans la première partie, on a pu voir qu'il était né à Saussay (1), près de Coutances, en 1489, d'après le Livre de raison rédigé par son fils Hugues, en 1567. Si ce document est muet sur la première partie de sa vie et sur sa famille, c'est que Jean Barbou avait rédigé lui-même son Livre qui devait contenir tous ces renseignements. Après sa mort, ce Livre dut rester entre les mains de ses enfants résidant à Lyon. C'est pour cela que son fils, établi plus tard à Limoges, se contente de renvoyer au « papier » de son père, dont il connaissait l'existence (2).

Pour quelle raison Jean Barbou s'était-il fait imprimeur? N'avait-il pas des parents ou des compatriotes exerçant déjà cette profession? Nous nous posions cette question, lorsque M. A. Claudin voulut bien nous fournir une précieuse indication : il nous dit avoir vu le nom de Barbou parmi ceux des étudiants de l'Université de Caen à la fin du XVe siècle. Nous parcourûmes alors le *Pinax rectoriarum Cadomensis universitatis* (1439-1510) (3) et nous fûmes assez heureux pour y rencontrer, à la date de 1488-89, un Nicolas Barbou du diocèse de Coutances (*Constanciensis diocesis*). Etant du même diocèse

---

(1) M. Paul Joanne, dans la *Géographie du Rhône* et dans la *Monographie de Lyon*, a dû avoir en vue la naissance de Hugues Barbou, chef de la maison de Limoges et non celle de Jean Barbou, son père, imprimeur à Lyon, né à Saussay (Manche).

(2) « Et moy, Hugues Barbou fut le dernier de ces enfans, et suivant le papier de mon pere je naquis... »

(3) Nous devons à l'obligeance de M. Alfred Leroux, archiviste de la Haute-Vienne, d'avoir pu consulter ce magnifique manuscrit qui appartient aux archives du Calvados où il porte la cote D 89. Au fol. 213, v°, Nicolas Barbou figure sur une liste de 189 noms d'élèves ayant prêté le serment sous le rectorat de Jean le Riche, en 1488; — au fol. 222 r°, le même Nicolas figure encore dans la liste des gradués de la seconde audition de 1489 sous le rectorat de Charles de Grionville. Dans ces listes, on retrouve plusieurs noms de jeunes gens qui se vouèrent aux lettres ou à l'art typographique, en particulier les Morin et Guéroult.

que notre Jean Barbou, nous nous sommes demandé si ce Nicolas ne serait pas de Saussay lui aussi et s'il n'appartenait pas à la même famille ?

Il y a eu à Paris, de 1530 à 1542, un imprimeur du nom de Nicolas Barbou et nous pensons que l'on peut, sans trop de témérité, l'identifier avec l'étudiant à l'Université de Caen de 1488.

Les bibliographies parisiennes ne donnent malheureusement que très peu d'indications sur Nicolas Barbou. La Caille (1) dit qu'il était imprimeur-libraire en 1541 et qu'il imprima pour Jean André : *Saint Bernard, De la manière d'aimer Dieu*, par Vérard, en 1542. Lottin (2) se contente de le mentionner comme imprimeur en 1541.

Nous avons recherché si les ouvrages imprimés par Nicolas Barbou contenaient une indication sur cet imprimeur. Voici les titres de ceux que nous avons pu trouver :

Consonantiæ Jesu Christi et prophetarum, hoc est ad ipsius Christi cœlitus nobis exibiti perutilem, cognitionem ex divinis scripturis compendium, authore F. Antonio Marinario. — *Parisiis, typis Nicolai Barbou*, 1541, pet. in-8.

<small>(14e catalogue des livres de la librairie Techener père, 1866, n° 16170. — Fonds Bosvieux, aux Archives départ. de la Haute-Vienne.)</small>

La grande et vraye pronostication générale, pour 499 ans, calculée sur la ville de Paris et aultres lieux de même longitude. — *Paris, Nicolas Barbou*, 1542, pet. in-12 goth. de 8 ff.

<small>(N° 1588 du *Bulletin du Bibliophile* de Techener, 1841, p. 929.)</small>

Celestine en laquelle est traicte des deceptions des serviteurs envers leurs maitres et des macquerelles envers les amoureux. — *On les vend à Paris, à la grant rue Sainct-Jacques, devant l'église des Mathurins, à l'enseigne de l'Eléphant.* (A la fin) : *Cy fine le livre de la Celestine... imprimé à Paris par Nicolas Barbou, imprimeur, lan M. D. XLII.* Pet. in-8 goth., figures sur bois, parchemin.

<small>Traduction recherchée à cause de sa naïveté. Elle est entière et non expurgée et contient les passages libres, qui, depuis, ont été adoucis ou supprimés. Volume très rare.
(Catalogue de feu le Dr Chéreau et de feu le D^r D*** de Bailleul, publié par M. A. Claudin, vente du 6 juillet 1886.)</small>

D. Aurelii Augustini Hipponensis episcopi, de Gratia et Libero arbitrio, ad Valentinum et cum illo monachis, liber unus. —

---

(1) J. DE LA CAILLE, Histoire de l'imprimerie et de la librairie où l'on voit son origine et son progrès, jusqu'en 1689, divisée en deux livres (p. 117). — Paris, J. de La Caille, 1689, in-4.

(2) Catalogue chronologique des libraires et des libraires-imprimeurs de Paris, depuis l'an 1470. — Paris, J. R. Lottin de St-Germain, 1789, 2 parties en 1 vol. pet. in-8.

Ejusdem de correptione et gratia ad eumdem et cum illo monachis, liber unus. — Quibus præmittantur epistolæ dua Divi Augustini ad Valentinum, contra eos qui negant liberum arbitrium. *Parisiis, apud Nicolaum Barbou*, 1542. Pet. in-8, signatures A à Pij.

(Bibl. de M. Paul Delalain, éditeur à Paris.)

Dans les notes manuscrites laissées par M. Pierre Poyet, celui-ci rapporte ce qu'il tient de M. Sénemaud, ancien archiviste de la Charente et des Ardennes (lettre du 1er juillet 1862) : « Nicolas Barbou « habitait rue de Coypeaulx-lez-Paris, aux Trois Treillis de fer. « J'ai là un titre complet de facéties en vers sorties des presses de « ce Barbou, *évidemment de la famille*, et je le tiens à votre dispo- « sition. »

Nicolas Barbou devait être parent de Jean ; mais il était plus âgé que lui d'une quinzaine d'années; car il était étudiant de l'Université de Caen au moment de la naissance de ce dernier.

Comme nous le disons dans la première partie, Jean Barbou, après avoir terminé ses études en Normandie, dut se rendre à Paris, où il entra dans l'imprimerie de son parent Nicolas ou dans celle de ses compatriotes déjà établis comme imprimeurs-libraires, les Morin entre autres. Il était en relations, peut-être même travailla-t-il chez un imprimeur du nom de Pierre Cotier, originaire de Lyon (?) (2), dont il épousa la veuve, Guillemette Rivoyre, de Saint-Andéol-le-Château, près de Lyon. Celle-ci avait eu un fils de son premier mariage, Dominique Cotier (3), qui succéda à son père. Le Livre de raison d'Hugues Barbou, qui donne ces renseignements, ajoute que « Dominique fut tué à Paris en certaine que- » relle qu'il heust contre certains escolliers ».

Selon toute probabilité, Jean Barbou, cédant au désir qu'avait sa femme de revoir son pays natal, dut venir à Lyon de 1523 à 1524. Pour appuyer cette date, nous invoquerons l'âge de ses enfants au moment de sa mort (1543) ; à cette époque l'une de ses filles, au moins, Denise, l'aînée, était mariée avec Balthasar Arnoullet, ce qui ferait remonter la naissance de cette fille à vingt ans auparavant (1523).

A l'époque de l'arrivée de Jean Barbou à Lyon, cette ville était le plus grand centre typographique de la France. « Avant Paris qui

---

(1) Un Gabriel Cotier était imprimeur-libraire à Lyon de 1555 à 1569. Sa veuve lui succéda en 1570. Il avait pour enseigne : *A l'écu de Milan* et pour marque : un serpent tenant dans sa gueule un enfant au-dessus duquel était une couronne (*Nouveau Spon*). Cet imprimeur édita quelques-uns des ouvrages de Pardoux Duprat, d'Aubusson (1520 † 1569). (V. ARBELLOT et DU BOYS, *Biographie des hommes illustres du Limousin*.)

(2) Lottin indique Dominique Cottier comme imprimeur à Paris en 1530.

» l'a supplanté, dit M. Aimé Vingtrinier (1), Lyon était le centre du
» marché européen; les savants y accouraient ou y envoyaient
» leurs manuscrits (2); ses imprimeurs étaient non seulement des
» hommes de goût, des artistes, mais des érudits de premier ordre,
» et on compte des hommes de génie parmi ses correcteurs. »

Que l'on ne croie pas que ces éloges décernés à la typographie lyonnaise par les bibliographes modernes : Monfalcon, Coste, Péricaud, Vingtrinier, etc., soient le résultat d'un engouement local. La grande cité avait, dès le xvie siècle, conscience d'être une ville importante au point de vue intellectuel. Lorsque, en 1540, à la suite d'un différend avec leurs ouvriers, les maîtres imprimeurs de Lyon songèrent à transporter leurs presses à Vienne, les consuls leur exposèrent « qu'il seroit grand dommaige à la ville de Lyon
» de perdre une si belle chose que est le dict art de l'imprimerie,
» que est le plus grand et le plus beau en ceste ville qu'il soit en la
» chrestienté... » (3).

D'après M. Péricaud (4), le nombre des imprimeurs de Lyon qui était de cinquante environ en 1500, avait doublé vingt ans plus tard. Par sa position géographique et les ressources qu'offre toujours une grande ville, Lyon avait attiré dans ses murs une foule d'imprimeurs étrangers, des Allemands, des Suisses et des Italiens principalement. Le nombre des artistes du livre était si considérable au commencement du xvie siècle, que M. Rodde, dans son *Inventaire sommaire des Archives communales de Lyon*, arrivé à l'année 1530, dit qu'il renonce à les nommer et qu'il se contentera d'indiquer les plus importants.

Nous sommes persuadé que l'ouvrage sur les *Imprimeurs lyonnais du xvie siècle*, que prépare M. Baudrier, présentera le plus grand intérêt. Nous n'avons fait qu'entrevoir l'histoire de cette période dans les notes publiées par M. Ambroise-Firmin Didot (5); mais à

---

(1) Les incunables de la ville de Lyon et les premiers débuts de l'imprimerie. — *Lyon, Bernoux et Cumin*, 1890, in-8.

(2) Parmi les auteurs limousins du xvie siècle dont les œuvres ont été imprimées à Lyon, on peut citer : Dorat (Jean), Du Boys (Siméon) et Muret (Marc-Antoine), de Limoges; Bellengard (Etienne), de Saint-Yrieix; Alesme (Léonard d') et Alesme (Jean d'), de Saint-Léonard ; Eustorg de Beaulieu, Chalard (Joachim du) et Prat (Pardoux du), de La Souterraine ; Bastier (Jean), de la Péruse; Bessianus (Jean), de Pressac; Boisseau (Jean), d'Adriers; Colombet (Antoine), Guyon (Louis).

(3) Inv. som. des Archives comm. de Lyon, publié par M. Rodde, t. I, BB 59.

(4) PÉRICAUD. *Bibliographie lyonnaise du xve siècle*.

(5) Essai typographique et bibliographique sur l'histoire de la gravure sur bois. *Paris*, 1868, in-8. — Histoire de la typographie. *Paris*, 1882, in-8.

côté des imprimeurs connus tels que Arnoullet, Dolet, Frelle, Gryphe, de La Porte, Roville, de Tournes, Trechsel, combien en existait-il dont les œuvres n'ont pas été appréciées à leur juste valeur ? Les bibliographes ont bien cité les noms des libraires-éditeurs qui s'étalent sur les titres, ils ont oublié souvent celui de l'imprimeur placé à la fin, quelquefois sur un feuillet liminaire, qui a pu disparaître, il est vrai.

C'est dans cette catégorie d'imprimeurs modestes que se trouvaient : Benoit Bonnyn, Denis de Harsy, Jacques Myt, Pierre Roussin, Sulpice Sabon et bien d'autres, parmi lesquels notre Jean Barbou. On a rendu hommage de leurs éditions à Constantin, Frelle, Huguetan, Junte, Juste, Parmentier, Rose, lorsque la gloire en revenait à leurs imprimeurs. Ce sont ces derniers qui partageaient avec l'auteur la responsabilité du livre devant le public, et non l'éditeur, comme en témoignent les erratas que nous avons rencontrés.

Voyons maintenant comment Jean Barbou parvint à se faire une place honorable parmi ses illustres devanciers.

Comme nous l'avons dit déjà, en arrivant à Lyon, Jean Barbou se lia avec ceux de ses compatriotes qui l'avaient précédé dans cette ville, en particulier avec le libraire Romain Morin et l'imprimeur Denys de Harsy, qui habitaient comme lui la rue Mercière, et plus tard avec le poète Guillaume Guéroult, de Rouen. Nous pensons que c'est par eux qu'il arriva peu à peu à se créer des relations avec les éditeurs et les auteurs.

Il habita en premier lieu rue Ferrandière, dans la maison des Rubys, d'après M. Félix Desvernay, qui, à cause de ce fait, place son arrivée en 1528, au lieu de 1524. Nous le trouvons habitant la rue Mercière, en 1529, d'après un acte que nous citons en note (1). La mention de son nom à la suite de celui de François Fradin

(1) Ville de Lyon; Archives communales, impôts et comptabilité, série CC. 136. Registre in-folio, 322 feuillets, papier, couv. parch. Année 1529. « ...Chartreau d'une collecte de dix deniers mys sus en ceste ville de Lyon en l'année mil cinq cens vingt neuf pour la Rançon du Roy nostre Sire et Rédemption de nosseigneurs et princes ses enfans ostaigiers en Espaigne...» « ... ou quartier depuis l'ymaige st Jacques au devant la Rue Thomassin et le coing de lad. rue tirant par la grant Rue (rue Mercière) jusques à la maison l'Asne rayé devant le grant portal de Confort et dillect tirant par la grant Rue jusques à l'ospital du pont du Rosne, comprenant les rues Reysin [aujourd'hui rue Jean de Tournes] et Chenu [pour Chanu, aujourd'hui rue Paradis] ». [Fol. 55 verso] « Me *Francoys Fradin*, imprimeur, [taxé] à II l. VIII d. [par denier]. XVII l. VIII s. IIII d. » « JEHAN BARBOU, dit Normant, M^e imprimeur, [taxé] à VI s. III d. [par denier]. »

indique qu'à cette date les deux imprimeurs habitaient la même maison. Le Livre de raison de Hugues Barbou ne parle que de la maison de François Fradin, imprimeur, rue Mercière, dans laquelle Jean est resté jusqu'au moment de sa mort (1543) (1). Cette indication de domicile est confirmée par celle que l'on trouve sur les ouvrages imprimés par Fradin, « rue Mercière, près du couvent des Frères prêcheurs, appelé Notre-Dame-de-Confort » (2). Cette partie de la rue Mercière a disparu plus tard pour permettre le tracé de la place des Jacobins actuelle, comme l'indique le plan de Lyon au xvie siècle.

La rue Mercière, aboutissant au couvent des Jacobins, formait le centre du quartier des imprimeurs de Lyon. C'est dans cette rue qu'avaient fonctionnées les premières presses, d'après M. Vingtrinier.

Au moment où Jean Barbou vint s'y fixer, on y comptait une foule d'industries se rapportant au livre. On y trouvait d'abord les maîtres imprimeurs : « François et Constantin Fradin, François et Antoine Vincent, Balthasar de Gabiane, Guillaume Bon, Barnabé Chaunard, Jean Mutin, Bernard Verguiser, Jean et Benoit Geniquet, Bernard Rotin, Denis Bouyer, Syriaque dit Hochberg, Barthélemy Espery, Hugues de La Porte, Etienne Dolet, Godefroy et Marcelin Bering, Denis de Harsy, Jacques Huguetan, Gilbert de Villiers (3), Edmond et François Juste; — les libraires Louis Martin dit l'Espagnol, Etienne Gueynard, Guillaume de Balsarin, Romain Morin, Jean Offermout, Barthélemy Troth, Jacques de Junte, Jean Vatline ; — les « ymaigiers et tailleurs d'ystoire » Etienne, Jean Coste, Jacques de Belmont ; — le « cartier » Jacques Vise ; — le « peintre en papier » Etienne Chevalier ; — le « revendeur d'images » Jean l'Engraveur dit Annequin ; — le correcteur Guillaume Duyron, le fondeur de lettres Claude Juste, et enfin les relieurs Michiel, Ennemond et Jehan Fontanel » (4).

(1) « Je fus né et natif (en 1538) à Lion sur le Rosne en la maison de
» feu François Fradin, imprimeur, devant Nostre Dame de Confort et
» l'église des Jacopins... » Et plus loin : « Mon dict père (Jean) vint de-
» meurer à Lion où il fut maistre imprimeur, demourant en la maison
» dudict Fradin où il mourut âgé d'environ sinquante trois ans... » (Livre
de raison de Hugues Barbou, voy. Ire partie.)

(2) En 1528, « François Fradin occupe à lui seul une maison haulte,
» moyenne et basse, jardin dernier, ayant le regart sur la rue Raisin »
(Arch. com. de Lyon, CC 39). Il possédait plusieurs immeubles, un entre
autres dans la rue Confort, attenant à celui de Jean Syrondit ou Syrondet,
imprimeur et fondeur en caractères (*Ibid.*, CC 20, 141, 143, 765, 887).

(3) C'est à celui-ci que Richard de La Nouaille, imprimeur à Limoges,
confia l'impression du Bréviaire limousin de 1529.

(4) Arch. com. de Lyon, CC 21 et 31. Nous donnons les noms tels que
nous les trouvons dans les documents, sachant bien qu'ils sont fautifs.

Derrière la rue Mercière se trouvait la rue Raisin, aujourd'hui rue Jean de Tournes, occupée par les fondeurs en caractères et autres industriels qui travaillaient pour les ateliers typographiques multipliés dans le même quartier (1). C'est dans cette rue qu'habitaient les imprimeurs Claude Nourry dit le Prince, Antoine Blanchard, de Limoges, Aubin du Ryt, etc.

Jean Barbou put connaître à son arrivée quelques-uns des imprimeurs du xve siècle : Jacques Huguetan (1497-1540); Jacques Sacon (1497-1524) (2); Jacques Moderne (1499-1556); les Arnoullet (3) et les Trechsel. Il ne pouvait mieux faire que de s'inspirer des conseils de celui qui l'abritait sous son toit, François Fradin dit le Poitevin (4), qui était lui aussi un des ouvriers de la première heure. D'abord associé avec Jehan Pivard (de 1497 à 1500) puis avec l'Allemand Jean Syroben (5), il était seul en nom au moment de l'arrivée de Jean Barbou. Il mourut en 1537 (6). Sa veuve lui succéda en attendant la majorité de son fils Pierre. Il avait un frère, nommé Constantin, imprimeur lui aussi et habitant la même rue Mercière, dont la marque ressemblait beaucoup à la sienne : *Ecusson à chiffre suspendu à un arbre, que soutiennent un chevalier et une sirène coiffée à la manière des châtelaines* (7).

Quels sont les travaux de Jean Barbou depuis le moment de son arrivée à Lyon jusqu'en 1536 ? Il est difficile de répondre à cette question; car Brunet et les autres bibliographes ne signalent aucun

(1) Arch. com. de Lyon, CC 39.

(2) Cet imprimeur habitait la rue Chame (aujourd'hui rue Paradis). Dans la même maison habitait le libraire Germain Rose.

(3) Les Arnoullet étaient propriétaires d'une maison rue Chanu, dans laquelle ils habitaient.

(4) Arch. com. de Lyon, CC. 765. Le nom de la province d'origine suit souvent le nom propre.

(5) Péricaud, *Bibliographie lyonnaise du XVe siècle*, 2e partie, p. 15.

(6) La date exacte de sa mort est indiquée par des pièces d'archives (Arch. com. de Lyon, CC 141, 143 et 885).

« Parmi les nombreuses éditions laissées par François Fradin se trouve un *Infortiat* ou corps de droit romain, de 1514, in-folio. C'est sans doute ce qui est cause qu'on a longtemps appelé *Fradins* les vieux livres de droit. » (Breghot du Lut et Péricaud aîné, Biographie lyonnaise et Catalogue des Lyonnais dignes de mémoire, publié par la Société littéraire de Lyon. *Lyon, Giberton et Brun*, 1839, in-8º.)

(7) La présence du chevalier n'a rien qui nous surprenne dans la ville dont les romans de chevalerie étaient très en vogue. Mais il se pourrait que la sirène des Fradin, originaires du Poitou, soit une allusion à Mélusine, la fée célèbre qui, après avoir épousé Raymondin, comte de Poitiers, devint la tige de la maison de Lusignan ?

ouvrage de lui avant 1536. Espérons que par la suite on parviendra à en découvrir.

Ses presses ne devaient cependant pas rester inactives ; et le nombre des ouvrages imprimés par lui dans une même année indique un matériel considérable et un personnel nombreux pour l'époque ; cinq ouvrages portent son nom en 1536, sept en 1537, neuf en 1538, douze en 1539, trois en 1540, un en 1541, un en 1542 et enfin deux en 1543, soit au total quarante pour une période de huit ans. Sur ce nombre, on compte quatorze ouvrages de sciences, onze de théologie, sept de belles-lettres et deux d'histoire. Nous donnons plus loin les titres de ces ouvrages.

Mais cette liste est certainement incomplète : en bibliographie, on n'est jamais complet Nous avions commencé le dépouillement du *Manuel du libraire* ; nous ne l'avons pas continué parce que nous avons constaté que Brunet n'avait pas jugé nécessaire de citer toutes les éditions d'un même livre. Sur les quarante ouvrages imprimés par Jean Barbou, dont nous avons constaté l'existence, il n'en cite que onze.

M. Léopold Delisle, administrateur général, directeur de la Bibliothèque nationale auquel nous avions demandé les titres des ouvrages imprimés par Jean Barbou de Lyon, que possède cet établissement, a bien voulu nous donner la description de quatorze d'entre eux. Qu'il veuille bien recevoir ici l'expression de notre vive gratitude.

Nous devons remercier aussi les personnes qui ont bien voulu nous indiquer des titres. M. Poyet, grâce à M. Péricaud de Lyon, en avait relevé quelques-uns, auxquels sont venus s'ajouter ceux que nous devons à l'obligeance de MM. J. Baudrier, Paul Delalain, Félix Desvernay, conservateur de la Grande Bibliothèque de la ville de Lyon, Clément-Simon, Cournuéjouls, Dubois, R. Toinet et A. Fray-Fournier.

D'après les titres des ouvrages qu'il a exécutés, nous voyons Jean Barbou en relations avec Marot et Rabelais, qu'il rencontra chez François Juste ; avec Jean Voulté et Jacques Minut, qu'il eut l'occasion voir chez Michel Parmentier ; avec Pierre Tolet qu'il vit chez Germain Rose ; avec Nicolas Bourbon, que lui fit connaître Philippe de Rhoman, etc. Ajoutons à ces lettrés célèbres du xvie siècle, l'imprimeur Etienne Dolet, dont Balthasar Arnoullet, gendre de Barbou, réédita en 1554 l'*Exhortation à la lecture des Sainctes Lettres* (1).

Les auteurs que nous venons de nommer étaient très liés entre eux. Voulté écrit pour chacun d'eux des épigrammes auxquelles

---

(1) BRUNET, *Manuel du libraire*, II, 793.

ceux-ci répondent dans leurs livres (1). Le même auteur adresse un de ses huictains à Jean Barbou et à Philippe Rhoman, dans lequel il fait l'éloge de la correction, du soin et de l'élégance de leurs ouvrages (2) :

DE IOANNE BARBOO
ET PHILIPPO
RHOMANO

Quòd tersus meus exeat libellus,
Quòd purus, nitidus, carensq; nœvis,
Quòd raris obelis venit notandus,
Non debet mihi, sed meis amicis,
Qui curam exhibuere, qui laborem
Summum, quiq; operam modo inchoato
Nunquam sponte operi suam negarunt,
Ut purus, nitidus foret libellus.

L'expérience typographique de Jean Barbou, n'était pas seulement appréciée par les auteurs, mais encore par les libraires et les imprimeurs. Dans un espace de huit ans, nous le voyons en relations avec neuf éditeurs de Lyon et un d'Orléans : Fradin (1524-1536?); Jean et François Frelle (1536-1542); Guillaume de Guelques (1538-1539); François Juste (1539); Hugues de la Porte (1538); Michel Parmentier (1537); Philippe Rhoman (1536); Germain Rose et les héritiers de Simon Vincent (1539), à Lyon; François Gueiart (1536), à Orléans. Ses clients les plus fidèles étaient les Frelle, pour lesquels il ne cessa d'imprimer.

C'est à tort que Monfalcon, dans le *Nouveau Spon*, (p. XXVI) a attribué à Jean Barbou la marque des frères Frelle, pour lesquels il avait imprimé plusieurs ouvrages; c'est encore par erreur que G. Peignot (*Dictionnaire raisonné de bibliologie*, I, 40) lui donne pour devise celle de Jean Marot : *La Mort n'y mord*. Nous pensons, avec MM. Péricaud et Baudrier, que Jean Barbou n'avait ni marque ni devise.

On pourrait croire que sa position d'imprimeur pour les éditeurs lui interdisait de prendre une marque pour lui-même. Il n'en est rien. D'autres imprimeurs dans les mêmes conditions que lui avaient leur marque. Sur les quelques ouvrages dont Jean Barbou est à la fois l'éditeur et l'imprimeur nous ne voyons figurer que son

---

(1) La XXIIIe épigramme de Marot est adressée à Nicolas Bourbon, dont un chant en l'honneur des œuvres Marot figure en tête des éditions de cet ouvrage.

(2) Ioannis Vulteii Remensis Epigrammatum, p. 183. — *Lugduni, apud Michaelem Parmanterium*, 1539, in-8°. Voulté faisait allusion au *Carmen de moribus* de Nicolas Bourbon, imprimé en 1536 par Jean Barbou pour le compte de Philippe Rhoman. (Voy. plus loin n° 1).

nom, sans marque ni devise. C'est ainsi que se présentent : le Bréviaire de 1538, le Jean Boem, de 1539, le Nouveau Testament, texte latin et texte français, de 1540.

Quelle est la valeur typographique des ouvrages de Jean Barbou? On a vu plus haut, en note, que, d'après la *Nouvelle Biographie générale*, les Barbou se sont fait connaître par l'élégance et la correction des livres sortis de leurs presses. C'était la répétition de ce qu'avait dit Peignot cinquante ans auparavant. Brunet, dans son *Manuel du Libraire* semble faire quelques réserves au sujet de la correction. En parlant de l'édition de Marot de 1539, il ajoute « l'errata placé à la fin prouve qu'il n'est pas aussi correctement imprimé qu'on le dit à l'article Barbou dans la *Biographie universelle* (1) ».

Nous ne partageons pas complètement cette manière de voir. « Cette perfection idéale n'a presque jamais été atteinte par l'imprimerie », nous dit M. Fournier (2). Les imprimeurs qui n'ont pas ajouté d'errata à la fin de leurs livres sont ceux qui n'ont pas voulu prendre la peine de les relire une dernière fois. Nous devons donc savoir gré à Jean Barbou d'avoir relu attentivement ses ouvrages et nous admirons la naïveté charmante dont il fait preuve à la fin des errata du Voulté :

BARBOVS LECTORI.
Si tu præter hæc, repereris Lector quæ
oculos nostros fugerint, corrigito,
& Autori nobisq; veniam dato.
VALE. (3)

La forme du livre, qui vient après la correction, nous paraît avoir été bien comprise par Barbou.

Des imprimeurs de Lyon alors en exercice, il a surtout pris l'allemand Trechsel pour modèle. Tel ouvrage de Barbou ressemble à s'y méprendre à ceux de cet imprimeur.

Nous ne dirons rien des formats ; ils lui étaient imposés par l'auteur ou l'éditeur. Cependant il faut remarquer que le format le plus en faveur était l'in-8, à cause des facilités de toutes sortes qu'il présentait : imposition, signatures, registre, pliage, etc., surtout étant donnée l'exiguïté du marbre des presses en bois. Sur les quarante titres cités plus loin on trouve trente et un in-8 ; sept in-16 ; un in-4 et un in-folio. Les ouvrages in-8 sont tirés sur un papier

(1) Brunet *Manuel du Libraire*, III, 1453.
(2) Henri Fournier, Traité de typographie *Tours, Mame*, 1870, in-8 (p. 260).
(3) Barbou au lecteur : Si, lecteur, tu trouves encore des fautes qui aient échappé à nos yeux, corrige-les et pardonne à l'auteur et à nous. Salut.

mesurant 36 × 46, c'est à peu près la couronne de nos jours.

Dans les quelques volumes qu'il nous a été permis de voir, le papier est blanc mat et de bonne qualité ; nous n'avons trouvé de filigranes que dans le Voulté de 1537. Il y en a de deux sortes : le premier se présente sous la forme d'un ovale portant deux croix reliées par une chaîne, l'une dans le haut et l'autre dans le bas ; dans le second filigrane, deux aiguières inclinées surmontent, un écusson à deux croix dans les angles supérieurs rattachées par une chaîne à une couronne en pied.

Les caractères employés par Jean Barbou sont bien gravés et peu fatigués. Il a suivi la mode d'alors, introduite par les Alde, en employant les italiques de préférence aux caractères romains. On sait que les contrefaçons des ouvrages du grand imprimeur de Venise partaient de Lyon et on connaît la lettre qu'il écrivit pour se plaindre des contrefacteurs lyonnais. C'étaient alors Jacques Myt, Jacques Maréchal, Barthélemy Troth, Guillaume Huyon, auquel avait succédé Antoine Blanchard de Limoges.

Le caractère que Jean Barbou a employé dans son *Nouveau Testament* de 1540 est admirablement gravé. Seules les capitales paraissent mal s'aligner avec le bas de casse.

Le caractère grec corps onze que nous voyons dans le Linacer, *De emendata structura latini sermonis*, est un peu penché, probablement en raison de son emploi fréquent avec l'italique.

La grosse gothique employée dans les œuvres de Marot, de 1539, paraît être imposée par imitation de l'édition de Dolet de 1538. Elle est usée et ses initiales romaines jurent avec le caractère. Cette même gothique a été employée dans le Sermon notable de 1540, attribué à Marot, d'après Monfalcon.

Arrivons maintenant à la disposition même du livre : pagination, signatures, titres courants, titres, lettres de deux points, etc. Jean Barbou s'est inspiré des bons exemples qu'il avait sous les yeux. Quelques-uns de ses ouvrages sont numérotés par feuillet et non par page ; pour l'in-8, il observe religieusement la division par seize pages, sans intercalation de carton ; pour s'en assurer il suffit de multiplier par huit le nombre de signatures (1). S'il arrive que le livre ne se termine pas exactement avec la feuille, il laisse des feuillets blancs. Son titre qui compte pour un feuillet est toujours compris dans la première feuille. Lorsque le colophon ne peut se placer d'une façon convenable à la fin de la dernière page, il n'hésite pas à le reporter sur le recto du dernier feuillet non chiffré, sous la forme suivante :

(1) Sans tenir compte de l'I et de l'U qui se confondaient avec le J et le V.

Lugduni,
EXCVDEBAT IOAN-
NES BARBOVS

M. D. XXX...

Quelquefois, en 1536 et 1537, il ajoute : ALIAS LE NORMAND, afin d'appeler sur lui l'attention de ses compatriotes.

Ses séries de lettres de deux points sont bien en rapport avec la grandeur des pages. Il en existe de deux dimensions : l'une de 28 millimètres carrés, l'autre de 20 millimètres carrés Nous en connaissons plusieurs familles. Parmi celles à personnages, une représentant des érudits ou des moines, une autre des enfants, une troisième des saints. Il y en a aussi à rinceaux et chimères qui ont les mêmes dimensions. Nous donnons quelques spécimens de ces lettres qui sont bien dans le sentiment de l'époque. Elles ont l'allure gaie et bien française des éditions lyonnaises.

La nuance est bien observée, et l'on sait combien il était difficile d'obtenir ce résultat avec l'encrage au tampon.

Comme tous ceux qui ont parlé de Jean Barbou ont dit un mot de son édition des œuvres de Marot, de 1539, il convient que nous en parlions à notre tour. Brunet, dans son *Manuel du Libraire* (III, 1451), signale soixante-dix éditions de Marot de 1532 à 1600. Celle de Barbou qui a succédé à la première de Dolet (1538) n'occupe que le dix-huitième rang (1) ; du vivant de l'auteur il en a été fait quatre autres après celle-ci, dont deux par Etienne Dolet (1542 et 1543). Depuis l'édition de Barbou, de 1539 à 1600, il y a eu 52 éditions de Marot, dont 26 faites à Paris et 26 à Lyon.

Presque tous les auteurs ont attribué à Jean Barbou la devise de Marot : *La Mort n'y mord*. Ils auraient pu tout aussi bien l'attribuer au libraire François Juste, dont le nom est immédiatement au-dessous, qu'à l'imprimeur dont le nom figure à la fin de la manière suivante :

Imprime a lyon
Par Iehan Barbou
M. D. XXXIX

(1) M. Vitu, *Histoire de la typographie*, p. 207, dit par erreur que Jean Barbou a publié l'édition *princeps* des œuvres de Marot.

M. Brunet qui reconnaît que cette édition est « précieuse et fort rare » se trompe en disant qu'elle a le même titre que celle de Dolet de 1538. Le titre de celle de Barbou est un peu différent.

Nous ne nous expliquons pas pourquoi M. Charles d'Héricault, qui a donné une bonne édition des œuvres de Marot en 1867 (1), dit (p. cxviii) « J'ai pris pour établir l'édition que je présente au lecteur le texte de 1538, c'est-à-dire le dernier dont on puisse dire avec certitude qu'il a été approuvé par l'auteur. » Marot est resté à Lyon ou dans ses environs de 1538 à 1543 et il a revu chaque année la nouvelle édition de ses œuvres. Il valait mieux prendre la dernière édition revue par lui, qui est celle de 1543, imprimée par Dolet.

C'est en 1538 que se place la naissance de Hugues Barbou, qui devait fonder plus tard la maison de Limoges. Jean Barbou qui, plus de vingt ans auparavant, avait perdu ses deux fils aînés, Jacques et Denis, morts en bas âge, dut accueillir avec beaucoup de joie l'héritier de son nom. Le parrain de cet enfant fut un imprimeur célèbre « Sire Hugues de La Porte, marchent-libraire demourant en rue Mersier pre S. Antoine », pour lequel Jean Barbou imprimait cette même année les *Décrétales de Grégoire IX*. La marraine fut « Clémence, veufve de François Fradin, » à laquelle Jean Barbou avait tant d'obligations. Le baptême se fit à l'église de Saint-Nizier (2).

Quatre ans plus tard, le 18 avril 1542, Jean Barbou fit un testament (recu T. Cotereau, notaire), par lequel il instituait son fils Hugues comme son héritier universel (3). Ses exécuteurs testamentaires étaient « François Frelle, libraire et Jacques Myt, imprimeur, ses bons amis. » Le Livre de raison de Hugues vient expliquer les arrangements pris par le testateur : « Denize fust marier à Balthasar Arnoulle[t] qui fut mis pour gou-
» verne[r] l'imprimerie avec ma mere, en compagnie du proffit,
» dont ma mere avoit ung tiers, ledit Arnoullet ung tiers, et moy
» comme estant heritier ung aultre tiers. »

Jean Barbou survécut quelques mois à ce testament, car d'après une indication que M. Baudrier a bien voulu nous donner, il imprima en 1543 les *Comédies* de Térence et il commença l'impression du *Bréviaire romain* que son gendre termina en 1544 (4).

---

(1) Paris, Garnier frères, 1867, in-8.
(2) Voy. Livre de raison de Hugues Barbou.
(3) Ce document nous a été indiqué par M. Baudrier.
(4) C'est par erreur que P. Dupont (*Hist. de l'Imprimerie*, I, 443), dit : Jean Barbou vint se fixer à Limoges. Il le confond avec son fils Hugues.

Lettres de deux points employées par Jean Barbou.

Balthasar ARNOULLET

Balthasar Arnoullet avait épousé Denise Barbou peu de temps avant la mort de Jean Barbou, en 1543. Celui-ci avait eu la main heureuse dans le choix de ce gendre, dont le père, Olivier Arnoullet (1), l'un des riches imprimeurs lyonnais, s'était fait remarquer par l'impression de curieux romans de chevalerie, et dont M. Ambroise Firmin Didot dit qu' « il joua à Lyon, au commencement du XVIe siècle, un rôle correspondant à celui de Le Noir et de Trepperel dans la capitale ». Olivier descendait de Jacques Arnoullet, qui était venu s'établir à Lyon en 1490.

Avec de tels ascendants, Balthasar Arnoullet ne pouvait faillir à son nom. M. Didot lui a consacré quelques lignes de son *Essai sur l'histoire de la gravure sur bois* (col. 242), et il donne à notre imprimeur une place très honorable entre Jean II de Tournes et François Gryphe.

« Balthasar Arnoullet (1542-1558) a imprimé le *Premier livre des emblèmes*, composé par Guill. Guéroult, 1550, pet. in-8°. Chaque emblème (il y en a vingt-neuf), est accompagné d'une gravure en bois ; — Et *Decades de la description, forme et vertu naturelle des animaulx, tant raisonnables que brutz*, par Barthelemy Aneau, 1549 et 1550, pet. in-8°. Presque toutes les pages sont enrichies de figures gravées en bois avec une finesse d'exécution remarquable. Les jolies gravures des *Décades* ont servi aux éditions de 1552 et 1564. »

Balthasar Arnoullet avait pour marque : « un cheval marin tenant devant lui entre ses jambes un glaive auquel sont suspendus les plateaux d'une balance, et pour devise : IVSTO VIOLENTIA CEDIT. Silvestre (2), sous le n° 568) lui donne une autre marque : dans un encadrement ovale, un oiseau se débattant dans l'eau, et au-dessus dans un cartouche la devise : IVBILO IN EXTREMIS.

D'après M. Baudrier, à l'obligeance duquel nous avons eu recours bien souvent, le nombre des ouvrages imprimés par Balthasar Arnoullet s'élève à plusieurs centaines. On comprendra que nous ne puissions en donner la liste, qui serait forcément incomplète et sortirait de notre cadre. Nous nous contenterons de donner, à la suite des ouvrages de Jean Barbou, ceux qui portent la mention : *cum hœredibus Joannis Barbous*.

Nous ne pouvons connaître tous les ouvrages portant cette men-

(1) Arch. com. de Lyon, CC 955.
(2) Silvestre, *Marques typographiques*. n°s 143, 458, 568, 717.

tion, qui dut disparaitre assez vite, comme nous le disons dans la Ire partie : Balthasar Arnoullet, voulant peut-être rester seul en titre, dut prendre des arrangements avec sa belle-mère et son beau-frère Hugues Barbou.

Dès l'année 1546, il publie un ouvrage auquel dut collaborer son beau-frère le poète Guillaume Guéroult dont nous parlerons tout-à-l'heure : *Epitome Gestorum LVIII regum Franciæ*; il en donna une traduction française en 1552 et une nouvelle édition en 1554. Il semble à ce moment avoir associé ce beau-frère à ses travaux; car il en fait son directeur d'imprimerie et son correcteur. C'est avec lui qu'il s'échappe de Lyon pour faire imprimer à Vienne, en 1552, le *Christianismi restitutio* de Servet, ce qui leur attira des poursuites judiciaires (1).

Voici ce que dit Brunet au sujet de ce livre (V, 314) : « Christianismi restitutio. Totius ecclesiæ apostolicæ est ad sua limina vocatio, in integrum restituta cognitione Dei; fidei Christi, etc. (par Michel Servet). M. D. LIII, in-8° de 734 p. et 1 f. d'errata. — Cet ouvrage célèbre a été imprimé à Vienne en Dauphiné, chez Balthazar Arnollet, et aux frais de l'auteur. Il en fut tiré 800 exemplaires, lesquels, à trois ou quatre près, ont tous été livrés aux flammes, soit au moment de l'exécution en effigie de l'auteur, à Vienne, soit plus tard. C'est donc un livre d'une excessive rareté et d'un prix fort considérable. Vendu, quoique endommagé en plusieurs endroits par la pourriture, 3,800 fr. Gaignat; 4,120 fr. La Vallière..... »

Balthasar Arnoullet était à la fois imprimeur et libraire-éditeur; ce qui lui permettait de publier pour son propre compte un grand nombre d'ouvrages. Cela ne l'empêchait pas d'imprimer pour ses confrères quand l'occasion s'en présentait (2). Cet imprimeur dut mourir de 1558 à 1559, comme le prouve l'ouvrage dont on voit le titre en note (3), qui doit être l'un des premiers où figure l'indication de sa veuve.

D'après M. Didot, Balthasar Arnoullet avait un fils, François qui dirigea la maison à partir de 1574. Nous ne poursuivrons pas plus loin l'histoire des Arnoullet.

---

(1) *Chauffepié, Dict.* art. Servet, rem. O, Bibl. lyonnaise du XVIe siècle, ms, 324. Note communiquée par M. Péricaud aîné.

(2) Il a imprimé notamment : Les Apophtegmes recueillis par D. Erasme, translatez de latin en françoys par l'eslu Macault, reveus et corrigés de nouveau. *Lyon, Guill. Rouille*, 1549. (A la fin) : *Impr. par Balthasar Arnoullet*, in-16 de 396 pp. et 3 ff. pour la fin de l'index. Brunet (II, 1040) dit qu'il y a des exemplaires de cette édition portant le nom du libraire *Macé Bonhomme*.

(3) Evonyme Philiatre. Trésor des remèdes secretz. Livre physic, medical, alchimic et dispensatif de toutes substantiales liqueurs, et appareils

Guillaume GUÉROULT

La cadette des filles de Jean Barbou, « Jaquette, fut mariée a Guillaume Gueroult, poete francois, natif de Rouan en Normandie » nous dit le Livre de raison de Hugues Barbou.

En faisant des recherches dans le registre des étudiants à l'Université de Caen, où nous avons trouvé Nicolas Barbou, nous avons rencontré Guillaume Guéroult, du diocèse de Rouen, en 1509 (1).

Ces points établis, voici ce que nous avons trouvé dans les notes laissées par M. Pierre Poyet en 1862, notes qu'il tenait de M. Péricaud aîné de Lyon :

« Guillaume Guéroult, littérateur, né à Rouen, se réfugia à Lyon après avoir quitté Genève. Il fit un assez long séjour à Lyon où il fut directeur et correcteur (2) dans l'imprimerie de Balthasar Arnoullet, son beau-frère, et où il publia de 1548 à 1561 un grand nombre d'ouvrages en prose et en vers mentionnés par La Croix du Maine et Du Verdier... Son livre sur l'*Administration des Républiques* lui valut, le 29 mai 1560, une gratification de la part du Consulat de Lyon... En 1552, il accompagna son beau-frère à Vienne, où ils firent imprimer le *Christianismi restitutio* de Servet, ce qui leur attira des poursuites judiciaires » (Bibl. lyonnaise du xvi° siècle, ms., 140).

La *Nouvelle Biographie générale* (XXII, 445) publie sur Guéroult la notice suivante :

« GUÉROULT (Guillaume), en latin *Guillermus Guervaldus*, littérateur français du xvi° siècle, né à Caen (3), vivait encore à Lyon en 1569. Il apprit la médecine dans sa ville natale (4) et étudia ensuite la botanique. Il voyagea quelque temps en Italie, s'arrêta à Genève, d'où, suivant de Bèze, sa vie scandaleuse le fit chasser. Il se rendit à Lyon où il changea de conduite et vécut tranquillement de la révision et de la correction des nombreux ouvrages de science et de

---

de vins de diverses saveurs, necessaires à ... medicins, chirurgiens et apothicaires. Lyon, Ant. Vincent (*chez la vesve de Balthazar Arnoullet*) 1559, pet. in-8 avec fig. N° 122 du cat. de la vente de M. X. de Lyon, 14 déc. 1891 (M. Louis Brun, libr.).

(1) Arch. départ. du Calvados D. 89. Pinax rectoriarum Cadomensis universitatis, fol. 314 r°. « Guillelmus Guerout, Rhotomagen. dioc. 1509. »

(2) Dans ses « Etudes pratiques sur la typographie » (*Paris, A. Cluzel,* 1837, in-8), G.-A. Crapelet a oublié de mentionner le nom Guillaume Guéroult parmi les correcteurs célèbres.

(3) On a vu par ce qui précède que c'est Rouen qu'il faut lire.

(4) Voir plus haut l'inscription de Guillaume Guéroult de Rouen parmi les étudiants à l'Université de Caen en 1509.

théologie qui s'y imprimaient alors. Il fit aussi plusieurs traductions » (1).

Nous avons cherché vainement dans la vie de Calvin, par Th. de Bèze (2), le nom de Guillaume Guéroult. Nous supposons qu'il était du nombre des *Eignots* que le parti conservateur voulut flétrir du nom de *Libertins* et qui furent ardemment poursuivis par Calvin.

A quelle époque Guillaume Guéroult épousa-t-il Jacquette Barbou? c'est ce que nous ne saurions dire. Nous avons toujours supposé que Guillaume Guéroult, en relations continuelles avec les auteurs et les éditeurs, avait dû procurer l'impression de plusieurs ouvrages à son compatriote Jean Barbou, dont il épousa plus tard la fille.

D'après la longue liste de ses ouvrages, il nous apparaît comme un de ces polygraphes du XVIᵉ siècle, dont les connaissances étaient très grandes. Tour à tour poète, médecin, botaniste, traducteur, économiste, il reçut une récompense de la ville de Lyon en 1564 pour sa traduction de la rapsodie politique de Giovanni Pietro Cermenati: De recta Regnorum ac rerum publicarum administratione, traduction dont du Verdier a donné de longs extraits dans sa *Bibliothèque française*.

Il fallait que ses *Narrations* eussent un certain mérite puisque La Fontaine s'en est servi pour quelques-unes de ses *Fables*. La *Nouvelle Biographie générale* en donne un exemple au sujet de la fable: *Les Animaux malades de la peste*.

Voici maintenant la liste chronologique des œuvres de Guillaume Guéroult que nous empruntons à du Verdier, à Brunet et à la *Nouvelle Biographie générale*:

Epitome gestorum L VIII regum Franciæ, a Pharamondo ad hunc vsque christianissimum Franciscum Valesium: Epitome des gestes des cinquante huict roys de France depuis Pharamond iusques au present tres chrestien Francoys de Valoys. — *Lyon, par Balthazar Arnoullet*, 1546, pet. in-4 de 159 p., texte latin et français. Il y eut de nouvelles éditions en 1552 et 1554. (Brunet, *Manuel*, II, 1029).

Histoire des plantes, mise en commentaires, par Léonard Fuchs, médecin, et traduite de latin par Guillaume Guéroult. — *Lyon, Thibaud Payen*, 1548, in-4 avec fig. Il y en a eu de nouvelles éditions en 1549 et 1551, chez Balthazard Arnoullet.

Description philosophale de la nature des animaux, en rimes, 2 livres. — *Lyon*, 1548-1550, avec fig.

Le premier livre des chansons spirituelles, nouvellement com-

---

(1) La *Nouvelle biographie générale* indique les sources suivantes: « Th. de Bèze, *Vita Calvini*; Reinesius et Dammius, *Epist* VIII et IX; La Croix du Maine et du Verdier, *Bibliothèque française*, I, 328, IV, 86-102

(2) Théodore de Bèze, Vie de Calvin, nouvelle édition publiée et annotée par Alfred Franklin. — *Paris, J. Cherbuliez*, 1864, in-18.

posées par Guillaume Guéroult, et mises en musique par Didier Lupi second. — *Paris et Lyon, Godefroi et Marcellin Beringen frères*, 1548, gr. in-8 de 111 p. avec la musique imprimée.

Decades de la description forme et vertu naturelle des animaulx, tant raisonnables que brutz, (par Barthélemy Aneau), avec le blason des oiseaux par Guillaume Gueroult. — *Lyon, Balthazar Arnoullet*, 1549-1550, 2 part. en 1 vol., pet. in-8, fig. Il y eut de nouvelles éditions en 1552 et 1561. Il y eut aussi une édition du même ouvrage en 1553-1554, *chez Robert et Jean du Gort frères, à Rouen*.

Le premier livre des emblemes composé par Guillaume Gueroult. — *Lyon, par Balthazar Arnoullet*, 1550, pet. in-8 de 72 pp. avec fig. en bois.

Les sentences de Marc Tulle Cicéron, auxquelles sont adioustées plus graves et illustres sentences, recueillies des plus excellentz autheurs en langue latine (par Pierre Lagnier, de Compiègne, en 1546), traduites d'icelles en rythmes francoyses par Guillaume Guéroult. — *Lyon, Balthasar Arnoullet*, 1550, 2 part. en un vol., pet. in-8 de 470 p. chiffrées jusqu'à 459.

Le premier livre des figures et pourtraits des villes les plus célèbres d'Europe avec les descriptions d'icelles. *Lyon, Balthasar Arnoullet*, 1552, in-fol.

Chroniques et gestes admirables des empereurs d'Occident avec les effigies d'iceux. (Le premier est despuis Jules Cœsar jusqua Charlemaigne, le second descrit ceux qui regnerent en Occident apres la division de l'empire faicte par Michel Curopalates avec Charlemaigne). — *Lyon, Balthasar Arnoullet*, 1552, 2 part. en 1 vol. in-4, avec fig. en bois.

Le Blason et description des Oyseaux... composé (en vers) par Guillaume Guéroult. — *Rouen, par Robert et Jehan du Gort frères*, 1553. (A la fin) : *Imp. à Rouen par la vefve Jehan Petit*; in-16, sign. A.-D.

Regvm Francorvm a Faramundo ad Henricum II. Imagines, quam proxime fieri potuit, ad vivum expressæ et æri incisæ ; una cum eorum vita, unicuique Imagini per compendium subjecta. *Lugduni, Balthazar Arnolletus*, 1554, pet. in-fol.

Chronique abrégée des faits, gestes et vies illustres des rois de France depuis Pharamond jusqu'à Henri II avec leurs portraits. — *Lyon, Balthasar Arnoullet*, 1555, in-8.

L'histoire des plantes mise en commentaires par Leonard Fuchs ..... et nouuellement traduict de latin en francois auec vraye observation de l'auteur en telle diligence que pourra tesmoigner cette œuuvre presente par Guillaume Gueroult. — *Lyon, chez Guillaume Rouille*, 1558, in-4 de 607 pp. avec de petites fig. en bois, une préface et un index.

Le premier livre des narrations fabuleuses avec les discours de la vérité et l'histoire d'icelle, écrites premièrement en grec par Palephatus, puis en latin par Philippus Phasianinus, Bouloignois, et de latin en prose par ledit Gueroult, où sont adioutees aucunes œuvres poétiques du même traducteur, assavoir : Priere de Jonas le Prophète, étant au ventre de la baleine, Ode à Philippe Le Comte, baron de Nonnant en Normandie, Congratulations à Joachim du Bellay sur sa Lyre chrestienne, deux Odes, cinq Sonnets.— *A Lyon, de l'imprimerie de Robert Granjon*, 1558, pet. in-4 de 4 ff. chiffrés prélim. et 110 ff., le dernier coté cix.

L'hymne du temps et de ses parties, assavoir de Lucifer et de l'Aurore; du Jour, de la Nuit, des Heures, de Janvier, Février et des autres mois de l'an, avec leurs pourtraits, sortis de l'invention de maître Bernard Salomon, excellent peintre et tailleur d'histoires. — *Lyon, Jean de Tournes*, 1560, in-4 de 88 pp. y compris le frontispice.

La Lyre chrestienne avec la monomachie de David et Goliath et plusieurs aultres chansons spirituelles, nouvellement mises en musique par A. de Hauville. — *Lyon, imprimerie Simon Gorlier*, 1560, in-8 de 72 pp.

Discours de la droite administration des royaumes et republiques, extrait de la Rapsodie du sieur I. P. Cermenat, mylanois, contenant quarante-deux chapitres. — *Lyon, Loys et Charles Penot*, 1561, in-4.

Figures de la Bible, illustrées de huictains francoys (par Guill. Gueroult). — *Lyon, Guill. Roville*, 1565. Figures du Nouveau-Testament, illustrées de huictains francoys pour l'interpretation et intelligence d'icelles (par Claude de Pontoux). *Ibid.*, 1570, 2 tom. en 1 vol., pet. in-8 (1).

Hugues BARBOU

Hugues Barbou dit dans son Livre de raison, rédigé en 1567, qu'il est né dans la maison de feu François Fradin en 1538. Il donne bien sur ses parents les détails qu'on a lus dans la Ire partie, mais il ne nous apprend rien sur la première moitié de sa vie.

Tout porte à croire qu'il fit son apprentissage dans l'imprimerie de son père, dont il était copropriétaire avec sa mère et son beau-frère Balthasar Arnoullet, qui garda l'imprimerie, comme on l'a vu plus haut.

Arrivé à sa majorité, en 1558, Hugues Barbou n'ayant peut-être pas de ressources suffisantes pour monter une imprimerie s'établit comme libraire. C'est ce qui semble ressortir de deux actes notariés dont nous devons la communication à M. Baudrier (2), actes dans lesquels il est désigné comme libraire seulement. On ne connaît que deux ouvrages in-16 édités par lui dans cette ville, tous deux datés

---

(1) Le nom de Guillaume Guéroult se retrouve encore dans les « Cinquante pseaulmes de David, roy et prophete, traduiz en vers francois par Clement Marot. — *Lyon, Godefroi et Marcel Bering*, 1547, 2 tomes en 1 vol., pet. in-4 oblong. Le 2e f. contient un dizain de « Guillaume Guéroult, natif de Rouen, parlant au presant livre ».

(2) « 10 janvier 1558. Guillemette Ryvoyre, veuve de Jehan Barbou, imprimeur dudit Lyon, avait prêté en 1544 aux mariés Prandon la somme de 8 vingt livres et pour en avoir paiement elle avait fait procéder par voye d'exécution sur les biens meubles desdits mariés Prandon, à laquelle exécution lesdits mariés Prandon se sont opposés. — Denyse Cherrier vend à Guillemette Ryvoyre pour s'acquitter de sa dette, une pension annuelle et perpétuelle de 6 livres, assise sur une maison de la rue Paradis. — Hugues Barbou, libraire dudit Lyon, témoin. — Me Jourdain, not. »

de 1562. Ce sont : *La fleur des sentences morales*, par Gilles Corrozet; — et *La Fontaine des devis amoureux* (1).

M. Baudrier a bien voulu nous confier ce dernier et rarissime ouvrage dont nous donnons la reproduction du titre. L'encadrement de ce titre est d'un très bon style, mais les gravures sur bois que renferme l'ouvrage sont naïves et mal gravées ; quelques-unes se répètent. Les caractères romains employés ressemblent à ceux de Balthazar Arnoullet. Le caractère italique de la page 2 présente beaucoup d'analogie avec celui employé par Jean Barbou.

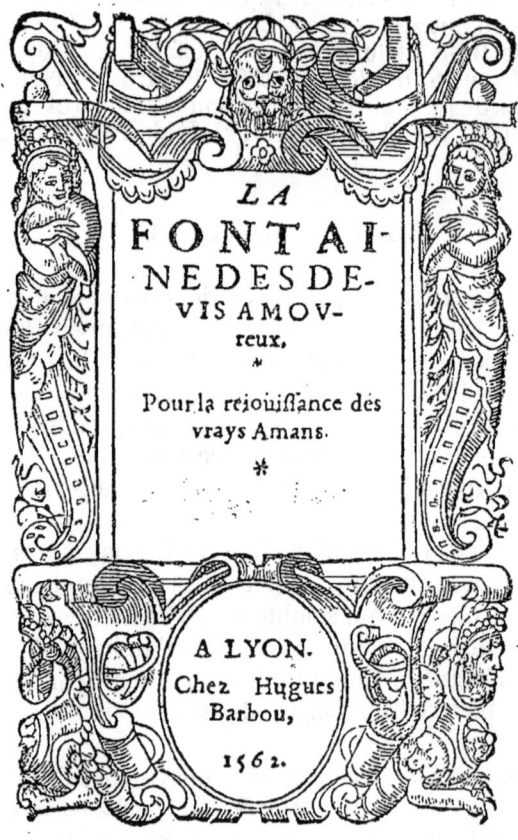

Nous pensons que c'est dans un de ses voyages à Paris, en 1566, que Hugues dut faire la connaissance de Jeanne Bridiers, fille de feu Jean Bridiers, imprimeur à Paris, veuve en premières noces de Bastien Morin, imprimeur, et en secondes noces de Charles de La

---

(1) M. Deschamps semble dire que Hugues Barbou était à la fois imprimeur et libraire à Lyon. (V. *Dict. de géographie ancienne et moderne à l'usage du libraire et de l'amateur de livres*, p. 720.)

Nouaille, imprimeur à Limoges. De son premier mariage, elle avait eu un fils, Jean Morin, qui avait succédé à son père, mais elle n'avait pas eu d'enfant du second mariage. Il paraît naturel que Jeanne Bridiers, allant voir son fils à Paris, se soit rencontré chez lui avec Hugues Barbou, envoyé par son parent, de Lyon, le libraire Romain Morin.

La veuve de Charles de La Nouaille devait chercher un directeur pour son importante imprimerie de Limoges. Hugues Barbou, qui avait caressé l'idée d'adjoindre plus tard une imprimerie à sa librairie, fut tenté par cette situation; il vint à Limoges et quelques mois après, en janvier ou février 1568, il épousait Jeanne Bridiers et achetait le matériel d'imprimerie à l'élu Jean Biais, héritier de Charles de La Nouaille. On a lu tous ces détails dans le Livre de raison, et nous aurons l'occasion d'y revenir dans la III⁰ partie, les Barbou de Limoges.

Mais si Hugues Barbou quitta la ville de Lyon en 1566, il entretint toujours avec elle ses rapports de famille et d'affaires. Il devait venir de temps en temps dans sa ville natale pour revoir ses parents et ses amis. C'est au retour de l'un de ces voyages qu'il emmena à Limoges l'un des fils de son beau-frère Balthasar Arnoullet, le jeune Isaac, qui mourut peu de temps après, en 1569, comme il nous l'apprend dans son Livre de raison.

D'autre part, on a vu dans la I⁰ partie que, vingt ans après avoir quitté Lyon, Hugues Barbou empruntait de l'argent à ses confrères de cette ville, Denis de Harsy et Simon Gorlier.

Peut-être en venant vendre ses ouvrages à Lyon s'approvisionnait-il des caractères et des ustensiles d'imprimerie qui lui étaient nécessaires, comme le firent ses descendants au xviii⁰ siècle.

Après le départ de Hugues, le nom de Barbou ne se retrouve plus parmi les maîtres imprimeurs de Lyon.

Les tables de l'état civil renferment bien, à la date du 3 décembre 1581, l'acte de baptême de « Pierre, fils de Claude Barbou, impri- » meur, et de Jeanne Chansy, sa femme, demeurant en rue de » Confort, à l'ospital, près l'Arbre vert (1) »; mais nous pensons qu'il s'agit d'un ouvrier imprimeur qui n'appartient pas à la famille dont nous nous occupons.

(1) Nous devons ce renseignement à l'obligeance de M. Grellet de Fleurelle, qui a bien voulu s'entremettre pour nous auprès de M. le Maire de Lyon.

Ouvrages imprimés par Jean Barbou

1536

1. Nicolai ‖ Borbonii Van ‖ doperani Lingo ‖ nensis ‖ ΠΑΙΔΑΓΩΓΕΙΟΝ. ‖ (Vignette qui est censée représenter le poète, avec devise grecque autour. Même vignette dans le Voulté, n° 6 ci-après et dans le *Cymbalum mundi* impr. par Jean Bounyn en 1538). — *Lugduni* ‖ *apud Philippum* ‖ *Rhomanum.* ‖ Anno M.D.XXXVI. ‖ (A la page 62 non chiffrée) *Lugduni* ‖ *excudebat Ioan* ‖ *nes Barbous,* ‖ *alias Le* ‖ *Normand.* ‖ Anno M.D.XXXVI. In-8 de 64 pages dont les 5 dernières ne sont pas chiffrées.

    Bibl. de M. J. Baudrier, à Lyon.
    Maitt. II, p. 836 ; — Panzer, t. VII, p. 371.
    « Charmante édition. » (Péricaud, *Bibl. lyonnaise du* xvie *siècle*, 1862, ms.) Catalogue de la vente Didot, 1882, n° 408. « Livret remarquable par un portrait de Bourbon de Vandœuvre dessiné par Holbein (au v° du f. 64) ainsi que l'indique le poète lui-même et dont le style est reconnaissable par le dessin magistral de ce portrait et par les deux enfants qui ornent la base du cartouche. » (Didot, Cat. rais., n° 490.)
    Ne se trouve ni dans du Verdier ni dans Brunet.

2. D. Aurelii ‖ Augustini Hip ‖ ponensis episcopi ‖ retractationum ‖ Libri II. ‖ (Marque de Jean Frelle. Brunet, III, 256 et n°⁸ 193, 347, 399 et 400 de Silvestre). *Lugduni,* ‖ *apud Joannem Frellæum* ‖ M.D.XXXVI. ‖ (A la fin) *Lugduni,* ‖ *excudebat Joannes Barbous,* ‖ *alias Le Normand,* ‖ M.D.XXXVI. In-8 de 124 ff.

    Bibl. de M. Paul Delalain, éditeur à Paris.
    Ne se trouve ni dans du Verdier ni dans Brunet.

3. Philalethes sur les ‖ erreurs anatomiques de certaines ‖ parties du corps humain, nagueres ‖ reduictes et colligées selon la senten ‖ ce de Galien par maistre Guil ‖ laume Chrestian, à l'erudition des ‖ nouveaux chirurgiens. (Marque de François Gueiart, n° 1140 de Silvestre). *On les vend en la boutique* ‖ *de Francoys Gueiart,* ‖ *à Orleans.* Fol. 35 v° : « Fin. Lheur m'en gist au ciel (anagramme de Guillaume Chrestien) ». Fol. 36 r°. *Imprimé à Lyon* ‖ *par Jehan Barbou* ‖ *dict Le Normand* ‖ M.D.XXXVI. In-8 de 36 ff. non chiffrés. Signatures A-E. Caractères italiques.

    Bibliothèque nationale, Réserve. Ta ¹²⁴. — Bibl. de M. J. Baudrier, à Lyon.
    « Ce traité, devenu fort rare, se trouve à la Bibliothèque impériale : Lacroix du Maine et du Verdier, qui le citent, donnent la liste des autres ouvrages de ce médecin, père de Florent Chrestian, lesquelles consistent en traductions d'Hippocrate, de Galien et de Jacq. Sylvius. Cat. Falconet, n° 7458. » (Péricaud, *Bibl. lyonn. du* xvie *siècle*, ms.)
    « Le traducteur nommé *Christian* sur le titre de ce livre est G. Chrestien,

médecin, père de Florent Chrestien ; il a extrait des écrits de Galien le livre ci-dessus (PHILALETHES). Il a également produit plusieurs traités d'Hippocrate dont DU VERDIER donne le catalogue. » (BRUNET, I, 1852 et II, 1451.)

4. Gentiani ‖ Herveti Aurelii ‖ Orationes : quarum Index ‖ proxima pagina ‖ sequitur. ‖ Plutarchi opusculum ‖ ab eodem latinum factum. (Marque de François Gueiard, n° 1140 de Silvestre). *Veneunt Aureliae apud ‖ Franciscum Gueiardum ‖ bibliopolam.* ‖ Anno M.D.XXXVI. A la fin, p. 143 : *Lugduni, excudebat Ioan ‖ nes Barbous, alias le Normand.* In-8 de 143 p. Signatures A-I. Caractères italiques.

Bibliothèque nationale, X. 19717.

« Première production imprimée d'un auteur fécond qui a écrit en latin et en français, soit des traductions du grec, soit des ouvrages originaux, particulièrement pour la défense de la foi contre les protestants. Niceron a donné dans son 17e vol., le catalogue de tous ces ouvrages, aujourd'hui peu recherchés, malgré leur grande rareté. » (BRUNET, III, 137.)

« Fabricius, Bibl. Græca, qui a dû prendre le renseignement dans Panzer, t. VII. » (PÉRICAUD, *Bibliographie lyonnaise du* XVIe *siècle, ms.*)

Du Verdier et Brunet n'ont pas indiqué la mention qui se trouve à la fin : *Lugduni, excudebat Joannes Barbous alias Le Normand.*

5. Clarissimi Iurecon ‖ sulti D. N STEPHANI de PHEDERICIS ‖ Brixiensis. ‖ De interpretatione Iuris, ‖ Commentarii IIII, iam recens stu- ‖ diosis restituti, & a mendis quantum ‖ fieri potuit, repurgati. ‖ *In quibus & ipsa Topica, quatenus quidem illa ‖ ad Iurisprudentiam faciunt, diligenter & ‖ docte suis quæq; locis* tractantur. [Marque n° 1024 de Silvestre: n° 7 de Frellon, Baudrier]. LUGDUNI, APUD IOANNEM ‖ FRELLAEUM. M.D.XXXVI. (Au verso de l'avant-dernier f.) EXCUDEBAT LUGDUNI ‖ IOANNES BARBOU ‖ ALIAS LE NOR- ‖ MAND, ‖ M.D.XXXVI. In-8 de 8 ff. non chiffrés, 201 pp. et 11 ff. non chiffrés, le dernier blanc.

Bibl. de M. J. Baudrier, à Lyon.
Bibl Senat. Lips. — PANZER, t. XI, p. 458, n° 845⁶.
Ne se trouve ni dans du Verdier ni dans Brunet.

1537

6. Ioannis ‖ Vulteii Remensis ‖ Epigrammatum ‖ libri ‖ IIII. ‖ Eiusdem Xenia. (Marque des grues, n° 675 de Silvestre, à la devise latine : *Plus vigila ...* et à la devise grecque : Καθεύδων οὐδείς ...) *Lugduni,* ‖ *sub scuto Basiliensi, apud* ‖ *Michaelem Parmanterium.* ‖ M.D.XXXVII. ‖ A la fin, p. 285 : *Lugduni,* ‖ *excudebat Ioannes Barbous,* ‖ M.D.XXXVII. In-8 de 285 p. dont les trois dernières ne sont pas chiffrées. Signatures a-s. Caractères italiques. 29 lignes par page entière.

Bibliothèque nationale, Réserve p. Yc 1226 (6). — Grande bibliothèque de la ville de Lyon, n°s 317610 et 800220.

« Jean Faciot dit Vulteius a été l'ami de Et. Dolet, et s'est trouvé lié avec Cl. Marot, Rabelais et avec les plus beaux esprits de son temps, auxquels il a adressé des vers; il ne doit pas avoir été étranger à la cour, car ses poésies font connaître plusieurs anecdotes curieuses relatives à François Ier. Toutefois ses ouvrages, assez faibles sous le rapport poétique, ne sont recherchés que pour les particularités qu'ils contiennent. Les deux premiers livres de ses épigrammes avaient déjà été imprimés à Lyon chez Séb. Gryphe, en 1536, in-8 de 175 pages.

« L'édition de 1537, en *mar. r.*, n'a été vendue que 7 fr. 50 chez Courtois, dont le catalogue ne faisait pas mention de *J. Barbous*, or ce nom a fait porter à 31 fr. l'exemplaire qui s'est trouvé à la vente du président Barbou, faite à Paris en janvier 1857.

« On a encore de Vulteius :

« INSCRIPTIONUM libri duo, Xeniorum libellus (*Parisiis, apud. Sim. Colinæum*, 1538, in-16 de 48 ff.) [Les *Xenia* (Etrennes) sont différentes de celles que donne le recueil précédent.]

« HENDECASYLLABORUM libri quatuor. *Ibid. et idem*, 1538, in-16 de 106 ff.

« L'exempl. de ces deux part. en un vol. rel. en *mar. r.* a été donné pour 4 fr. chez Courtois; un semblable est porté à 30 fr. dans le catal. de M. Coste, de Lyon, et un autre en *v. f.* 60 fr. Solar, n° 1,003, à cause de cette note : « On trouve dans ces poésies deux épigrammes sanglantes contre Diane de Poitiers, une pièce de vers de Vulteius, dédiée à Grolier, et une pièce dirigée contre Rabelais qu'il appelle le singe de Lucien. »

« On trouve dans la *Biographie ardennaise* de l'abbé Boulliot, II, pp. 426 et suiv., une notice fort curieuse sur Vulteius ou Voulté, dans laquelle pourtant il s'est glissé une erreur assez grave ; l'auteur y a fait deux éditions d'une seule, en en indiquant une de *Lyon, Parmentier*, 1537, et une autre de *Lyon, Barbous* sous la même date; bien plus, dans le titre qu'il a donné d'un exemplaire au nom de Barbous, il a inscrit le nom d'Abel de Sainte-Marthe, fils de Scévole, quoique en 1537 Abel ne fut pas encore né, ce qui prouve qu'en bibliographie l'homme le plus actif peut quelquefois se tromper. » (BRUNET, II, 644).

« Le 1er livre (qui contient des pièces très obscènes) est dédié au cardinal François de Lorraine, archevêque de Lyon; le 2e, à Jean Boyssoné(?), jurisconsulte de Toulouse ; le 3e, à Jean du Pin (Pino), évêque de Reims ; le 4e à Gérard Le Roux ou Roussel, évêque d'Oléron. Les *Xenia* sont dédiées à Jean Dillier, chancelier de l'école de Toulouse.

Au verso de l'avant-dernier feuill. est le buste d'un personnage antique accompagné du mot POETA (ce qui ne veut pas dire que c'est le buste du poète), avec ces mots au-dessus : NOLIT VELIT INVIDIA ; au-dessous est un distique. Ce même bois figure encore sur le frontispice du *Cymbalum mundi*, petit in-8, imprimé à Lyon par Jean Bounyn en 1538 (et sur celui du Nicolas Bourbon, n° 1 ci-dessus). PÉRICAUD, *Bibl. lyonnaise du* xvie *siècle, ms.*

Catalogue Durel, à Paris, novembre 1888, n° 4372, 15 fr.

7. [Justinianus?] Tituli in sequenti Enchiridio contenti sunt : De verborum et rerum significationibus, ex Pandectis; De Regulis juris tunc ex Pandectis, tunc ex Decretalibus et Sexto ; De Gradibus

affinitatis ex Pandectis; Rubricæ omnes Cesarei et Pontificis juris. — (A la fin) *Lugduni, excudebat Joannes Barbous*, M. D. XXXVII, in-16, 350 pp. chiffrées, non compris le dernier feuillet, caract. italiques.

En 1541, Barbou donna une nouvelle éd. de ce livre de 253 pp. (PÉRICAUD, *Bibl. lyonn. du* xvie *siècle, ms.*)

Ne se trouve ni dans du Verdier ni dans Brunet.

8. Dialecticæ || Philippi Me- || lanchtonis || libri || IIII. || Ex ultima autoris recognitione. || *Lugduni* || apud Ioannem || Barboum. || M.D.XXXVII. || (Page 171 non chiffrée). *Lugduni,* || *excudebat Ioannes Barbous*. In-8 de 177 pages, les trois dernières non chiffrées. Les pages 172 et 173 contiennent les *Actiones*. Signatures a-l. Caractères italiques.

Ni du Verdier ni Brunet qui cite plusieurs autres ouvrages de Melanchton (III, 1581) ne donnent celui-ci.

9. IOANNIS || MESVE MEDICI PRŒ || *stantissimi. Aloën aperire ora uenarum aliaq;* || *similia non pauca dicenda, adversum Ioannem* || *Manardum & Leonardum Fuchsium,* || *aliosq;* Neotericos *multos medicas* || *defensio, ad Simplicium medica* || *mentorum facultates no* || *scendos non parum* || *utilis,* || GVILHELMO PVTEANO || *Blangiaco medico, civeq; Gratianopolitano autore.* || ADIECTVS est incalce huius opusculi eorum quæ in toto libello continentur omnium index. Autoris ad candidum lectorem choriambicum carmen... — LUGDUNI, APUD GERMANVM ROSE. M.D.XXXVII. (Au verso du dernier feuillet de l'index) LUGDUNI, || EXCUDEBAT IOAN || NES BARBOVS. M.D.XXXVII. In-8 de 115 pages, dont les huit dernières pour l'index non chiffrées. Caractères italiques.

Bibliothèque Mazarine, n° 29-779.

Ni du Verdier ni Brunet qui signalent plusieurs éditions de cet ouvrage (III, 1674) ne citent la nôtre.

10. De embrocha || nova qua ad varios || morbos curandos utuntur recentiores || medici Florentini dissertatio, || opido quam erudita, || auctore Domino Andrea Turino Pisciensi || Philosophiæ ac medicinæ doctore, || Clementis septimi ac chri || stianissimi regis || physico. *Lugduni* || *excudebat Ioannes* || *Barbous*. M D.XXXVII. Pet. in-4° de 10 ff. non chiffrés dont le dernier est blanc. Signatures A et B. Caractères italiques.

Bibliothèque nationale, Te 182. — Bibl. de M. J. Baudrier, à Lyon.

Ne se trouve ni dans du Verdier ni dans Brunet.

11. De curatione || pleuritidis per venæ || sectionem, Autore Do. Andrea Turino || Pisciensi, Philosophiæ ac Medicinæ || doctore, Clementis Septimi, ac || Christianissimi Regis || consiliario. || Addita est doctissima eiusdem Epistola ad Matthæum Curtium. || Aiecta insuper

est eiusdem De Cœna et Prandio, utilis ‖ Disceptatio ad Clementem Septimum. ‖ Cum indice. ‖ [Marque de Michel Parmentier, n° 675 de Silvestre, à la devise latine : *Plus vigila*]. ‖ *Sub scuto Basiliensi apud* ‖ *Michaelem Parmanterium* ‖ *Lugd.* M.D.XXXVII. ‖ (Au recto du dernier feuillet) *Lugduni,* ‖ *excudebat Ioan* ‖ *nes Barbous,* ‖ M.D.XXXVII. ‖ Pet. in-4° de 6 ff. non chiffrés. 392 pages chiffrées et 10 non chiffrées pour l'index. Caractères italiques, 29 lignes par page entière.

Grande Bibliothèque de la ville de Lyon, 319171.

L'exemplaire de la grande Bibliothèque de la ville de Lyon possède une reliure du XVIe siècle, veau estampé avec figures, médaillons. A l'intérieur du premier plat : « Ex libris bibliothecæ quam illustrissimus Archiepiscopus et Prorex Lugdunensis Camillus de Neufville Collegio S. S. Trinitatis Patrum Societatis Jesu Testamenti tabulis attribuit anno 1693. » Dans les pièces préliminaires se trouve une lettre du médecin lyonnais Symphorien Champier, sur le livre d'Andrea Turini. Cette lettre est datée de janvier 1537. (Communication de M. Félix Desvernay).

12. Oratio fu ‖ nebris, a Io. Vulteio ‖ de Iac. Minutio ‖ Tholosae ‖ habita. ‖ (Marque de Michel Parmentier, n° 675 de Silvestre, à la devise latine *Plus vigila*, et à la devise grecque Καθεύδων οὐδείς. *Lugduni,* ‖ *sub scuto Basilien-* ‖ *si apud Michael.* ‖ *Parmanterium.* ‖ M.D.XXXVII. ‖ (A la fin, page 15) *Lugduni,* ‖ *excudebat Ioan* ‖ *nes Barbous,* ‖ M.D.XXXVII. ‖ In-8° de 16 pages. Signature A. Caractères italiques, 29 lignes par page entière.

Grande Bibliothèque de la ville de Lyon, n° 317610, relié avec : Ioannis Vulteii Remensis Epigrammatum.— Bibl. de M. J. Baudrier, à Lyon.

Ni du Verdier ni Brunet, qui donne cependant les titres des ouvrages de Jacques Minut, de Toulouse, ne citent celui-ci.

1538

13. Iuriscon ‖ sultorum vitæ, ‖ novissime climatæ, ‖ & mendis ‖ non paucis, quibus scate ‖ bant, repurgatæ, ‖ Bernardino Rutilio autore. ‖ Cum privilegio. ‖ (Marque de Germain Rose. Brunet, I, 969, IV, 1470 et n° 238 de Silvestre). *Lugduni, apud Germanum Rose.* ‖ M.D.XXXVIII. ‖ (A la fin) *Lugduni,* ‖ *Ioannes Barbous* ‖ *excudebat.* Petit in-8° de 262 pages, les huit dernières non chiffrées. Caractères italiques.

Au verso du titre, privilège daté du 24 novembre 1542, accordé à François de La Porte et à Germain Rose, libraires.

Bibliothèque nationale, Réserve. F. 46344.— Bibl. de M. J. Baudrier, à Lyon.

« Cat. Falconet, n° 19373. B. imp. BRUNET, *Manuel*, IV, 152. » (PÉRICAUD, *Bibliographie lyonnaise du* XVIe *siècle, ms.*)

« Il y a eu une première édition : *Romæ, apud Ant. Bladum,* 1536, in-8°. » (BRUNET, IV, 1470).

Dans Coste, Catalogue (Paris, Potier, 1854, in-8), figure un exemplaire sous le n° 2510 qui s'est vendu 12 fr. 50.
- Cat. Baillieu à Paris, février 1893, 4 fr.

14. Iuris con ‖ sultorum vitae,‖ Bernardino Rutilio ‖ autore, castigatius quam in ‖ priori editione fuerant, ‖ hac vice secunda ‖ impressæ. ‖ (Marque de Germain Rose, Brunet, I, 969, IV, 1470 et n° 238 de Silvestre). Cum privilegio. ‖ *Lugduni, apud Germanum Rose.* ‖ M.D.XXXVIII. (A la fin, au recto d'un f. non chiffré) *Lugduni* ‖ *Ioannes Barbous* ‖ *excudebat.* ‖ In-8 de 8 ff. non chiffrés. 254 p. chiffrées et 1 f. non chiffré. Caractères italiques ; 29 lignes par page entière.

Grande Bibliothèque de la ville de Lyon, n° 800222.

L'exemplaire de la Grande Bibliothèque de la ville de Lyon possède une reliure du xvii° siècle, veau, dos avec petits fers, tranche jaspée. Au recto de la deuxième feuille de garde, on lit, d'une écriture du xvii° siècle : « Vitæ jurisconsultorum quorum in pandectis extant nomina conscriptæ à Guillelmo Grotio juris consulto Delph. Lugduni batavorum apud felicem Lopez, 1690, in-4° p. 200. — Ceux qui meslent la littérature à l'étude du droit scavent faire la différence du mérite et de l'estime publique, des décisions de ceux qui ont excellé dans cette sience (*sic*). » Sur le feuillet du titre, notes manuscrites : « Ex libris Josephi De La Court juris utriusque doctoris, 1670. » (Communication de M. Félix Desvernay.)

15. Le livre de l'Internelle consolation. *Lyon, Guillaume de Guelques.* M.D.XXXVIII. (A la fin) *Imprimé par Iean Barbou.* In-16.

« Cat. Monmerqué, n° 124. Ce livre a été imprimé par Jean Barbou. » (Brunet, III, 451).

16. Préparation à la mort, autrefois composée en latin par Erasme. *Lyon, Guillaume de Guelques.* M.D.XXXVIII (A la fin) *Imprimé par Iean Barbou.* In-16.

« Se trouve ordinairement à la suite de l'*Internelle consolation*, imprimée sous la même date et par le même libraire. » (Brunet, II, 1044).

17. Breviarum romanum ex sacra potissimum scriptura, et probatis sanctorum historiis nuper confectum, ac denuo per eundem authorem accuratius recognitum. — Vignette représentant un paysage avec montagne au fond, églises à droite et à gauche ; au premier plan une grande croix dont les bras sont très larges, avec couronne d'épines et au-dessus sur un cartouche INRI. On lit au-dessous : Scrutamini scripturas, quoniam illæ sunt quæ testimonium perhibent de me. Ioan V. Cum privilegio summi Pont. et Regis Gal. M. D. XXXVIII. (A la fin au recto d'un f. non chiffré) *Lugduni, excudebat, Ioannes Barbous.* Pet. in-8°, 32 ff. non chiffrés et 639 ff. chiffrés. Signatures a à z, A à Z et AA à Za. Dimensions : $0,77^m$ sur $0,114^m$.

Bibl. de M. Raymond Toinet, avocat, à Tulle.

Barbou était à la fois l'éditeur et l'imprimeur de cet ouvrage, non cité par Brunet.

18. Andreæ ‖ Alciati iuris ‖ consulti Mediola ‖ nensis ΠΑΡΕΡΓΩΝ ‖ iuris libri ‖ tres ‖ cum argumentis capitum ‖ in eosdem, & indice vocum, rerum, aucto ‖ ritatum, & locorum notatu dignorum. (Marque à la devise VINCENTI, n° 935 de Silvestre). *Lugduni,* ‖ *apud hæredes Simonis Vincentii.* ‖ M. D. XXXVIII. (A la fin) *Lugduni,* ‖ *excudebat Ioannes* ‖ *Barbous.* Pet. in-8°. Signatures ✻ et a-n, plus 16 ff. non chiffrés au com. pour la dédicace, les arguments des chapitres et l'index. Caractères italiques corps 11.

Bibliothèque nationale, Réserve. F. 2033.— Bibl. de M. J. Baudrier, à Lyon. Ne se trouve ni dans du Verdier ni dans Brunet.

19. Opusculum ‖ recens natum ‖ de morbis puerorum, ‖ cum appendicibus magistri ‖ Petri Toleti ex professo ‖ medici... — *Lugduni,* ‖ *apud Germanun Rose.* ‖ Cum privilegio. ‖ M.D.XXXVIII. A la fin, p, 239 : *Lugduni* ‖ *Excudebat Ioannes Barbous.* ‖ An. M.D.XXXVIII. In-8 de 240 pages (les deux dernières non chiffrées), plus 8 ff. préliminaires. Signatures *a-q.* Caractères italiques.

Bibliothèque nationale, Td 362. — Bibl. de M. J. Baudrier, à Lyon.
Pierre Tolet est auteur d'autres ouvrages cités par Brunet (V. 876), qui dit que ce médecin avait été le condisciple de Rabelais à Montpellier et l'ami d'Etienne Dolet. Voy. pour les autres ouvrages de Tolet, BRUNET II, 1451.

20. LE GUIDON ‖ EN FRANCOYS, ‖ Nouvellement Reveu & au vray ‖ corrige, par maistre IEHAN Canappe ‖ docteur en medecine, selon le iuge- ‖ ment de plusieurs aucteurs anciens, ‖ comme Hippocrates, Galien, Avi- ‖ cenne, & autres : Avec la traduction ‖ du latin delaisse en toutes les autres ‖ Impressions : & Additions de plu- ‖ sieurs passaiges omis par le premier ‖ translateur notees à tel signe ✻ ‖ *Et aussi une Table faisant mention des* ‖ *matieres principales dudict livre.* On les vend à Lyon en rue Merciere chez Guillaume de Guelques, libraire. ‖ AVEC PRIVILEGE. ‖ M.D.XXXVIII. (A la fin) LVGDVNI ‖ *Ioannes Barbous excudebat.* ‖ M.D.XXXVIII. In-8 de 390 ff. chiffrés et 12 ff. non chiffrés.

Au verso du titre, privilège du 3 décembre 1537 accordé à G. de Guelques.
Bibl. de M. le Dr Humbert Mollière, à Lyon.

21. Decretales. — Gregorii noni Pontificis maximi Decretales epistolæ vetustis exemplaribus tum impressis, tum scriptis non mediocri labore collectis .... Qui cupis ingenuos patrum versare canones, Hoc eme iam tersum, candide lector, opus. (A la fin f. ccccxxIII) *Excudebat Lugduni, has decretales .....Ioannes Barbous, impensis honesti viri Hugonis de Porta anno ab orbe redempto* M.CCCCC.XXXVIII. In-fol. de 423 ff.

M. Paul Delalain, éditeur à Paris, possède le 2e et le dernier feuillet de cet ouvrage. Il a bien voulu nous donner les indications suivantes :

Le 2º feuillet commence par la ligne : GREGORIUS NONUS, au-dessous se trouve une gravure qui représente le pape Grégoire IX recevant l'ouvrage des mains de Jacques-André Novella.

Au feuillet cccCXXIII qui termine, on lit à la suite de la mention de l'imprimeur :

Regestum chartarum

a b c d e f g h i k l m n o p q r s t v x y z A B C D E F G H I K L M N O P Q R S T V X Y Z AA BB CC DD EE FF GG HH II KK LL MM. Omnes sunt quaterniones præter a qui quinque chartas complectitur, et II qui tantum duas, nec non præter KK, LL et MM qui sunt terniones.

Ne se trouve pas dans Brunet, qui cite cependant d'autres éditions du même ouvrage.

22. Psalterium || Paraphrasibus || illustratum, servata ubique ad || verbum Hieronymi || translatione || Raynerio Snoygoudano || autore. || Magni Athanasii opusculum || in Psalmos. || (Marque à la devise : In statera domini pendent omnes ; unus quisque nostrum pro se rationem reddet Deo, nº 513 de Silvestre). *Lugduni,* || *sub scuto Coloniensi, apud Ioannem et* || *Franciscum Frellœos, fratres.* || M.D.XXXVIII. (A la fin, au bas de la quatrième page non chiffrée) *Lugduni,* || *excudebat Ioannes Barbous.* Pet. in-8 de 507 pp. chiffrées, plus 5 pp. non chiffrées pour le *Catalogus psalmorum.* Caractères romains et italiques, 29 lignes par page entière.

Grande Bibliothèque de la ville de Lyon, nº 317722.

L'exemplaire de la Grande Bibliothèque de la ville de Lyon possède une reliure du XVIe siècle, filets et fers à froid, tranche rouge. Sur le feuillet du titre on lit : « Capucinorum sancti Andreæ cathalogue inscript. » Avait appartenu à M. Regnauld dont on voit l'ex-libris manuscrit à l'intérieur du premier plat. (Communication de M. Félix Desvernay.)

1539

23. De civilitate || morum pueri || lium, per Desiderium Erasmum || Roterodamum libellus || ab autore reco || gnitus. || Una cum scholiis doctissimi viri Giberti Longolii. Marque à la devise : In statera Domini pendemus omnes, nº 513 de Silvestre. *Lugduni,* || *sub scuto Coloniensi,* || *apud Joannem et Franciscum* || *Frellœos fratres.* || M.D.XXXIX. A la fin, p. 79 : *Lugduni,* || *excudebat* || *Joannes Barbous.* In-8 de 79 pages dont les quatre dernières ne sont pas chiffrées. Signatures A-E.

Bibliothèque nationale, R. 35192.—Bibl. de M. P. Delalain, éditeur à Paris. Non cité par Brunet.

24. Vita hone || sta, sive virtutis : || quomodo quisque vivere debeat, || omni ætate, omni tempore, et || quolibet loco, ergaDeum || et homines. || Autore Herman. Schoten, Hesso, || cui novissime

adjecimus Institutionem ‖ Christiani hominis, per Adrianum ‖ Barlandum Aphorismis digestam. ‖ Omnia multo quam antehac ‖ emendatiora. — *Lugduni,* ‖ *sub scuto Coloniensi,* ‖ *apud Joannem et Franciscum Frellœos fratres.* M.D.XXXIX. (A la fin) *Lugduni, excudebat Joannes Barbous.* Pet. in-8 de 96 pages.

Bibl. de M. Paul Delalain, éditeur à Paris.
Non cité par Brunet.

25. Disticha ‖ Fausti. ‖ Publii Fausti Andrelini Foroliviensis ‖ poetæ laureati regii regineique ‖ Hecatodistichon. (Marque à la devise : Vin ‖ cen ‖ ti, n° 934 de Silvestre). *Lugduni,* ‖ *apud hœredes Simonis Vincentii* ‖ M.D.XXXIX. A la fin, fol. 10 v° : *Lugduni,* ‖ *excudebat* ‖ *Joannes Barbous.* In-8 de 10 ff. Caractères italiques.

Bibliothèque nationale, Réserve. p. Yc 1238 (5).

« P. Fausti Andrelini... Hecatodistichon, cum alusionibus et familiaribus commentariis Joannis Mauri Constantiani hac secunda editione recognitis, multisque additionibus locupletatus : nam ultra editiones Lemovici et Parrhisiis recenter factas multa commentaria que deerant hac editione sunt restituta... *Hoc opus excusum est Tolose in edibus Jacobi Colomies calcographi. in vico Portarietis. Anno* MDXXX Petit in-8 carré de 47 ff. chiff. caract. goth.

« Edition peu connue qui en indique une de Limoges plus ancienne et moins connue encore. Celle de Jac. Colomiès est bien décrite dans les Archives du Bibliophile de M. A. Claudin, n° 18, art. 4326, où elle est portée 20 fr..... » (Brunet, I, 272.)

26. De usu pharmaceutices in consarcinandis medicamentis.... Thebaldo Lespleignio autore..... *Lugduni, sub scuto Coloniensi, apud Frellœos fratres.* M.D.XXXIX. (A la fin) *Lugduni, excudebat Joannes Barbous,* M.D.XXXIX. In-16.

Bibl. de M. Baudrier, à Lyon.

« Lespleigney ou Lepleigney (Thibaut), apothicaire à Tours, était né à Vendôme. » (Brunet, III, 1015; I, 202 et 1452.)

27. Les œuvres ‖ de Clément ‖ Marot valet de chambre ‖ du Roy Desquelles le contenu s'en suit, ‖ L'adolescence ‖ Clementine ‖ La suite de ‖ l'Adolescence, ‖ bien augmentees ‖ Deux livres d'Epigrammes ‖ Le premier livre de la Meta ‖ morphose d'Ouide ‖ Le tout par lui autrement, et mieulx ‖ ordonné, que par cy-devant. ‖ La mort n'y mord ‖ *On les vend a Lyon chez* ‖ *Francoys Juste.* Sans marque. (A la fin sur un f. non chiffré.) *Imprime a lyon par Iehan Barbou.* M. D. XXXIX, in-16 de 285 ff. chiffr. (les ff. 5 et 285 en double), sign. a à z et A (185) à N. Le recto du f. 285 se termine par la même devise que ci-dessus : LA MORT N'Y MORD. Le verso est occupé par les « Faultes d'imprimerie » (il y en a six indiquées).

Les titres et les divisions de l'ouvrage qui occupent les feuillets 3, 4 et 5 contiennent de l'italique et du romain de plusieurs corps, le reste de l'ouvrage est en caractères gothiques usés, avec initiales romaines. Les lettres à personnages des ff. 2, 5 (*bis*), 7 et 10, sont celles qui se retrouvent dans les autres ouvrages imprimés par Jean Barbou.

Au verso du titre, Clément Marot s'adresse à son livre, et il se plaint des ajoutés faits par d'autres imprimeurs dont il « l'a delivré et dechargé ».

Feuillet 2 r° : « Clément Marot à ceulx qui par cy-devant ont imprimé ses œuvres : Le tort, que vous m'avez faict, vous aultres, qui par cy-devant avez imprimé mes œuvres est sigrand, et si oultrageux quil a touché mon honneur et mis en danger ma personne... » Marot se plaint amèrement des ajoutés faits par d'autres imprimeurs de pièces qu'il n'a jamais écrites. Il termine ainsi : « Parquoy, imprimeurs, je vous prie que doresnavant ny adjoustez rien sans men avertir, et vous ferez beaucoup pour nous, car si jay aucunes œuvres à mettre en lumière, elles tunberont assez a temps en vos mains, non ainsi par pièces, comme vous les recueillez ca et la, mais en belle forme de livre. D'advantaige par telles vos additions se rompt tout l'ordre de mes livres qui tant m'a cousté a dresser. Lequel ordre (lecteurs debonnaires) j'ay voulu changer a ceste derniere revue, mettant l'Adolescence a part : et ce qui est hord d'Adolescence, tout en une, de sorte que plus facilement, que paravant, rencontrerez, ce que vouldrez y lire. Et si ne le trouvez la, ou il souloit estre, le trouverez en rang plus convenable. Vous advisant, que de tous les livres, qui par ci-devant ont esté imprimez soubz mon nom, javoue ceulx cy pour les plus amples, et mieulx ordonnez : Et desavoue les aultres, comme bastards ou comme enfants gastez. Escript a Lyon ce dernier jour de juillet l'an mil cinq cens trente et huict. » C'est la répétition de ce que l'on trouve dans l'édition de Dolet de 1538.

Feuillet 3 v° : Nicolai Borbonii Vandoperani poetæ carmen.

Ad lectorem.

Sæpe quod inspersis mendis fœdaverat ausus
    Quorundam, ut sunt hæc secula fida parum :
En tibi nunc, Lector, patria fornace recoctum,
    Spectandumque; novo lumine, prodit opus.
Hic nihil est, quod non sit eliminaverit Autor,
    Ut metuat Momi judicis ora nihil.

Feuillet 4 r°. *L'epigramme precedent du Poëte Borbonius a esté translaté en Françoys, en ceste maniere par LA BELLE RUBELLA.*

Ce livre si souvent avoit esté
Jusqu'a present (telle en est la coustume)
Par meschantz gens, corrumpu et gasté,
Dont l'a fallu r'apporter sur l'anclume :
Or maintenant est-il (amy lecteur)
Si bien remys en ordre, et tellement
Renouvellé, mesmes par son autheur,
Que de Momus ne crainct le jugement.

Vive rectè, et gaude.

« Cette belle *Rubella* était la Délie de Nicolas Bourbon (1) qui lui a consacré une vingtaine de ses *Nugæ* (Paris, 1533) ; mais, quoiqu'elle lui laissât prendre des baisers, il paraît qu'elle lui refusa *illud quod sequi solet.* Voyez le *Carmen* 42 du 6ᵉ tome des *Nugæ*. Et comparez ces faits positifs

---

(1) Nicolas Bourbon l'Ancien, né à Vendeuvre (Aube) (1503+1550).

au roman inséré et réfuté dans la *Feuille hebdomadaire de la Généralité de Limoges*, en 1777, pages 144, 169 et 173, comme nous l'avons annoncé dans la 2ᵉ partie, page 38 ». (PÉRICAUD, *Bibliographie lyonnaise du* XVIᵉ *siècle, ms.*)

« ... Le titre et la souscription sont en lettres rondes, quoique le corps du volume soit en caractères presque gothiques. On remarque dans les pièces liminaires l'épitre de l'Adolescence, datée de Paris, 12 aoust 1530, et l'avertissement de Cl. Marot, daté du dern. jour de juillet 1538. Après le 4ᵉ f., il y a un second titre en lettres rondes, portant *l'Adolescence Clementine*, etc. Cette édition précieuse et fort rare n'est pas, comme nous l'avons dit, le premier livre où se trouve le nom de *Barbou*, qui est resté célèbre dans la typographie française après y avoir figuré honorablement pendant 250 années. Ce nom se lit déjà dans plusieurs livres latins, impr. à Lyon, dès l'année 1536, et y est ainsi exprimé : *Joannes Barbous, alias Le Normand*. (PANZER, VII, p. 371 et XI, p. 458). Au reste l'errata placé à la fin de ce Marot prouve qu'il n'est point aussi correctement imprimé qu'on le dit à l'article Barbou dans la *Biographie universelle* » (Brunet, III, 1453).

Bibliothèque nationale, Réserve Y 4488. — Grande Bibliothèque de la ville de Lyon, nᵒ 800221.

L'exemplaire de la Grande Bibliothèque de la ville de Lyon est relié en veau, dos avec petits fers, tranches rouges, XVIIᵉ siècle. Il a appartenu à Ballesdens, dont le nom, écrit à la main, se trouve sur le folio du titre.

Dans Coste, Catalogue ... (*Paris, Potier*, 1854, in-8) se trouve un exemplaire sous le nᵒ 775, mar. bl. fil tr. dor. (Bauzonnet), qui s'est vendu 252 fr. (Communication de M. Félix Desvernay.)

28. Thomae ‖ Linacri Britanni ‖ de emendata structura latini ‖ sermonis, ‖ libri VI. ‖ Cum Indice copiosissimo. (Marque à la devise : VIN ‖ CEN ‖ TI, nᵒ 934 de Silvestre). *Lugduni,* ‖ *apud hæredes Simonis Vincentii.* ‖ M.D.XXXIX. A la fin de la table, p. 461 : *Lugduni,* ‖ *excudebat* ‖ *Iohannes Barbous.* In-8 de 462 pages, dont les 407 premières seules sont chiffrées. Signatures a-z et A-F. Caractères italiques.

Bibliothèque nationale, X 8677 (1).

La première édition est celle de *Londres, Pynson*, 1524, nous dit Brunet (III, 1080), qui ne cite pas la nôtre.

29. Rudimenta ‖ grammatices ‖ Thomæ Linacri, ‖ ex Anglico sermone in ‖ latinum versa, ‖ Georgio Buchanano Scoto interprete. (Marque à la devise : VINCENTI nᵒ 935 de Silvestre). *Lugduni,* ‖ *apud hæredes] Simonis Vincentii.* ‖ M.D.XXXIX. A la fin, fol. 64 : *Lugduni,* ‖ *excudebat Joannes Barbous.* In-8 de 64 ff., dont le dernier n'est pas chiffré. Signatures A-H. Caractères italiques.

Bibliothèque nationale, X 8677 (2).

Cet ouvrage est relié avec le précédent dans une reliure de l'époque. L'impression a dû être faite consécutivement ; elle est très soignée.

Non cité dans BRUNET (III, 1080) qui donne d'autres ouvrages du même auteur.

30, 31 et 32. Volume composé de trois parties distinctes renfermant la traduction des livres II-VI et XIII et XIV de la thérapeutique de Galien (Bibl. nat., Réserve. Te ^{17}216) :

I. Le densiesme || livre de Claude Galien, intitulé l'Art || curatoire a Glaucon... || *On les vend à Lyon en rue Merciere, chez || Guillaume de Guelques, libraire.* Sans date. In-8 de 34 ff. Signatures A-E.

II. Le premier feuillet entièrement blanc. Titre de départ au haut du fol. 2 : Le III livre de la Ther. de Gal. Le fol 28 est occupé par ce titre : Le quatriesme || livre de la Therapeutique..., || ... trans || laté du vray par || Philiatros.

Titre de départ au haut du fol. 54 : Le cinquiesme || livre de la Therapeutique ... || ... translaté par Philiatros.

Titre de départ au haut du fol. 79 : Le sixiesme li || vre de la Methode therapeutique de || Claude Galien.

Le fol. 103 est occupé par ce titre : Le tresiesme || Livre de la Methode thera || peutique de Claude || Galien. Au fol. 103 v°, préface du traducteur expliquant les raisons qui l'ont décidé à ne pas traduire les livres VII-XII. Au fol. 104 v°, « Huictain du trans || lateur. » Cette pièce donne en acrostiche le nom du traducteur : J. CANAPPE. A la fin, au fol. 127 v° : *Imprimé à Lyon || par Jean Barbou, || 1539.* In-8 de 127 ff. Signatures a-q.

III. Le quator || ziesme livre de || la methode || therapeu || tique de Claude || Galien. || *Lugduni, || apud Guilielmum de Guelques. ||* M.D.XXXVIII. A la fin, fol. 24 r° : *On les vend à Lyon, en rue || Merciere, par Guilaume || de Guelques.* In-8 de 24 ff. non chiffrés. Signatures a-c.

Bibliothèque nationale, Réserve Te ^{17}216. — Bibl. de M. J. Baudrier, à Lyon.

Ne se trouve ni dans du Verdier, ni dans Brunet; ce dernier cite une édition du quatrième livre de la Thérapeutique de Galien. (*Lyon, Fr. Jaste, 1537, in-16, pet. caract. goth.*

33. Omnium || gentium mores, || leges & ritus ex multis clarissimis || rerum scriptoribus, a Joanne Boë || mo Aubano Teutonico nu || per collecti, & novissime || recogniti || ... *Lugduni, ||* M.D.XXXIX. A la fin de la table, page 327 : *Lugduni, || excudebat Ioannes Barbous.* In-8 de 328 pages, dont les 303 premières sont seules chiffrées Signatures a-x. Caractères italiques.

Bibliothèque nationale, G. 9120. — A M. J. Baudrier, à Lyon.

D'après M. Baudrier, cet ouvrage dont Barbou est à la fois l'éditeur et l'imprimeur, ne porte ni marque ni devise.

Brunet qui cite plusieurs éditions de cet ouvrage, (I, 1030) ne cite pas la nôtre.

34. Tabellæ || elementariae, || pueris ingenuis pernecessariae, || Nicolao Borbonio Vandoperano || Lingone POETA autore. || (Mar-

que à la devise : In statera domini pendemus omnes ; n° 513 de Silvestre). *Lugduni,* || *sub scuto Coloniensi* || *apud Ioannem et Franciscum* || *Frellœos fratres,* || M.D.XXXIX. Petit in-8 de 48 ff. les deux derniers non chiffrés.

Grande Bibliothèque de la ville de Lyon, n° 800604.

Au recto du 1er f., portrait gravé sur bois de Nicolas Bourbon, par Georges Reverdy, Lyonnais. Le 2e f. est blanc. Cet ouvrage ne porte pas de nom d'imprimeur, mais il sort très probablement des presses de Jean Barbou qui travaillait depuis longtemps pour les Frelle et qui cette même année avait imprimé quatre ouvrages pour eux. (Communication de M. Félix Desvernay.)

1540

35. Sanctissimum IESU CHRISTI Salvatoris nostri Testamentum novum. (A la fin, f. 164) : Absolutum est hoc sanctissimum IESV CHRISTI Salvatoris nostri Testamentum novum Lugduni, apud Ioannem Barboum : Anno a nativitate ejusdem CHRISTI IESV, quadragesimo supra sesquimillesimum, mense Augusto. In-16 de 214 ff. et 164 ff. chiffrés.

L'exemplaire que nous avons vu est malheureusement incomplet. Il lui manque les 165 premiers ff. Les *Acta apostolorum* s'arrêtent au f. 214, plus 2 ff. blancs non chiffrés, sign. a à z et A à D. Viennent ensuite avec les signatures A à X, précédées d'un titre et avec un nouveau foliotage, les lettres de S. Paul (ff. 1 à 114), les lettres catholiques (ff. 114 à 140) et l'Apocalypse (ff. 141 à 164, plus 4 ff. blancs non chiffrés). L'ouvrage mesure 117 millimètres de hauteur sur 78 millimètres de largeur. Il est imprimé en italiques corps neuf admirablement gravées. Les lettres initiales sont toutes à personnages Celle du f. 164, 1re partie, se répète au f. 4 de la 2e partie ; elle mesure 28 millimètres carrés et représente Jésus et les disciples d'Emmaüs. Jean Barbou paraît être à la fois l'éditeur et l'imprimeur de cet ouvrage.

A M. Dubois, propriétaire à Eymoutiers (Haute-Vienne).

36. Le Nouveau Testament de Nostre Seigneur en francoys. — *Imprimé à Lyon par Jean Barbou* (sans date, vers 1540). In-16, goth.

BRUNET, *Manuel du Libraire* V, 752.

Jean Barbou paraît être à la fois l'éditeur et l'imprimeur de cet ouvrage.

37. Sermon notable pour le jour de la dédicace, nouvellement imprimé. *Lyon*, 1539, pet. in-8 goth.

« Imprimé avec les caractères dont Jean Barbou s'est servi pour son Marot. Ce prétendu sermon n'est autre chose qu'une satire virulente contre la messe et l'église romaine. Marot pourrait bien en être l'auteur. Il est extrêmement rare. Aucun bibliographe n'en a parlé. » (J.-B. MONFALCON, *Bibliogr. de la ville de Lyon.* — *Lyon, Perrin*, 1851, in-8).

1541

38. [B. Curtii ?] Tituli in sequenti Enchiridion contenti sunt.... (A la fin) *Lugduni, excudebat Joannes Barbous*, 1541, pet. in-8.

Réédition de l'ouvrage de 1537.

Peut-être le même ouvrage celui indiqué comme étant de 1543, sous le n° 74 du cat. de la vente de M. X. de Lyon 14 décembre 1891 (M. Louis Brun, libraire à Lyon).

1542

39. Psalterium ‖ paraphrasibus ‖ illustratum, servata ubique ad verbum ‖ Hieronymi translatione. ‖ Raynerio Snoygoudano ‖ autore ‖ Magni Athanasii Opusculum in Psalmos. (Marque à la devise : *Matura*, n°s 193, 347, 399 et 400 de Silvestre). *Lugduni,* ‖ *apud Ioannem & Franciscum* ‖ *Frellæos fratres.* ‖ M.D.XLII. A la fin, page 595. *Lugduni,* ‖ *Excudebat Ioannes Barbous.* ‖ In-8 de 595 pages réglées, les quatre dernières pour l'index non chiffrées. Signatures *a* à *z*, A-H.

Bibl. de M. J. Baudrier, à Lyon.

Non cité par Brunet.

N° 36 du cat. de la vente de M. X. de Lyon, 14 décembre 1891. (M. Louis Brun, libraire à Lyon.)

40. P. Terentii ‖ Comoediæ. ‖ Ex Desid. Erasmi & Ioannis ‖ Rivij castigationibus multo absolutissimæ ; ‖ quibus adiecta quædam reperies, quæ ‖ ad poetam rectius intelligendum su ‖ pra modum necessaria sunt, ‖ ut proxima Pagella ‖ indicabitur ‖ (Marque à la devise : *Matura*, n°s 193, 347, 399 et 400 de Silvestre). *Lugduni,* ‖ *sub scuto Coloniensi.* ‖ M.D.XLII. (A la fin de la page 431), *Lugduni,* ‖ *Ioannes Barbous* ‖ *excudebat.* In-8 de 431 pages, les 19 dernières non chiffrées. Signatures *a-z* A-D. Caractères italiques.

Bibl. de M. J. Baudrier, à Lyon.

Non cité par Brunet.

41 (?). B. Curtii, Enchiridion juris utriusque terminorum. *Lugduni, apud J. et Fr. Frellonios fratres*, pet. in-8.

N° 74 du cat. de la vente de M. X. de Lyon, 14 déc. 1891. (M. Louis Brun, libraire à Lyon.)

Ouvrages de Balthasar Arnoullet avec les héritiers de Jean Barbou

1543

1. La vie de Nostre Seigneur Iesus Christ, selon le texte des quatre évangélistes, avec tous les évangiles, épistres et prophéties

de toute l'année, chantées en l'office de la messe, avec aucunes oraisons, par Guillaume de Branteghem. *Lyon, par Balthazard Arnoullet.* (A la fin) *Par Balthazard Arnoullet, avec les héritiers de Iehan Barbou*, 1543, in-16, avec fig.

BRUNET, *Manuel du libraire*, 1, 1210.

1544

2. Breviarium ‖ romanum, ex sacra potissi ‖ mum scriptura, et probatis ‖ Sanctorum historiis nuper confectum, ac denuo per eun ‖ dem Authorem (1) accuratius recognitum, eaque dili- ‖ gentia hoc in anno a mendis ita purgatum, ‖ ut Momi judicium non pertimescat. ‖ Joann. V : Scrutamini scripturas, quoniam illæ sunt, quæ testimonium perhibent de me. (Marque de Hugues de La Porte à la devise : Libertatem meam mecum porto, n°ˢ 731 et 983 de Silvestre). Cum privilegio ‖ Summi Pontificis & Regis Galliæ; ‖ *Lugduni.* ‖ M.D.XLIIII. A la fin, fol. 255 v° : *Lugduni,* ‖ *excudebat Balthazard* ‖ *Arnoullet, una cum hæredibus* ‖ *Joannis Barbous.* ‖ M.D.XLIIII. In-4° de 256 ff., dont le dernier est blanc et non chiffré, plus 18 ff. préliminaires. Signatures *a-ii*. A deux colonnes. Impression en rouge et en noir.

Bibliothèque nationale, Réserve. B. 1595. — Grande Bibliothèque de la ville de Lyon, n° 105557. — Bibl. de M. J. Baudrier, à Lyon.

M. Léopold Delisle a bien voulu nous écrire que, d'après le *Catalogus Missalium* (p. 158) de M. Weale, le Musée Britannique possède un exemplaire de ce Bréviaire, et que, d'après le même ouvrage, il en existerait un autre, daté de 1545, à la Bibliothèque de l'Université de Kiel. S'il n'y a pas une erreur de lecture pour cette date, il se pourrait que Balthasard Arnoullet, sans donner une nouvelle édition du même ouvrage à une date aussi rapprochée, se soit contenté d'en rafraîchir le titre, comme le font les éditeurs de nos jours. On connaît d'autres exemples de ce fait.

M. Félix Desvernay, directeur de la Grande Bibliothèque de la ville de Lyon, veut bien nous envoyer la description suivante :

« Au verso du feuillet 255 on lit : Iosue I. Non recedat Volumen Legis huius ab ore tuo, sed meditaberis in eo diebus ac noctibus. Index chartarum a b c d e f g h. A B C D E F G H I K L M N O P Q R S T V X Y Z. aa bb cc dd ee ff gg hh ii. Omnes sunt quaterniones præter a et h qui sunt duerni, et c qui est ternus. Au commencement (sur les 18 feuillets non chiffrés), Lettre-Préface du cardinal François Quignon, du titre de Sainte-Croix à Jérusalem, au pape Paul III, calendrier, règles de l'office et index des Psaumes; à la fin un feuillet blanc non chiffré ; caractères romains rouges et noirs de deux grandeurs : 47 lignes longues ou 2 colonnes de 47 lignes

---

(1) [*Franciscum Quignonium*]. — En tête de ce livre dont l'exécution est remarquable, on lit une épitre du cardinal François Quignon au pape Paul III.

par page entière; petite gravure sur bois, feuillet I : le roi David récitant les Psaumes. Belle reliure du xvɪᵉ siècle, en veau brun, filets dorés et à froid, milieu portant écusson : d... à trois étoiles de huit raies d...; tranches ciselées. Exemplaire réglé. Sur le feuillet du titre note manuscrite : Collegii Lugdunensis S.Sæ Trinitatis Societatis Jesu catal. inscrip, an. 1714. A l'intérieur du premier plat on lit : « Memoriæ sempiternæ viri cl. Marci Perachon in supremo senatu causidici, qui post ejuratam sincere hæresim in qua natus fuerat, de Religione ac Literis bene meritus dum viveret, moriens Bibliothecam Lugd. Coll. SS. Trin. Soc. Jesu annuo Censu locupletavit. Ex Censu anni 1713-1714. »

Mettaire, *Annales typograph.*, I, 206, Index. Péricaud, *Bibl. lyonnaise du xvɪᵉ siècle*, ms.

Nº 1022 du catal. Ludwig Rosenthal à Munich, juillet 1891.

Non cité par Brunet.

3. Missale ad usum sacrosanctæ Romanæ ecclesiæ recens diligenti studio recognitum. Joan. V. Scrutamini scripturas : quoniam illæ sunt quæ testimonium perhibent de me. Marque de Balthasar Arnoullet, nᵒˢ 143 et 458 de Silvestre. (A la fin) : *Excudebat Balthasar Arnoullet, cum hæredibus Joannis Barbous*, in-4º. Rubriques en rouge, nombreuses vignettes, pages réglées.

Nº 68 de la vente de la bibliothèque de M. l'abbé Texier. — *Paris, Techener,* 1861, in-8.

Bibl. de M. G. Clément-Simon, château de Bach, près Tulle (Corrèze). Brunet ne le cite pas.

Ouvrages édités à Lyon par Hugues Barbou

1562

1. La ‖ Fontai ‖ ne des de ‖ vis amou ‖ reux. ‖ Pour la reiouissance des ‖ vrays Amans [par Jean de la Fontaine, de Valenciennes]. — *A Lyon. Chez Hugues ‖ Barbou,* 1562, in-16 de 62 ff. non chiffrés en lettres rondes, avec 22 fig. en bois dont quelques-unes se répètent.

Bibliothèque de M. J. Baudrier, à Lyon.

Brunet, *Manuel du Libraire,* III, 747.

Cet exemplaire porte sur la garde un ex-libris aux armes d'un premier propriétaire au xvɪɪᵉ siècle, puis, sur la contre-garde, l'ex-libris de Yemeniz. L'ouvrage figure en effet dans le *Catalogue* de ce bibliophile, tome II, page 90, nº 1628. (Yemeniz, Catalogue de mes livres. *Lyon, imprimerie Louis Perrin,* 1856, 3 vol. in-4º).

2. La fleur des sentences morales extraictes tant des anciens que des modernes et mises en vers françois en formes d'Emblesmes, [par Gilles Corrozet]. *A Lyon, chez Hugues Barbou,* 1562, in-16.

Du Verdier, *Bibl. fr.,* II, 51. Non cité par Brunet.

LES BARBOU DE LIMOGES

La maison des Barbou de Limoges, qui subsiste toujours, remonte à 1566. Elle a eu pour fondateur Hugues, fils de Jean, imprimeur à Lyon.

Cette maison, qui, depuis plus de trois cents ans, s'est transmise de père en fils, a été pendant longtemps la plus importante de la région. Faire l'histoire de l'imprimerie Barbou, c'est faire, pour ainsi dire, l'histoire du mouvement littéraire dans le Haut-Limousin, du moins pour la fin du xvie et le commencement du xviie siècle ; car les autres imprimeries étaient de faible importance. Ce n'est qu'au xviiie siècle que les Barbou sentirent les effets de la concurrence des autres maisons, celles des Chapoulaud, des Farne et des Dalesme.

Nous avons reproduit, dans le chapitre précédent, ce que nous apprennent les ouvrages généraux sur les imprimeurs du nom de Barbou. En ce qui concerne plus spécialement la maison de Limoges, on a remarqué qu'après avoir nommé Hugues Barbou, ces ouvrages sont muets sur ses successeurs. Il semble qu'après celui-ci, les autres ne méritaient pas une mention spéciale.

Les publications locales ne nous apprennent pas grand chose. Dans le *Journal du département de la Haute-Vienne* du 8 mai 1806 (n° 18, p. 150), et dans ceux des 6 mai 1808 (n° 19) (1) et n° 8, p. 29, de 1812, il est dit quelques mots des Barbou.

(1) D'après cet article, Hugues Barbou serait cité dans le *Dictionnaire des grands hommes*, par une Société de gens de lettres, t. Ier, 1779, in-8°.

Le *Bulletin de la Société Royale d'agriculture, sciences et arts de Limoges* (1) contient une Notice sur l'état de l'imprimerie à Limoges depuis son établissement dans cette ville jusqu'à nos jours, par M. Roméo Chapoulaud. C'est la reproduction de celle écrite quelques années auparavant par M. Lingaud, ancien secrétaire de la mairie, dont le manuscrit appartient à la Société archéologique. Voici l'extrait concernant les Barbou :

« ... Charles de La Nouaille imprimait à Limoges en 1560.

» Ici se place l'illustre famille des Barbou dont le nom fait époque en typographie et balance la gloire des Elzevir, des Estienne, des Didot, hommes aussi célèbres par les notes dont ils enrichissaient leurs éditions que par la correction des épreuves, la beauté et la netteté des caractères qu'ils employaient.

» Hugues Barbou, fils de Jean Barbou, célèbre imprimeur de Lyon, épousa Jeanne Bridier, veuve de Charles de La Nouaille, dont il acheta le fonds en 1568. En 1580, il imprima, en beaux caractères italiques, les *Epitres de Cicéron à Atticus*, avec les corrections et notes de Siméon Duboys, lieutenant général de Limoges. Cette édition est une des meilleures qui soient sorties des presses de la France (2) à cette époque.

» En 1660 la veuve d'Antoine Barbou publia en latin une biographie des hommes illustres du Limousin (3).

» En 1672, Martial Barbou donna une édition de l'*Histoire des saints* de cette province [par le chanoine Colin].

» Le *Pastoral du diocèse de Limoges* parut en 1702 chez Pierre Barbou.

» Les descendants de cette famille ont continué d'exercer le même art à Limoges et à Paris, et tout le monde connaît les belles éditions classiques publiées dans cette capitale. Les Barbou de Limoges sont les seuls qui existent maintenant... »

Une note écrite de 1840 à 1850, que nous avons trouvée dans les papiers de la famille, renferme des renseignements que l'on ne peut accepter sans réserves. Ils sont, du reste, en désaccord avec les données fournies par le Livre de raison et les ouvrages imprimés par les Barbou.

Nous en aurons terminé avec les mentions de l'imprimerie Barbou, lorsque nous aurons signalé la brochure de M. A. Dubois, intitulée : *Notice sur la maison Marc Barbou et C*^{ie} (1568-1887) (4), pour

---

(1) T. XI, 1832, p. 104 et ss.
(2) Nous faisons plus loin nos réserves sur cette appréciation.
(3) Il s'agit ici du *Lemovici multiplici eruditione illustres*, par le chanoine Colin.
(4) Limoges, Marc Barbou et Cie, 1887, in-16 de 18 pages.

laquelle nous avions communiqué quelques renseignements à son auteur.

Comme on le voit, les documents manuscrits ou imprimés, nous apprennent peu de choses sur la maison Barbou, sur ses productions et son organisation. Il est permis de croire que les Barbou eux-mêmes ignoraient l'histoire de leur établissement. Dans une lettre conservée aux Archives départementales (1), Léonard Barbou se borne à reproduire ce qui avait paru dans le *Journal de la Haute-Vienne* du 6 mai 1808.

L'imprimerie des Barbou de Limoges ne peut pas être mise en parallèle avec celle des Alde, des Estienne ou des Elzevir. Si, du vivant de Hugues, son fondateur, elle a donné d'excellentes impressions, elle ne s'est pas maintenue dans cette voie. Il ne faut pas trop lui en faire un crime : Limoges ne pouvait offrir aux imprimeurs les éléments nécessaires pour faire vivre une imprimerie artistique. On doit au contraire savoir gré aux Barbou de s'être attachés à leur profession et d'avoir donné à leur imprimerie toute l'extension qu'elle pouvait prendre dans un centre aussi peu littéraire que Limoges.

Comment, du reste, les Barbou ne se seraient-ils pas attachés à une profession à laquelle ils devaient la considération dont ils jouissaient et leur fortune ?

Il ressort du Livre de raison de la famille et des autres papiers dont il sera parlé plus loin, que leurs femmes ont joué un grand rôle dans l'administration de la maison. On a vu dans la première partie que plusieurs de nos imprimeurs moururent jeunes. Leurs veuves, placées par ce fait à la tête des affaires, tenaient à honneur de remettre l'établissement prospère entre les mains de leurs enfants, elles firent pour cela de véritables prodiges de sagesse et d' « *habileté* ». Que l'on ne pense pas, cependant, que ces qualités des épouses des Barbou se développaient seulement à la mort de leur mari. Lorsque Pierre traita avec la veuve de Charbounier-Pachi pour se substituer à elle dans les engagements pris avec la Compagnie de Jésus, il fit intervenir sa jeune femme, Jeanne Mailhard. C'est la même qui traitait directement avec les fabricants de papiers comme on le vera plus loin. C'est par les femmes que les enfants étaient préparés à exercer la profession d'imprimeurs-

---

(1) Archives de la Haute-Vienne, T. 378. Dans sa lettre aux administrateurs du département de la Haute-Vienne (sept. 1790), Léonard débute ainsi : « De temps immémorial les Barbou ont acquis une réputation méritée dans l'art de l'imprimerie. »

libraires. Lorsqu'à la fin du xvııe siècle, la riche bourgeoisie abandonnait le commerce pour acheter des charges qui l'anoblissaient, les Barbou suivirent l'impulsion commune. Mais tout en exerçant les fonctions de trésoriers des ponts et chaussées et de greffiers de l'élection, ils restèrent imprimeurs-libraires (1).

L'attachement pour sa profession s'est surtout manifesté chez le fils de Pierre, Jean-Benoit, le fondateur de la maison de Paris, comme on le verra dans la IVe et dernière partie de cette notice.

Hugues Barbou et ses successeurs ont créé un des établissements industriels les plus florissants de la région. Imprimeurs du clergé, ils devinrent bientôt imprimeurs de la Compagnie de Jésus et éditèrent pendant un certain temps la plus grande partie des classiques de la province d'Aquitaine. Ils y ajoutèrent plus tard les impressions de l'Intendance et des services administratifs de la Généralité de Limoges.

Au commencement du xvıııe siècle, ils abandonnèrent les impressions du clergé pour se donner entièrement aux classiques et aux impressions administratives; mais les classiques latins écrits par les Pères Jésuites cessèrent de se vendre après 1763, et la Révolution leur enleva les impressions administratives. Leur imprimerie subit à ce moment un crise pénible. Sous le premier empire, les Barbou redevinrent les imprimeurs du clergé et de l'administration. Ils revinrent aux ouvrages de piété; les classiques firent place peu à peu aux ouvrages pour distributions de prix : ce sont ces deux catégories de livres qui forment le fonds de la maison actuelle.

Nous aurions voulu donner quelques détails sur l'importance de la maison, sur son matériel, son personnel, ses marchandises, son chiffre d'affaires, ses bénéfices. Nous ne pouvons le faire que pour le xvıııe siècle, les documents faisant défaut pour la période antérieure.

L' « état général de ses biens », dressé par Valérie Farne, veuve de Jean Barbou, vers 1750, attribue à l'imprimerie, aux papiers en magasins, à la boutique, aux livres, etc., une valeur de 100,000 livres.

D'après le rapport fait à M. de Sartine en 1764, pour la mise à exécution de l'arrêt du 12 mai de 1759 qui fixait le nombre des imprimeurs de la généralité, Martial Barbou possédait quatre presses et onze sortes de caractères. Cinquante ans plus tard,

---

(1) Ces fonctions n'étaient pas incompatibles avec la profession d'imprimeur. Pierre Chirac, imprimeur-libraire à Tulle (1709-1790) était en même temps greffier en chef du Présidial et du Sénéchal de la même ville.

d'après l'inventaire de 1810, Léonard possède le même nombre de presses, dont une seule fonctionne, plus seize sortes de caractères d'un poids total de 13,000 kilos environ. Comme ce matériel s'était peu modifié dans cette période, il est permis de penser que le dernier inventaire nous fait connaître l'outillage de cent ans auparavant.

Il est bien difficile de dire quel était le personnel de la maison ; mais en se basant sur celui que nécessitaient quatre presses fonctionnant régulièrement, le nombre d'ouvriers occupés devait être de vingt à vingt-cinq environ. L'état de 1764 dit que Barbou occupait dix compagnons mais il faut y ajouter les autres employés et les apprentis.

Pour les marchandises, nous possédons deux inventaires malheureusement de dates trop récentes : l'un est de 1750, l'autre de 1819. D'après le premier, les marchandises étaient réparties en plusieurs magasins (1). Elles représentaient : 257,464 volumes s'élevant à 119,000 l. En 1819, les marchandises et le matériel sont évalués à 55,000 l. La maison avait donc perdu plus de la moitié de sa valeur.

Nous n'avons rien de positif sur les bénéfices ; mais ceux-ci étaient réels, car sans eux les Barbou n'auraient pu faire les importantes acquisitions de biens du commencement du XVIIIe siècle. D'après l'Etat de 1750, les propriétés acquises par Pierre Barbou représentaient une valeur de 50,000 livres et celles de Jean son fils s'élèvent à 200,000 livres. Il est vrai que dans ce chiffre la propriété de Monimes, sur laquelle il n'avait versé que 35,000 livres, figure pour 160,000 livres. Il ne faut pas perdre de vue qu'à ce moment la maison de Paris fait faire ses impressions à celle de Limoges et lui commande de fortes quantités de papiers du Limousin.

Les Barbou ont été de tout temps relieurs. Du reste, les professions d'imprimeurs, libraires et relieurs étaient le plus souvent réunies. Les livres se vendaient reliés plutôt que brochés. La reliure semble avoir été le reflet de l'impression. Les reliures du XVIe siècle que possède la Bibliothèque communale sont faites avec goût (2). En revanche, les reliures en basane ou en parchemin des XVIIe et XVIIIe siècles sont communes et n'offrent rien de remarquable.

Les Barbou ont été marchands de papiers en gros, puis fabri-

---

(1) Magasin de Saint-Martial, grand grenier ; dans la maison : chambre du diocèse, chambre du linge, chambre des Cicéron, dans les armoires, dans la boutique.

(2) Catalogue de l'Exposition de Limoges de 1886, p. 68, n°s 324 et 325.

cants. Au commencement du xviii⁰ siècle, ils sont en relation avec plusieurs fabriques du haut et du bas Limousin et du Périgord dont ils écoulent exclusivement tous les produits. Ils leur fournissent les chiffons et payent l'entretien de l'outillage pour quelques-unes, qui semblent ne fabriquer que pour eux. Ils vendaient aux imprimeurs-libraires et aux cartiers de la région, à ceux de Toulouse, Bordeaux, Pau, Niort, La Rochelle, Angers, mais leur principal débouché était la maison de leur frère de Paris. D'après les comptes annuels, leurs expéditions en papiers atteignaient la somme de 13,000 livres en 1714.

En 1771, ils élevèrent une fabrique pour leur compte dans leur propriété des Courières. Par suite des lenteurs amenées par un procès, cette fabrique ne commença sa fabrication qu'en 1774. Elle fonctionna jusqu'en 1820, époque de la mort de Léonard Barbou et de la vente des Courières. C'est de cette fabrique que sortirent, pour la région, la presque totalité des papiers destinés au timbre officiel pendant la Révolution (1).

Leurs rapports d'affaires sont empreints de bonne foi et d'honnêteté. Les Barbou étaient scrupuleux dans la réception des marchandises : ils faisaient subir des réductions à certains fabricants de papiers ; mais s'ils commettaient une erreur, ils la rectifiaient sur le champ, sans observations.

A défaut de documents sur l'imprimerie Barbou aux xvi⁰ et xvii⁰ siècles, nous nous appuierons sur les ouvrages imprimés par eux. Nous nous sommes efforcés d'en réunir le plus grand nombre sans avoir la prétention de les réunir tous. On en trouvera la liste plus loin. Il suffit du reste de grouper les principaux pour se faire une idée de la clientèle des Barbou et de leur manière de comprendre le livre.

Les Barbou de Limoges ont, dès le début, adopté une marque typographique qui figure sur les titres de leurs ouvrages. Cette marque est restée la même du xvi⁰ au xix⁰ siècle ; seuls l'encadrement et les supports ont varié.

La marque, dans un écusson ovale, se présente ainsi : une main sortant d'un nuage, tient un épi d'orge et une palme. Quelquefois elle est surmontée d'un croissant et le bas est formé par une onde dans laquelle nagent des poissons. C'est la marque de la maison que

(1) Archives départementales. Registres du Directoire du département, L. 71 à 80.

Marque n° 1, 1573 à 1600.

Marque n° 2, 1653 à 1698 et de 1714 à 1736.

Marque n° 3, de 1698 à 1714.

Marque n° 4, de 1795 à 1820.

Marque n° 5, aux Cigognes
Sur les ouvrages pour le compte des Barbou de Paris
de 1716 à 1751.

Pierre Barbou prit pour armes et qu'il fit enregistrer dans l'Armorial général le 27 février 1699 ; ces armes sont ainsi désignées : *d'azur, au dextrochère de carnation, vêtu d'argent, issant d'un nuage de même, tenant une plume et un épi d'orge d'or surmonté d'un croissant de même.*

Cette marque est parlante, comme la plupart de celles des imprimeurs d'alors, et elle répond à une devise dont les diverses formules ont en somme le même sens. La première formule est la suivante : *Longuo labore eximius honor*, puis : *De long travail fruict et honneur* ; enfin celle qui s'est conservée jusqu'à nos jours : *Meta laboris honor*, l'honneur est le but du travail ; de 1698 à 1714, Pierre Barbou prit la devise : *De long travail plaisir.*

Si l'on examine dans Silvestre (1) les marques des imprimeurs lyonnais contemporains de Hugues Barbou, on voit que celui-ci s'en est inspiré pour composer la sienne. En effet, les marques de Huguetan, Dolet, de Tournes, Bering, Vincent, Rigaud, de Junte, Benjon, contiennent toutes une main tenant tel ou tel objet ayant rapport soit au nom de l'imprimeur, soit à sa devise.

Dans la marque de Hugues Barbou, le *fruit du long travail* est figuré par l'épi d'orge et l'*honneur* par une palme. Ce n'est pas à la légère que l'épi d'orge a été choisi par lui, il lui fallait un fruit barbu pour rappeler son nom. Quant à la palme, on l'a prise souvent par erreur pour une plume. Mais si on examine attentivement les premiers ouvrages de Hugues Barbou, on voit bien qu'il s'agit de la *récompense du travail* figurée par une palme. L'épi d'orge et la palme se reproduisent du reste dans la main des génies placés en tête de l'encadrement.

Les poissons nageant dans l'eau, des *barbeaux* apparemment, viennent encore rappeler le nom de l'imprimeur.

La présence du croissant est plus difficile à expliquer, à moins que le fondateur de la maison n'ait voulu indiquer le début de sa maison et ses espérances d'accroissement par la lune naissante ?

L'encadrement de la marque et la formule de la devise s'étant modifiés à diverses époques, nous avons pensé qu'il fallait en donner des reproductions, auxquelles nous renverrons dans les descriptions d'ouvrages. La marque n° 1, avec devise : *Longuo labore eximius honor* ou de : *Long travail fruict et honneur*, ou *Meta laboris honor* dans l'intérieur de l'encadrement renaissance, se trouve sur des ouvrages de 1573 à 1600. La marque n° 2, avec devise : *Meta laboris honor* dans l'intérieur d'un cartouche supporté par deux

---

(1) Silvestre, *Marques typographiques* n°s 130, 131, 179, 183, 187, 219, 278, 417, 442, 449, 565.

lions, se trouve sur les ouvrages de 1653 à 1698 et de 1714 à 1736. Là marque n° 3, avec devise : *De long travail plaisir*, se trouve sur les ouvrages de 1698 à 1714 ; enfin la marque n° 4 de 1805 à 1820. Par exception, on trouve sur l'ouvrage de M. Juge, *Changements survenus à Limoges*, un atelier typographique avec des génies pour ouvriers et l'initiale B au centre, réminiscence de l'une des marques des Barbou de Paris. On trouve aussi sur les ouvrages imprimés par l'atelier de Limoges de 1716 à 1751, pour le compte des Barbou de Paris, la marque aux cigognes (n° 5), qui était celle des Cramoisy (1).

Hugues BARBOU

1568-1600

Nous avons dit dans le chapitre précédent comment Hugues Barbou avait dû rencontrer à Paris la veuve de Charles de La Nouaille, imprimeur à Limoges. Sachant que cet établissement avait besoin d'un directeur, il vint dans notre ville en 1566. Quelques mois après, pendant lesquels il dut prendre la direction de l'atelier, il épousait la veuve de La Nouaille et achetait son imprimerie.

Au moment de l'arrivée de Hugues, quelle était la situation de Limoges au point de vue intellectuel et quelles ressources pouvait-elle offrir aux imprimeurs ?

Limoges avait une population de 12,000 habitants environ (Château 10,000, Cité 2,000). Sur ce chiffre un vingtième environ appartenait au clergé et aux communautés religieuses (2).

La ville était le chef-lieu d'une élection, d'un bureau des trésoriers de France, d'un présidial ; elle possédait un hôtel des monnaies, une bourse du commerce, etc.

Au point de vue de l'enseignement elle avait, en outre de quelques petites écoles, un collège dirigé par des prêtres séculiers, qui était loin d'être florissant. Les Jacobins et les Grands Carmes instruisaient aussi la jeunesse.

Dans cette population, quelles étaient les personnes susceptibles d'alimenter les imprimeries ?

En première ligne venait l'évêque, qui avait souvent recours à

---

(1) Nous parlerons de cette dernière au chapitre des Barbou de Paris.
(2) En 1566, Limoges comptait un évêché, deux chapitres, treize paroisses, six couvents d'hommes et un de femmes. Cinquante ans plus tard, il comptait dix couvents d'hommes et quatre de femmes.

l'imprimeur pour les imprimés de son diocèse et les livres liturgiques.

Le clergé comptait certainement parmi ses membres des personnes lettrées ; les communautés se servaient de livres de piété, mais elles devaient s'être pourvues auprès des prédécesseurs de Barbou.

Parmi les gens de finances et de robe, il devait s'en trouver d'instruits, susceptibles de se faire imprimer ; on pouvait citer notamment le lieutenant général Siméon Du Boys et les avocats Siméon Des Coustures et Jean de Beaubreuil.

Il y avait aussi plusieurs médecins qui, sans doute, comme ceux d'aujourd'hui, devaient désirer de communiquer au public le fruit de leurs observations. Mais Fayen, David et Chabodie ne s'étaient pas encore révélés.

Ajoutons les professeurs du collège, dont quelques-uns avaient déjà fait gémir la presse, notamment Jean Delage, le commentateur d'une églogue d'Ausone (1).

Les commerçants n'avaient pas besoin de l'imprimerie, parce que par économie et par habitude, ils faisaient à la main tout ce qu'ils font imprimer aujourd'hui. Le temps était moins cher autrefois, et la vie était moins fiévreuse.

Le Limousin comptait plusieurs de ses enfants parmi les littérateurs et les savants, mais ceux-ci avaient quitté le pays et se faisaient imprimer dans les villes où ils habitaient, Paris et Lyon principalement.

En dehors des auteurs connus, il y avait à Limoges, comme partout ailleurs, des hommes studieux possédant une bibliothèque, se plaisant au milieu des livres, les faisant relier d'une façon convenable et ayant pour eux un véritable culte ? Nous en avons la preuve par la longue liste que nous a donnée M. Fray-Fournier, dans son excellente étude sur les *Ex-libris limousins*, publiée dans le *Bibliophile* (2). Cette étude a été une véritable révélation, et on a pu voir que les bibliophiles de notre ville se recrutaient dans tous les rangs de la société.

Dans une longue lettre latine datée du 25 mars 1544, qui sert de préface à l'édition de Térence publiée par Guillaume de La Nouaille, en 1553 ; celui-ci appelle sa patrie « la nourricière très abondante de beaux esprits ». M. Poyet qui reproduit le résumé de cette lettre d'après Auguste Bosvieux (3), semble mettre en doute

---

(1) Ausone, *Eglogue*, commentée par Jean Delage.— Limoges, Guillaume de La Nouaille, 1544, in-8.

(2) Le *Bibliophile limousin*, n° 2, 3 et 4 de 1894, 1 et 2 de 1895.

(3) Archives de la Haute-Vienne, fonds Bosvieux. M. Poyet a reproduit ce résumé dans la *Bibliographie limousine*, p. 33.

sa présence en tête du Térence, qui parut neuf ans après. Nous avons pu constater qu'elle figure sur le bel exemplaire de cet ouvrage appartenant à M. René Fage.

Cependant, après la mort de Guillaume de La Nouaille (1560), jusqu'à 1566, date de l'arrivée de Hugues, l'imprimerie semble avoir peu produit à Limoges : le besoin de la presse ne se faisait peut-être pas sentir, ou peut-être les discordes civiles avaient-elles exercé une influence fâcheuse sur l'activité de nos ateliers ?

Depuis 1557, le dernier des Berton, Barthélemy, avait transporté ses presses à La Rochelle, et Claude Garnier était mort (1). Le dernier des de La Nouaille, Charles, venait de mourir. Il ne restait donc qu'un seul imprimeur, Hilaire Lemoyne, d'abord libraire, qui avait dû probablement acheter quelques épaves du matériel de Claude Garnier.

On cite bien vers cette époque les noms de deux libraires-relieurs, mais il n'est pas sûr que leur boutique fut ouverte au moment où Hugues Barbou vint à Limoges : Jean Lizée dit d'Angoulême, auquel la Confrérie du Saint-Sacrement de Saint-Pierre-du-Queyroix confiait, en 1551, la reliure du plus curieux des manuscrits de nos archives communales (2) ; Jean Boutaud le jeune, qui exerçait en 1592, d'après M. Poyet (3).

Hugues Barbou trouvait donc à Limoges une situation particulièrement avantageuse. Il prenait la suite d'une maison ancienne et très considérée, qui comptait dans sa clientèle le clergé et les personnes les plus en vue de la ville, et il n'avait pas à redouter la concurrence de ses confrères. Il arriva dans notre ville le 7 septembre 1566. Il est à croire que de cette date à celle où il épousa la veuve de Charles de La Nouaille, janvier ou février 1568, il dut diriger l'imprimerie de celle-ci. Après son mariage, il acheta le matériel d'imprimerie à l'héritier des de La Nouaille, l'élu Jean Biays, par contrat reçu Martin. Il le paya, nous dit-il, 1,200 livres faisant 4,345 fr. 75, soit 17,300 fr. de nos jours. Il versa cette somme à Jean Biays et à son fils Jacques, aussi élu, comme il résulte du contrat passé par Aubert Montaudon et de ses autres quittances, ce qui suppose un payement échelonné sur plusieurs années.

(1) A. CLAUDIN. *L'imprimeur Claude Garnier et ses pérignations,* 1520-1557, dans le *Bibliophile limousin*, n° 4 de 1893 et n° 1 de 1894.

(2) P. DUCOURTIEUX. *Manuscrits et imprimés à l'exposition de Limoges,* 1886, au *Bull. de la Société arch. et hist. du Lim.*, t. XXXV.

(3) P. POYET, *Bibliographie limousine*, au *Bull. de la Soc. arch. et hist. du Lim.*, t. XI, et Louis GUIBERT, *Les premiers imprimeurs de Limoges.*

A ses débuts, Hugues Barbou dut habiter la maison occupée par les de La Nouaille, place des Bancs, près du marché, devant la statue de saint Roch « *juxta macellum, ante sanctum Rochum* ». Cette maison devait correspondre aux numéros 30 ou 32 actuels de la place, car d'après des actes mentionnés par M. Louis Guibert, les de La Nouaille possédaient des immeubles qui communiquaient par derrière avec la rue Pennevayre.

Dès l'année 1569, Hugues Barbou transporta ses presses dans la maison de Joseph Doineys, sur la place Fontaine Saint-Michel, située derrière cette église (aujourd'hui place Etienne Pinchaud). Il resta seize ans dans cette maison (1), car il nous dit dans son livre, que le 14 avril 1586, par contrat passé devant Albin et Boulestey, notaires, il acheta à Pierre Guibert et à sa mère, pour le prix de 1,033 écus un tiers, revenant à 3,100 fr., représentant une valeur de 24,000 fr. de nos jours, leur maison située rue Ferrerie, près Saint-Michel. Cette maison devait former l'angle de la rue et de la place Saint-Michel, car sur une foule de titres d'ouvrages nous lisons *prope divum Michaelem*. C'est là que l'imprimerie fut installée jusqu'en 1720.

Après avoir donné l'énumération des réparations qu'il fit faire dans sa nouvelle demeure, Hugues ne nous parle pas de son imprimerie. Il nomme un de ses confrères, Jean Lemoyne l'aîné, libraire, auquel il achète une vigne, en 1586, pour la somme de 36 écus deux tiers, soit 200 livres tournois (environ 8,000 fr. de notre monnaie). Il nomme encore, en 1598, Michel Lemoyne, imprimeur-libraire, avec lequel il est en procès pour un motif qu'il ne nous fait pas connaître. Dans la dernière mention de sa main sur le livre de raison, il indique que le procès prit fin la veille des Rois 1599, et que Lemoyne fut condamné à payer 291 l. 30 s. 6 d. Il eut été intéressant de savoir si ce procès avait eu pour cause l'imprimerie ou la librairie, comme semblerait le faire supposer l'une des deux généalogies de la famille (2).

Il eut été intéressant de connaître les titres des ouvrages que Hugues trouva sur les rayons des de La Nouaille. Il est permis de croire que les livres de piété devaient dominer. Il devait s'y trouver entre autres un certain nombre d'exemplaires des *Heures de la Vierge* de 1559, dont il publia par la suite quatre éditions. On était dans l'habitude d'ajouter à ses *Heures* de petites plaquettes

---

(1) Ses livres, pendant cette période, portent la mention : « près Saint-Michel ».

(2) Voy. la première partie, p. 135, au *Bull. de la Soc. archéol.*, t. XLI.

qui en formaient comme le complément. C'est ainsi que nous avons trouvé à la suite des exemplaires que nous avons vus les cinq brochures suivantes :

Propositions, dicts et sentences contenant les graces, fruicts, prouficts, utilitez et louanges du tres sacre et digne sacrement de l'autel pour ceulx qui le reçoivent en estat de grace, extraicts de plusieurs saincts docteurs. — *Paris, Jacques Kerver, rue Saint-Jacques. A l'enseigne de la licorne :* M. CCCCC. LX., in-8.

Les quinze effusions de sang de Nostre Sauveur et redempteur Jesus-Christ. — *Limoges, Hugues Barbou,* 1582 et 1589, in-8.

Instruction et manière de vivre pour une femme seculière, comment elle se doibt conduire en pensées, paroles et œuvres tout au long du jour pour tous les jours de la vie, pour plaire à Nostre Seigneur Jesus-Christ et à amasser les richesses celestes au prouffit et au salut de son âme, suivi de : l'Annonciation faicte par l'Ange Gabriel à la Vierge Marie de la conception du Filz de Dieu. — *On les vend à Lymoges par Guillaume de La Nouaille.*

L'exercice pour jeunes gens, lesquelz veulent parvenir au bien et perfection de leur estat. Speciallement pour les religieuses de Sainte Clere (sic), et pour toutes autres. Et se peult nommer : *L'exercice d'une jeune religieuse.* Item y ont este adjioustees plusieurs belles et devotes oraisons tant en Latin qu'en Francois, en l'honneur de Dieu et de la Vierge Marie, lesquelles n'avoient este imprimees par ci-devant. — *Nouvellement imprimé à Limoges par Guillaume de La Nouaille,* s. d., in-8.

La vie de Madame Sainte Marguerite, vierge et martyre, avec son antienne et oraison. — S. l. n. d. et s. n. d'imprim., in-8.

Il est à croire que celles de ces brochures portant le nom de Barbou ne sont que des rééditions de celles imprimées précédemment par Garnier et de La Nouaille.

Sur le brouillard de 1723, on trouve à la dernière page une liste de livres in-folios. La date de quelques-uns permet de supposer qu'ils avaient figuré dans la boutique des de La Nouaille ou bien que Hugues Barbou les avaient rapportés de Lyon. Voici cette liste dont les titres trop sommaires rendent les identifications difficiles :

Etat des livres vieux reliés qui sont dans le magasin de Manigne portés le 6º octobre 1728

Opera Felini, in-folio, 4 vol. 1535.
Homilia S[anc]torum patrum, in-fol. 1537 (1).

---

(1) Par Saint Jean Chrysostome.

Index operum Bartholomæi Socini Sinensis, in-fol. 1543.
Jacobi Cujacii ad tres postremos libros Justiniani, in-fol. 1562.
Repertorium Reverendi Ferrandat super Bart[h]olum, in-fol. 1565.
Bartholomæi I^a pars apostolorum, in-fol.
Pison ? lectura de Magno, in-fol.
Repertorium super lecturis Bartholi, in-fol.
Liber Jasonis, in-fol. (1).
Alter Jasonis, in-fol. (1).
Alter Jasonis, in-fol. (1).
Manualis Sa. in totam Scripturam, in-fol.
Francisci Suarum methaphisicarum Disputationum, in-fol. 1614.
Titius Livius Gruteri, in-fol. 1628.
Joannis Chrisosthomi lib. 1us, in-fol. 1633 (2).
Les hommes illustres Grecs et Romains, in-fol. 1645.
Speculi Clarissimi Durandi, in-fol. 1647 (3).
Cursus philosophicus authore de Arriage, in-fol. 1657.
Commentaria Fromon in Paulum, in-fol. (4).
Saint Augustin, de la Cité de Dieu, in-fol.
Bible en françois, in-fol.
Escobar, 2 vol. in-fol.
Leo Magnus, in-fol.
Commentaria divi Thomæ in epistolas, in-fol.
Cursus mathematicus Leopoldami, in-fol.
Francisci Connani, in-fol.
Summa Theologia Becani, in-fol.
Généalogie de l'âme fidèle, in-fol.
Les sept sacrements, in-fol.
Saint Bonaventure, 2 vol. in-fol.
Les OEuvres de Corneille Tacite, in-fol.
Saint Cyprien, in-fol.
Aldreati in Divum Thomam, 2 vol. in-fol.
Le Parfait Chretien, in-fol.

Elevé à l'école des typographes de Lyon, inspiré par les œuvres de ceux de Limoges, et en particulier de celles des de La Nouaille, ses prédécesseurs, Hugues ne pouvait rester en arrière. Il sut très bien tirer parti de son matériel qu'il dut augmenter à Lyon.

Ses ouvrages étaient-ils très corrects, étaient-ils marqués au goût

---

(1) Il s'agit du roman de Jason et Médée, par Raoul Le Fèvre, plusieurs fois réimprimé depuis le XVe siècle.

(2) Peut-être l'édition de Cl. Morel et de Sébastien Cramoisy ?

(3) Speculum judiciale, de Guillaume Durand, dont il y a eu de nombreuses éditions depuis le XVe siècle.

(4) Liberti Fromondi commentarii in omnes B. Pauli et septem canonicas aliorum apostolorum epistolas, in Acta apostolorum, etc. *Rhotomagi*, 1709, in-fol.

le plus parfait ? Nous n'irons pas jusqu'à le dire. Il avait comme tous les imprimeurs des caractères plus ou moins fatigués, des lettres de deux points rafraîchies par la suppression des bords ; son matériel paraît parfois insuffisant : la répétition des initiales, des gravures, des têtes de chapitres ou des culs-de-lampe en fournit la preuve.

Les ouvrages de Hugues Barbou dont nous avons recueilli les titres sont au nombre de vingt-sept, savoir : 1 in-fol., 1 in-4, 17 in-8, 6 in-12 et 2 in-16.

Comme Charles de La Nouaille, Hugues fut l'imprimeur de l'évêché. Le premier de ses ouvrages qui porte la trace de son engagement avec l'évêque est le Bréviaire de 1587. Il est dit dans le privilège (1) que Hugues Barbou, « avait promis et même avait déjà commencé à imprimer à ses frais les livres liturgiques du diocèse, mais que, pour crainte d'être frustré de ses di's fraytz, peines et vaccations s'il estoit permis à aultres libraires pendant quelque temps de les imprimer et mettre en vente, il auroit différé a continuer les dits breviaires et aultres livres du service divin du diocese de Lymoges », il demandait à être garanti par un privilège. Ce privilège daté de Paris, le 5 janvier 1587, lui fut donné pour six ans. Il eut été intéressant de connaître les conventions particulières intervenues entre l'évêque et l'imprimeur, au sujet de la forme de l'ouvrage et de son prix, comme les choses se passaient au XVIIIe siècle, pour lequel nous possédons deux traités. Dans ceux-ci, tout est prévu, le format, le papier, les caractères, les gravures, le prix à vendre en feuilles ou relié de diverses manières, etc., etc.

Ce sont les livres de piété qui dominent parmi ceux sortis des presses de Hugues Barbou. Le premier en date que nous connaissions est les *Heures de la Vierge* de 1573. Nous pensons que c'est une réédition, avec les mêmes caractères, de celles données en 1559 par Guillaume de La Nouaille, dont un exemplaire figurait sous le n° 91 dans le catalogue des livres de feu M. l'abbé Texier (2). Nous aurions voulu pouvoir vérifier le fait par l'examen de cet exemplaire, mais nous n'en connaissons pas l'acquéreur. La ressemblance qui existe entre les quatre éditions données par Hugues Barbou en 1573, 1582, 1589 et 1594, nous fait présumer qu'il en est ainsi.

Les *Heures de la Vierge*, du format in-8, ont un aspect archaïque. Le texte, comme la forme gothique des caractères, fait supposer qu'elles remontent à une date bien antérieure à 1573. Il se pourrait que la vogue de ce livre ait engagé les imprimeurs à en conserver

(1) Voy. pièces justificatives.
(2) *Paris, Téchener*, 1861, in-8.

la composition, pour diminuer les frais des rééditions subséquentes. Un intervalle de six à dix ans sépare les différentes éditions. Lors d'une remise sous presse on se contentait de changer le calendrier et l'almanach.

Les caractères romains employés dans le calendrier et les vers placés au bas des gravures sont plus neufs que la gothique qui forme le corps de l'ouvrage.

Indépendamment de nombreuses lettres à personnages dont quelques-unes semblent d'origine lyonnaise, l'ouvrage est orné de douze gravures sur bois de 0,072 sur 0,102 occupant toute la page. En voici la désignation dans l'ordre où elles se présentent : 1 Annonciation ; 2 Visitation ; 3 Jésus sur la Croix ; 4 Pentecôte ; 5 Nativité ; 6 Anges annonçant la naissance de Jésus aux bergers ; 7 Adoration des Mages ; 8 Circoncision ; 9 Fuite en Egypte ; 10 Couronnement de la Vierge ; 11 Annonciation (reprod. du n° 1) ; 12 Roi David. Quelques-unes de ces gravures sont accompagnées de quatrains que nous avons reproduits ailleurs (1).

D'autres gravures plus petites sont intercalées dans les suffrages des saints. Ce sont : S. Jean l'Evangéliste (reprod. deux fois), Annonciation (reprod. deux fois), Job, Crucifixion (reprod. deux fois), Trinité, S. Jean-Baptiste, S. Claude, Ste Valérie, la Vierge tenant l'enfant. Deux de ces gravures, Job et la Trinité, portent dans un angle les initiales F. T. Quelques-unes de ces gravures figurent dans le Missel imprimé par Claude Garnier en 1553.

Dans l'édition de 1582, les gravures de Job et de la Trinité sont plus grandes que dans celle de 1573. La gravure de la Trinité, au lieu d'être dans le texte est encadrée de petites vignettes et occupe une page entière.

Dans l'édition de 1589, il n'y a plus que neuf grandes gravures au lieu de douze. Les trois qui ont disparu sont la Visitation, l'Adoration des Mages et la Fuite en Egypte. Dans les suffrages des saints, saint Claude a disparu mais il est remplacé par de nouvelles vignettes : la Trinité, la Transfiguration, saint Martial et saint Nicolas.

Dans la dernière édition, celle de 1594, Hugues Barbou se sert d'une gothique neuve d'une forme un peu plus allongée, chassant moins. Malgré cela il s'efforce de conserver aux pages la même physionomie que celle des éditions précédentes, il va ligne pour ligne et page pour page. Il sait très bien que sa clientèle tient à la forme du livre autant qu'au fonds et c'est pour cette raison qu'il

---

(1) P. Ducourtieux, *Manuscrits et imprimés à l'Exposition de Limoges*, 1886 (Limoges, 1887, in-8), p. 64-65.

l'imprime en caractères gothiques alors qu'il utilisait les caractères romains pour ses autres ouvrages. Il a cependant imprimé en romain la *Vie de Madame Sainte Marguerite* et l'*Instruction pour une femme séculière* qui terminent le volume.

Nous avons dit plus haut qu'à la suite des exempl. des *Heures de la Vierge*, on reliait de petites plaquettes destinées à les compléter, on verra plus loin, au *Catalogue des livres imprimés par les Barbou*, celles que nous avons trouvées à la suite des différentes éditions.

En 1575, Hugues Barbou a imprimé le plus beau livre sorti de ses presses, le *Graduale secundum usum cathedralis ecclesie...* C'est un in-folio à grandes marges, sur beau papier, avec de grosses lettres gothiques neuves. Sur le titre, une belle vignette ovale avec encadrement renaissance représente la Lapidation de saint Etienne; elle a $0,111 \times 0,143$. Les lettres à personnages sont de plusieurs grandeurs. Les plus grandes ont 0,040 au carré, celles qui viennent ensuite ont 0,023 au carré. Pour donner plus d'importance encore à ces lettres, l'imprimeur les a encadrées de vignettes tirées en rouge jusqu'au feuillet 3 recto de la signature L; à partir de ce feuillet elles sont tirées en noir.

Le livre qui a le plus attiré l'attention des bibliophiles sur Hugues Barbou est le *M. Tullii Ciceronis Espistolæ ad T. Pomponium Atticum* édité par le lieutenant général Siméon Du Boys, suivi de Remarques dédiées à Philippe Hurault de Chiverny, chancelier de France, publié en 1580. L'ouvrage contient dix vers grecs de Jean Dorat, deux pièces latines de Jean Bétolaud et un quatrain en latin de Jean de Beaubreuil. On a fait de grands éloges de la correction de ce livre et de la beauté de son impression. L'italique qui a servi à cet ouvrage semble être la même que celle employée par Guillaume de La Nouaille pour son *Térence* de 1553, italique qu'il aurait achetée à Paris. Il est à croire que ces éloges seraient plus modérés si l'on comparait l'édition de Hugues Barbou avec celle imprimée deux ans plus tard par Christophe Plantin à Anvers. Cette dernière est absolument remarquable par la beauté des caractères, la pureté de l'impression, la bonne ordonnance des titres et des divisions, enfin par la nuance du noir et la qualité du papier. Il est vrai que Plantin vivait dans un milieu plus éclairé, qu'il fondait lui-même ses caractères et qu'il était secondé par une pléiade de correcteurs et de typographes habiles.

C'est en 1582 que se place l'impression, par Hugues Barbou, du premier ouvrage de l'un des poètes limousins, la *Tragédie de Régulus*, par Jean de Beaubreuil, avocat au siège présidial de Limoges. L'auteur dédie son livre à Jean Dorat, poète du roi, son compatriote. Cette dédicace, datée du 15 mai 1582, est des plus curieuses. Jean de

Beaubreuil dit avoir eu pour maître Dorat, « lequel il estime avoir eu seul les délices de la langue grecque ». Plus loin, il ajoute : « ... J'en vois plusieurs (auxquelz je ne doibz rien) qui me feroient volontiers adjourner ce que j'ayme la poësie, ne considerantz que j'estime plus ce gain de contenter mon esprit, que d'estre fourni de trente balles de safren, et que je me sens plus riche d'un escu, qu'ilz ne sont de dix mille. J'en voys d'autres qui font semblant au commencement, comme ceux de Lassus, de favoriser les Nymphes du Parnasse, et qui mesme y sont tenuz, et toutes fois le gain d'un carolus leur feroit abandonner leur père... (1) » Pauvre poète, il semble bien isolé et dédaigné au milieu des riches bourgeois et marchands de sa ville. On remarque à la septième page verso des pièces liminaires une lettre I historiée d'un homme lisant qui semble provenir de l'ancien matériel de Jean Barbou de Lyon.

Un autre poète de Limoges confia l'impression d'un ouvrage à Hugues Barbou; le vénérable Bardon de Brun lui fit imprimer sa *Tragédie de saint Jacques* « représentée publicquement à Lymoges par les confreres pelerins dudict sainct, en l'annee 1596, le jour et feste de sainct Jacques », 25 juillet (2).

Les autres poètes de Limoges, avec lesquels Hugues Barbou devait être en relation, ne se sont pas adressés à lui pour l'impression de leurs œuvres. Nous n'avons rien trouvé de Marc-Antoine Muret, Jean Dorat (3), Joachim Blanchon (4), Roland Bétolaud (5), Fr. Bon, Balthazar Du Boys, Antoine Valet, Bastier, Martial Guery, Antoine Barry, Madeleine Chastenet, Chrétien du Bourg (6).

Il existe une lacune dans les productions de Hugues Barbou de 1582 à 1587. La peste régnait à Limoges, nous dit celui-ci dans son Livre de raison, et il avait dû se réfugier chez Jean Blondeau, à Solignac, du 25 juillet 1585 à la Noël. L'année suivante, la peste reparaît et Hugues se réfugie avec sa famille chez l'élu Biais, au Majude, près la Quintaine, du 4 août au mois de novembre. L'année 1587 marqua pour lui le commencement des honneurs : il fut nommé collecteur. En 1589, il est nommé capitaine du canton de Ferrerie; en 1592, de nouveau capitaine du même canton et consul du canton du Clocher; enfin, en 1594, baile de l'hôpital.

(1) Note communiquée par M. A. Claudin.
(2) Voir l'analyse de cette tragédie, par M. le chanoine Arbellot. (*Bull. de la Soc. arch. et hist. du Lim.*, t. XLII, p. 582).
(3) Muret et Dorat se sont fait imprimer dans diverses villes.
(4) Joachim Blanchon a publié divers ouvrages à Paris.
(5) Roland Bétolaud s'est fait imprimer à Bourges.
(6) Pour ces poètes, voy. Aug. Du Bois et l'abbé Arbellot, *Biographie des hommes illustres du Limousin*.

Graduale secundum usum cathedralis ecclesie, 1575

Gravure ornant la page de titre (A la Bibliothèque du Grand Séminaire de Limoges. Reproduction photographique).

Hugues Barbou n'a imprimé, à notre connaissance, que deux ordonnances royales, en 1587. Elles ont pour titre : « Ordonnance du Roy sur le descry des espèces légères et rongnees », et « Declaration du Roy sur son edit du 23 septembre dernier contenant le descry des monnaies rongnees », toutes les deux in-12 avec figures. Nous pensons qu'il avait un concurrent de ce côté dans Hilaire Le Moyne.

C'est toujours en 1587 que Hugues imprima le *Bréviaire du diocèse* en deux volumes, avec rubriques en rouge. Ce travail important devait avoir été commencé longtemps auparavant.

L'édition est en papier fin très blanc, caractère gaillarde (corps huit), il contient les gravures suivantes : *Pars hyemalis :* f. 1 r°, David, 0,070×0,032 (signée dans l'angle inférieur de droite I. C.); f. 73 v°, Pentecôte 0,028×0,041 ; f. 80 v°, Annonciation 0,073×0,103 (la même qui se trouve dans les *Heures de la Vierge*); f. lim. devant le f. 100, Visitation, Annonciation, Prêtre officiant 0.044×0,065 ; f. 128 v°, Nativité 0,028×0,041 ; f. 249 v°, Pâques 0,044×0,066 ; f. 311 v°, Pentecôte 0,044×0,065; f. 6 v° du Commun des saints du temps pascal, monogramme du Christ, 0,030 de diamètre. — *Pars æstivalis :* f. 1 r°, David (la même que ci-dessus); f. 80 v°, Annonciation (la même que ci-dessus) ; f. lim. devant le f. 100 (la même que ci-dessus) ; f. 105 v°, le Lavement des pieds et la Cène 0,045×0,067 ; f. lim. r° devant le f. 221 Le Christ au milieu des docteurs 0,043×0,063 ; même f. v° Pentecôte 0,058×0,082 (celle-ci d'une exécution plus grossière que les autres). Plusieurs de ces gravures avaient servi à Claude Garnier et à Guillaume de La Nouaille.

Son titre d'imprimeur de l'évêché désignait Hugues Barbou comme l'imprimeur des PP. Jésuites. On a vu dans la première partie qu'il figurait parmi les souscripteurs pour confier la direction du Collège à la Compagnie de Jésus. Il imprima en 1594 le *Petit cathéchisme pour les catholiques* de Pierre Canisius; en 1598, le *Martyrologe romain* du P. Solier, de Brive, et le *Traité de l'oraison mentale* du P. Ariaz, traduit par le P. Solier; en 1599, la *Tres humble remonstrance et requeste des religieux de la Compagnie de Jesus au tres chrestien Roy de France et de Navarre Henry IIII* (attribuée au P. Richeome), suivant la copie imprimée à Bordeaux par Simon Millanges. On a loué Hugues Barbou de la correction de cet ouvrage. Il n'avait qu'à suivre l'excellent modèle de Millanges, originaire du Limousin, qui était un savant (1). Il semble que Hugues Barbou ait eu déjà les pressentiments des avantages qu'il allait recueillir de la clientèle des Jésuites.

De 1595 à 1597, Hugues Barbou a imprimé pour quelques-uns des médecins limousins. En premier lieu, c'est le *Discours sur deux fon-*

---

(1) Voy. *Archives historiques de la Gironde*, t. 1, p. 39-43.

taines médicinales du bourg d'Encausse en Gascogne, par Louis Guyon Dolois, sieur de La Nauche, médecin à Uzerche (1). La peste qui sévit à Limoges en 1595 fit éclore l'année suivante trois ouvrages des médecins de Limoges. Le premier de Jean David, *Traité de la peste*, et le second de David Chabodie : *Examen cujusdam tractatus de peste...*, qui était la critique du premier, et enfin une réplique de Jean David (2).

Limoges comptait d'autres médecins à cette époque : Antoine Valet, poète, dont les œuvres n'ont pas paru, que nous sachions ; Guérin, et enfin Fayen, qui s'est illustré par la publication de la première carte du Limousin (3), publiée à Tours en 1594.

Parmi les ouvrages imprimés par Hugues Barbou, on doit signaler le suivant : *Enchiridion sive manuale Parochiorum...* (1596). C'est un petit in-4° en deux parties avec le plain-chant. Cet ouvrage présentait de grandes difficultés typographiques. Il s'agissait de repérer d'une façon exacte les notes de plain-chant en noir du premier tirage avec les portées en rouge du deuxième. L'imprimeur s'est fort bien acquitté de cette tâche.

Il semble que Hugues ait accaparé tous les travaux typographiques de la ville pendant son exercice. Sauf le : *Du sainct sacrifice et sacrement du corps et sang de Jésus-Christ*, par frère Loys Gendron, imprimé en 1591 par Mauriceau, et une ordonnance royale imprimée par Hilaire Le Moyne, c'est lui qui a exécuté tous les autres travaux que nous ayons conservés.

(1) Au sujet de l'ouvrage de Louis Guyon, M. Poyet avait relevé dans l'ouvrage de Nicolas Gobet (1735 † 1783), *Les anciens minéralogistes du royaume de France* (1779, 2 vol. in-8), la note suivante :

GOBET, 121, note 9. « Louis Guyon Dolois avait fait imprimer chez Barbou à Limoges, avant 1601, une mince brochure sur les eaux d'Encausse èz Montz-Pyrenées, dans le comté de Cominges, mais celle postérieure de Pierre Gassen de Plantin, docteur en médecine, in-12, Paris 1601, était avouée par les métallurgistes Jean Dupuy de Lafage, médecin ordinaire du roi, et Jean de Mahy père, *amis de l'auteur.* »

MAHY a dit en 1600, c. XXVII : « Dans la montagne Maupas, de la ville d'Aspet et le village d'Encausse, il y avait une grande abondance de mines de plomb tenant argent, de laquelle sortent les eaux chaudes d'Encausse si renommées par toute la France, pour les grandes vertus et propriétés qu'elles ont, lesquelles elles prennent des substances minérales qui sont dans ces montagnes, par lesquelles elles passent. »

(2) Voy. sur ces médecins Aug. Du Boys et l'abbé Arbellot, *Biogr. des hommes illustres du Limousin.*

(3) Sur Jean Fayen, voy. P. Ducourtieux, *Limoges d'après ses anciens plans*, au *Bull. de la Soc. arch. et hist. du Limousin*, t. XXXI, et Ludovic Drapeyron, *Jean Fayen et la première carte du Limousin*, Ibid. t. XLII.

Il imprima même pour ses confrères de Poitiers. En 1585, Nicolas Courtoys, libraire de cette ville, lui confia le *Promptuaire d'unisons*, par Pierre Le Gaygnard, petit in-8° en caractères italiques imprimé avec soin.

Hugues Barbou a utilisé les lettres ornées de Guillaume de La Nouaille dont nous donnons ci-dessous un spécimen. Il en rapporta aussi un certain nombre de Lyon, que nous avions vu figurer dans les ouvrages de son père (1). Celui de ses ouvrages qui en contient la plus grande variété est le *Graduel* de 1575.

Lettres ornées employées par Hugues Barbou.

Hugues Barbou a placé la typographie limousine dans un bon rang. Venant à la suite d'imprimeurs très expérimentés, il a su conserver leurs excellentes traditions en y ajoutant les connaissances qu'il avait acquises dans le milieu artistique des typographes lyonnais. Mais cette impulsion donnée à l'industrie du livre à Limoges par les Berton, Claude Garnier, les de La Nouaille et par lui, s'affaiblit peu à peu après sa mort. Après le XVIe siècle, la typographie limousine va perdre son originalité, et ses productions ne se distingueront plus de celles des autres provinces. Imprimés en caractères romains, les livres ont un aspect banal, les titres sont lourds et disgracieux, les belles lettres ornées de la Renaissance ont fait place à d'affreuses lettres empâtées, les têtes de chapitre et les culs de lampes sont formés par de petites vignettes usées ne présentant aucun intérêt.

La dernière mention écrite sur le Livre de raison par Hugues Barbou est datée de la veille des Rois 1599. Il était déjà atteint de la maladie qui devait l'emporter quatre ans plus tard, comme nous l'apprend sa belle-fille, Jeannette de Flottes. Il mourut le 29 novembre 1603, à l'âge de soixante-six ans.

(1) Voy. *Les Barbou de Lyon*, page 107.

Jacques BARBOU

(1600-1605)

Jacques Barbou était né à Limoges le 22 juillet 1570. Son père s'était appliqué à le former dans l'art typographique. En 1587, il s'était marié avec Jeannette des Flottes, dont la famille était des plus honorablement connues. En 1598, son père l'envoyait à Paris pour surveiller son procès avec son confrère Hilaire Lemoyne, procès qu'il gagna, comme nous l'avons dit plus haut.

Jacques Barbou n'a écrit que dix-sept lignes sur le Livre de raison, en avril 1601. Il nous apprend lui-même que le samedi de Pâques il est tombé malade de coliques. Pendant sa maladie il avait pris des notes sur son grand livre de comptes, comme nous le dit sa veuve qui les transcrivit après sa mort sur le Livre de raison. C'est par cette dernière que nous apprenons que Jacques mourut le 20 mai 1605, après « avoir demeuré dix-huit mois malade de coliques ». Il laissait quatre filles et un garçon.

C'est probablement à cette longue maladie que nous devons attribuer le petit nombre d'ouvrages portant le nom de Jacques Barbou. Nous n'en avons trouvé qu'un seul, dont le titre nous a été révélé par la *Bibliothèque de la Compagnie de Jésus*, du P. C. Sommervogel (1).

Veuve de Jacques BARBOU

Jeanne DES FLOTTES (1605-1620)

La veuve de Jacques Barbou ne nous dit rien dans le Livre de raison concernant l'imprimerie. Elle se montre très soucieuse de conserver le bon renom de sa maison et tous ses efforts tendent à laisser un établissement prospère à son fils, dès qu'il sera en âge d'en prendre la direction. Elle dirigea la maison pendant quinze ans.

---

(1) Bibliothèque de la Compagnie de Jésus... Nouvelle édition par Carlos Soumervogel, S. J. Strasbourgeois Publiée par la province de Belgique. — *Bruxelles, Oscar Schepens. Paris, Alphonse Picard et fils*, 1890-95, in-4°, en cours de publication, 6 vol. parus.

Elle nous fait assister, de 1606 à 1618, aux mariages de ses quatre filles et ses affaires grandissent puisqu'elle dote bien mieux les dernières que la première. Enfin le 18 février 1619, elle marie son fils Antoine avec Péronne Guibert.

Nous avons réuni les titres de huit ouvrages imprimés par la veuve de Jacques, tous du format in-8.

En dehors des « Lettres patentes du Roy en forme d'Edict, par lesquelles il adjoinct à tous les sujects d'observer et garder inviolablement les Edicts de pacification » (en faveur des protestants), de 1610, la veuve de Jacques Barbou a imprimé surtout des ouvrages religieux. En 1617, cependant, elle imprima un classique pour le Collège des Jésuites, *Aristotelis artis rhetoricæ*, édition grecque et latine à deux colonnes. Ce livre est à noter, car les Barbou ont imprimé très peu d'ouvrages grecs. C'est à peine si dans la période de 1524 à 1820, c'est-à-dire trois cent ans, on rencontre une dizaine de livres en langue grecque.

Les ouvrages imprimés par la veuve de Jacques Barbou ne présentent rien de remarquable. L'atelier est visiblement géré par un ouvrier habile, formé par son beau-père et son mari, mais il lui manque le génie du métier, l'instruction, le frottement avec des personnes d'un niveau plus élevé.

Nous faisons cependant une exception pour l'*Esguillon des devots à Notre-Dame du Mont-Carmel*, du frère Tuault, provincial d'Aquitaine. Cet ouvrage orné d'un beau titre gravé est imprimé avec des caractères neufs. Ses titres témoignent d'un goût typographique de bon aloi.

Particularité à noter, le titre des *Amours sacrés*, de Pierre de Marin, 1615, a le même encadrement que l'un des ouvrages de Claude Garnier. C'est une nouvelle preuve que Guillaume de La Nouaille avait acheté une partie du matériel de Claude Garnier. A moins que cet encadrement ait été acheté par Hugues ou Jacques Barbou, à Paris, car il a servi à Denis Janot, imprimeur de cette ville (1).

D'après les livres cités ci-dessus, on voit que l'imprimerie a toujours la même clientèle : celle du clergé, une partie de celle des gens du roi et de celle du collège. Nous disons une partie, parce que Michel Lemoyne, Nicolas Chapoulaud et Etienne Bargeas, imprimaient de temps à autre des ordonnances royales ou des ouvrages écrits par les Jésuites.

---

(1) A. CLAUDIN. *L'imprimeur Claude Garnier*, dans *Bibliophile limousin*, n° 1 de 1894.

Antoine BARBOU

(1621-1652)

Antoine avait vingt-un ans lorsqu'il prit la direction de la maison. A partir de son mariage avec Péronne Guibert (18 février 1619) jusqu'à sa mort, arrivée en 1650, il n'écrit sur le Livre de raison que les naissances et décès de ses enfants. Il en eut vingt-six dont deux seulement survécurent.

Nous possédons les titres de vingt-deux ouvrages imprimés par Antoine, dont neuf pour le collège des Jésuites

Nous sommes arrivés à une période intéressante pour l'imprimerie Barbou, celle où elle fut choisie définitivement par les Pères Jésuites pour l'impression de leurs classiques. C'était pour elle une affaire d'une haute importance, car ce choix fut une source de fortune pour la maison de Limoges, comme elle le devint plus tard pour la maison de Paris. La maison de Limoges avait dans son fonds, en 1751, cent cinquante-sept ouvrages classiques, et la maison de Paris en avait près de deux cents.

Ceux qui imprimaient pour la Compagnie de Jésus pouvaient espérer que leurs livres seraient achetés par les Collèges de la province. Les auteurs avaient eux aussi intérêt à voir leurs livres adoptés, et lorsqu'ils changeaient de ville, ils faisaient prendre leurs ouvrages dans les collèges où ils professaient.

La province d'Aquitaine, dont Limoges dépendait, comptait plusieurs collèges importants. En première ligne se plaçait celui du chef-lieu, Bordeaux. La Compagnie de Jésus avait dans cette ville une maison professe, un noviciat et un séminaire. Puis venaient les collèges d'Angoulême, La Rochelle, Périgueux, Tulle, Poitiers, etc.

Le Collège de Limoges, de 1600 à 1763, a vu grandir constamment le nombre de ses élèves : en 1622, 1,000 élèves, répartis en 6 classes à deux divisions de 83 élèves, 12 professseurs; en 1661, 1,200 élèves, répartis en 6 classes à deux divisions de 100 élèves, 12 professeurs; en 1685, 1,500 élèves, répartis en 7 classes à 2 divisions de 107 élèves, 14 ou 16 professeurs (1).

---

(1) *Inventaire sommaire des archives départementales.* Archives civiles série D. Fonds de l'ancien collège de Limoges, rédigé par M. A. Leroux, Introduction, p. xvi. (Limoges, Gely, 1882, in-4°.)

En parcourant l'œuvre considérable du P. Carlos Sommervogel, la *Bibliothèque de la Compagnie de Jésus* (6 vol. parus), on trouve quarante-cinq Pères Jésuites écrivains appartenant au Limousin. Quelques-uns seulement, ceux qui ont résidé dans le pays, y ont fait imprimer leurs œuvres. Pour les détails biographiques qui les concernent nous renvoyons au très savant ouvrage du P. Sommervogel (1). Ce sont les Pères :

Adam (Jean), de Limoges (1608 † 1684); Alemay (Léonard), de La Croisille (1594 † 1650); Aubaile (Pardoux), de Guéret (commencem. du XVIIe siècle); Auberoche (Pierre), de Magnac (1590-1626); Aubugeois (François), 1661; Audebert (Etienne), de Bellac (1592 † 1646); Bachellerie (Jean), 1624; Beaufez (Jacques), de Tulle (1597 † 1650); Boireau (Jacques), de Confolens, 1676; Bonnet (Antoine), de Limoges (1634 † 1700); Brossard (Jean), de Tulle (1560 † 1636); Cabanis (J.-B.), 1725; Chambon, 1629; Champeils (Léonard), de Limoges (1590 † 1690); Cibot (Pierre-Martial), de Limoges (1727 † 1780); Desplasses (Jean-Léonard), de Tulle (1685 † 1757); Didier (Jean), de Limoges (1647 † 1699); Druillettes (Gabriel), de Beaulieu (1613 † 1681); Dufé (François), († 1703); Dumonteil (Joseph), du Dorat, 1578; Dupin (François-Bertrand) († 1688); Favard (François), de Limoges (1562 † 1644); Fénis (Jean-Léonard), de Tulle (1626 † 1688); Ferran (Gratien), (1640 † 1728); Garreau (Léonard), de Saint-Yrieix (1609 † 1656); Irat (François), de Saint-Junien (1590 † 1671); Jarrige (Pierre), de Tulle (1604 † 1670); Lacoste (Barthélemy), 1668-1688; Lacombe (Jacques-Claude), de Tulle, principal, 1773; Lafont (François), de Limoges (1621 † 1688); Lafosse (Henri), de Limoges (1706 † 1749); Lamy (Jacques), de Limoges (1679 † 1736); Laval (Jean), d'Ussel (1602 † 1691); Lissene (Jacques), de Limoges (1585 † 1648); Martin (Pierre), de Limoges (1665 † 1716); Martin (Raymond), de Limoges (1727 † après 1758); Machat (Jean), de Tulle (1691 † après 1761); Massoulier (J.-B.), de Beaulieu (1697 † après 1758); Maugin (Jean-Léonard), de Tulle (1728 † après 1758); Maugras (Jean), 1624; Mautas (Jean de), de Felletin (1593 † 1639); Millanges (Antoine), de Bort (1664 † 1735); Milsonneau (Louis) (1600 † 1698); Périère (Jean), 1746; Périgaud (Jean) (?) († 1695); Peyrusse (Jacques), 1658; Renaudie (Jean de La), de Brive (1588 † 1616); Sénemaud (Pierre), de Limoges (1699

---

(1) MM. Du Boys et Arbellot dans la *Biographie des hommes illustres du Limousin*; M. P. Laforest, dans *Limoges au* XVIIe *siècle*; M. l'abbé Arbellot, dans le *Bull. de la Soc. arch. du Limousin*, t. XLI et XLII; M. Clément-Simon, dans l'*Histoire du Collège de Tulle*, et M. A. Leroux, dans *l'Invent. somm. des Arch. de la Haute-Vienne*, série D, fonds de l'ancien collège de Limoges, ont donné quelques détails sur les ouvrages de quelques-uns de ces Jésuites.

† après 1756); Sudour (Jean-François), 1748; Solier (François), de Brive 1560 † 1628); Verdier (du), d'Allassac (xvii° siècle).

Nous espérions trouver dans les archives départementales les noms des professeurs du Collège de Limoges à diverses époques. M. A. Leroux, l'auteur de l'*Inventaire sommaire* de la série D, Fonds de l'ancien Collège de Limoges (Limoges, 1882, in-4), nous a dit ne pas avoir trouvé ces listes. Il ne donne que celles des recteurs. Il nous a fallu nous contenter d'une liste de professeurs très incomplète dont nous avons trouvé quelques éléments dans les papiers des Barbou, dans les ouvrages imprimés à Limoges, dans l'*Histoire du Collège de Tulle*, par M. Clément-Simon, etc. Voici cette liste, sans y comprendre les recteurs dont M. Leroux a donné les noms (1).

Agelis, 1703; Aubusson, 1680; Babaud, 1709; Balsamo (Ignace), †(2) 1618; Barbou (Jean-Baptiste), 1723 † 1755; Bouniol, 1703; Bourg (Moïse du), 1661 † 1662; Briquet (Claude), 1712; Dufé (François), 1677; Dupin (François-Bertrand), 1668; Duprat (Louis), avant 1682; Ferran (Gratien), 1709; Fonbone, 1727; Garry, 1680; Gaudin (Jean), 1661-1678; Josset (Pierre), 1650; Lafosse (Henri), † 1749; Lamy (Jacques), † 1736; Laval (Jean), 1677, 1682 † 1691; Lemay, 1680; Levet, 1703-1708; Maschat (Jean), 1734; Massoulier (Jean-Baptiste), 1758; Mauvoisin (Thomas), 1661; Milsonneau (Louis), 1669-1678; Ministre, 1727; Montgaillard, 1598; Moysez, 1680; Perière, 1727; Petiot (Etienne), 1653; Phieusat (Jean-Baptiste), 1751-52; Pinot, 1680; Pomey (François), 1673-1683; Robin (François), 1661; Sabatery, 1598; Salvat, 1646; Sault (Nicolas du), 1641; Solier (Bernard), 1661; Solier (François), 1598, 1599, 1616; Sorlin, 1707; Texier (Claude), 1663-1666; Vertamon, 1709 (3).

Les Barbou avaient fait leur spécialité des classiques latins. C'est par exception qu'ils ont imprimé des ouvrages en grec ou des ouvrages d'histoire et de science. Les Pères Jésuites dont ils ont imprimé les œuvres sont, par ordre alphabétique : Aler, 1734; Angelis, 1686; Canisius, 1594-1667; Gaudin, 1661-1722; Gaultier, 1653; Josset, 1650-1651; Joubert, 1718; Jouvency, 1716-1742;

---

(1) A. Leroux, *Invent. som.* des Arch. de la Haute-Vienne, série D, Fonds de l'ancien collège de Limoges, p. xxiii-xxiv.

(2) La croix placée devant une date indique que le Père est mort à Limoges.

(3) M. Leroux a donné la liste de ceux qui professaient à Limoges en 1762 dans la *Revue de l'ens. second. et de l'ens. supérieur*, nos 12-16, mars-avril 1893.

Leclerc, 1712-1721 ; Milsonneau, 1669 ; Moquot et Creuxius, 1629-1701 ; Pomey, 1697-1747 ; Pontanus, 1604-1698 ; Richeome, 1599 ; Rue (de La), 1734-1744 ; Sault (Nicolas du), 1648-1650 ; Sautel, 1747 ; Solier, 1598-1599 ; Suarès, 1653.

Il faut ajouter à ces ouvrages de nombreuses éditions des auteurs latins, des grammaires, des exercices et des dictionnaires, quelquefois anonymes, dont on trouvera les titres dans le catalogue ci-après.

D'après une liste relevée par les Barbou sur l'un de leurs registres et que nous donnons aux pièces justificatives, les Jésuites s'attachaient surtout à l'enseignement de la langue latine. Ils employaient dans toutes leurs classes les ouvrages de Cicéron, Virgile, Horace, Ovide ; les autres auteurs latins étaient beaucoup plus rarement suivis : Velleius Paterculus, Térence, César, Salluste, Quinte-Curce, Justin, Tursellinus, Cornelius Nepos, Aurelius Victor, Eutrope, Sénèque. Les seuls classiques grecs donnés aux élèves pendant une période de quatorze ans, et encore ne les trouvons-nous que de 1729 à 1732, sont : Lucien, Esope et saint Chrysostome. Nous ne voyons pas d'ouvrages de géographie, d'histoire et de sciences. Il se peut que la liste des classiques dressée par les Barbou uniquement pour les besoins de leur librairie ne soit pas complète. D'après l'*Histoire du Collège de Tulle*, par M. Clément-Simon, ce collège avait les mêmes ouvrages que celui de Limoges. Dans le plan d'études des Jésuites reproduit par M. l'abbé Sicard (*Les études classiques avant la Révolution*), nous voyons figurer un plus grand nombre d'auteurs latins et surtout grecs.

Les Barbou s'attachèrent les professeurs du Collège, surtout ceux susceptibles d'écrire, d'abord pour obtenir l'impression de leurs livres, ensuite pour se ménager, par eux, des relations avec les collèges de la province d'Aquitaine.

De 1604, date du premier livre classique pour les Jésuites imprimé par les Barbou, jusqu'en 1763, ceux-ci en ont imprimé une cinquantaine sans compter près de 90 *Feuilles classiques*.

Au début, les Barbou imprimèrent peu de livres pour les collèges, parce que ceux-ci avaient déjà leur imprimeur attitré. Ils durent augmenter leur matériel afin de former un fond des auteurs latins suivis chaque année dans les classes. C'est ainsi qu'ils imprimèrent en assez grand nombre les *Feuilles classiques* correspondant à ces auteurs. La *Feuille classique* était en quelque sorte le cahier de brouillon de l'écolier ; elle reproduisait dans le format in-8, tel chant de Virgile ou tel discours de Cicéron, avec un grand intervalle entre les mots et les lignes, afin de permettre à l'élève d'écrire dans l'interligne le mot à mot de la version. Elle présentait l'avantage d'économiser le temps de la dictée, de mettre dans les mains de l'écolier un texte plus pur que celui qu'il aurait transcrit à la hâte, oubliant des mots ou les estropiant et de permettre au professeur de revoir d'un coup d'œil si l'élève avait bien traduit le texte. C'est du reste pour cette raison, pensons-nous, que le titre des *Feuilles* porte le mot *Synopsis*, qui signifie vue d'ensemble.

M. l'abbé Sicard dit que « le xviiie siècle, en quête de procédés expéditifs pour apprendre le latin, vit surgir une foule de systèmes qui, dans leur diversité même, offrent invariablement un point commun, à savoir : mettre en main de l'élève, dès son entrée au collège, un livre latin avec traduction interlinéaire lui permettant de placer sans efforts, sans recherches, sous chaque mot latin, le mot français correspondant. » (1).

Les Jésuites avaient, dès le commencement du xviie siècle, leurs *Feuilles classiques*, entre les lignes desquelles l'élève inscrivait lui-même le mot à mot.

Les traités passés par les éditeurs avec les Pères Jésuites ne nous sont pas connus, mais il est permis de penser, qu'après le paiement d'une somme à la Compagnie, l'imprimeur, assuré de la propriété de l'ouvrage pendant le temps du privilège, éditait à ses risques et périls. Il se pourrait que le chiffre du tirage et le prix de vente des ouvrages aient été fixés à l'avance par une convention particulière.

Les ouvrages classiques sont imprimés simplement, sans autre prétention que celle d'être corrects. Quelques-uns cependant ont des titres imprimés en rouge et noir ; ils n'en sont pas plus beaux pour cela.

Veuve d'Antoine BARBOU et Martial BARBOU

(1652-1657)

Bien que son fils Martial soit majeur depuis 1648, la veuve d'Antoine Barbou partage avec lui la direction de l'imprimerie pendant cinq ans. Des raisons d'intérêt et la jeunesse de son fils, peut être une clause formelle du testament de son mari, l'avaient probablement engagée à prendre cette détermination. C'est la deuxième veuve qui dirige la maison, mais au moins celle-ci a un fils en âge de la seconder.

On ne trouve dans cette période que le *Propre du diocèse* et trois ouvrages pour le Collège des Jésuites.

---

(1) L'abbé A. Sicard, *Les Etudes classiques avant la Révolution*. — Paris, Perrin, 1887, in-18.

Martial BARBOU

(1658-1680)

Martial Barbou est seul en nom à partir de l'année 1658. Né en 1627, il mourut le 9 avril 1680. Les deux généalogies disent de lui « qu'il était plein de savoir et d'habileté » (1).

Nous donnons dans le catalogue, vingt-trois titres d'ouvrages de Martial, qui, comme ses prédécesseurs, imprima pour le diocèse et pour les PP. Jésuites. Parmi les ouvrages de piété, nous en relevons trois du chanoine Colin, de Saint-Junien.

L'un des ouvrages qui ont rapporté le plus de bénéfices à l'imprimerie Barbou est le *Novum Dictionarium sive Thesaurus vocum et locutionum latinum*, du P. Gaudin. La réédition de ce Dictionnaire faillit amener une brouille entre les PP. Jésuites et Martial Barbou. Le P. Gaudin qui était resté seize ans à Limoges comme professeur, fut nommé à Tulle. Il trouva dans cette ville de grandes sympathies et entre autres celle d'Antoine de Lagarde, marchand, qui fournit les fonds pour rééditer son dictionnaire chez l'imprimeur Etienne Viallanes (2). Martial Barbou qui avait dû dépenser beaucoup pour la première édition du dictionnaire, crut qu'il pouvait, sans le consentement de l'auteur et sans lui faire corriger les épreuves, en faire une seconde édition. Le P. Gaudin fut très fâché de cela et il accompagne l'édition de Tulle d'une lettre du P. Louis Duprac, provincial d'Aquitaine, dans laquelle celui-ci réprouve l'édition de Barbou et accorde à Antoine de Lagarde un privilège de vingt ans pour tous les dictionnaires du P. Gaudin (3). Les choses s'arrangèrent par la suite, car les Barbou imprimèrent les éditions de 1710, 1727 et 1730.

Veuve de Martial BARBOU

(1680-1686)

Après la mort de Martial sa veuve, continua à administrer la maison jusqu'en 1686, bien que Pierre, l'aîné de ses fils, soit majeur

---

(1) Voy. la 1re partie, la Famille Barbou, page 27.
(2) CLÉMENT-SIMON, *Histoire du Collège de Tulle*, p. 95. (Paris, Champion, 1892, in-8.)
(3) Voy. ce privilège à l'appendice.

depuis 1678. Mais en réalité c'était son fils qui dirigeait l'établissement. Il est probable que des convenances de famille l'obligeaient à agir ainsi.

Parmi les six ouvrages qui portent son nom nous indiquerons seulement la *Grammaire grecque* de Clénard, revue par les PP. Moquot et Creuxius. Cette grammaire, dont une édition avait été faite en 1648 par Pierre Chapoulaud, avait été imprimée bien des fois auparavant et elle fut rééditée souvent par la suite, car elle était suivie dans presque tous les collèges des Jésuites.

Pierre Barbou

(1676-1714)

Pierre Barbou, né en 1657, mort en 1714, est un de ceux qui ont fait le plus pour la maison de Limoges. Il était, nous dit l'auteur de la 2ᵉ généalogie, « savant, laborieux, d'une probité augmentée d'un grand fond de christianisme ».

Au moment où le nom de Pierre Barbou paraît sur les ouvrages, il y avait sept ans qu'il était marié avec Jeanne Mailhard. Il avait trouvé dans sa femme un collaborateur des plus dévoués. Les deux généalogies, en parlant d'elle, disent : « Femme forte, pleine de
» charité et d'une grande conduite. Ses successeurs lui sont rede-
» vables en bonne partie de leur prospérité. »

Une mention du Livre de raison, du 11 octobre 1686, mais écrite entre les années 1717 et 1714, nous apprend qu' « Isabeau Vauzelle, veuve de François Charbounier-Pachi, ne pouvant remplir ses engagements vis-à-vis des PP. Jésuites du Collège, suivant le privilège accordé à son mari, privilège qui n'expirait que l'année suivante (1687) (1), Pierre et sa mère achetèrent ce privilège à la veuve de Charbounier, moyennant un dédommagement de 500 livres pour la nourriture et l'entretien de ses enfants ; de plus, ils s'engagèrent à

---

(1) Voy. la 1ʳᵉ partie, la Famille Barbou, page 33. Nous avons cherché les titres des ouvrages pour lesquels Charbounier-Pachi avaient pris des engagements. Nous avons trouvé les suivants : *La journée religieuse...*, par le P. J. Laval (1677, in-8); *Méditations pour l'année...*, recueillies des écrits du P. Gilbert Rousseau [par le P. Dufès], (1677 in-12) ; *La journée du chrétien...*, par le P. Laval (1677, in-12), qui devaient se vendre beaucoup à l'époque et que les Barbou durent peut-être réimprimer.

prendre le jeune Charbounier comme apprenti pendant sept ans et à l'entretenir pendant cette période d'apprentissage. »

Parmi les soixante ouvrages connus imprimés par Pierre Barbou il s'en trouve trente pour le Clergé et vingt pour le Collège des Jésuites.

Pierre Barbou avait indisposé le chapitre de la Cathédrale en 1695; celui-ci, le siège étant vacant, avait qualité pour approuver et désapprouver les livres imprimés pour le clergé. Pierre Barbou ayant imprimé sans ordre ni permission l'*Ordo* pour l'année 1696, fut fortement réprimandé. Le Chapitre lui fit refaire le titre de l'ouvrage, avec l'addition de la ligne : *De mandato dominorum de capitulo, sede vacante* et des armes du chapitre, et il dut supprimer les litanies qui ne se trouvaient pas dans les *Ordo* des années précédentes (1).

Les Barbou, qui ont toujours eu d'excellents rapports avec les PP. Jésuites, sont plus que leurs imprimeurs-libraires; ce sont leurs bailleurs de fonds et leurs fournisseurs de toutes les choses nécessaires au Collège. D'après une facture conservée aux archives départementales (2), nous voyons les billets à ordre et les denrées de toutes sortes se confondre avec les imprimés et la librairie. Ce sont des morues, des poulets, des figues, des raisins, des prunes, du riz, des amandes, de l'huile, du savon, des meubles, etc., qui figurent sur ce curieux document, d'après lequel on connaîtra la valeur d'une foule de choses au commencement du siècle dernier.

Pierre Barbou ne se contenta pas de mettre à la disposition des PP. Jésuites son intelligence et son crédit, il leur donna l'aîné de ses fils, Jean-Baptiste, qui entra dans la Compagnie de Jésus vers 1696 et qui était professeur de théologie à Limoges en 1723 (3).

---

(1) *Archives historiques*, t. VI, p. 53. *Extraits des registres capitulaires de Saint Etienne*, par M. Alfred Leroux.

(2) Archives de la Haute-Vienne, fonds du Collège D. 162. Nous donnons cette facture aux pièces justificatives. La même liasse contient une facture de papiers fournis par Martial Lafosse, fabricant, neveu de Pierre Barbou.

(3) Le P. Barbou, né à Limoges le 24 novembre 1681, entra au noviciat de la Compagnie de Jésus vers 1696. Il est mort à Limoges le 4 juin 1755. Il était professeur de théologie dans notre ville en 1723. Les Archives de la Haute-Vienne, série I, possèdent deux cahiers écrits par un élève qui renferment le cours de théologie du P. Barbou. Ces cahiers proviennent de la succession de M. l'abbé Pinot, curé de Saint-Michel-des-Lions. Ils ont été donnés aux Archives par M. Emile Hervy. Le premier est un petit in-folio de 52 ff., le second un in-4° de 83 ff. (manquent les ff. de commencement et de fin). Le premier cahier commence ainsi : *Codex matutinus reverendo admodum patre Barbou Societatis Jesu, anno domini*

D'après le Livre de raison, Pierre Barbou eut huit enfants. Le cadet devait avoir des aptitudes remarquables pour l'imprimerie et la librairie, car, dès sa majorité, nous le voyons partir pour Paris, où il créa cette maison qui a jeté un si brillant éclat sur le nom de Barbou.

Pierre Barbou fondait de grandes espérances sur l'établissement que son fils allait créer à Paris. Il pensait donner ainsi un grand débouché à ses classiques pour les Collèges des Jésuites. Elles se justifièrent. Dès 1707, il obtenait un privilège, sans limite de durée, pour dix-neuf auteurs latins demandés par son fils.

Il eût été intéressant de connaître les rapports entre les maisons de Limoges et de Paris, dès le début ; mais les documents font défaut pour les sept premières années et, si l'on possède quelque chose à partir de 1711, il faut l'attribuer à l'achat de Monimes par Jean II Barbou. Celui-ci, ou peut-être sa veuve, pour débarrasser la maison de Limoges, fit transporter dans ce château une quantité de papiers d'affaires. Ces archives furent oubliées dans les combles, lorsque Monimes fut vendu en 1788. Elles y furent trouvées en 1863 par M. Pierre Poyet, ingénieur des mines, comme nous l'avons dit.

D'après les comptes annuels entre le père et le fils, de 1711 à 1714, date de la mort de Pierre Barbou, on peut juger du genre d'affaires entre les deux maisons.

La maison de Limoges expédiait à celle de Paris des papiers et des livres imprimés par elle, payait ses fournisseurs et négociait ses valeurs. En revanche, la maison de Paris expédiait des livres, négociait des valeurs, faisait les recouvrements, les achats de matériel, les commissions et démarches de toutes sortes.

Pour le chiffre d'affaires entre les deux maisons, voici le résumé des opérations :

La maison de Limoges doit à celle de Paris :	La maison de Paris doit à celle de Limoges :
1711........ 966 ll. 13 s.	1711............ 3.844 ll.
1712........ 12.442 ll. 7 s.	1712............ 15.972 ll. 15 s.
1713........ 9.267 ll. 2 s. 3 d.	1713............ 7.238 ll. 18 s.
1714........ 12.670 ll. 12 s. 6 d.	1714............ 17.789 ll. 13 s.
35.346 ll. 14 s. 9 d.	44.845 ll. 6 s.

La maison de Paris redoit 9,500 ll. 13 s. 3 d.

1723. *Tractatus de virtutibus theologicis...* (30 l. de texte) *Pars prima. De fide theologica. Disputatio 1ª De essentia et ob[jec]to so[d]ali fideli. Artus 1us. De essentia et divisione fidei.*

Dans les comptes annuels, il faut distinguer les marchandises et les valeurs. Pour Limoges, les fournitures les plus importantes sont celles des papiers : elles s'élèvent à 3,133 ll. pour 1,180 rames en 1711 (d'août à décembre); à 5,445 ll. pour 1,750 rames en 1712; à 5,219 ll. pour 1,404 rames en 1713; à 12,084 ll. pour 3,146 rames en 1714.

Ces papiers proviennent des fabriques de Mlle Leblois, à Farebout, près Saint-Léonard; de Daniel, près Saint-Léonard; de Chaput, à Ponté, près Saint-Léonard; de Glaudé, Pineaud et Montalescot.

Le papier que les Barbou de Paris emploient le plus est le format carré; c'est avec ce papier qu'ils faisaient leurs in-12. Ils en prennent de plusieurs qualités qu'ils désignent par le nom des fabricants ou par les mots : fin, couture et gros bon (1). Le prix de la rame varie de 54 s. à 4 l., ce qui fait une moyenne de 3 l. 7 s. par rame; les prix sont plus élevés en 1714 qu'en 1711. Le carré mesurait 38 sur 50 centim., format plus petit que le carré actuel (45 × 56). Il pesait de 16 à 18 livres la rame environ.

Les autres papiers expédiés étaient : le cornet fin, à 32 s.; la couronne moyen, à 32 s.; la fleur de lys fin, à 48 s.; le lombard fin, à 5 ll. 10 s.

Quelquefois ils désignaient le papier par le travail important auquel il était destiné; c'est ainsi qu'ils appellent une qualité de carré à 4 ll. la rame le *Virgile*, parce qu'il servait à ce moment à l'impression du *Virgile* du P. Catrou. Ils demandent un papier pour thèses sans marque à 25 ll.; du *Saint-Chrysostome* qu'ils fournissent à Robustel (2), imprimeur-libraire de Paris, pesant 17 et 25 livres et valant 4 ll. 15 s. 6 d. et 6 ll. 10 s. la rame.

Ces papiers sont envoyés le plus souvent par Châtellerault, quelquefois par Clermont, où ils étaient pris par le messager venant de Marseille. Le papier payait un acquit.

Pierre Barbou percevait sur son fils un droit de commission de 5 s. par rame.

Les livres fournis par Pierre Barbou à son fils s'élèvent à 205 ll. en 1711, à 1,549 ll. en 1712, à 595 ll. en 1713 et à 2,651 ll. en 1714. De même que pour les papiers, les expéditions des classiques ont

---

(1) Ces mots correspondent aux diverses qualités du papier.
(2) En vertu d'un privilège pour vingt-cinq ans daté du 22 décembre 1717, Robustel éditait le *Sancti Joannis Chrysostomi opera omnia græcæ et latinè studio et opera D. Bernardi de Montfaucon, monachi benedictini è Congregatione Sancti Mauri; eadem opera Sancti Johannis Chrysostomi latinè tantum...*

été plus considérables la dernière année. Dans cette période, les livres envoyés sont : 100 *Grammaires grecques*, de Clénard, à 8 s.; 100 *Quantités*, envoyées à Mme Masson, libraire à Blois ; 100 *Despautère* grands à 10 s.; 400 *Despautère* 1re partie à 20 s.; 400 de la 2e partie à 15 s. ; 100 *Semaine Sainte* en latin, blanc ; 75 rames demi feuilles classiques à 5 l. la rame ; 1,000 *Dictionnaires* papier fin blanc à 20 s.; 850 *Cicero, Pro Rege Dejotaro* ; 975 *Cicero, Pro Archia poeta* ; 1,500 *Rhétorique* de Suarès ; 100 *Dictionnaires français* à 2 ll.; 200 *Eutropius* ; 100 *Officina latinitatis* ; 1,000 *Candidatus* dont 500 expédiés à M. Declaustre, à 1 ll.; 3,000 *Eutrope* in-24 à 18 d.; 2,125 *Velleius Paterculus* latin, à 4 s.; 100 *Velleius* latin français, à 8 s.; 1,000 *Cicero Epistolæ ad familiares* et 50 *liber sextius*, à 5 l. le cent. ; 12 *Catéchismes* papier fin et 12 *Rubriques générales* ; enfin des *Aurelius Victor, Phèdre*, etc., dont nous n'avons pas le détail.

Il eut été curieux de comparer les prix coûtants avec les prix de vente, mais les catalogues de cette époque indiquent les titres des livres sans en donner la valeur.

Il est aussi très difficile de savoir à quel nombre s'élevait le tirage de tel ou tel ouvrage. On voit cependant, d'après les chiffres ci-dessus, que certains se tiraient à grand nombre.

Limoges fournissait en outre à la maison : du parchemin (en 1711, dix douzaines de grands et neuf bottes de petits coûtent 25 ll.), des peaux noires et rouges pour la reliure, de chez Sire ou Dilhon, corroyeurs à Limoges; en 1713, Dilhon a reçu de ce chef 278 ll. 15 s.; en 1714, Joseph Barbou achète, pour la maison de Paris, deux balles peaux rouges et noires s'élevant à 335 ll. 10 s.; une autre fois, deux balles peau rouge contenant 178 douzaines à 3 ll. 15 s. la douzaine s'élevant à 591 ll. 10 s. ; et enfin deux autres balles montant à 194 ll. 13 ; ce qui fait un total de 1,121 ll. de peaux. Cela représente un atelier de reliure considérable ou des fournitures faites à des confrères de Paris.

Pierre Barbou fournit aussi à son fils (en 1712) pour 6 ll. de bois de Brésil et 120 livres de laque à 25 s. Ce sont deux produits de teinture que les relieurs employaient pour les soies ou les peaux.

On a vu dans la 1re partie qu'à deux reprises, il envoie des émaux à Paris : la première pour la somme de 48 l., et la seconde à destination de M. de Silhouettes, pour 35 ll.

Dans les valeurs qu'il reçoit de Paris, nous relevons celles qui ont trait à l'imprimerie ou à la librairie : en 1711, une lettre sur Cars, graveur de 230 ll.; en 1712, une sur Richebois, batteur d'or, de 22 ll., et une sur Tombeau, libraire à Bourges, de 175 ll.; en 1713, une sur Mme Criteaud, libraire à Bourges, de 264 ll.; en 1714, une lettre sur Daniel, fabricant de papier, de 219 ll. 10 s.

De son côté, Jean Barbou de Paris fait des envois de livres à son père, mais on n'en connaît pas le détail. Il en fournit pour 340 ll. en 1711; pour 1,118 ll. en 1712; pour 777 ll. en 1713, et pour 656 ll. en 1714. Ces envois contenaient des livres de tous genres que Pierre Barbou se chargeait de procurer à la commission, par l'entremise de son fils. Il y avait aussi entre autres des almanachs, un livre de langue, un Cicéron, des Quinte-Curce et des gravures du César. Il y avait aussi quelques fournitures de bureau (cire, crayons, etc.), d'autres pour la reliure (fermoirs, etc.).

Il paie les fournisseurs de son père : il verse à Cottin, fondeur en caractères, et à ses compagnons : 286 ll. en 1712; 616 ll. en 1713, plus 58 ll. pour la voiture de fonte; 618 ll. en 1714. Son père lui avait envoyé de la vieille matière pour le fondeur en 1712 et il avait payé 70 ll. 10 s. pour le port et les frais de ballots; il paie encore 404 ll. s. en 1712 à M. de Hansy, autre fondeur; M. Cars, graveur, reçoit 91 ll. en 1713 et 328 ll. en 1714.

Le nom de deux imprimeurs de Limoges paraît dans ces comptes. Jean Barbou reçoit une lettre de change de 75 ll. 6 s. sur Etienne Bargeas en 1712. Le père et le fils ont eu affaire avec la veuve Dessable, imprimeur. Pierre avait inscrit dans son compte, le 27 février 1712, une somme de 52 ll. 19 s. pour son voyage à Paris et il a écrit à côté le mot : néant. La « mère Dessables » touche à Paris, de Jean Barbou, la somme de 46 ll.; en 1713, elle reçoit 4 ll. Peut-être les Barbou avaient-ils acheté une partie de son fonds de librairie.

Parmi les libraires sur lesquels il a des billets, on relève les noms de Caranove, à Toulouse, de La Cour et de Labottière, à Bordeaux, de Faucon, à Poitiers.

En 1712, il paye 15 ll. et, en 1713, 22 ll. 10 s. pour les neuf derniers mois de la *Gazette* envoyée à Limoges.

Les Barbou de Limoges remplissent exactement leurs obligations avec la Chambre royale des libraires et imprimeurs de Paris. On trouve dans leur compte : « 1714, 23 mars, billet sur « Monsieur le syndic », 8 ll.; — 14 mai, un privilège, 16 ll. 10 s.; — 8 juillet, billet sur « Monsieur le syndic », 4 ll. 10 s.; — 14 sept., lettre de change en faveur de « Monsieur le syndic », 127 ll. 2 s.

Sans parler des dépenses particulières à la famille, les lettres de change nous donnent les noms d'une foule de personnes de Limoges : M. Dannaud, lieutenant-colonel; Descordes, Deluret, Lacombe, Beauvais, Mallebay, de Bellac, avocat au Parlement; le marquis de Saint-Jal, Dumonteil, Martin, de Saint-Bonnet, Baillot, Retouret jeune, Mallevergne du Masdoumier, son neveu; Geanty, de Bellac; Ardant, son gendre; Poylevet, Mathieu Guitard, le P. Desflottes, l'abbé Malledent, l'abbé de Lamaze, Constant de Beaupeyrat, Lafosse et Dorat, ses beaux-frères.

Pierre Barbou était parfaitement secondé par sa femme. Quelques feuillets du « registre longuet » que nous avons retrouvés, nous ont permis de constater que c'était elle qui s'occupait des achats de papiers et de la vente des chiffons aux fabricants. Ces feuillets vont du 11 septembre 1711 au 11 avril 1715. Ils ne comprennent que le compte avec Madame Maumot, née Dalesme ; M. Tardivet, son gendre ; M. Segond, de Saint-Léonard et le compte de M. Sauvage, marchand de chiffons de la même ville. Il semble que la maison de Limoges emploie des qualités de papier plus communes que la maison de Paris. En l'année 1713, Pierre Barbou a commandé 300 rames de gros bon à 31 s. la rame et 100 rames à 2 l., 400 rames de carré fin pesant 16 à 17 l., à 4 l. la rame, pour son fils de Paris. Le chiffon est envoyé par plusieurs mille livres ; il est payé 22 et 24 l. la charge, il est expédié en *boges* ou grands sacs par des bouviers.

Les privilèges que l'on voit figurer sur les ouvrages témoignent d'une surveillance plus sévère exercée sur les imprimeurs. Les livres doivent être imprimés sur bon papier avec de beaux caractères. On doit en déposer deux exemplaires dans la bibliothèque publique du Roi, un dans celle du Louvre et un dans celle du Garde des Sceaux. La date de l'achevé d'imprimer et la mention de la remise de ces exemplaires sont rappelées à la suite du privilège dont on marquait le point de départ. L'enregistrement sur le livre de la communauté des libraires et imprimeurs de Paris vient après. Lorsqu'il y a une amende prévue en cas de contrefaçon, un tiers doit revenir au roi, un tiers à l'Hôtel-Dieu de Paris et le dernier tiers à l'éditeur. Sur le privilège du *Rituel* de 1698, l'évêque est averti que, suivant l'édit d'avril 1686, le débit des livres se fera seulement par un libraire et un imprimeur. Les privilèges mentionnent les nouveaux arrêts restrictifs de 1703 à 1709. Pour les ouvrages liturgiques, l'évêque indique qu'il cède son privilège à son imprimeur et pour ceux à l'usage des collèges des Jésuites, les provinciaux d'Aquitaine ne manquent pas de rappeler les privilèges accordés à la Société de Jésus par Henri III, le 10 mai 1583, par Henri IV, le 20 décembre 1605 et par Louis XIII, le 4 février 1611.

Pierre Barbou avait acheté, depuis 1686, la charge de conseiller du Roi, trésorier des ponts et chaussées de la généralité de Limoges, « charge qui fut d'un grand secours pour ses successeurs », comme le dit l'une des généalogies (1) ; c'est lui qui fit enregistrer

---

(1) Voy. la 1re partie, La famille Barbou, p. 31.

les armes de sa famille, qui n'étaient autre que sa marque de libraire, le 27 février 1699 (1).

Il a acquis plusieurs propriétés pendant la dernière partie de sa vie, comme nous l'avons dit plus haut. Ces propriétés lui coûtèrent 50,000 livres environ. Son imprimerie était donc très prospère au moment de sa mort.

Trois de ses fils étaient à Paris au moment où il mourut : le cadet, Jean-Benoit, libraire ; le troisième, Jean, qui devait lui succéder, et le huitième, Joseph, que Jean-Benoit s'était particulièrement attaché et qui devait devenir son son associé en 1717.

Jean BARBOU

(1714-1736)

Des imprimeurs qui nous occupent, c'est sur Jean Barbou que nous possédons le plus de documents. Né le 10 mai 1688, il avait vingt-six ans lorsqu'il succéda à son père en 1714. Au moment de la mort de son père, il était auprès de son frère aîné à Paris. Le 4 novembre 1715, il épousait Valérie Farne du Fraud et se trouvait ainsi allié à cette famille d'imprimeurs.

On peut dire que c'est entre ses mains et celles de sa femme que la maison de Limoges a atteint son plus grand développement. Cela a tenu à deux causes : d'abord à ses relations avec la maison de ses frères à Paris, ensuite à l'extension de plusieurs services administratifs de Limoges, tels que l'intendance, la direction des fermes, la trésorerie des troupes, le greffe des francs fiefs, la direction du dixième, le bureau de la guerre et des milices, la recette des tailles et le bureau des tabacs. Ajoutons que le Collège, dont il était le fournisseur, voyait grossir chaque année le nombre de ses élèves.

La librairie devait se trouver très à l'étroit dans la maison de la rue Ferrerie occupée par les Barbou depuis 1586. Afin de se mettre au large, Jean acheta, en 1718, à Moulinier de Beauvais, l'ancienne maison des Guérin, située rue Manigne, presque en face de l'Oratoire. Actuellement, la maison porte le n° 20 de cette rue et appartient à M. Paul Lagrange. Elle forme un vaste parallélogramme avec cour au milieu. Elle venait d'être reconstruite lorsque

(1) Voy. la 1ᵉ partie, La famille Barbou, p. 51 et 90.

les Barbou l'occupèrent. Les ouvertures, les plafonds et les boiseries indiquent bien l'époque de Louis XV. Jean Barbou ne dut s'y installer complètement qu'en 1720, car c'est seulement à cette dernière date que les titres de ses ouvrages indiquent son nouveau domicile.

Pendant l'exercice de Jean, on relève les titres de 90 ouvrages. Sur ce nombre, les livres liturgiques ou les imprimés de l'Evêché entrent pour 76 et les livres à l'usage du Collège pour 14.

Comme son père, Jean Barbou eut quelques difficultés avec le clergé. On en retrouve la trace dans un acte passé devant M⁰ Dauryat, notaire, le 28 mai 1729. Jeanne Maillard, veuve de Pierre Barbou, et Jean Barbou « attestent et certifient que eux et leurs auteurs ont été depuis cent cinquante ans et davantage les imprimeurs des seigneurs évêque et du clergé du diocèse, et que par un usage constant, les évêques n'ont jamais payé d'autres frais d'impression que ceux des affiches pour leurs fermes, droits et revenus, lettres d'ordre et dispenses de bans de mariage... » (1). La chose faisait donc question ?

Cependant Jean Barbou traita le 20 juillet 1734 avec Mgr Benjamin de l'Isle du Gast et les délégués de la Chambre ecclésiastique pour l'impression du nouveau bréviaire. Dans ce traité (2) que l'on trouvera plus loin, les moindres détails sont prévus : format, nombre de volumes, caractères, rubriques, renvois, armes de l'évêque, nombre de gravures par volume, chiffre du tirage, papier, reliure, etc. On se montre très exigent pour l'imprimeur duquel on réclame « une fonte neuve de caractères construits et fabriqués en Hollande » et dix-sept gravures. L'évêché paraît avoir été plus coulant envers François Dalesme en 1783. Ce fut le dernier traité passé entre l'évêque et les Barbou. Les Dalesme devinrent imprimeurs du clergé vers 1740 jusqu'à la Révolution et les Barbou ne rentrèrent en grâce qu'en 1807.

Parmi les ouvrages à l'usage des Collèges des Jésuites, le plus important fut le *Thesaurus trium linguarum* (1727) du P. Gaudin, qui forme un gros in-4°. Les livres des PP. Jouvency, Pomey et Gaudin étaient alors très suivis dans les collèges de la Compagnie de Jésus. La *Grammaire latine* de Despautère revue par le P. Gaudin, et la *Grammaire grecque* de Clénard, revue par les PP. Moquot et Creuxins, étaient souvent rééditées.

Dans le privilège du *Principua linguæ græcæ* de 1717, il est dit que, « en conséquence des désordres que les différentes impres-

(1) Voyez Pièces justificatives.
(2) *Ibid.*

sions apportaient dans les classes des Collèges des Pères de la Société de Jésus, il est permis à Jean Barbou d'imprimer, vendre et débiter SEUL les feuilles et les auteurs tant grecs que latins accomodés à leur usage. » A partir de 1723, les privilèges mentionnent le Règlement sur la librairie et l'imprimerie du 28 février de la même année.

Indépendamment des ouvrages de Jean Barbou, nous possédons à peu près tous les comptes annuels qu'il échangeait avec ses frères de Paris et son registre brouillard. Voici d'abord ce que nous apprennent les comptes :

Le premier relevé embrasse la période d'août 1711 à mars 1715 ; il fut réglé le 15 juin 1716. Pendant le premier trimestre 1715, Limoges avait fourni pour 10,491 ll. 15 s. et Paris pour 2,064 ll. 9 s.

La fournitures de la maison de Limoges ne comportent que des papiers. L'expédition en avait été faite par Clermont, en deux cent quarante balles. Elle se composait de 2,000 rames de carré fin de Mlle Leblois, de Saint-Léonard, à 4 ll. la rame ; de 200 rames de carré de Ponté, près Saint-Léonard, à 3 ll. 16 s. la rame ; de 16 rames de carré double à 6 ll. 8 s. la rame ; de 16 rames de Saint-Chrysostôme du poids de 25 livres, à 6 ll. 10 s. la rame, et de 159 rames du même papier pesant 17 livres à 4 ll. 15 s. 6 d. la rame ; enfin de 68 rames de couronne à 2 ll. 8 s. la rame. Cette quantité de papiers livrée en un temps si court montre que la maison de Paris faisait le commerce des papiers en gros.

De son côté, la maison de Paris avait fourni à Limoges des livres de piété tels que : *Ordo, Missels, Antiphonaires, Propre de saints, Ange conducteur,* etc., et des accessoires pour la reliure tels que fermoirs, étuis de livres, fers à chagriner, etc. Elle avait payé à M. Hérissant, fondeur en caractères, son mémoire, 912 ll. ; des canons d'autel, 67 ll. 8 s. ; pour le relieur 21 ll. et pour des tableaux 108 ll.

Il existe une lacune dans les relevés pour les années de 1715 (fin) à 1723 (commencement).

Le second relevé que nous possédions embrasse la période du 15 octobre 1723 au 21 octobre 1726. Le compte de la maison de Limoges s'élève à 40,437 ll. 17 s. 3 d., celui de la maison de Paris à 46,756 ll. 5 s. 4 d. Limoges se trouve devoir par conséquent 6,318 ll. 8 s. 1 d. qu'elle s'engage à payer « à volonté ».

Les papiers forment le plus gros chiffre de la fourniture de Limoges, qui a expédié au total 2,859 rames s'élevant à 13,509 ll. 16 s., savoir : en 1722, 288 rames, 1,656 ll. ; en 1724, 645 rames, 3,293 ll. ; en 1725, 1,120 rames, 4,948 ll. 2 s. ; enfin en 1726, 806 rames, 3,610 ll. 17 s. Ces papiers proviennent des fabriques de Sannat,

Lafosse et Chabrier. Il y a dans le nombre 1,750 rames de carré fin, collé ou non, dont le prix moyen par rame est de 4 ll.; 586 rames de lombard sans colle à 4 ll. 10 s. la rame; 80 rames de Saint-Chrysostôme à 6 ll. 10 s. la rame; 324 rames moyen à 3 ll. 10 s. la rame et 162 rames grand raisin à 6 ll. 10 s. la rame.

Limoges envoie à Paris pour 2,960 ll. d'ouvrages dont nous n'avons pas le détail. Nous savons seulement qu'il y avait 3 balles de *Rudiments* et de Justin, puis 1,300 Justin expédiés sans ordre et 1 balle de Gaudin.

Parmi les valeurs tirées de Limoges sur Paris, quelques-unes ont trait aux affaires de la famille Farne. Il y en a aussi sur l'Extraordinaire des Guerres (256 ll. le 3 février 1724 et 259 ll. le 29 mars suivant).

Paris fait trente envois de librairie s'élevant au total de 1,476 ll. Nous remarquons dans ces envois un lot de livres pour Delpech, libraire à Saintes; des *Officina*, des *Bréviaires*, etc. Le seul envoi dont nous ayons le détail, celui du 5 janvier 1726, contient des livres d'heures avec des reliures de luxe, que Limoges ne pouvait faire. Ce sont des reliures en maroquin, avec ou sans dentelles, bordées argent, en mouton de diverses couleurs, en chagrin avec fermoirs et clous.

A la suite d'un voyage de Jean Barbou de Limoges, fait en août 1726, la maison de Paris fournit 20 *Livius*, tome II, reliés; 36 *Catéchismes du Concile de Trente*, in-24, brochés, et 6 reliés; 3 *Missels* in-folio, reliure veau; 4 *Oraisons* in-4°; 2 *Dictionnaires* de Tachard in-4°, 1 de *Commiri*; 6 *Psautiers de S. Bonaventure* in-24; 1 *Guide du pécheur*, 1,038 *Sallustius*, 200 *Horatius*, 200 *Terentius* et un lot de livres achetés chez M. Josse. Elle échange 1,200 *Officina* in-8° contre 500 Gaudin, *Dictionnaire latin-grec* in-4°, et 500 Gaudin, *Dictionnaire français-latin*, 1re édit., in-4°.

En ce qui concerne le matériel d'imprimerie, les Barbou de Paris paient pour leur frère de Limoges différentes sommes s'élevant à 5,940 ll. 19 s., aux fondeurs en caractères Hérissant, Briquet, Cothu (dans les fournitures de ce dernier se trouve un petit texte grec, 77 ll.), au graveur Jacqson; ils payent à Sistorius, fondeur en caractères à Bâle, un petit texte, 822 ll. 15 s.; et un petit romain, 1,696 ll. 5 s.; ils font entrer en compte la vieille matière envoyée de Limoges, dont le poids atteignait 1,200 livres, à 22 ll. les cent livres. Ils payent aussi plusieurs sommes pour des reliures, des fermoirs, des clous, etc.

Parmi les valeurs payées par les Barbou de Paris pour le compte de Limoges il s'en trouve une sur Chirac, imprimeur à Tulle, de 37 ll., et une sur Meilhac, imprimeur à Limoges, de 1,500 ll.

De mars 1727 à janvier 1728, nouveau compte entre Limoges et Paris.

Limoges a expédié, en l'espace de neuf mois, 22 envois de papiers s'élevant à 11,490 ll. 14 s. Ces papiers proviennent de Lafosse, Sannat, Sabourdy, Labesse, Sauvage, Chambon et Berger. Ce compte s'élève au total de 13,316 l. 15 s.

De son côté, Paris a négocié plusieurs valeurs et a fait des envois qui comprennent des *Bréviaires de Saint-François*, des *Almanachs*, etc., 1,000 *Terentius* (750 ll.); pour la reliure, livrets d'or, clous, crochets, etc. Son compte est de 13,946 ll. 4 s. 1 d., en sorte que Limoges redoit 629 ll. 9 s. 1 d.

Le compte qui part de janvier 1728 à août 1732 se résume ainsi :

Fourni par Limoges		*Fourni par Paris*	
1728	10.305 ll. 4 s.	1728	10.518 ll. 4 s.
1729	11.364 ll. 10 s.	1729	10.590 ll. 12 s.
1730	6.593 ll. 12 s.	1730	4.391 ll.
1731	6.396 ll. 18 s.	1731	6.666 ll. 15 s.
1732	1.071 ll. 15 s.	1732	3.610 ll. 4 s.
	35.731 ll. 17 s.		35.776 ll. 15 s.

La maison de Limoges redoit 44 ll. 18 s.

Pendant cette période, Jean Barbou de Limoges a envoyé à Paris 3,976 rames de papiers de divers formats, qualités et prix, s'élevant à 19,751 ll. 9 s. Ces papiers proviennent de Sannat, Chambon, Chabrier, Moréliéras, Sabourdy, Cadilhac.

Pour la librairie, il a envoyé des *Terentius* en 1728 ; 300 *Despautère* première partie à 5 s. et 300 deuxième partie à 4 s. en 1729 ; 100 *Dictionnaires des commençants* en 1730 ; 100 *Cornelius Nepos* à 10 s., 100 *Velleius* latin-français à 10 s., 50 *Indiculus* à 10 s., 54 *Ordo de Saint-François* à 24 s., 507 *Dictionnaires des commençants*, 300 *Despautère* première partie et 200 deuxième partie, 4,300 feuilles classiques à 4 d. et 50 *Herodicus* à 5 s., en 1731 (1)

Il a reçu de Paris des envois de livres parmi lesquels nous remarquons les titres suivants : *Turselinus, Titus Livius, Officina, Horatius, Graduels, Bréviaires*. Il est à remarquer que les expéditions de Paris sont plus nombreuses et atteignent des chiffres supérieurs à celles de Limoges. (1728, cinq envois, 1,434 ll. ; 1729, dix envois, 1,973 ll. ; 1730, huit envois, 2,817 ll. ; 1731, six envois, 1,290 ll. ; 1732, sept envois, 2,275 ll.). Quelques expéditions sont adressées directement à Mgr l'Évêque de Limoges.

---

(1) Pour plus de détails sur les titres des ouvrages, voir plus loin la liste des ouvrages imprimés par les Barbou.

Les Barbou de Paris payent pour Limoges, en 1723, 300 ll. pour la copie des augmentations du Gaudin français. Ils reçoivent du Trésor royal, pour le compte de leur frère de Limoges, le montant des impressions de l'intendance, 2,072 ll. en 1729 et 1,891 ll. en 1731.

Un dernier compte entre Jean Barbou de Limoges et son frère Jean Barbou de Paris (Joseph était mort le 18 août 1732) commence en octobre 1732 pour finir en avril 1736 ; il se résume ainsi :

Fourni par Limoges	*Fourni par Paris*
1732....... 475 ll. 16 s.	1732....... 2.152 ll. 3 s.
1733....... 13.166 ll. 12 s. 6 d.	1733....... 20.543 ll. 9 s.
1734....... 30.632 ll. 7 s.	1734....... 40.298 ll. 10 s. 6 d.
1735....... 21.994 ll. 15 s. 3 d.	1735....... 8.397 ll. 14 s.
1736....... 4.640 ll. 16 s. 9 d.	1736....... 7.831 ll. 14 s. 6 d.
70.910 ll. 7 s. 6 d.	79.223 ll. 11 s.

La maison Barbou de Limoges redoit 8,343 ll. 3 s. 6 d.

Jean Barbou de Limoges envoie beaucoup moins de papiers que précédemment (3,714 ll.). Il est à croire que les Barbou de Paris achètent directement dans les fabriques de leur choix. Du reste, quelques-unes des fabriques où se fournissaient les Barbou de Limoges, telles que celles de Chambon et de Moréliéras fabriquaient des papiers inférieurs. Elles étaient visées par l'arrêt du 12 décembre 1730 (art. 9) qui interdisait d'y fabriquer d'autre papier que du moyen ou du bulle.

Nous n'avons pas le détail des envois de livres qui sont moins importants qu'autrefois.

Les Barbou de Paris au contraire envoient à Limoges beaucoup plus de librairie (3,471 ll. 17 s.).

Pour l'imprimerie, Paris envoie les 16 mars 1733 et 21 octobre 1734, une fonte de petit texte 538 ll. et 1,992 ll. ; en 1735, un réassortiment de ce même petit texte 438 ll. (Limoges avait envoyé pour 120 ll. de vieille fonte en 1733 et pour 276 ll. 6 s. en 1735). Il paye au sieur Hédin, compagnon imprimeur, 6 ll. en 1734 et 6 ll. en 1735. C'est peut-être un ouvrier de Limoges résidant à Paris auquel on donne des gratifications.

Après les caractères, l'or en feuilles pour la reliure est la principale fourniture : elle s'élève à 1,453 ll. pour les années 1733-34-35.

Jean Barbou a fait des impressions pour ses frères, qui s'élèvent à 4,045 ll. 16 s. en 1733. Les Barbou de Paris commandent les impressions au lieu de commander les ouvrages achevés et reliés à

Limoges. Il envoie à son frère la facture de l'intendance à toucher au Trésor royal, 2,994 ll. 3 s., en 1733.

De la part de Limoges, les affaires personnelles ont le pas sur les affaires commerciales, et c'est ce qui grossit le total du relevé de compte. En 1733, Jean compte à son frère un billet avec intérêt de 8,400 ll., sur M. Lajoumard, son parent; en 1734, il lui envoie 8,000 ll. Il lui paye pour la pension de ses trois fils, à Juilly, (Jean III, Louis-Jean et François) 1,581 ll. pour les années 1733-34-35-36. Mais les plus gros frais sont occasionnés par l'achat du marquisat de Monimes à Mme de Béthune. On sait que cet achat avait été fait le 28 août 1734 par Jean-Benoît Barbou de Paris pour le compte de son frère, Jean de Limoges, pour le prix de 120,000 ll., payable par une rente viagère de 10,000 ll. aux quatre quartiers de l'an, plus 6,000 ll. de pot de vin. On voit en effet dans les relevés de Paris, les mentions suivantes : 23 octobre, payé pour l'affaire de Monimes, suivant l'état envoyé 20,168 ll. 13 s. 6 d. ; 25 janvier 1736, payé à Mme de Béthune, pour quittance jusqu'au 1er janvier 1736, 2,178 ll. 11 s., et le 11 avril suivant, 2,500 ll.

En avril 1736, Jean Barbou de Limoges est à Paris et ses frères paient pour lui ses provisions de trésorier des ponts et chaussées, 1,082 ll. ; sa chaise à porteurs, 656 ll. ; son épée, 93 ll.; ses habits, 112 ll. 10 s.; ses autres achats et son départ, 590 ll. ; total : 2,233 ll. Il fallait bien que le nouveau marquis de Monimes soit mis selon son rang.

Il nous reste à résumer un document intéressant. C'est le « brouillard de 1723 », de Jean Barbou, de Limoges. Ce registre du format raisin, recouvert d'une feuille de vélin, ayant appartenu à un antiphonaire du xve siècle, est incomplet; il contient 372 pages chiffrées à la main. Le précédent était désigné « journal de 1714 ». Sauf le compte des PP. Jésuites, qui était sur le « longuet », et celui de ses frères de Paris, qui étaient sur un autre registre, Jean Barbou a inscrit sur celui-ci tous ses comptes; mais sans observer aucun ordre. Le nom d'une personne était placé en tête d'une page et on laissait un certain nombre de feuillets pour les débits ou les crédits à venir. La place était-elle insuffisante, on reportait la suite un peu plus loin. Lorsque le livre se remplissait, on revenait en arrière pour utiliser les pages laissées en blanc. Un répertoire écrit sur le dernier feuillet permettait de faire les recherches. Comme on le voit, c'était l'enfance de la tenue des livres.

La première date est du 1er février 1721, la dernière de juillet 1745. Les dernières pages sont occupées par des renseignements auxquels on était appelé à recourir souvent et qu'il fallait trouver rapidement : liste des ouvrages suivis au Collège de Limoges ; ouvrages demandés à Paris ou ailleurs ; abonnés au « journal » ; anciens ouvrages en magasins, etc.

Le compte du Clergé, par lequel le registre commence, est interrompu par d'autres comptes. Il faut pour le suivre se reporter en cinq endroits. Il embrasse la période de 1721 à 1739. Du 1er février 1721 à février 1736, date de la mort de Jean Barbou, le compte s'élève à 8,945 ll. On relève dans ce compte les titres de plusieurs mandements qui permettront d'ajouter à l'histoire du diocèse. Il semble que le personnel et le matériel sont insuffisants, car nous voyons souvent des travaux de nuit, de dimanches et de jours de fête.

Dans le même ordre d'idée, il convient de mentionner le compte de M. de Lépine, père du futur subdélégué, receveur des décimes du diocèse, qui eut pour successeur M. Boyer, à partir du 24 mars 1727. Puis vient le compte de M. Degain, syndic du Clergé ; celui-ci a aussi un compte personnel en 1734, dans lequel se trouve 4 bouteilles de vin d'Alicante à 3 ll. 10 s.

Le compte de l'intendance s'est élevé annuellement, au fur et à mesure que les besoins de l'administration se sont augmentés. En 1722, les impressions de toutes sortes et les fournitures sont réunies, elles s'élèvent à 1,450 ll. En 1736, date de la mort de Jean Barbou, elles sont divisées en trois chapitres et s'élèvent à 3,222 ll. (impressions, 1,540 ll., fournitures, 647 ll., guerre, 1,034 ll.)

Le compte de M. Amelot, directeur des fermes, comprend surtout des registres et des papiers pour le timbre, il s'élève d'année en année à 700 ll. environ ; — de M. Bouillé, trésorier des troupes à Limoges, dans lequel figure, en 1722, un émail de 25 ll. ; — de M. Deselme, directeur des greffes et francs-fiefs de la généralité, qui est remplacé à partir d'octobre 1723 par M. Oger ; — de M. Lachapelle, directeur du dixième de la généralité ; — enfin de M. Poisson, directeur du bureau des tabacs à Limoges.

Le compte des Jésuites n'existe que par fractions ; le reste était sur le « livre longuet ». Il indique quelques noms des Pères qui étaient au Collège en 1727 : le P. Perière, préfet, les PP. Ministre, Fonbone, le P. Barbou, syndic et professeur de théologie, le Fr. Brousse.

Les comptes des fabricants de papier occupent une large place dans le registre. On a vu par ce qui précède que les Barbou de Limoges expédiaient de grandes quantités de papiers limousins à Paris. Le brouillard fournit de grands détails sur les sortes de papier fourni par eux.

En premier lieu viennent les fabriques des environs de Saint-Léonard.

Mme Gérald Lajoumard, belle-sœur de Jean Barbou, possédait le moulin du Petit Farebout, sur la Vienne. Il semble qu'elle avait à la fois une fabrique de papier et de tissus et une mégisserie ; car nous la voyons fournir des pièces de canevas de 6 à 8 s. la livre, des parchemins grands, moyens et troisièmes à 5 ll., 4 ll. et 3 ll. 10 s. la botte. Pour les papiers, elle faisait les grands formats et les belles pâtes à en juger par les prix : Soleil, de 34 à 39 ll. la rame ; Jésus, de 25 ll. la rame ; Chapelet, de 15 ll.; Royal, de 11 ll. ; Grande fleur de lys, Petite fleur de lys, de 8 ll. Mme Lajoumard passait à son beau-frère des valeurs sur ses clients de Paris, Bordeaux, Toulouse et Angers. De son côté, Jean Barbou lui fournissait toutes sortes d'objets ; parmi ceux-ci, des formes pour ses papiers (la paire de formes Lombard était de 12 ll.).

Certaines fabriques paraissent liées avec Jean Barbou par un traité d'après lequel elles devaient lui livrer toute leur fabrication. Il en était ainsi pour le moulin de la Valade ou du Chambon, situé sur le ruisseau de Bersac, affluent de l'Ardour, tout près du confluent de ce dernier et de la Gartempe. Ce moulin était géré par Catineau, auquel Barbou fournissait les *formes* et les *tillettes*. On y fabriquait du carré pesant 24 livres à 5 ll. la rame, de 20 livres à 3 ll. 10 s. et à 4 ll., du fin à 3 ll. et à 3 ll. 8 s., du lombard à 2 ll. 9 s. et à 3 ll., du couture à 2 ll. 8 s. et du gros bon à 1 l. 17 s. et 1 l. 19 s. En somme c'était des papiers de qualité inférieure. Barbou faisait souvent des réductions sur le compte de ce fournisseur. Le moindre prétexte servait de motif à un rabais : format trop petit, défaut de colle, emballage insuffisant, etc.

Tout à côté du moulin de la Valade, sur le ruisseau de Laurière, se trouvait la papeterie de Jean Sabourdy. Barbou lui prend les papiers dont les formats suivent : lombard, raisin, carré, pantalon. Il semble que cette fabrique fait peu de fin. Elle fournit des qualités inférieures, telles que le trace et le gros bon pour le cartiers, le gros bon pour imprimerie, c'est-à-dire pour les épreuves et les passes. Barbou semble avoir fait un prix à l'avance pour toutes les sortes, car ce prix n'est pas rappelé sur le brouillard. Il est du reste en compte avec le fabricant, auquel il avance de l'argent pour acheter des *drapeaux* (lisez chiffons).

Dans la même région, se trouvait la papeterie de Sannat, sur la Gartempe, tenue par Robert et fils. Jean Barbou lui achetait des papiers qui devaient être rendus à Morterolles, où les voituriers les chargeaient. Les fournitures portent sur le carré fin grande forme, pesant 16 à 17 livres la rame et valant de 3 ll. 10 s. à 3 ll. 16 s., du carré fin ordinaire à 3 ll. 8 s. et enfin de la trace pour cartier, pesant 12 livres et valant 1 l. 17 s.

Dans la direction du sud et sans sortir de la province, Barbou prenait à Tourangeau, dont la papeterie se trouvait à Saint-Auvent, près de l'étang formé par la Gorre. Il lui recommandait expressément que le papier soit bien blanc, bien collé et bien conforme à l'échantillon donné. Tourangeau faisait du carré fin, de l'Amsterdam et du compte fin ; nous croyons qu'il faisait surtout les qualités inférieures en raison de la qualité de l'eau : le couture, le gros bon et le *toute paille*, c'est-à-dire chiffon non trié. Barbou payait ses *formes*.

Toujours en s'inclinant vers le sud, on trouve deux fournisseurs de Barbou dans le Périgord. En premier lieu c'est François Goursat, fabricant à la Bregère, paroisse de Nanteuil, près Thiviers, qui fait beaucoup de sortes fines : l'Amsterdam, l'Auvergne, la fleur de lys. Nous avons rencontré le nom de ce fabricant dans les filigranes.

Il se servait encore d'une papeterie voisine, celle de Lacoste, établie au moulin de Pissat et plus tard à Monchaty, entre Nanteuil et Nanthiat, sur l'Isle. Le nom de ce fabricant se trouve souvent dans le filigrane des papiers employés à Limoges au xviiie siècle. Il existe toujours une fabrique au même endroit.

Jean Barbou achetait aussi des papiers aux marchands en gros de Limoges. Les frères Grellet lui fournissaient du Saint-Chrysostôme, du grand-raisin, du grand-compte (pour le *Missel*) et du lombard.

Nous verrons plus loin les noms d'autres fabricants qui fournirent la maison de 1736 à 1750. Quelques-uns des fournisseurs n'ont pas de compte sur le livre, bien que nous connaissions leur nom : Moréliéras, Dieuaide (du Périgord), Tardif, Mathieu, etc.

Pour la reliure, Jean Barbou achète son papier marbré à Mlle Thevenet, mariée plus tard à Vintenac, au pont Saint-Etienne. Il fournit son papier et paye 4 ll. par rame pour la marbrure. Il vendait beaucoup de vin à Mlle Thevenet. Nous trouvons une fourniture du 19 juillet 1732 de 42 charges 17 cartes de vin à 11 ll. la barrique, et le 30 novembre suivant, 43 charges 10 cartes de vin à 12 ll. la barrique. Plus tard c'est un cochon du prix de 14 ll.

Ses fournisseurs de carton étaient la veuve Guérin et fils, qui, de leur côté, lui achetaient des papiers.

Il faisait des échanges d'affaires avec sa parente, la veuve de Jacques Farne, dont le frère était imprimeur à Toulouse. Il lui vendait du papier et lui achetait des livres. Parmi ceux-ci, nous relevons les suivants : *Bible, Imitation, Almanach, Nouveau Testament, Introduction à la vie dévote, Semaine sainte, Epîtres et Evangiles, Conduite à la confession et à la communion*, etc. D'après une facture de mai 1731 au 9 avril 1734, la veuve Farne doit à Jean Barbou 6,443 ll. et celui-ci lui doit 2,707 ll.

Jean Barbou fournit du papier à divers cartiers de Limoges : Martial Cibot, place des Bancs; Filliâtre, place Manigne; Lanier, rue des Petites-Pousses; Martial Texier. Dans la période qui nous occupe, le brouillard ne renferme que le compte de Lanier. Barbou lui fournit, de 1731 à 1736, de l'Amsterdam fin et second fin, du *trasse* Goursat et Pissat et du gros bon. Les cartiers employaient les sortes communes (trace ou gros bon) pour former l'intérieur des cartes et l'impression de celles-ci se faisait sur l'Amsterdam fin.

Barbou vendait des livres et du papier à deux librairies de Limoges dont le nom est peu connu, l'une était celle de François Martin et fils, l'autre celle de Pierre Martin. Ces deux noms sont accompagnés du qualificatif « marchand ». Il vendait aussi à Guillen, libraire à Uzerche, et à Villepontoux, marchand de papier à Bergerac. Vidal, voiturier de Bellac, faisait le commerce des papiers; il achetait à Barbou du gros bon et du lombard.

Le livre contient les comptes de divers banquiers de Limoges : Ardant (François), son beau-frère, Dorat, son autre beau-frère, associé avec Bourdeau; Teulier v^e et fils; Thévenin oncle et neveu. Ces comptes ne présentent d'autre intérêt que donner les noms de quelques libraires avec lesquels Jean Barbou faisait des affaires : Dupou, de Pau; Cazanove, de Toulouse; Lacour, La Botière, de Bordeaux; Gouy, de Saumur; Foureau, d'Angers; Desbordes et Clerc du Fief, de Niort; Brau, de Poitiers; Ve Masson, de Blois.

Les autres comptes ont un caractère tout personnel, ce sont ceux de Borpe, greffier de l'intendance; Breau, meunier, auquel Barbou a acheté le moulin de la Proufate en 1726; le P. Barbou, Jésuite, son frère; Mlle Chamboursat, sa cousine; Mme Croisier, femme de l'ancien receveur des décimes; Grandmaignac et Grellet, ses employés; Mme de Labrugère; Pabot; Peyroche, son oncle; Roux de Mazerolas, propriétaire de la maison où logeait Peyroche.

Jean Barbou devait être d'une prodigieuse activité pour suffire à la direction de sa maison, qui était très importante, à ses fonctions de trésorier des ponts et chaussées et de greffier de l'élection, et enfin à la gestion de ses nombreuses propriétés, de Monimes, notamment. Ses occupations multiples durent le vieillir avant l'âge, car il n'avait que quarante-huit ans au moment de sa mort, arrivée le 22 février 1736.

Veuve de Jean BARBOU

Valérie Farne (1736-1751)

La succession de Jean Barbou devait être un très lourd fardeau. Sa veuve avait besoin de toute son intelligence et de toute son énergie pour conduire sa maison. Par bonheur pour elle, son fils aîné, Jean III, était déjà grand et pouvait la seconder. Elle pouvait compter aussi sur son beau-frère, le P. Jean-Baptiste Barbou, qui lui prêta le secours de son expérience dans son grand procès avec l'abbé de Grandmont et le curé de Bessines au sujet de la dîme de Monimes. Son autre beau-frère, Jean-Benoit, libraire à Paris, s'employa de toutes ses forces pour lui aplanir les difficultés.

Parmi les ouvrages imprimés par elle, nous en avons relevé vingt, dont six pour l'Évêché et douze pour le Collège des Jésuites. Le petit nombre des ouvrages pour le clergé trouve son explication dans ce fait que l'évêque, depuis 1740, avait fait choix d'un autre imprimeur, Jean-Baptiste Dalesme.

Elle entretint avec son beau-frère de Paris les meilleures relations d'amitié et d'affaires, comme en témoignent les comptes annuels que nous allons résumer.

Le premier compte va du 14 avril 1736 au 24 octobre 1737. Il s'élève pour Limoges à 22,819 ll. et pour Paris à 32,512 ll.

La veuve Barbou fait à son beau-frère treize envois de librairie qui s'élèvent à 2,087 ll. En 1736, elle paye 18 ll. pour port de vieille fonte, et à Fournier le jeune, fondeur en caractères, 640 ll. C'est la première fois que nous voyons paraître le nom de ce fondeur qui va être à l'avenir le fournisseur des Barbou de Limoges et de Paris, dont il était le client et l'ami. Les lettres et les fleurons que Fournier donne comme spécimen dans son *Manuel typographique* (1766) se retrouvent dans tous les ouvrages des Barbou de Limoges et de Paris.

Les affaires personnelles l'emportent sur les affaires commerciales dans ce compte. On y voit figurer les frais de maladie et de funérailles de Louis-Jean, qui mourut chez son frère le 15 octobre 1736, 416 ll.; pour la pension de ses frères, 1,600 ll.; pour Mme de Béthune, 2,000 ll.; pour le décret de la terre de Monimes, 1,740 ll.

De son côté, son beau-frère de Paris fait différents payements et négocie ses valeurs. Il mentionne deux payements pour les imprimés exécutés à Limoges, l'un de 4,707 ll. 7 s., l'autre de 2,400 ll.

Le compte suivant va du 12 novembre 1737 au 14 août 1738. Celui de Limoges s'élève à 8,203 ll. 14 s., celui de Paris à 17,283 ll. Limoges redoit donc 9,079 ll. 6 s.

Comme dans le précédent, les affaires personnelles dominent. Pour la librairie nous ne relevons que quatre envois, s'élevant à 243 ll. 12 s. Pour l'imprimerie, il y a un envoi de vieille fonte et une gravure des armes de l'évêque, qui coûte 12 ll.

Dans le compte de Jean Barbou de Paris on relève : feuilles de classe, 19 ll. 10 s.; une balle *Erasmus colloquia*, 120 ll.; 24 *Pastoral* en 3 vol., 60 ll., et 236 rames carré Chambon à 4 ll. 2 s., 967 ll.

Dans le relevé suivant (du 15 septembre 1740 au 31 décembre 1741) le compte de Limoges est de 54,409 ll. 15 s., celui de Paris de 6,558 ll. 10 s. Ce qui cause la disproportion entre ces deux comptes, ce sont les nombreuses et fortes valeurs envoyées par Limoges. On ne relève que les trois envois de librairie suivants : 200 *Dictionnaires des commençants* in-8° blancs à 1 l. 5 s. (250 ll.); 1,000 *Faciliores* in-12 bl. à 5 s. (250 ll.); 2,000 *Turselinus* in-18 bl. à 10 s. (1,000 ll.); enfin 310 rames carré fin Sannat sans cassé, sur les nouvelles formes, pesant dix-sept à dix-huit livres la rame.

Paris fait des envois de livres de plus en plus nombreux, mais sans donner de détail (douze envois s'élèvent à 661 ll.) Il paye à Fournier, fondeur, pour caractère italique, 280 ll. 18 s.

Nous arrivons au dernier compte que nous possédions entre les maisons de Limoges et de Paris, compte qui va de décembre 1742 au 28 février 1747 et se termine ainsi :

« Par le compte cy-dessus arresté entre nous, il paroist que M. Barbou de Paris a payé pour Mad⁰ Descourières la somme de trente sept mille deux cent huit livres six sols neuf deniers, et que Mad⁰ Descourières ayant fourny à M. Barbou la somme de trente quatre mille cent cinquante sept livres quatre sols six deniers, il apert que Mad⁰ Descourières est débitrice envers M. Barbou de la somme de trois mil cinquante une livres deux sols trois deniers depuis le compte arresté le 23 novembre 1742 entre le dit sieur Barbou d'une part et le Reverend Père Barbou, jésuite, stipulant pour lad. dame Descourières. Fait en double entre nous, moy sieur Barbou, oncle, et moy, Martial Barbou, neveu, stipulant pour ma mère. A Paris, ce 28ᵉ février 1747. BARBOU. BARBOU, p. ma mère. »

Pendant cette période, Limoges a fait très peu d'envois de livres; il a expédié en cinq fois, 500 rames carré fin Sannat à 4 ll. 10 s. la rame, faisant un total de 2,250 ll. Les autres opérations consistent en lettres de change et en payements pour affaires personnelles.

Paris fait seize envois de livres s'élevant au total de 1,564 ll. 3 s.; il paye à Fournier, fondeur, 235 ll., plus pour les augmentations du *Dictionnaire des commençants*, 120 ll. et pour les feuilles du même dictionnaire 66 ll.

Le registre brouillard de 1723 cité plus haut et celui de 1736 à 1751 (in-folio raisin de 469 pages numérotées à la main dont quelques-unes manquent) vont nous permettre de dire un mot des principaux clients de la veuve de Jean Barbou.

Le compte du clergé fait mention des titres de plusieurs imprimés aujourd'hui introuvables que nous reproduisons plus loin dans le catalogue.

Le compte de l'intendance fournit lui aussi quelques renseignements sur l'administration de la généralité. Les dépenses annuelles s'élèvent en moyenne à 2,500 ll. Dans ce chiffre, les frais de milice et de guerre sont de 250 ll. en moyenne par an.

Nous relevons sur le registre les noms de plusieurs employés de l'intendance : de 1732 à 1743, M. Dupin; de 1733 à 1734, M. Laloge; de 1743 à 1750, M. Fradet; de 1734 à 1750, M. Maleden; de 1744 à 1751, M. Bouillet d'Ossemont; de 1743 à 1751, M. Le Seurre; de 1739 à 1740, M. Bertin, subdélégué à Saint-Vaury; de 1727 à 1740, M. Gartempe, subdélégué de La Souterraine; de 1738 à 1741, M. de Puyjoubert, subdélégué à Saint-Léonard; de 1743 à 1747, M. La Noaille, subdélégué à Saint-Léonard, etc.

La veuve Barbou paie plusieurs comptes pour l'intendance : Massier, fabricant de faïence (16 nov. 1728, quatre encriers de faïence, 7 ll. 4 s.); Deveau et Lespinay, menuisiers; Tricaud, serrurier; Laquintinie, relieur; Guérin, graveur (10 oct. 1743, armes de l'intendant, gravées sur buis, 5 ll.); Lavallée, graveur (25 nov. et 27 déc. 1743, cachet pour les bureaux de l'intendance, 6 ll.); le marchand de vin, etc.

Parmi les fonctionnaires que sert la veuve Jean Barbou, il convient de citer : M. Amelot, directeur des fermes (de 1736 à 1744); M. Etienne, directeur du dixième (1741-1748); M. Touzac, receveur des tailles (1745-1750); M. Poisson, directeur du bureau des tabacs (registres pour les bureaux relevant de Limoges : Saint-Junien, La Souterraine, Bellac, Eymoutiers, Bourganeuf, Meymac, Le Dorat; et pour les bureaux relevant de Brive : Aurillac, Mauriac, Bort, Ussel, Argentat, Tulle et Uzerche), 1749.

Aux fabricants de papiers qui fournissaient son mari, la veuve de Jean Barbou en a ajouté plusieurs autres. D'abord ceux de Saint-Junien et des environs : Tardieu, aux Betoulles, près Saint-Junien, fabriquait du carré *toutes peilles*, du gros bon, du couture et du cassé, toutes sortes communes; — Berger, et plus tard veuve Berger, dont le moulin était situé sur la Glane; — Bernard, et plus tard Mlle Bernard, du moulin de Rochebrune, aussi sur la Glane, et

Grateyrollé, dont la fabrique était voisine, fabriquaient les mêmes sortes de papier.

Dans la Marche, nous voyons le nom de Caland, dont le moulin était situé sur la Mourne, près de Bourganeuf.

Dans le Bas-Limousin, nous relevons les noms de deux fabricants :

Béronie et Reigniac, possédaient le moulin du Soleil, sur la Corrèze, près de Tulle. De 1739 à 1743, ils fabriquaient les formats suivants : compte fin, grand, moyen et petit timbre, raisin fin, carré fin, Amsterdam, Auvergne. On devait faire des étoffes dans la même fabrique, car les papiers étaient accompagnés de pièces de canevas. Ces papiers étaient vendus livrables à Limoges et certaines sortes étaient envoyées en dépôt en attendant la vente. La veuve de Jean Barbou envoyait aux fabricants de la colle et des formes, mais ces dernières devaient lui être rendues.

Lacombe, au moulin de Pezat, sur la Corrèze, fournissait les mêmes formats de papier à la veuve Barbou. Il y ajoute même une pièce d'étoffe de 45 aunes à 2 ll. 8 s. l'aune.

Dans la période précédente nous n'avions trouvé que le compte d'un seul cartier, Lanier: nous avons dans celle-ci ceux de Martial Cibot, Texier, Guérin jeune et Ve Guérin.

La veuve Barbou leur vend les mêmes sortes de papier que celles vendues à Lanier ; mais elle leur prend des jeux de cartes. C'est par centaines qu'elle achète des *sizains* (1) à 12 s. chez Martial Cibot. Guérin lui vend des *sizains de Toy* à 30 s. des *quadrille* (2) à 34 s., des *entières* (3) à 2 ll. et des *piquet* (4) à 30 s.

Plusieurs imprimeurs de Limoges travaillaient pour la maison Barbou ou lui vendaient leurs ouvrages. Martial Sardine et sa veuve imprimaient certains titres qui étaient accompagnés sur les registres du mot Sardine pour indiquer leur provenance.

La veuve Barbou faisait des affaires avec tous ses confrères de la région, mais nous n'avons pas la copie de ces comptes. Pour Chirac, imprimeur-libraire à Tulle, une feuille volante indique qu'à la date du 28 août 1748, il lui a fait quatre valeurs, payables de trois mois en trois mois et s'elevant au total de 1,254 ll.

Pour tenir le greffe de l'élection, les Barbou avaient besoin d'un homme de confiance, qu'ils rétribuaient au moyen de la retenue d'un quart sur les recettes. Le 30 décembre 1743, la veuve de Jean Barbou réglait avec M. Bettut, son commis-greffier. Il se trouvait

---

(1) Six jeux.
(2) Le jeu d'hombre a 40 cartes.
(3) Le jeu entier se compose de 52 cartes.
(4) Jeu de 32 cartes.

lui devoir la somme de 590 ll. 17 s. 8 d., qui après la retenue du quart, 147 ll. 14 s. 8 d., se trouva réduite à 443 ll.

Le brouillard de 1723 se termine par divers renseignements, tels que les livres suivis au collège des Jésuites, reproduits en appendice; — les abonnés au journal, qui étaient en 1740 : M. Arnaud, prêtre bénéficier du chapitre de Saint-Germain, chez Mlle Chabrol, faubourg Manigne ; M. Péconnet, d'Eymoutiers ; M. de La Nouaille ; M. de Saint-Priest ; M. François Martin ; M. de La Bachellerie ; — les livres de Lyon, Paris ou Toulouse, qui sont demandés :

« Pour M. Lescoux, de Ségur pour Lyon : *Lexicon medicum*, latin ou latin français (1); — *Anatomie raisonnée*, de Fauvry (?); — la *Chirurgie*, de Munich ou à défaut une autre des plus nouvelles ; — *Accouchement des femmes*, de Mauriceau (2). Sur quoy j'ai reçu dix livres. »

« M. des Vialetes de La Forge, paroisse de Jumilhac, m'a donné deux livres d'arres (sic) pour faire venir le *Dictionnaire*, de Pontas (3), 3 vol. in-folio, et ce le 14e avril 1735. »

« Il faut faire venir de Paris la *Theologia S. Hieronimi septimus tomus* pour le Révérend Père Protay Merthier, lecteur de théologie de la communauté des Récollets de Saint-Léonard. J'ay reçu pour avances vingt-une livres ; cy reçu le livre et remis 20 s. »

« Il faut faire venir de Paris un supplément du *Bréviaire des trois ordres de Saint-François*, des plus nouveaux, pour Mme la Présidente d'élection ; reçu le livre ci-dessus. »

« On demande le prix des livres ci-dessous, venant de Paris : *Valla de rebus Oubris* (?) (4); — *Joannis Philippi responsa et arresta* (5); — M. Lebret, *De la Souveraineté* (6); — *Heures* de l'édition de 1708 et s'il y en a de celle qui est sous presse; — le livre intitulé : *la Philosophie des anciens rétablie en son etat*, traduit en latin français ; — *Les Arrests*, de M. Olive, de la meilleure édition. »

Depuis 1744, Limoges avait une chambre syndicale qui avait pour officiers un syndic et un adjoint nommés pour deux ans. Une pièce datée du 15 avril 1751, nous fait assister à la nomination du

---

(1) Peut-être B. CASTELLI, Dictionnarium medicum. *Genevæ*, 1746, in-4.

(2) MAURICEAU, Traité des maladies des femmes grosses et de celles qui sont accouchées. *Paris*, 1740, 2 vol. in-4° fig.

(3) PONTAS, Dictionnaire des cas de conscience. *Paris*, P.-A. Lemercier, 1730, 3 vol. in-fol.

(4) Peut-être : Gregorii Vallæ placentini de expetendis et fugiendis rebus opus, *Veneliæ*, 1501, 2 vol. in-fol. ou : Jesuis Hieronymi de Vallibus Palavini ; passionem domini nostri Jesu Christi.... *Parisiis*, 1510, in-4.

(5) *Johannis Philippi, Responsa Juris*, 2e édit. — Montpellier, 1603, in-fol.

(6) LEBRET (Cardin), *Traité de la Souveraineté du Roi, de son Domaine et de sa Couronne.* — Paris, 1632, in-4°.

syndic par les « marchands imprimeurs » de la ville assemblés en état de commun pour délibérer des affaires de la communauté, par devant Mᵉ Pierre Thoumas, notaire royal à Limoges. Valéric Farne, veuve de Jean Barbou des Courières ; Jacques Farne, Martial Sardine et Jean Baptiste Dalesme. Pierre Chapoulaud était absent. Jacques Farne fut nommé syndic (1).

En 1751, la veuve de Jean Barbou, sollicitée par son fils Martial, devenu majeur, de lui céder la librairie, fit dresser un inventaire du matériel et des marchandises. Le chiffre total de cet inventaire était de 119,032 ll. 15 s., ci.................. 119,032 ll. 15 s.

Mais comme elle donnait à son fils :
1° en avancement d'hoirie....... 10,000 ll.
2° sa part dans la succession de son père........................ 12,000 ll.
3° sa part dans la succession de son frère aîné Jean III............ 4,000 ll.
4° sa part dans la succession de son frère Louis-Jean.............. 5,500 ll.

   Total.......... 31,500 ll., ci 31,500 ll. »

Cette somme étant déduite du chiffre, de l'inventaire, il restait....................... 87,533 ll. 15 s.

Pour s'acquitter envers sa mère, Martial lui souscrivit douze lettres de change de 7.250 ll. chacune, payables le 1ᵉʳ juillet de chaque année. Il s'engagea en outre à payer 800 ll. pour sa pension et celle de deux garçons, et pour la location des magasins de la rue Manigne, mais sans y comprendre la location du magasin de Saint-Martial et le salaire des deux garçons qui formaient un compte à part.

Pour rentrer dans les 31,500 ll. qui lui avaient été attribuées par sa mère, Martial choisit dans l'Inventaire général un certain nombre d'ouvrages représentant cette valeur.

L'inventaire du matériel des marchandises et du matériel se subdivisait ainsi :

Ouvrages de fonds (257,461)............... 82,877 ll. 15 s.
Feuilles classiques (77,415)............... 4,850 ll. »
Livres en feuilles chez les relieurs (5,635)... 2,255 ll. »
Livres brochés dans divers magasins (20,000). 2,892 ll. »
Livres d'assortiment de Paris, Toulouse, Lyon, etc. (5,688)....................... 3,920 ll. »
Livres reliés en magasin (20,935).......... 10,995 ll. »
Papiers d'impression ou d'écriture......... 7,241 ll. »
Imprimerie............................. 4,000 ll. »

   Total............... 119.032 ll. 15 s.

(1) Voir ce document aux pièces justificatives. C'est M Emile Hervy qui a bien voulu nous le communiquer : nous l'en remercions.

Les ouvrages étaient répartis dans plusieurs endroits. Dans la maison de la rue Manigne, il y en avait dans la *Chambre du diocèse*, dans la *Chambre des Cicérons*, dans les *Armoires* et dans la *Boutique*. Hors de la maison, il y en avait dans le magasin de Saint Martial et le grand grenier (1), situés rue des Taules ou place du Cloître, où les Barbou de Leymarie avaient eu leur magasin de draperie ; chez les relieurs, et à Beaupeyrat chez M. Dorat, beau-frère de la veuve Barbou.

Le fonds de la librairie était constitué par cent quarante ouvrages, dont moitié pour la piété et moitié pour les classiques.

Les ouvrages se tiraient à un nombre plus ou moins grand, suivant leurs chances d'écoulement. Dans les 257,461 exemplaires révélés par l'inventaire. Nous relevons un titre à 20,000 ex. (l'A B C), un à 10,000 ex. (la *Grammaire* de Despautère), deux à 9,000, deux à 8,090, cinq à 7,000, deux à 6,000, cinq à 5,000, quatre à 4,000, quinze à 3,000, vingt-sept à 2,000, les autres à 1,000 ex. et au-dessous.

A la suite des ouvrages de fonds, on a vu que l'Inventaire mentionnait les *Feuilles classiques*. On désignait ainsi des parties de l'œuvre d'un auteur latin suivi dans les Collèges des Jésuites, comme nous l'avons dit plus haut. Ces parties avaient de trois à six feuilles petit in-4° (de 24 à 48 p.) et se tiraient à 1,500 ou 2,000 exemplaires (2). La maison éditait quatre-vingt-sept de ces *Feuilles* en 1751 ; ainsi subdivisées : 50 pour les œuvres de Cicéron, 16 pour Virgile, 13 pour Ovide, 6 pour Horace et 2 pour Sénèque. Elle avait en magasin 77,415 exemplaires, représentant 389,051 feuilles de papier, s'élevant à 4,850 livres.

L'inventaire fournit aussi quelques détails sur les prix de reliure qui variaient suivant le format et le genre.

Les reliures en plein parchemin ou pleine basane étaient évaluées par les Barbou aux prix suivants :

L'exemplaire in-24, 1 s ; in-18, 2 s. ; in-12, 3 s. et 3 s. 6 d. ; in-8, de 5 à 10 s. ; in-4°, de 10 à 12 s.

Pour l'in-12, la reliure parchemin ou basane, dorée, 4 s. 6 d ;

---

(1) Sur le brouillard de 1723, nous trouvons la mention suivante :
Etat des livres remis au magasin de Saint-Martial le 7 janvier 1732 : 46 balles *Apparat royal* ; 47 ballots *Dictionnaire Gaudin*, français in-4°, papier fin ; — le 8 janvier, 152 ballots *Gaudin*, in-4° français, papier commun ; — le 14 janvier, 10 balles *Gaudin*, latin in-4°, et un ballot gâté.

(2) Les exemplaires que nous avons vus ont un format carré (0,140 ✕ 0,180) et sont tirés sur papier très blanc et bien collé, portant comme filigrane d'un côté une fleur de lis, et de l'autre AUVERGNE FIN 1740 E. D.

bordée, 6 s. 6 d. ; la reliure veau, tranches dorées, 1 l., et la reliure chagrin, tranches dorées, 2 ll. 6 d.

Les belles reliures en maroquin, tranches dorées, se faisaient à Paris. Ainsi la reliure du *Bréviaire de Limoges*, 4 vol. in-8 valait 10 à 12 ll. l'exemplaire et celle du *Missel de Limoges* in-fol., 14 ll. l'exemplaire.

L'imprimerie nous paraît évaluée à un prix inférieur à sa valeur, d'autant plus qu'elle s'était augmentée de plusieurs caractères, quelques années auparavant.

L'inventaire de 1751 montre combien les relevés d'ouvrages faits en dehors d'un document sont incomplets. Plusieurs ouvrages qui avaient échappé à nos recherches nous ont été révélés par l'inventaire, sans que nous puissions pour cela fixer leur date d'impression.

La veuve de Jean Barbou survécut treize ans à l'arrangement fait avec son fils Martial. Au moment de sa mort, l'enseignement venait d'être enlevé aux PP. Jésuites et cette mesure porta un coup funeste à la fortune de sa maison.

Martial Barbou

(1751 † 1784)

Martial Barbou, qui succéda à sa mère en 1751, lorsqu'il atteignit sa majorité, prit la maison dans d'excellentes conditions, et il pouvait espérer la continuation de cette prospérité.

Un événement inattendu vint contrarier tous ses projets et ruiner ses espérances. La direction des collèges fut enlevée aux Jésuites en 1763, et ce fut pour lui une perte énorme, car il avait accumulé dans ses magasins une quantité d'ouvrages qui étaient appelés à y dormir longtemps.

Il resta le fournisseur du Collège royal de Limoges, dirigé par des prêtres séculiers ; mais avant de se risquer à éditer les nouveaux ouvrages adoptés, il voulut attendre que les programmes fussent bien arrêtés. Il craignait de subir des pertes, et, au lieu de suivre l'exemple de ses cousins de Paris, qui eux n'avaient pas hésité à imprimer les classiques transformés, il préféra demander aux libraires de la capitale ceux qui lui étaient nécessaires. C'est ce qui ressort des factures conservées aux Archives départementales (1). Les ouvrages demandés étaient la *Grammaire* et les *Rudiments* de Wailly, Montesquieu, *Grandeur des Romains* ; les traductions de Cicéron, Horace, Saluste, Quinte-Curce, Ovide, le *Dictionnaire, abrégé d'orthographe,* le Joubert, *Dictionnaire français-latin,* le Despautère de Behourt, le Desbillons, *Fables,* le Fénélon, *Télémaque* et *Dialogue des morts,* le Ragois, *Instruction sur l'histoire de France et sur l'histoire romaine, l'Instruction de Toul,* le Voltaire, *Charles XII.* Quelques-uns de ces ouvrages étaient édités par les Barbou de Paris.

C'est à peine si nous relevons quelques titres nouveaux dans l'inventaire de 1819 : *Traité élémentaire du genre épistolaire,* par l'abbé Vitrac (1780); *Arithmétique,* par Le Gendre (1781); *Histoire du vieux et du nouveau Testament,* par de Royaumont (1781); etc.

Ce dut être avec un serrement de cœur qu'il imprima en 1765 les *Lettres patentes* du Collège royal de Limoges du 6 décembre 1764 (confirmation de celles de février 1763). C'est de ses presses que sont sortis les quatre discours prononcés aux distributions de prix par l'abbé Vitrac, professeur d'humanités, puis sous-principal du Collège royal ; *Eloge de Marc-Antoine Muret* (1774); *Eloge de Jean Dorat* (1775); *Eloge de Baluze* (1777); *Eloge de Grégoire XI* (1779). Chacun de ces éloges est accompagné d'un portrait (2).

Depuis 1740, les Barbou n'étaient plus les imprimeurs du clergé, ils n'en publièrent pas moins un certain nombre d'ouvrages de piété dont on trouvera les titres au catalogue.

La littérature préoccupait peu les esprits à Limoges ; car pendant l'exercice de Martial Barbou, de 1751 à 1784, soit trente-quatre ans, nous n'avons qu'un seul ouvrage de cette catégorie imprimé par lui, *Le Temple de Gnide,* poème imité de Montesquieu, en sept chants, par M. L*** de L. (M. Liron de Limoges) (3).

Poussé par Turgot et par la Société royale d'agriculture, dont il était l'imprimeur, Martial Barbou se lança dans une voie qui dut être lucrative pour lui, parce qu'elle répondait à un besoin du public. Il publia des ouvrages de renseignements, des calendriers, des cartes et des mémoires scientifiques. C'est lui qui fit paraître en 1762 le premier *Calendrier ecclésiastique et civil de la Généralité,* qui fut continué par son fils, sous différents titres, jusqu'en 1814. Cette publication avait pour patrons les savants abbés de Voyon, Nadaud et Legros.

(1) Archives de la Haute-Vienne, fonds du Collège D. 162.
(2) Archives de la Haute-Vienne, fonds du Collège D. 175-178.
(3) M. Liron, commis aux recettes générales, est mort en 1804. Voy. dans l'*Almanach limousin* pour 1862, p. 140 et ss., l'article que M. Emile Ruben lui a consacré.

C'est encore lui qui imprima en 1765 les *Ephémérides de la Généralité de Limoges*, par Desmarets, ingénieur en chef de la Généralité. Il est dommage que cet ouvrage, qui renferme de précieux documents, n'ait pas été continué, comme l'auteur le faisait espérer. L'ouvrage est accompagné d'une carte des environs de Limoges par l'ingénieur Cornuau.

Martial Barbou publia les différentes cartes de la Généralité et du diocèse dressées par les ingénieurs Cornuau et Capitaine, dont il parut des éditions en 1781, 1782 et 1783. M. Marc Barbou des Courières possède encore le cuivre de l'une de ces cartes.

Parmi les mémoires scientifiques, nous relevons les suivants : *Des moyens que l'on peut employer pour préserver les animaux de la contagion....*, par Vicq d'Azyr (1775); *Discours sur quelques opinions du public concernant la médecine*, par Jean-Baptiste Boyer, médecin (1776); *L'ami du peuple français*, par de Mirabeau (1776); *Essais faits par le lieutenant général de police de Limoges, pour parvenir à connaître la proportion qui doit être entre le prix du pain et celui des grains* (1776); *Rapport fait par ordre de l'Académie des sciences sur les effets des vapeurs méphitiques dans le corps de l'homme et principalement sur la vapeur, avec un précis des moyens les plus efficaces pour rappeler à la vie ceux qui ont été suffoqués...*, par M. Portal, médecin consultant de Monsieur (1776).

Martial Barbou, sur le conseil de Turgot et de Desmarets, fit construire une fabrique de papier dans sa propriété des Courières, sur le bord de l'Aurence. Il eut à soutenir un très long procès avec MM. Faulte et Grellet frères, au sujet du canal d'amenée des eaux du Moulin-Blanc jusqu'à la fabrique des Courières. Le retard apporté par ce procès dans le fonctionnement de la fabrique ne permit pas à Desmarets d'y faire les expériences qu'il avait projetées. Il voulait appliquer les procédés pour améliorer la fabrication d'après les observations qu'il avait recueillies en Hollande. Cela ressort d'une lettre écrite par lui à Turgot le 27 juin 1769, lettre que M. Poyet a reproduite dans son étude sur les Papeteries (1).

D'après les notes de Legros, postérieures de près de dix ans à la lettre de Desmarets, la fabrique qui avait le plus d'activité aux environs de Limoges, était celle de Martial Barbou de la Valette, « qui n'avait rien épargné pour lui donner toute l'activité possible » et pour égaler les belles papeteries d'Angoulême ».

Martial ne pouvait s'empêcher de remarquer que les papiers de l'Angoumois étaient supérieurs par la qualité des pâtes, la blancheur et le collage à ceux du Limousin. Peut-être espérait-il

---

(1) *Bull. de la Soc. arch. et hist. du Limousin*, t. XIII, p. 126.

remettre ces derniers en faveur et ramener les éditeurs de Paris qui les avaient abandonnés, ses cousins notamment, qui devaient en employer une grande quantité. Nous n'avons pas de traces de tout cela et nous en sommes réduit aux conjectures. Ce qui est sûr, c'est que l'organisation de sa fabrique du papier dut lui faire négliger l'imprimerie et la librairie et que ce qu'il gagna d'un côté, il le perdit de l'autre, car ses impressions n'offrent rien de remarquable. Les papiers fabriqués par lui portent comme filigrane : Mᴸ BARBOU]| FIN || LIMOUSIN.

Déjà en 1739 le gouvernement avait voulu diminuer le nombre des imprimeurs dans chaque ville, afin de pouvoir exercer sur eux une surveillance plus active et plus rigoureuse. Limoges, qui possédait six ateliers d'imprimerie, ne devait en avoir que deux. Les réclamations les plus énergiques se produisirent, de la part de ceux auxquels on allait enlever le gagne-pain et cela sans d'autre motif que le bon plaisir.

L'ordonnance du 12 mai 1759 éleva le nombre des imprimeries dans certaines villes. Le nombre fut réduit à quatre pour Limoges. Mais le difficile était de choisir parmi les ateliers existants, ceux que l'on devrait frapper. On se trouvait en face d'honnêtes gens, qui, par leur travail, faisaient vivre leur nombreuse famille, et auxquels on ne pouvait reprocher de s'être rendus indignes d'exercer la profession.

C'était absolument le cas de l'imprimeur supprimé en 1758, J.-B. Voisin, qui avait six enfants. On conserva l'imprimerie de la veuve de Martial Sardine, mais seulement sa vie durant.

D'après le rapport fait à M. de Sartine en 1764, voici comment les imprimeries pouvaient se classer, suivant l'importance de leur personnel : 1° Martial Barbou, 10 compagnons, 4 presses ; 2° J.-B. Dalesme, 7 compagnons, 4 presses ; 3° J.-B. Farne, 6 compagnons, 4 presses ; 4° Pierre Chapoulaud, 5 compagnons, 5 presses ; 5° Vᵉ Martial Sardine, 2 compagnons, 2 presses.

Voici, au surplus, un extrait des Etats de la librairie et imprimerie du Royaume en 1764 concernant Martial Barbou (1) :

---

(1) Etats dressés par les intendants et adressés par eux à M. de Sartine, lieutenant général de police, en vertu de sa circulaire du 10 juillet 1764.

Les renseignements généraux sur l'imprimerie à Limoges fournis par ces l'Etats sont les suivants :

« Il y a cinq imprimeurs-libraires : Jean-Baptiste Dalesme, Vᵉ Martial Sardine, Martial Barbou, Pierre Chapoulaud, Jean-Baptiste Farne. Il y a de plus deux libraires non imprimeurs, Léonard Laquintinie, reçu le 12 juillet 1745, par M. le lieutenant général de police, âgé de cinquante-quatre ans

» Martial Barbou est natif de Limoges. Il est établi imprimeur-libraire par arrêt du Conseil du 27 mars 1758. Sa famille imprime à Limoges depuis 1560 (1). Il est riche et emploie des fonds considérables dans son commerce, qu'il fait avec intelligence et activité. Il imprime fort bien. Il occupe dix compagnons; il possède quatre presses et les caractères suivants : 1 petit canon, 1 parangon, 1 gros romain, 1 saint augustin, 1 philosophie, 1 cicéro, 1 petit romain, 1 gaillarde, 1 petit texte, avec leurs italiques, 1 bâtarde coulée et 1 caractère grec (2). — L'imprimerie du sieur Barbou travaille pour l'intendance; elle imprime aussi beaucoup de livres de piété et classiques. »

De l'état général des imprimeries du royaume dressé en 1777 (3) il résulte que Martial Barbou jouit d'une bonne réputation et qu'il a cinq enfants. Son imprimerie est indiquée *à conserver*.

Bien que Limoges possédât une chambre syndicale, les imprimeurs n'en étaient pas moins tenus de faire enregistrer leurs privilèges sur le livre de la communauté des libraires et des imprimeurs de Paris. Du moins sur les ouvrages que nous connaissons, il en est ainsi; mais à la suite de l'arrêt du 30 août 1777 qui supprima la chambre syndicale de Limoges pour la rattacher à celle de Poitiers, les ouvrages portent, après le privilège, la mention de l'enregistrement par le syndic et l'adjoint de la chambre syndicale de cette

et le sieur Voisin, ancien imprimeur, dont l'imprimerie a été supprimée en 1758 et qui se trouve réduit par là à la profession de libraire-relieur.

» Il y a une chambre syndicale qui a pour officiers un syndic et un adjoint nommés pour deux ans. J.-B. Dalesme est syndic et P. Chapoulaud, adjoint.

» La visite des imprimeries et celle des livres provenant du dehors est faite par le lieutenant général, assisté du syndic et de l'adjoint.

» Le commerce de livres qui se fait à Limoges, consiste en livres de littérature et de piété qu'on tire de toutes les villes de France, surtout de Toulouse et de Paris. Il se fait aussi un commerce assez considérable de livres classiques qui s'y impriment et se débitent à Paris, et dans les autres villes du royaume. L'imprimerie du sieur Barbou fournissoit presque tous les collèges des Jésuites.

» S'il y avait des contraventions, les imprimeurs disent qu'elles seraient constatées par eux et référées à M. le lieutenant général de police.

» Les saisies de livres prohibés ou contrefaits sont extrêmement rares. »

(1) Lisez 1568.

(2) Soit au total onze caractères; on les désigne aujourd'hui par le nombre de points de leur force de corps, ainsi on dirait en suivant l'ordre ci-dessus : un 28, un 20, un 16, un 12, un 10, un 9, un 8 et un 7 et 1/2.

(3) Bibliothèque nationale, manuscrits, fonds français, n°21832.

dernière ville. Pour mettre le lecteur au courant des nouvelles obligations des imprimeurs, nous reproduisons la *Permission simple* qui termine l'*Histoire du vieux et du nouveau testament* imprimée par Martial Barbou en 1783 :

Permission simple

François-Claude-Michel-Benoist Le Camus de Néville, chevalier, conseiller du Roi en tous ses conseils, maître des requêtes ordinaires en son hôtel, directeur général de la librairie et imprimerie.

Vu l'article VII de l'arrêt du conseil du 30 août 1777, portant Règlement pour la durée des privilèges en librairie, en vertu des pouvoirs à nous donnés par le dit arrêt, Nous permettons au sieur Barbou, imprimeur à Limoges, de faire une édition de l'ouvrage qui a pour titre *Histoire du Vieux et du Nouveau Testament du Royaumont*, laquelle édition sera tirée à mille exemplaires en un volume in-12, et sera fini dans le délai de six mois, à la charge par ledit sieur Barbou d'avertir l'Inspecteur de la chambre syndicale de Poitiers du jour où l'on commencera l'impression dudit ouvrage, au désir de l'article XXI de l'arrêt du 30 août 1777, portant suppression et création de différentes chambres syndicales, de faire ladite édition absolument conforme à celle de Paris 1772, d'en remettre un exemplaire pour la Bibliothèque du Roi, aux mains des officiers de la chambre syndicale de Poitiers, d'imprimer la présente permission à la fin du livre et de la faire enregistrer dans deux mois, pour tout délai, sur les registres de ladite chambre syndicale de Poitiers, le tout à peine de nullité. — Donné à Paris, le 24 avril 1783. NÉVILLE.

Registré par nous syndic et adjoint de la chambre syndicale de Poitiers conformément à l'arrêt du conseil du 30 août 1777, portant Règlement sur la durée des privilèges en librairie. A Poitiers, le 30 mai 1783. C. BRAUD, syndic.

La *Feuille hebdomadaire* du 19 mai 1784 mentionne la mort de Martial Barbou en ces termes : « Le 9 mai M. Martial Barbou, seigneur des Courières, imprimeur du Roi, greffier en chef de l'élection, échevin et administrateur de l'Hôpital général, est décédé âgé d'environ cinquante-cinq ans ».

Léonard BARBOU

(1784-1820)

Léonard Barbou, né en 1756, est le dernier de la famille dont nous ayons à nous occuper. Comme son père, il avait été élevé à la pension de Juilly, près Paris, dirigée par les PP. de l'Oratoire, et il avait été à même d'étudier l'excellente organisation de la librairie de ses cousins, rue des Mathurins, à Paris. Il avait vingt-huit ans lorsqu'arriva la mort de son père, auquel il succéda. Le 10 mai 1785, il épousa Constance Bonnin de Nouic, et le 11 juin suivant il fut reçu maître-imprimeur.

C'est sous sa direction que la maison fut ébranlée par les événements politiques qui se succédèrent et qui faillirent entraîner sa ruine. Léonard Barbou fit tout au monde pour soutenir l'état de ses affaires. Il offrit ses services à la République, à l'Empire et à la Royauté. Grâce au tact commercial de sa femme, qui, pendant la période de 1815 à 1820, avait pris la direction de l'établissement, la maison put se maintenir dans une situation très honorable.

Léonard Barbou continua la publication du *Calendrier ecclésiastique et civil du Limousin*, créé par son père, qui, avec des modifications dans le titre et dans le texte, se maintint jusqu'en 1814. Dans le même ordre d'idées, il publia en 1788, format in-12, l'*Indicateur du diocèse et de la généralité de Limoges*, accompagné de la carte de Cornuau. Cet ouvrage, sans nom d'auteur, est attribué au savant abbé Legros.

L'intendance lui donnait une somme assez considérable de travaux. D'après les comptes et budgets de la généralité, le compte des impressions payé à Léonard Barbou s'élevait à 3,381 ll. 18 s. en 1783, et à 5,336 ll. 15 s. en 1788 (1).

Son titre d'imprimeur du roi lui attira un certain nombre de brochures à l'époque de la convocation des Etats généraux. Nous les reproduisons plus loin d'après la *Bibliographie de l'Histoire de la Révolution*, par M. Fray-Fournier.

Lorsque la Révolution éclata, Léonard perdit la dernière source de travail qu'il eût conservé jusqu'alors, les impressions administives. Il adressa une demande très humble aux administrateurs du département (2), pour leur demander de lui continuer les commandes qu'il recevait autrefois de l'intendance; mais ceux-ci lui préférèrent l'imprimeur du clergé, François Dalesme, père de onze enfants, que le nouvel état de choses avait complètement ruiné.

Le 23 février 1789, les imprimeurs de Limoges se réunirent chez François Dalesme, syndic de la communauté, pour la nomination d'un député à l'assemblée du tiers état qui devait se tenir le 26 du même mois dans la grande salle des Feuillants. Léonard Barbou fut choisi pas ses collègues pour les représenter à l'assemblée et concourir à la rédaction du cahier de doléances (3).

(1) Archives de la Haute-Vienne, série C, 256.
(2) Archives de la Haute-Vienne, série T.
(3) Archives communales de Limoges, AA. 7.

On trouvera dans le tome 1ᵉʳ des *Archives historiques de la Marche et du Limousin*, publiées par M. Alfred Leroux, les doléances de la communauté des imprimeurs-libraires de la ville de Limoges, signées : BARBOU (1).

Le 6 septembre 1790, il faillit être victime du grand incendie qui dévora plus de cent maisons entre la rue Manigne et le boulevard des Ursulines (boulevard Gambetta actuel). C'est, dit-on, grâce à la bonne construction de sa maison que le quartier du Verdurier fut préservé. Barbou perdit beaucoup dans cet incendie. On lui alloua une somme de 1,196 ll. comme indemnité, d'après la répartition des 300,000 ll. accordées aux propriétaires incendiés par le décret de l'Assemblée nationale du 26 octobre 1790.

Nous avons dit déjà que Léonard Barbou sembla se mêler à la politique dès 1789 (2). Son titre de colonel de la Garde nationale lui valut les impressions nécessaires à ce corps ; il mettait au bas de ses imprimés *Imprimerie de la Garde nationale* (1790-92).

De 1793 à 1794, il se fit l'imprimeur des écrits les plus violents contre l'ancien régime, entre autres des procès-verbaux de la Société populaire, des discours de Foucaud et de Publicola Pédon, et enfin, rédigé par ce dernier, du *Journal du département de la Haute-Vienne* (6 septembre 1793 — 23 août 1794) ; — il obtint quelques impressions du département et celles du district de Saint-Yrieix (3).

Léonard Barbou n'en avait pas moins confié l'éducation de ses enfants à l'abbé Martial Dourneau, de Limoges, ancien disciple de l'abbé Sicard, ancien curé de Saint-Dizier en Champagne, avec lequel il avait passé un traité le 1ᵉʳ fructidor an IV (18 avril 1796). L'abbé Dourneau, dans la crainte de compromettre la famille Barbou, resta peu de temps chez elle. Pendant son court séjour, il lui fit imprimer l'ouvrage intitulé : *Mes instants, recueil des poésies fugitives*, qu'il dédia à Mᵐᵉ Constance des Courières, née Bonnin de Nouic. L'ouvrage contient plusieurs pièces adressées à des personnes de Limoges (4).

---

(1) Archives communales de Limoges, AA. 8. Nous avons dit un mot de ces doléances dans les *Manuscrits et imprimés à l'Exposition de Limoges* 1886 au t. XXXV, p. 115, de notre *Bulletin*.

(2) Voy. la 1ʳᵉ partie, La famille Barbou, p. 82.

(3) Archives de la Haute-Vienne, registre du directoire du département, L. 77, 78, 80 et 81.

(4) DU BOYS et ARBELLOT, *Biographie des hommes illustres du Limousin*, p. 198 ; — E. RUBEN, *Catalogue de la Bibliothèque communale de Limoges*, Belles-Lettres, nº 1076 ; — A. LECLER, *Martyrs et confesseurs de la foi du diocèse de Limoges*, t. Iᵉʳ, p. 689-690.

Parmi les ouvrages imprimés par Léonard Barbou pendant la période révolutionnaire, nous devons citer ceux écrits par un des hommes les plus remarquables de notre ville, J.-J. Juge de Saint-Martin, ancien secrétaire de la Société d'agriculture, qui ajoutait modestement à son nom « cultivateur ». Celui-ci avait déjà fait imprimer à Farne et à Chapoulaud les trois premiers fascicules de ses *Observations météorologiques*, correspondant aux années 1789-90-91. Léonard Barbou imprima les fascicules 4 à 7, années 1792-97, et l'année suivante (1798) il imprimait pour le même auteur sa *Proposition d'un congrès de paix générale*. L'ouvrage le plus intéressant de J.-J. Juge est certainement celui qu'il fit paraître en 1808 sous le titre de *Changements survenus dans les mœurs des habitants de Limoges depuis une cinquantaine d'années*. Le public lui fit un accueil si favorable qu'il dut en faire une seconde édition neuf ans plus tard.

Après le Concordat, Léonard Barbou imprima quelques ouvrages de piété en même temps que des brochures franc-maçonniques. Les sentiments religieux de sa femme durent l'engager à ne plus imprimer ces dernières et il essaya de rentrer en grâce auprès du clergé. Il redevint l'imprimeur de Mgr l'Évêque à partir de 1807 et c'est de ses presses que sortirent par la suite les mandements, ordo, cathéchismes, etc.

La fabrique de papiers de Léonard Barbou ne cessa pas de fonctionner pendant la période révolutionnaire. Les registres du directoire du département conservés aux Archives de la Haute-Vienne (1) disent en effet que, le 6 août 1791, Barbou avait passé un traité avec le magasin général de Limoges pour la fourniture de papier destinés au timbre et à la régie de l'enregistrement. Vers la même époque, il avait passé un traité semblable avec les magasins de Guéret et d'Angoulême.

Le 30 mars 1793, Barbou faisait une nouvelle soumission et il réclamait une indemnité de 658 ll. 14 s. 8 d. pour les pertes qu'il avait éprouvées. Cette indemnité lui était accordée le 18 avril 1794 après constatation qu'une indemnité basée de la même façon lui avait été accordée par le directoire du département de la Charente. Les traités pour les trois villes de Limoges, Guéret et Angoulême prévoyaient des papiers de mêmes poids, prix et dimensions.

D'après une mention de 25 juin 1794, Barbou déclare que le marché fait avec le citoyen Boutet, en 1793, pour fournitures de papier, ayant été résilié, il a fourni 235 rames le 19 février 1794, à

(1) Archives de la Haute-Vienne, registres du directoire du département, série L. 72, 77, 78.

la suite des sollicitations du citoyen Patrou, lui exposant la pénurie de papier que le magasin de Limoges éprouvait. Voulant se rendre utile à la chose publique, il a envoyé les susdites rames autant que le lui permettait le peu de matières premières et de colle qu'il possédait. Il demande la nomination d'experts pour apprécier la valeur de la fourniture. Le directoire nomme les citoyens Dalesme et Farne, imprimeurs.

Le 22 juillet 1794, le directeur du département et le procureur général entendus, le directoire arrête que les 235 rames fournies par Barbou au magasin des formules lui seront payées par les préposés de l'agence nationale, savoir : les 7 rames papier moyen 54 ll. la rame et les 228 rames petit papier 36 ll. la rame ; mais qu'il n'y a pas lieu de lui payer les 50 ll. pour frais de voiture, attendu que d'après le cahier des charges de son adjudication il était tenu de livrer les papiers francs et quittes de tous frais de voiture.

En même temps le directoire enjoint à Barbou de fournir 255 rames de papier, comme complément de son engagement pour les années 1791-92-93, sauf indemnité à lui payer.

Le 17 octobre 1795, Barbou demande encore la nomination d'experts pour apprécier les papiers timbrés fournis par lui au magasin des formules. Dalesme et Farne, experts désignés, reconnaissent, le 9 novembre 1795, avoir trouvé dans le magasin du citoyen Boutet, présent le citoyen Patrou, 80 rames petit papier cy-devant jésus au filigrane et 3 rames du même papier au filigrane, estimé 125 ll. la rame.

On sera certainement surpris de la valeur fantastique de ces papiers : le papier moyen 54 ll. la rame, le petit papier 36 ll. la rame, le jésus 125 ll. la rame, au lieu des prix normaux de 5 à 10 ll. la rame ; mais il faut songer que les paiements se faisaient en assignats.

Les papiers fabriqués par Léonard Barbou pendant cette période se ressentent de la pénurie des matières premières. Ils sont de mauvaise qualité et mal fabriqués. Ils portent comme filigrane, en anglaise, le nom de Barbou.

En 1811, l'Empire qui se montrait très dur pour les imprimeurs, eut l'intention de réduire leur nombre par ville, comme cela avait été fait sous Louis XV. D'après l'ordonnance de 1759, Limoges ne devait avoir que quatre imprimeries. D'après les instructions de 1810, on voulait les ramener à ce même nombre. Or, il y avait six établissements : ceux de Barbou, Chapoulaud, Farne, Dalesme, Bargeas et Ardant. Les deux derniers, fondés récemment, semblaient le plus menacés.

Indépendamment des notes qu'il fit prendre par la police sur chacun des imprimeurs, le préfet demanda à chacun d'eux de faire l'historique de son établissement et d'y ajouter l'inventaire de son imprimerie. Les Archives de la Haute-Vienne contiennent ces notes. Voici celle qui concerne Léonard Barbou (1) :

« Léonard Barbou a été reçu imprimeur du roi au Parlement de Bordeaux en 1785 et la même année libraire à la chambre syndicale de Poitiers; son ancienneté date du xve siècle. Il descend de Hugues Barbou qui a un article dans le *Dictionnaire des grands hommes.* Il est imprimeur de l'Evêché; il a quatre presses dont il n'y en a qu'une et demie qui travaille. Il a en caractères un petit canon, un parangon, financière, gros romain, saint Augustin, philosophie plate, cicéro, petit romain, petit texte gros œil, petit texte ordinaire, mignonne, nompareille. Il imprime des livres de piété, quelques classiques, mémoires et ouvrages de ville. Il tient des livres d'assortiment, piété, classiques, histoire, belles-lettres, romans anciens. Il ne tient pas de nouveauté ni livres étrangers. Depuis la Révolution, l'état est presque nul. Il est propriétaire d'une fabrique de papier ».

Cette observation n'était malheureusement que trop vraie, car elle était faite pour ses autres confrères, dont les presses n'étaient qu'en partie occupées. Seule, l'imprimerie de Jean-Baptiste Bargeas était en pleine prospérité.

Les choses n'avaient pas changé en 1819, si nous en jugeons par un inventaire de la maison Barbou. Ce document, qui nous a été prêté très obligeamment par M. Prosper Barbou des Courières, va nous permettre de présenter la situation à la mort du dernier imprimeur du xviiie siècle du nom de Barbou.

L'établissement, qui avait été transporté dans l'ancien couvent des Feuillants (2) de 1791 à 1806, revenu rue Manigne après 1806, nous paraît établi en 1819 à l'endroit où il se trouve aujourd'hui, rue du Canard, mais avec entrée rue du Collège. Ce qui nous le fait croire, c'est la désignation des différentes pièces où sont réparties les marchandises : « *Grand magasin de livres en feuilles* », « *Petit magasin* », « *Magasin du grenier* », « *Magasin du garde-meuble* ». Si l'imprimerie eut été encore rue Manigne, on aurait retrouvé dans l'inventaire les anciennes dénominations de 1751 : *Chambre du diocèse, Chambre des Cicérons,* etc.

(1) Archives de la Haute-Vienne, série T. 378. Nous donnons en appendice l'inventaire de l'imprimerie.
(2) L'hôtel du XIIe corps d'armée a remplacé l'ancien couvent des Feuillants.

Voici le résumé de cet inventaire, d'après l'estimation de MM. Dalesme aîné et Jean-Baptiste Bargeas, imprimeurs :

Livres de fonds en feuilles (100,680 exempl.)...	30,501 fr. 35
Livres de fonds reliés (3.964 exempl.)........	3,468 fr. 10
Livres d'assortiment brochés (15,319 exempl.)	8,453 fr. 85
Livres d'assortiment reliés (2,094 exempl.)...	2,386 fr. »
Imprimerie..............................	12,000 fr. »
TOTAL...............	55,809 fr. 30

Si l'on compare les chiffres ci-dessous avec ceux de l'inventaire de 1751, on est frappé de leur énorme décroissance dans l'espace de soixante-dix ans (119,000 ll. en 1751). C'est que la maison a reçu dans cet intervalle de terribles secousses : en 1763, la perte de nombreux ouvrages classiques imprimés pour les Jésuites ; en 1789, celle des impressions administratives ; et, dans les années terribles qui suivirent, l'arrêt presque complet des affaires.

Il n'y a plus, comme dans l'inventaire de 1751, les feuilles classiques, les livres en feuilles chez les relieurs, les papiers d'impressions.

Le nombre des ouvrages édités par la maison est très réduit : 107 au lieu de 140. Les chiffres des tirages sont aussi bien inférieures, 300,000 exemplaires en 1751, 104,000 en 1819. Nous n'avons trouvé que deux tirages à 4,000, sept à 3,000, trente à 2,000, les autres à 1,000 et au-dessous.

Si les ouvrages de piété et les classiques dominent, il s'est introduit une nouvelle catégorie d'ouvrages demandés par le public, tels que la *Cuisinière bourgeoise, Dictionnaire de la fable, Œuvres de Bernardin de Saint-Pierre, Boileau, Bossuet, Fénelon, Florian, La Fontaine, Rousseau, Magasin des demoiselles, Magasin des enfants.* Il y en a même de la *Bibliothèque bleue* si chère aux Chapoulaud et aux Farne *(Le Souterrain ou Mathilde, Nouvelles Nouvelles).*

Parmi les classiques, les auteurs latins sont en très petit nombre : les Cicéron, qui étaient en si grande vogue en 1751 qu'ils avaient donné leur nom à l'un des magasins de la maison « *Chambre des Cicérons* », ne sont plus représentés que par des nombres ridicules.

Plus d'ouvrages écrits par les Jésuites ; ceux des PP. Jouvency, Gaudin (1), Pomey qui s'écoulaient avec la plus grande facilité et rapportaient de gros bénéfices, sont remplacés par Barême, Griffet, Lhomond, Tricot, qui a pris la place du vieux Despautère, tant de fois réimprimé depuis trois siècles.

Léonard Barbou, comme nous l'avons dit, n'éditait que timidement les classiques, pour ne pas s'exposer aux pertes subies par

---

(1) On trouve cependant dans le catalogue de 1819 les *Rudiments*, du P. Gaudin et l'*Appendix*, du P. Jouvency.

son père : il préférait demander aux éditeurs parisiens. Aussi le chiffre des livres de réassortiment en magasin est-il, proportion gardée, plus considérable qu'en 1751.

Comme en 1751, l'inventaire de 1819 nous met au courant des prix de reliures payés par les éditeurs limousins. Ces reliures étaient très ordinaires. L'in-32 se payait 7 cent. ; l'in-24, plat papier 10 cent., pleine basane 40 cent. ; l'in-12 ou l'in-18, plat papier 10 à 20 cent., pleine basane 50 cent. à 1 fr.

La Révolution qui porta un coup si funeste à l'imprimerie, anéantit pour ainsi dire la reliure à Limoges. Les éditeurs de livres de piété de notre ville occupaient trente ateliers de reliure avant 1789 ; ils faisaient de la *camelotte*, il est vrai, mais ils gagnaient leur vie. D'après la *Statistique de la Haute-Vienne* (1), il n'y avait plus que six relieurs en 1808 et encore avaient-ils beaucoup de peine à se procurer du travail.

D'après les ouvrages brochés ou reliés en magasin, on voit que la maison ne fait plus les mêmes affaires qu'autrefois ; sauf une dizaine de livres de piété qui semblent être demandés, les autres ouvrages ressemblent à des fonds de rayon (2).

Placé à la tête de la maison en 1784, Léonard Barbou a exercé à la fin du règne de Louis XVI, sous la première République, l'Empire, la Restauration. Il s'était un peu mêlé à la vie publique : il avait été colonel de la garde nationale de 1790 à 1792, et administrateur de l'hôpital, de 1791 à 1793. Tous ces événements influèrent un peu sur ses facultés, et trois ans avant sa mort (1820), sa femme avait dû prendre la direction des affaires jusqu'à la majorité de ses fils. Prosper et Henri atteignirent leur majorité en 1821 et prirent à ce moment la tête de la maison, qui compte toujours parmi les plus importantes de notre ville.

Nous ne poursuivrons pas plus loin l'histoire des Barbou de Limoges.

Nous avons essayé de montrer ce qu'était, pendant les deux derniers siècles, une imprimerie de province placée dans les meilleures conditions de prospérité, ayant à sa tête des hommes aimant leur profession et très désireux de remplir dignement leur rôle de chef de maison.

(1) Statistique de la France. Département de la Haute-Vienne, p. 465 (*Paris*, *Testu*, 1808, in-4°).

(2) Les Barbou de Paris avaient dû envoyer à leur cousin de Limoges un certain nombre de leurs « *auteurs latins bonnes éditions* ». Dans l'inventaire de 1819, on n'en voit qu'une quarantaine par deux ou trois exemplaires, au prix de 3 fr. le volume (sauf Erasme et le P. Rapin à 1 fr. 50 le vol.).

APPENDICE

I

Privilège pour le Bréviaire de Limoges de 1587

Henri par la grace de Dieu Roy de France, et de Pologne, à nos amez et feaulx Conseillers les gens tenens nos Courtz et Parlemens de Paris, Thoulouse, Rouen, Bourdeaux, Dijon, Aix, Grenoble et Bretaigne, Baillifz, Prevosts, Seneschaulx, esdictz lieux, Lyon, Poictiers, Orleans, Tours, Bourges et Lymousin, ou leurs Lieutenans, et à tous autres nos Justiciers et Officiers. Salut : Nostre Amé et feal Conseiller en nostre Conseil privé, Messire Jehan de Laubespine, Evesque de Lymoges, nous a faict remonstrer qu'il auroit nouvellement de son authorité, et par le consentement et advis des Doyen, Chanoines et Chapitre de l'Eglise Cathedrale dudict Lymoges. Faict corriger et refformer les Breviaires a l'usage du diocèse dudict Lymoges, et seroit en volonté de continuer et faire de mesme, pour les autres livres d'office et service divin dudict Diocese, comme Missels, Manuels, Legendaires, Processionels, Psaultiers, Diurnaulx, Heures, et autres livres dudict service divin qui seront cy apres reformez. Lesquelz Breviaires et aultres livres ainsi refformez, nostre bien-aymé Hugues Barbou, Marchant Libraire et Imprimeur, demeurant en nostre dicte ville de Lymoges, auroit promis et mesme auroit desja commencé à les Imprimer à ses frais, et mis en lumiere du consentement de nostredict Conseiller : mais pour crainte d'estre frustré de sesdicts frays, peines, et vaccations s'il estoit permis à aultres Libraires pendant quelque temps de les Imprimer, et mettre en vente, il auroit différé à continuer l'Impression desdicts Breviaires, et aultres livres du service divin, dudict diocese de Lymoges, s'il ne luy estoit par nous pourveu sur-ce de remede convenable humblement requérant iceluy. Pource est il que nous inclinant liberalement à la supplication et requeste qui nous a esté faicte par nostre-dict Conseiller, et en sa faveur avons permis, accordé, et octroyé, de noz grace speciale, plaine puissance, et authorité Royale, Et par ces présentes Permettons, accordons, et octroyons audict Barbou, qu'il puisse et luy loise imprimer ou faire Imprimer, mettre en lumiere, exposer en vente, et distribuer par ses gens, facteurs, et commis, lesdicts Brevieres et aultres livres de service divin à l'usage dudict Diocese de Lymoges, nouvellement corrigez et refformez, de l'authorité dudit Evesque, et consentement desdicts Doyen, Chanoines, et chapitre de ladicte Eglise de Limoges. Ensemble tous autres livres dudict service divin comme

Missels, Manuels, Legendaires, Processionnels, Psaultiers, Diurnaux, et Heures, qui seront cy apres réformez conformement ausdicts Brevieres, jusques au temps et espace de six ans prochainement suyvans, et consecutifz à commencer des jour et an que lesdicts Brevieres et aultres livres seront achevez d'Imprimer, sans que pendant ledict temps, aucuns Libraires ou Imprimeurs autres que ledict Barbou, les puissent Imprimer ou faire Imprimer, vendre ne distribuer, en quelque sorte que ce soit, sans le congé, licence, permission, et consentement dudict Barbou, sur paine de confiscation des dicts Brevieres, Missels, Manuels. Legendaires, Processionnels, Psaultiers, Diurnaulx et Heures, d'amande arbitraire, et de tous despens, dommages et interests. Si voulons et vous mandons que de noz presentes permissions, vouloir, et intention, vous faictes, souffres, et laissez jouyr et user ledict Barbou plainement et paisiblement ledict temps durant. Et contraignant à ce faire souffrir et obeir tous ceulx qu'il appartiendra et qui pour ce seront à contraindre, par toutes voyes et manieres deues et raisonnables, nonobstant oppositions ou appellations quelconques, pour lesquelles et sans prejudice d'icelles ne voulons estre differe, Car tel est nostre plaisir, nonobstant quelconques Edicts, Ordonnances, Restrioctions, Mandemens, Deffences, et Lettres à contraires. Donne à Paris le cinquiesme jour de janvier, l'an de grace, mil cinq cens quatre vingtz et sept, et de nostre regne le treziesme. Par le Roy en son Conseil. Signé : Compaing.

II

Privilège pour le Thesaurus trium linguarum, par le P. Gaudin, de 1675.

Par grace et privilège du roy donné à Versailles le 10 aoust 1675, signé: Devieux ; il est permis au R. P. Gaudin de la Compagnie de Jésus de faire imprimer par telles personnes qu'il voudra un dictionnaire intitulé : *Le Trésor des trois langues française, latine et grecque*, etc., durant le temps de vingt années à commencer du jour qu'il sera achevé d'imprimer, avec défense à toutes personnes de le faire imprimer, vendre, ni débiter sous quelque prétexte que ce soit sans son consentement, ou de ses ayants cause aux peines portées par ledit Privilège. Et aux mêmes peines il est défendu à Martial Barbou, imprimeur de Limoges, et à tous autres d'imprimer, vendre, ni débiter sous quelque prétexte que ce soit l'ancien dictionnaire composé par ledit R. P. Gaudin intitulé : *Dictionnaire nouveau Français, Latin et Grec, ou Trésor des Langues*, etc. Enregistré sur le livre de la communauté des Libraires et Imprimeurs de Paris le 27 aoust 1675. Signé : Thierry, syndic.

Le R. P. Gaudin a cédé son Privilège au sr Antoine de Lagarde, bourgeois et marchand de la ville de Tulle suivant l'accord fait entre eux. — Achevé d'imprimer pour la première fois le 14 aoust 1680. — *Les exemplaires ont été fournis.*

Je Louis Duprac, Provincial de la Compagnie de Jésus en la province de Guienne, permets au sieur Antoine de Lagarde, Marchand et Bourgeois de la ville de Tulle, de faire imprimer, débiter, et faire débiter un livre intitulé : *Trésor des trois langues française, latine et grecque, divisé en deux parties, dont la première contient les mots français et latin ; la seconde les latins, français et grecs, avec l'abrégé de l'une et l'autre partie pour ceux qui ne font que commencer à apprendre.* Le tout composé par le P. Jean Gaudin religieux de notre Compagnie. Et j'accorde audit sieur Antoine de Lagarde cette permission pour l'espace de vingt ans ; en vertu des privilèges accordés à la même Compagnie par nos Roys très chrétiens Henri IV le 20 décembre 1606, Louis XIII le 14 février 1611 et le 7 mars 1618, Louis XIV, à présent régnant, le 23 décembre 1650, par lesquels Privilèges il est expressément défendu à tous imprimeurs, libraires et autres d'imprimer ni faire imprimer aucun livre composé par les Religieux de ladite Compagnie sans expresse permission des supérieurs de la même Compagnie. De plus je déclare que bien loin d'avoir donné permission au sieur Martial Barbou, imprimeur de Limoges, d'imprimer ou réimprimer, débiter et faire débiter aucun livre et en particulier le *Dictionnaire nouveau français, latin et grec avec les longues et brèves*, composé par le susdit Père Gaudin, et comme le dit sieur Barbou a mis de sa tête dans la nouvelle édition, que nous avons sceu qu'il faisait cette année *Nouveau dictionnaire ou Trésor des Langues française et latine*, j'ay même fait ce que j'ay pû par des voyes de douceur pour l'empêcher de réimprimer ce livre, ce qu'il n'a pas laissé de continuer de faire. Pour plus grande assurance de tout ce que dessus, j'ai signé de ma main propre et scellé du sceau ordinaire de la province la permission que j'ay donnée audit sieur Lagarde pour l'impression des susdits livres. A la déclaration que je viens de faire, révoquant à ces fins toutes les permissions que ledit sieur Barbou peut avoir eû de mes prédécesseurs. Fait à Bourdeaux, ce 16 décembre 1675. Signé : Louis Duprac.

III

Conte de ce que doit le R. Pere Levet, sindic du Collège de Limoges, à Monsieur Barbou. 1707-1709.

1703	par billet du 25 septembre 1703, cy....	597[1]
1705	par un autre billet du 28 février 1705, cy.	300[1]
novembre 10	donne aux bouchers suivant son ordre, cy	60[1]
— 17	fourny deux bouy d'huille, cy.........	54[1] 8[s]
—	argent que nous avons fait conter au Père Bouniol, par ordre du R. Pere Levet, cy.....................	6[1]
	A reporter.............	1 017[1] 8[s]

	Report....	1.017ˡ	8ˢ	
novembre 17	pour un prone du Peré Jolly, livres à Mr Lacombe par ordre du R. Pere Levet, cy...	6ˡ	10ˢ	
décembre 27	donne au frere Pardaillant, par ordre du Pere Levet, cy...	30ˡ		
—	pour le louage d'un cheval, payé à Adrien 43 journees à 12 sols par journe, monte...	25ˡ	16ˢ	
1706 janvier 18	pour 12 chaises tapisserie...	21ˡ		
—	argent donne au Pere Levet...	94ˡ		
—	pour une lestre fournie sur La Rochelle de...	13ˡ	10ˢ	
— 22	donne sur le billet du R. Pere Levet...	100ˡ		
—	pour un quintal prunes de St Catherine pour le Collège...	8ˡ	10ˢ	
— 23	pour 17 livres et demy savons à 5 s. la livre...	4ˡ	7ˢ	6ᵈ
— 24	pour 60 livres amandes à 4 s. 6 d...	13ˡ	10ˢ	
— 30	paye à M. Baillot, suivant le billet du frere Bassetesre...	34ˡ	16ˢ	
— 31	paye à Bachelier, potier d'estain, suivant le billet du mesme...	20ˡ		
février 3	fourny pour 86 livres raisin à 17 ll. 15 s. le cent...	15ˡ	2ˢ	6ᵈ
— 8	pour un cabas de figues pesant 27 ll...	5ˡ	8ˢ	
—	payé à M. Chavepeyre, suivant le billet du frere Bassetesre...	80ˡ	8ˢ	
mars 6	pour 26 livres raisin...	6ˡ		
— 15	pour 22 livres figues...	4ˡ	8ˢ	
—	pour un billet de M. Poirier de Fontenay, fourny au Pere Levet pour le Pere Braquelange...	25ˡ	7ˢ	6ᵈ
— 29	pour chapelet ou médaille fourny...		14ˢ	
juin 29	pour 11 paires poulet à 7 s. paires fourny	3ˡ	17ˢ	
juillet 2	donne à Janot sur un billet du Pere Levet...	40ˡ		
— 27	pour 14 poignées morue à 30 s. poignées fourny...	21ˡ		
aoust 9	donne au R. Pere Agelis, par ordre du Pere Levet, des livres montent...	18ˡ	19ˢ	
—	de plus fourny pour chapelet ou médaille...	12ˡ	8ˢ	
—	donne au frere Bassetesre 6 d. cantiques à 10 s. la douz...	3ˡ		
—	pour une imitation que le Pere a pri...	1ˡ	10ˢ	
—	de plus un *Regia Parnassi*...	2ˡ	15ˢ	
—	de plus deux contes de Baresme...	4ˡ		
	A reporter...	1.636ˡ	4ˢ	6ᵈ

		Report..................	1.636ˡ	4ˢ 6ᵈ
1707	janvier 18	pour deux bouy d'huille fourny......	35ˡ	
	—	le R. Pere Sorlin ayant baillé quarante-huit livres au R. Père Levet pour n/ remettre, il ne nous a donné que 40 ll. partant reste...	8ˡ	
	février 18	pour différents livres au Pere Levet....	7ˡ	10ˢ
	— 20	pour soissante livres d'amandes fourny..	15ˡ	
	—	pour 57 livres raisin fourny..........	9ˡ	
	—	pour 48 livres figues	8ˡ	8ˢ
	— 28	donné à Mirre par ordre du Pere Levet un dictionnaire en 2 vol............	6ˡ	10ˢ
	—	fait compter au Frère Collinet à Bourdeaux, par ordre du R. Père Levet, un louis d'or valent...............	13ˡ	5ˢ
	may 7	pour 2 bouy d'huille.................	53ˡ	18ˢ
	août 8	pour chapelet ou médailles..........	9ˡ	17ˢ
	— 9	pour differans petits livres.	7ˡ	18ˢ
	septembre 24	fourny suivant le billet du R. Pere Levet	50ˡ	
	—	le R. Pere Verthamon m'a donné à prendre par un billet la somme.....	78ˡ	12ˢ
	—	j'ay fait compter à un procureur à Paris par ordre du P. Levet..............	20ˡ	
1708	avril 12	pour 5 cantiques notés à 10 s.........	2ˡ	10ˢ
	aoust 6	pour livres et chapelet pour mission...	4ˡ	
	novembre 6	pour un bouy d'huille pesant 138 ll. à 28 ll. le cent................ ...	38ˡ	
	—	donne au crochepteur..............		4ˢ
	— 20	pour 73 livres prunes Sainte-Catherine à 2 s. 6 d..................	9ˡ	2ˢ 6ᵈ
	décembre 18	pour 106 livres figues à 20 ll. le quintal	21ˡ	4ˢ
1709	janvier 31	pour 6 petits livres.................	1ˡ	16ˢ
	— 7	pour 36 ll. ris à 5/6 d..............	9ˡ	18ˢ
	juin 1ᵉʳ	pour une pognee morue..	1ˡ	15ˢ
	—	pour une autre pognee morue.	1ˡ	13ˢ
	— 11	pour 12 pognee morue à 30 s. que j'ay fait venir......................	18ˡ	
	—	pour l'emballage...................		16ˢ
	— 28	pour un bouy d'huille pezeant 125 à 46 ll. le cent.	57ˡ	15ˢ
	— 17	argent que le Pere Ferrand m'a donné à prendre sur le Pere Babeau qui ne m'a donné......................	28ˡ	
		Total......	2.147ˡ	6ˢ

IV

Ouvrages suivis au Collège des Jésuites de Limoges, 1729-1744

Abréviations : C. Cicéron ; — H. Horace ; — O. Ovide ; — V. Virgile.

1729-30	1731-32	1732-33	1733-34	1734-35	1...
OUSSAINT	TOUSSAINT	TOUSSAINT	TOUSSAINT	TOUSSAINT	TO...
Rhétorique	*Rhétorique*	*Rhétorique*	*Rhétorique*	*Rhétorique*	*R...*
ro Archia.	C. Pro Milone.	C. Pro lege Manilia.	C. Philippica 2.	C. In Catilinam 1.	C. Pro...
etamorph 13.	V. Æneidos 11.	V. Æneidos 9.	V. Æneidos 9.	V. Æneidos 10.	H. Od...
ius Paterculus.	Salustis ex Græcis epig	Terentius.	Velleius Paterculus.	Terentius.	
Seconde	*Seconde*	*Seconde*	*Seconde*	*Seconde*	
ro rege Dejotaro.	C. Pro Archia poeta.	C. In Catilinam 1, 2.	C. Pro Archia poeta.	C. Pro rege Dejotaro.	C. Phi...
rs poetica.	H. Odarum 1.	V. Æneidos 6.	V. Æneidos 5.	V. Æneidos 12.	V. Æn...
ris commentarii.	Quintus Curtius.	Cæsaris commentarii.	Quintus Curtius.	Cæsaris commentarii.	
hrysost. de jeju.	S. Chrysost. de diab.				
Troisième	*Troisième*	*Troisième*	*Troisième*	*Troisième*	*T...*
e senectute.	C. De senectute.	C. De officiis 2.	C. de Senectute.	C. De officiis 3.	C. De...
Eneidos 5.	O. Metamorph 3.	V. Georg. 4.	V. Æneidos 1.	V. Æneidos 2.	V. Æn...
us.	Justinus.	Cornelius Nepos.	Tursellinus.	Vita S. Ignatii.	
i Fabulæ 1 à 6.					
Quatrième	*Quatrième*	*Quatrième*	*Quatrième*	*Quatrième*	*Q...*
ist. fam. 8.	C. Epist. fam. 2.	C. Epist. fam. 14.	C. Epist. fam. 12.	C. Epist. fam. 14	C. Ad...
eorgicon 1.	O. Tristium 2.	O. de Tristibus 4.	O. de Tristibus 9.	O. de Tristibus 4.	O. de...
ius Victor.	Eutropius.	Phedri fabulæ.	Aurelius Victor.	Eutropius.	
Cinquième	*Cinquième*	*Cinquième*	*Cinquième*	*Cinquième*	*C...*
lectarum 2.	C. Selectarum 3.	C Selectarum 1.	C. Selectarum 3.	C. Selectarum 1, 3.	C. Sele...
ydippe Acontio.	O. Tristium 1.	O. de Ponto 1.	V. Epist. Did Æneæ.	O. de Tristibus 1.	O. De...
PAQUES	PAQUES	PAQUES	PAQUES	PAQUES	P...
Rhétorique	*Rhétorique*	*Réthorique*	*Rhétorique*	*Rhétorique*	*R...*
o Milone.	C. Pro Ligario.	C. Pro rege Dejotaro.	C. Pro Ligario.	C. In Catilinam 2.	C. Pro...
ni Dialogus 10.	V. Æneidos 12.	H. Ars poetica.	V. Odarum 4.	H. Ars poetica.	H. Ars...
Seconde	*Seconde*	*Seconde*	*Seconde*	*Seconde*	
ro Marcello.	C. Pro Marco Marcello	C. In Catilinam 3, 4.	C.	C. Pro lege Manilia.	C. Post...
darum 1.	H. Odarum 3.	H. Odarum 4.	H. Odarum 3.	H. Odarum 1.	V. Æn...
i Fabulæ 1, 2, 3, 4					
Troisième	*Troisième*	*Troisième*	*Troisième*	*Troisième*	*T...*
e officiis 2.	C. De officiis 1.	C. Paradoxa.	C. De officiis 3.	C. de Amicitia.	C. Para...
Eneidos 6.	V. Æneidos 2.	V. Æneidos 3.	O. Metamorph. 13.	V. Æneidos 3.	V. Æn...
i Fabulæ 1, 2, 3		Canisius.			
Quatrième	*Quatrième*	*Quatrième*	*Quatrième*	*Quatrième*	*Q...*
. fam. 14.	C. Epist. fam. 5.	C. Epist. fam. 15.	C. Epist. fam. 13.	C. Epist. fam. 16.	C. Epis...
eorgicon 4.	V. Eglogæ 1 à 5.	V. Eglogæ 1 à 5.	O. de Tristibus. 2.	O. Metamorph. 2.	V. Æn...
Cinquième	*Cinquième*	*Cinquième*	*Cinquième*	*Cinquième*	*C...*
electarum 4.	C. Selectarum 4.	C. Selectarum 2.	C. Selectarum 2.	C. Selectarum 2.	C. Epi...
Ponto 2.	O. Dido Æneæ.	V. Eglogæ 1 à 5.	V. Quin. post. Eglogæ	O. Phillis Demophoon.	V. Buc...

1736-37	1738	1739-40	1740-41	1742-43	1...
OUSSAINT	TOUSSAINT	TOUSSAINT	TOUSSAINT	TOUSSAINT	TO...
Rhétorique	*Rhétorique*	*Rhétorique*	*Rhétorique*	*Rhétorique*	*R...*
Pisonem.	C. Pro lege Manilia.	C. In Pisonem.	C. Pro Marco Marcel.	C. Pro Milone.	C. Pro...
Eneidos 12.	H. Odarum 1.	H. Odarum 1, 2.	H. Odarum 2.	H. Ars poetica.	H. Oda...
					Velleiu...
Seconde	*Seconde*	*Seconde*	*Seconde*	*Seconde*	
Catilinam 1.	C. Pro Archia poeta.	C. Pro rege Dejotaro.	C. In Catilinam 2, 3.	C. In Catilinam 1, 2.	C. In P...
Eneidos 11.	V. Æneidos 3.	V. Æneidos 2.	V. Æneidos 2.	V. Æneidos 4.	V. Æn...
Troisième	*Troisième*	*Troisième*	*Troisième*	*Troisième*	*T...*
mnium Scipionis	C. de Amicitia.	C. De officiis 2.	C. Paradoxa.	C. Pro rege Dejotaro.	C. De...
eorgicorum 4.	V. Æneidos 1.	V. Æneidos 5.	V. Æneidos 3.	V. Æneidos 9.	V. Æn...
					Tursell...
Quatrième	*Quatrième*	*Quatrième*	*Quatrième*	*Quatrième*	*Q...*
pist. fam.	C. Epist. fam. 16.	C. Ep. ad. Brutum.	C. Epist. fam. 4.	C. Epist. fam. 9.	C. Epis...
. Didonis Æneæ.	V. Eglogæ 1 à 5.	V. p. Didonis Æneæ.	O. Metamorph. 2.	V. Medea Jasoni.	V. Buc...
					J. App...
Cinquième	*Cinquième*	*Cinquième*	*Cinquième*	*Cinquième*	*C...*
electarum.	C. Selectarum 2.	C. Selectarum 2.	C. Selectarum 3.	C. Selectarum 7.	C. Sele...
e Tristibus.	O. de Tristibus 4.	O. de Tristibus 4.	O. de Tristibus 1, 2.	O. de Tristibus 1.	O. de T...
PAQUES	1742 PAQUES	PAQUES	PAQUES	PAQUES	P...
Rhétorique	*Rhétorique*	*Rhétorique*	*Rhétorique*	*Rhétorique*	*R...*
o rege Dejotaro.	C. Ad. Quinto Ligario	C. Pro Marco Marcel.	C. Pro Archia poeta.		C. Pro...
rs poetica.	C. Ad Cæsar. Oratio 42	H. Odarum 3, 4.	H. Odarum 4.		H. Ars...
	Senecæ Cordub. trag.				Sallusti...
Seconde	*Seconde*	*Seconde*	*Seconde*	*Seconde*	
Catilinam 2.	C. In L. Calp. Pisonen.	C. Pro rege Dejotaro.	C. In Catilinam 4.	C. In Catilinam 3, 4.	C. In C...
darum 1.	H. Carminum 4.	H. Ars poetica.	H. Odarum 1.	H. Odarum 7.	H. Car...
Troisième	*Troisième*	*Troisième*	*Troisième*	*Troisième*	*T...*
ro Archia poeta.	C. Paradoxa ad Marc.	C. de Senectute.	C. De amicitia.	C. Pro Archia poeta.	
Eneidos 6.	V. Æneidos 1.	V. Æneidos 9.	V. Æneidos 6.	V. Æneidos 1.	
Quatrième	*Quatrième*	*Quatrième*	*Quatrième*	*Quatrième*	*Q...*
. ad Mem. 13.	C. Epist. fam. 7.	C. Epist. fam. 7.	C. Epist. fam. 3.	C. Epist. ad fam. 16.	C. Epi...
inq. post. Eglogæ	O. de Ponto 2.	O. de Ponto 2.	O. Metamorph. 13.	O. Dido Æneæ.	O. Met...
					Aurelu...
Cinquième	*Cinquième*				

V

Déclaration de Mme Pierre Barbou et de M. Jean Barbou rélativement aux impressions de l'Ecéché, 1729.

Aujourd'huy vingtième mai mil sept cent vingt-neuf, après midy, pardevant le notaire royal à Limoges soussigné, furent présents : dame Jeanne Maillard, veuve de feu Pierre Barbou, imprimeur dud. Limoges, et Jean Barbou, seigneur des Courières, conseiller du roy, greffier en chef de l'élection dud. Limoges, trésorier des ponts et chaussées dud. Limoges, y habitants rue Manigne, paroisse de Saint-Pierre-du-Queyroy.

Lesquels ont dit, attesté et certiffié que eux et leurs autheurs ont été depuis cent cinquante ans ou davantage les imprimeurs ordinaires tant de nos seigneurs les évêques que du clergé du présent diocèse et que, par un usage constant, lesd. seigneurs évêques n'ont jamais payé d'autres frais d'impression que ceux des affiches pour leurs fermes, droits et revenus, lettres d'ordres, et dispenses de bans de mariage, mais que pour tout le reste comme mandemens, avis, ordonnances, permissions publiques et autres actes généralement quelconques concernant le temporel ou spirituel des diocésains et de ceux qui les dirigent, pour l'ordre, discipline ou police écclésiastiques, les frais d'impression ont toujours esté payés par le clergé et sur les mandemens de M^{rs} de la chambre.

Laquelle attestation lad. dame Maillard de Barbou et le seigneur des Courières son fils ont affirmé et certifié véritable.

Dont acte d'eux signé et par moy rédigé à leur requisition pour servir à qu'il appartiendra, en présence des s^{rs} Jean Martin et Pierre Declareuil, habitans dud. Limoges à ce appelés. Signé à la minute : Mailhard, veuve de Barbou, Barbou Descourières, Declareuil, J. Martin et Dauryat. Controllé à Limoges le 21 may 1729, f° 90, v°, reçu douze sols. Signé : Barrège. 20 mai 1729. Me Dauryat, notaire.

VI

Nomination de la personne du Sr Jacques Farne pour sindic des imprimeurs du 15 avril 1751

Aujourd'huy quinze avril mille sept cent cinquante un, après midy, pardevant Pierre Thoumas, notaire royal a Limoges, et temoins soussignes furent present Dame Valerie Farne veuve de M. Jean Barbou des Courieres, s^r Jacques Farne, s^r Martial Sardine, et s^r Jean-Baptiste Dalesme, tous marchands imprimeurs de cette ville ycy assemble en etat de commun pour deliberer des afferes de leur communauté, lesquels ont dit que pour vacquer aux afferes de leur corps il est necessaire de nommer un sindicq. A ces fins, ayant entre eux deliberé, ils ont par ces presentes nomme pour leur sindic controlleur et inspecteur la personne dud. s^r Jacques Farne auquel ils donnent pouvoir et *parrance* de faire toutes diligence dans les affaires mûes et a mouvoir consernant leur communaute et par expres de toucher et persevoir de M^r le Receveur des Tailles de l'Election de Limoges les arrerages echus et a echoir de nouveaux gaiges et interets a eux dûs et qui sont et seront employes en les Etats du Roy de l'Election dud. Limoges pour raison de la fineace qu'ils ont paye a Sa Majeste pour la reunion des offices d'Inspecteurs et Controlleurs, des *Jures* de leur communaute portés en la quittance de finence du 30 juillet 1748, signé Berthin. — Enregistree et controllee ou besoin a ete des reçus. Donnes quittances et decharges valable et en par luy jouissant des privillege accordés par Sa Majesté, promettant avoir le tout pour agreable, obligeant, etc. Fait et passé a Limoges dans l'estude en presence des sieurs Jean-Baptiste Deschamps et de Simon Petit, clers habitant aud. Limoges, temoins. Signé : Farne de Barbou, M. Sardine, J.-B. Dalesme, Farne, Petit, Deschamps, Thoumas. Controllé a Limoges le 16e avril 1751. — Reçu douze sol. — Signé : Baget.

VII

Catalogue de la veuve de Jean Barbou d'après l'inventaire dressé en 1751

		PRIX		NOMBRE		
A		en feuilles	relié	en f^{lles}	relié	Total
A B C .... le cent.	1 l.			20000		20000
— de Niort...............	—	1 l.		2000		2000
Abbeli Medulla philosophiæ (1695).......			18 s.	3950	288	4332
Aurelius Victor, in-24 latin (1723)....	—	18 l.	1 s.	1400	557	1957
Amaltheum Poeticum.............	—	5 l.		1200		1200
Amour de Jésus..................	—	10 l.		1600		1600
Antiphonaire, in-folio (1736)...........						
Apparat royal, in-8°.............			1 l. 4 s. 6 d.	1563	141	1704
B						
Bibl., in-12..................	—	30 l.		1950	307	2257
Bibles de Noël...........	—	4 l.		1200		1200
Billets de Cicéron, in-24 (1747).....	—	20 l.		4675		4675
Bréviaires du diocèse, in-8°, 4 v. (1736) l'exemp.	4 l. 10 s.	12 l.	1256	39	1295
C						
Canisius, Petit cathéchisme (1667)..... le cent.	5 l.			1950		1950
Cantiques des missions..............		5 l.		800		800
Cantus................. l'exemp.		14 s.		100	103	203
Catéchisme de Limoges......... le cent.	12 l. 10 s.			700	274	974
— du Concile de Trente, fr., 2 v. —	55 l.			500		500
César, in-24 (1738)...............	—	30 l.		800	401	1201
Ciceronis, Epist. select. lib. 1us 3 ff. 1/2 —	8 l.					1108
— — 2us 4 ff.........						854
— — 3us 4 ff.........						1693
— Ad familiares, 1us 5 ff...........						360
— — 2us 5 ff..........						650
— — 3us 6 ff...........						1575
— — 4us 4 ff...........						1950
— Epist. ad Quint. fratr. 1us 5 ff.....						150
— — 2us 5 ff.....						780
— — 3us 4 ff.....						200
— — 5us 5 ff.....						256
— Ad Torquatum, 6us 5 ff...........						229
— In Verronem, 9us 5 ff...........						1746
— Epist. Marcus Celius, 8us 6 ff......						228
— Ad Cassium, 12us 5 ff........						1750
— Ad Memmium, 13us 6 ff........						1440
— Ad familiares, 14us 4 ff.......						250
— — 16us 5 ff........						600
— In Verrem, 15us 4 ff. 1/2........				2000		2000
— Ad Senatum, 15us 5 ff.......				150		150
— Ad Brutum, lib. singularis 6 ff.....				640		640
— Paradoxa, 4 ff........				348		348
— De Amicitia, 7 ff				617		617
— De Senectute, 7 ff. 1/2.......				1863		1863
— Somnium Scipionis, 3 ff......				401		401
— De officiis lib. 1us 6 ff........				125		125
— — 2us 9 ff.......				782		782
— — 3us 6 ff.......				1573		1573
— Post reditum, 7 ff.......				850		850
— In Catilinam, Oratio prima, 4 ff. in-12 1741				575		575
— — secunda 3 ff. 1/2 —				653		653
— — tertia, 3 ff. in-12 1751				2000		2000
— — quarta, 3 ff. in-12 1719				2000		2000
— Pro domo sua, 6 ff. 1/2........				425		425
— Pro Milone, 6 ff.............				1060		1060
— Pro Manilia, 6 ff...........				1600		1600

	PRIX		NOMBRE		
	en feuilles	relié	en f^les	relié	Total
Ciceronis, De finibus, 6 ff............			300		300
— De Natura Deorum, 7 ff............			180		180
— Pro Ligario, 4 ff.................			1172		1172
— Pro Marcello, 3 ff...............			910		910
— In Pisonem, 5 ff................			1095		1095
— De provinciis, 5 ff..............			1350		1350
— In Vatinium, 3 ff...............					352
— Pro rege Dejotaro, 5 ff.........					1306
— Philippica secunda, 9 ff........					705
— Ad Marcum Brutum lib. 2us 7 ff..					678
— — — 3us 7 ff.....					275
— — — 4us 7 ff.....					205
— — — 5us 6 ff.....					207
— Pro Archia poeta, 3 ff. 1/2.......					2000
Clenardi grammatica (1701).......... le cent.	15 l.	10 s.	700	13	713
Codret Rudiments nouveaux..........	10 l.		2400		2400
— — vieux.............	7 l. 10 s.		2800		2800
Conduite de Bevelet.................	25 l.		400		400
Cornelius Nepos, in-24..............	18 l.	7 l.	1800	339	2139

D

Dictionnaires des commenç. pap. fin f. lat. in-8 l'ex.	1 l.	4 s. 6 d.	600	103	703
— — comm. —	1 l.		5700		5700
— de Gaudin, français in-8°...in-4°	1 l.	4 s. 6 d.	2750	154	2904
— — pap. fin fr. et lat. —	2 l. 10 s.	9 s	750	95	845
— — comm. —	2 l. 10 s.	3 s	2955		2955
— — latin in-4°......	1 l. 10 s.	12 s.	3450	45	3495
— — trois lang. in-4° (1727)—					
Despautère gram. nouv. in-12 (1722). le cent.	30 l.		9600	270	2870
— — vieille (1704)..	28 l.		2400		2400
— rudiments nouveaux......	12 l.		4800		4800
— — vieux.........	10 l.		2400		2400
— quantités (1715).........	10 l.		800		800
Diurnaux................	25 l.		300	50	350

E

Eléments de rhétorique (P. de la Rue?) —	12 l.		2700		2700
Elien, latin in-24 (1699)............	12 l.		3850		3850
Entretiens, in-12...................	30 l.		1200	157	1357
Epitres et évangiles............... —				57	57
Erasme, latin in-24 —	18 l.		2500		2500
Eutrope, in-24	18 l.		3000	248	3248
— avec notes (1751)......... —	18 l.		600		600
— sans notes............... —	18 l.		150		150

F

Florus, latin in-24 (1696)............	18 l.		600		600
— français in-24............	18 l.		250		250
Flos latinitatis, in-12 (du P. Pomey) (1699) —	20 l.		1400		1400

G

Gaudin, Epigrammes in-12 (1661)..... —					
Grammaire grecque (par le P. Labbe) (1714)—	10 l.		625		625
Gradus ad Parnassum, in-8° (du P. Aler). l'ex.	1 l. 12 s.		76		76
Guide des pécheurs................. —	15 s.		980		980

H

Heures à trois offices........... le cent.	15 l.		4200	864	5064
— — à filets...........	10 l.		1200		1200
— latin-français gros romain in-32.	15 l.		250		250
— — pap. commun in-18 —	20 l.		2200		2200
— — Sardine pap. fin in-18 —	20 l.		2475	460	2935
— — — pap. com. in-18. —	20 l.		1750		1750
— français cicéro in-18.......... —	20 l.		4524	100	4624
— Dauphines, in-32............... —	8 l.		6400	100	6500

	PRIX		NOMBRE		
	en feuilles	relié	en f^les	relié	Total
Heures du Petit Chrétien, in 32....... le cent.	12 l. 10 s.		1800	50	1850
— de la Congrégation, in-16..... —	50 l.		176	38	214
— de Notre-Dame com. lat. ..... —	3 l.		8500		8500
— — français... —	3 l.		3000		3000
— — lat. petites —	1 l. 10 s.		8000		8000
— de Court................ —	6 l.		2000		2000
Hérodien, histoire, livre 8, in-12 (1686)......					1212
Horatii, Satyræ lib. 1us 7 ff...........					1350
— — 2us 6 ff. 1/2............					2098
— Odarum lib. 1us 5 ff....					575
— — 2us 4 ff...............					825
— — 3us 5 ff..............					898
— — 4us 4 ff..............					
Horace, de Tarteron, in-12 (à Beaupeyrat) l'ex.	18 s.	3 s. 6 d.	1460	186	1586
— du Hamel, in-12 (1720)....... —	1 l.	3 s.	80		80
— de Jouvency, 1 vol............. —	1 l. 1 s.		41	31	72

I

Imitation de J. C., latin, in-12........ le cent.	30 l.		6225		7303
— de Gonnelieu, in-12........ —	50 l.		1320		2727
— français, in-24.......... —	10 l.		1000		1000
— latin, in-24 (Thomas A. Kempis) —	12 l. 10 s.		71		71
Introduction à la vie dévote.......... —	12 l. 10 s.		1100		1100

J

Journée du chrétien, in-24..... —	12 l. 10 s.	8 l.			
Jouvency, Oraisons, 2 vol. in-12 (1715)......			2000	1724	4080
— Candidat (1737)............ —	20 l.	10 l.	900	236	1136
Justin, in-24 (1698)................ —	25 l.	7 l.	6030	187	6217

L

La Fontaine (de), Fables............ —	38 l.		4350		4370
Lettres choisies de St-François Xavier in-12(1699)					

M

Massouli, Nouveau missionnaire....... —	30 l.	6 s. 6 d.	2600	353	2953
Messe des morts, petit in-fol. (du Missel) l'ex.		10 s.	500		500
Méthode pour converser avec Dieu.... le cent.	4 l.		300		300
Missel de Limoges, in-folio (Graduale) l'exemp.	8 l.	14 l.	893	51	944

N

Novum testamentum............. le cent.	30 l.		1000		1000

O

Ovidii Metamorphoseon lib. 2us 4 ff..........					1878
— — 15us 6 ff. 1/2.....					796
— Jasonis in quendam 5 ff..............					543
— Œnonis epistola 2 ff...............					650
— Paris Helenæ epistola 3 ff......					750
— Laodamiæ epistola 2 ff.					350
— De Nuce elegiæ 3 ff............					200
— De Ponto lib. 1us 7 ff. 1/2....					1557
— — 4us 6 ff.................					250
— De Tristibus 1us 5 ff............					1465
— — 2us 4 ff............					1050
— — 3us 5 ff					1359
— — 5us 5 ff............					272
Ordonnances synodales................ —	25 l.		400	102	502
Ordonnances de Louis XV........ ..... —	12 l. 10 s.		800	68	868

P

Pastoral, 3 vol. in-12 (1731)......... l'exemp.	2 l.		380		380
— 3me vol. seul, in-12........... —		10 s.	600	15	615
Pensées édifiantes et chrétiennes (1715).le ce t	5 l.		1600	1224	2824
Pensez-y bien..................... —	7 l. 10 s.		250	588	838
phèdre, Fables, in-12 (1736)......... —	25 l.		1300		1300
pomey, Candidatus rhetoricæ (1699)... —	15 l.		1080		1080

	PRIX		NOMBRE		
	en feuilles	relié	en f^{lles}	relié	Total
Pomey, Particules, in-16 .... le cent.	18 l.		8600		8600
— Particules, in-24 (1747)..... —	18 l.		6000	700	6700
— Flos latinitatis, in-12 (1699).. —	20 l.		1400		1400
Pontificale romanum............... —	20 l.		300		300
Praticien français.............l'exemp.	1 l. 5 s.	10 l.	600	13	613
Propre des saints, in-12 (1727)........					
Psaumes de David, in-12 (1743)........				171	171
Psautier, in-24				96	96
Psautier de St-Bonaventure............				26	26
Principes de la langue grecque à l'usage des Collèges des Jésuites (1717)...............					
Q					
Quinte-Curce latin, in-24 (1741)...... le cent.	25 l.	8 l.	1100	658	1758
R					
Regia Parnassii...............l'exemp.	1 l. 4 s.		90		90
Règlements de vie................le cent.	10 l.	7 l.	7000	300	7300
Rituels des sacrements, in-8° (1717)... —	1 l.		540		540
Rubriques générales, in-12 1718..... —	20 l.		1200		1200
S					
Sacré-Cœur de Jésus...............				63	63
Sages entretiens................. —	1 2 l. 10 s.	7 l.	5726	652	6378
Salluste latin, in-24 (1743).......... —	18 l.	12 l.	3000	354	3354
— — in-12................ —	18 l.		2000		2000
Sancti Ignatii (Vita) in-24 .... —	18 l.		600		600
Selectæ e profanis latin, in-12....... —	36 l.	12 l.	1500	61	1561
Selectæ e veteri testamenti latin-français —				536	536
Senecæ tragedia Medea, 8 ff. 1/2.... .. —					500
— tragedia quinta 7 ff. .... —					122
Sentiments de piété............... —	10 l.		350		350
Series ordinationem, in-12 (1707)..... —				239	239
Souffrances de Jésus............... —	1 l.				
T					
Tursellini historiæ, in-16 (1726)...... —	28 l.	10 l.	1100	135	1235
V					
Véritable sagesse (PP. Le Jay et Segneri) —	5 l.		100		100
— motifs de confiance (P. Le Clerc) —					
Vespéraux........................ —	15 s.		700	350	1050
Velleius Paterculus, latin in-12 (1712) —	28 l.		1800		1800
— — français in-12 (1707)....					
Virgilii Bucolica, 4 ff. 1/2 in-12 (1688).........					1298
— Bucolicarum lib. 5us 3 ff...........					1175
— Georgicarum 1us 5 ff...........					1387
— — 2us 4 ff...........					713
— — 4us 5 ff.... —					370
— Eneidos 1us 5 ff. 1/2.............					2115
— — 2us 6 ff................					100
— — 3us 6 ff................					100
— — 4us 6 ff................					1065
— — 5us 7 ff................					180
— — 6us 6 ff................					262
— — 7us 6 ff................					550
— — 9us 5 ff................					448
— — 10us 6 ff. 1/2............					1650
— — 11us 7 ff................					1925
— — 12us 6 ff................					1005
Virgile latin, (pap. com. et pap. fin) in-24 —	28 l.	9 l.	8000		8000
— in-18................ —	18 l.	9 l.	800	619	1419
— Bucoliques, in-12 (1750) ..... —	20 l.		950		950
Vie des saints de Limoges, in-12...... —	25 l.		200		200
Voltaire, Henriade................. —	38 l.		2700	12	2712

VIII

Inventaire du Matériel de l'Imprimerie de Léonard Barbou
(16 janvier 1811)

Cinq (1) presses. Il n'y en a qu'une qui travaille.

Caractères :

Mignonne demi-usée (corps 7)...............	4 casses.	500	kilos
Petit texte deux crans assez bon (corps 7 1/2).	4	1.000	—
Petit texte gros œil (2) (corps 7 1/2).........	6	1.100	—
Petit romain usé (corps 9)...................	4	1.200	—
Philosophie plate assez bonne (corps 10).....	3	600	—
Cicéro deux crans bon (corps 11)............	4	1.200	—
Cicéro assez bon (corps 11).................	3	1.000	—
Saint-Augustin deux crans assez bon (corps 12).	3	1.200	—
Saint-Augustin un cran (corps 12)...........	6	1.600	—
Gros romain assez bon (corps 16)...........	6	1.600	—
Parangon assez bon (corps 20)..............	3	600	—
Financière demi-usée (3) corps 24 (?).......	1	150	—
Petit canon (corps 28)......................	3	600	—
Vignettes...................................	1	100	—
Grosse [ou moyenne de] fonte (caractères pour affiches) (corps 100)..........................	»	200	—
Nonpareille pour faire des fractions (corps 6)..	1	30	—
Vieille fonte.................................		2.000	—
Filets doubles pour les tableaux.............		60	—
— simples...............................		100	—
— d'encadrement in-12.................		50	—
— d'encadrement in-24.................		100	—
Accolades..................................		40	—
Interlignes in-4°............................		40	—
— in-8°............................		30	—
— in-12............................		20	—
— in-18............................		30	—
— in-24............................		25	—

Différentes gravures en bois sur tous les formats.

58 chassis, savoir : 12 ramettes, 12 chassis in-12, 14 chassis in-4°, 18 chassis in-24 et in-18, 2 chassis petits (4).

Mon intention est de conserver l'état de mes pères, qu'ils ont exercé avec honneur depuis plusieurs siècles.

Limoges, ce 16 janvier 1811. BARBOU.

(1) L'état de 1764 et l'inventaire de 1819 disent quatre presses (dont une démontée). Barbou comptait comme cinquième presse sa presse double pour satiner le papier.
(2) L'inventaire de 1819, comme l'état de 1764, ne mentionne pas la mignonne, mais indique une gaillarde (corps 8.
(3) Tous les imprimeurs de Limoges possédaient une financière, que nous croyons du corps 24.
(4) L'inventaire de 1819 dit 70 chassis ou ramettes (51 carrés), un bac en plomb pour le trempage du papier, quatre marbres pour imposer, une presse double pour presser le papier, deux tables pour l'assemblage.
Nous ne voyons pas figurer dans cet inventaire la bâtarde coulée et le caractère grec dont parle l'état de 1764.

IX

Catalogue de Léonard Barbou dressé d'après l'inventaire de 1819

	PRIX		NOMBRE		
	en feuilles	relié	en f^les	relié	Total
A					
Ange conducteur..................	» 50		800		1800
B					
Barême Arithmétique.............	» 50		340		340
Bernard, Œuvres in-18............	» 25		1800		1800
Bernardin de St-Pierre, Paul et Viginie, 2 v. in-12	1 »		400		400
Bertaut, Abrégé...................	» 05		300		300
Bibles, in-12....................	» 50	9 25 la d	2700	216	2916
Boileau, Œuvres, in-12...........	» 25		1500		1500
Bossuet, Oraisons funèbres.......	» 20		1800		1800
C					
Catéchisme du diocèse...........	» 25	5 » la d	3000	480	3480
— de Fleury..............	» 50		2300		2300
— — in-12.........	» 10	» 20	1500	100	1600
— — latin.........	» 10	» 20	1000	50	1050
Comptes faits, in-12.............	» 50		1200		1200
Conduite pour la Pentecôte......	» 50		275		275
Connaissance de la mythologie....	» 40		260		260
Cornelius Nepos latin, in-18......	» 25		140	12	152
Cuisinière bourgeoise............	» 50		1150		1150
D					
De viris illustribus, latin, in-24 (Lhomond)....	» 15	» 20	100	24	124
Dictionnaire de la Fable, petit papier.........	» 40		2000		2000
— — grand —	» 25		800		800
E					
Ecolier vertueux.................	» 40		150		150
Entretiens.......................	» 50	9 25 la d	400	72	472
Epitres et évangiles..............	» 50	9 25 la d	4000	288	4288
Erasme, latin, in-24	» 15		250	24	274
Eutrope, latin	» 10		400		400
F					
Fénelon, Télémaque..............	» 50	9 25 la d	60	180	240
— Dialogue des morts........	» 30		1800		1800
— Fables...................	» 05		500		500
Florian, Galathée, in-18..........	» 05		1500		1500
— Fables, in-18	» 05		1500		1500
— Nouvelles, in-18	» 05		1500		1500
— Numa Pompilius, 2 vol......	» 10		1200		1200
Formulaires de prières amples....	1 »		83		83
— Lisle.....................	» 75		1100		1100
G					
Gaudin, Rudiments..............	» 04		700		700
Griffet, Exercices................	» 40		1200		1200
H					
Heures, latin, in-32..............	» 05		1500		1500
— du diocèse, in-18..........	1 20	18 » la d	2000	84	2084
— — papier fin........	1 50		120		120
— à trois offices latin........	» 25		200		200
—	» 10	3 75 la d	300	36	336
— latin-français, in-12........	» 50	3 75 la d	500	264	764
— françaises, in-12...........	» 50		1400		1400
— de Notre-Dame, latin.......	» 05		1000		1000
— latin-français, in-18	» 40	5 75 la d	2700	600	3300
— françaises, in-18...........	» 40	5 75 la d	2700	504	3204
Histoire profane, latin-français, 2 vol.........	» 60	1 50	620	2	622
— français................	» 40	» 90	375	6	381
Horace, éd. Jouvency, latin, in-12........	» 75	1 »	100	24	124
I					
Imitation de J.-C., édit. Gonnelieu...........	» 40		400		400
— édit. de Beuil, in-12......	» 50	9 25 la d	2000	180	2180
— — in-24......	» 10		1000		1000

	PRIX		NOMBRE		
	en feuilles	relié	en f^{les}	relié	Total
Imitation de J.-C., édit. A. Kempis, in-32	» 25	» 32	2400	24	2424
— de la Vierge, in-24	» 05		600		600
Instructions pour la première communion	» 40		140		140

J

Jouvency, Appendix de Diis, latin, in-24	» 05		4000	12	4012

L

Lafaye, Principes	» 30		1800		1800
—	» 08		150		150
La Fontaine, Fables	» 50		1600		1600
Le Gendre, Arithmétique	» 50		455		455
Lhomond, Rudiments	» 10	» 50	1200	36	1236
Lois des bâtiments, in-8°	» 25		100		100

M

Magasin des demoiselles	» 10		1100		1100
Magasin des enfants	1 »		1625		1625
Missel des morts	2 50		250		250
Mort d'Abel	» 05		1200		1200

N

Nouvelles nouvelles	» 05		1000		1000
Nouveau testament, in-12 (Sardine)		9 25 la d		60	60
Novum testamentum, latin, in-24	» 50		150		150

O

Ovide, Art d'aimer, in-18	» 05		1800		1800

P

Parfait adorateur	» 50		144		144
Paroissien, in-18	» 60		280		280
Pensées chrétiennes, in-18	» 05		1000		1000
Phèdre, Fables, latin	» 15	» 32	2800	6	2806
Pieux chrétien	» 40	9 » la d	180	72	252
Préparation à la mort	» 05		1000		1000
Psalmodies		9 25 la d		60	60
Psaumes de David	» 05	9 25 la d	1400	192	1592

Q

Quantités du Petit Behourt	» 05		700		700
Quinte-Curce, latin	» 30		450		450

R

Règlement de vie, in-24		3 75 la d		60	60
Rousseau, Contrat social	» 05		300		300

S

Sages entretiens, in-24	» 05		1200		1200
Selectæ e novo testamento, franç.-lat	» 20		600		600
— latin	» 20		150		150
— e veteri, franç.-lat	» 20		1000		1000
— — latin	» 20		900		900
— e profanis scriptoribus	» 50		650		650
Semaine sainte, in-12	» 50	9 25 la d	40	60	100
Souterrain ou Mathilde, 4 vol. in-18	» 25		200		200
Stations de Jérusalem	» 10		1500		1500

T

Tableau de la messe	» 05	1 75 la d	400	384	784
Tacite latin, in-12	» 75	1 »	80	4	84
Testament, in-24	» 50	» 75	860	48	908
Tite-Live, Ab urbe condita, in-12	» 25		200		200
Tricot, Rudiments à 10 c	» 10	» 50	800	12	812
— Méthode	» 60	» 32	500	6	506

V

Velleius Paterculus	» 05		600		600
Vie des saints	» 60		850		850
Virgile, latin, in-24	» 05	» 25	600	24	624
— Bucoliques, latin-franç	» 01		1800		1800
Visite au Saint-Sacrement	» 40		1150		1150

X

Traité fait entre l'Evêque de Limoges, etc., et Jean Barbou, imprimeur pour l'édition du Bréviaire de ce diocèse faite en 1736

Par devant le notaire royal à Limoges et témoins soussignés, furent présents Illustrissime et Révérendissime Seigneur Monseigneur Benjamin de l'Isle du Gast, conseiller du roi en ses conseils, évêque de Limoges, et MM. Mes Pierre de Guains, prêtre, docteur en théologie, chanoine de l'église de Limoges; Etienne Segond, prêtre, docteur en théologie, chanoine de de l'église royale de Saint-Martial de Limoges, et Léonard de Rameru, prêtre, curé de la paroisse de Beaune, tous conseiller députés de la Chambre et Bureau ecclésiastique du diocèse dudit Limoges, et M. Me Jean-Baptiste-Martial Marchandon, prêtre, docteur en théologie, chanoine de la même église cathédrale de Limoges et syndic général du clergé dudit diocèse, d'une part; et M. Me Jean-Baptiste Barbou, seigneur des Courières, imprimeur du roi et du clergé de Limoges, y demeurant, rue Manigne, paroisse de Saint-Pierre, d'autre part; lesquelles parties ont, par ces présentes, volontairement fait les pactes et conventions suivantes : Savoir, que ledit sieur Barbou promet et s'oblige de faire l'impression du nouveau Bréviaire à l'usage du diocèse de Limoges dans le temps et espace de dix-huit mois, à commencer du jour de la Toussaint 1734, et en état d'être vendu au premier mai 1736; que le Bréviaire sera imprimé en 4 volumes in-12, de petit texte à gros œil [corps 7/12] ; que les rubriques seront noires, en italiques, qu'il sera garni d'étoiles ou astérisques et de chiffres partout où besoin sera, qu'on en tirera trois mille exemplaires; qu'il ne pourra en être vendu aux ecclésiastiques de ce diocèse que la somme de sept livres en blanc et neuf livres relié en basane et marbré sur tranche; sans pouvoir le refuser en blanc à ceux qui voudront l'acheter de cette sorte.

Que pour faire l'impression dudit Bréviaire, ledit sieur Barbou sera tenu d'avoir une fonte neuve de caractères construits et fabriqués en Hollande(1), dont il a déjà donné un essai ou empreinte de caractère ; laquelle empreinte sera signée et paraphée dudit sieur Barbou, contresignée et paraphée par Monseigneur l'Evêque et Messieurs du clergé, cachetée du sceau de Monseigneur l'Evêque et déposée dans les archives du clergé; que le Bréviaire sera orné des estampes suivantes :

Pars hiemalis, une image de Saint-Etienne, en tête ; un David à la tête du Pseautier; une Nativité de N.-S. Jésus-Christ, la Dévotion des trois rois, la Présentation de N.-S. au temple, la Purification.

Pars verna, un saint Etienne à la tête, un David à la tête du Pseautier, une Résurrection de N.-S. Jésus-Christ, une Ascension, une Pentecôte, une Annonciation de la sainte Vierge.

Pars œstiva, un saint Etienne à la tête, un David à la tête du Pseautier, la Sainte-Trinité, une Cène pour la Fête-Dieu, un saint Martial apôtre, un saint Etienne différent de celui qui sera à la tête au trois août, une Assomption de la sainte Vierge.

---

(1) Dans le traité, pour le Bréviaire de 1783, passé avec François Dalesme, le caractère choisi est la gaillarde petit œil conforme aux n°s 16 et 17 (p. 15 et 16) du *Manuel typographique*, par Fournier le jeune. (Paris, 1764, 2 vol. in-8).

Pars autumnalis, un saint Etienne à la tête, un David à la tête du Pseautier, avec une Nativité de la sainte Vierge, une Toussaints (1).

Qu'au commencement de chacun des quatre volumes du Bréviaire il y sera mis les armes de Mgr l'Évêque de Limoges.

Que ledit Bréviaire sera imprimé sur du beau papier quarré fin, dont le sieur Barbou fournira dans un mois deux feuilles ou épreuves, signées et paraphées de lui, contresignées et paraphées de Monseigneur l'Évêque et de Messieurs du clergé; et cachetées du sceau de mondit seigneur l'Évêque et déposées dans les archives du clergé; et si le papier dont le Bréviaire sera imprimé n'est pas conforme et de la même qualité que lesdites deux feuilles ou épreuves, les exemplaires qui ne seront pas de la même espèce et qualité dudit papier seront rejettés en pure perte pour ledit sieur Barbou.

Qu'il sera tiré du Bréviaire en quatre volumes trois mille exemplaires, dont il sera justifié à Monseigneur l'Évêque et à Messieurs du clergé; que jusqu'au jour du temps convenu que le Bréviaire doit être fait et parfait, et être mis en vente, qui est le premier mai mil sept cent trente-six, s'il arrivoit que ledit Bréviaire fut supprimé, le clergé payera audit sieur Barbou la somme sept mille livres, moyennant quoi il remettra audit clergé les caractères et fonte, avec le papier destiné à former et à faire les trois mille exemplaires sus-mentionnés.

Que lesdits trois mille exemplaires seront paraphés et signés par l'un de Messieurs de la Chambre, qui sera commis par Monseigneur l'Évêque; que le clergé et ledit sieur Barbou ayant connaissance que la vente des premiers mille exemplaires suffit pour remplir les fournitures et frais de toute l'impression, il a été aussi convenu que pendant les quatre premières années du jour de la vente, lesquelles commenceront audit jour premier mai mil sept cent trente-six, si ledit Bréviaire était supprimé, le clergé payera audit sieur Barbou, par forme d'indemnité et de remplacement, pendant lesdites quatre premières années, la somme de sept livres pour chaque Bréviaire en quatre volumes qui n'auroit pas été vendu, jusqu'au nombre de mille; et les deux mille Bréviaires de surplus seront remis en blanc au clergé, avec les fontes et caractères.

Et à l'entretien de toutes les susdites clauses et conventions, les parties ont respectivement obligé, affecté et hypothéqué : savoir, Monseigneur l'Évêque et Messieurs du clergé, tous les biens temporels du clergé du diocèse de Limoges; et ledit sieur Barbou, tous ses biens présents et à venir.

Fait et passé dans le palais épiscopal de Limoges, après midi, l'an mil sept cent trente-quatre, et le vingtiesme juillet, en présence de Martial Brissaud et Joseph Fournier, clercs, habitants de cette ville, témoins.

Signé : † B..., évêque de Limoges; Degains, Segond, De Rameru, Marchandon, syndic; Barbou, Brissaud, Fournier, et Bardy, notaire royal.

Contrôllé à Limoges, le 24 juillet 1734. — Reçu quarante-deux livres douze sols. — Signé : Baresge.

(Legros, *Mélanges manuscrits*, III, 220.)

---

(1) C'est un total de 17 gravures; Saint-Etienne et David étant les mêmes pour les quatre volumes.

En 1783 le frontispice, Saint-Etienne dans la gloire et Saint Martial à genoux lui présentant son troupeau, et David (conforme à celui du Bréviaire de Poitiers) étaient les mêmes pour les quatre volumes; mais le nombre de gravures exigées était de onze au lieu de dix-sept.

OUVRAGES IMPRIMÉS

PAR LES BARBOU DE LIMOGES

Hugues Barbou (1568-1600)

1573

1. A l'honneur de Dieu ǁ et de la Vierge Marie, ǁ Cy commencent les heures ǁ de Nostre Dame : a lusaige de ǁ Lymoges, toutes au long, ǁ avec plusieurs belles orai- ǁ sons nouvellement adjoutées. (Marque des Barbou à la devise : *Longuo labore eximius honor*). ☙ *On les vend à Lymoges* ǁ *chez Hugues* ǁ *Barbou* ǁ 1573. — Titre encadré ; dans le bas de l'encadrement, les initiales H B en rouge ; du rouge aussi dans les bases des colonnes.

In-8°. Car. gothiques. 166 ff. chiffrés. Impr. en noir et rouge. 28 ll. à la page. Signatures : A-X. Almanach de 1573 à 1586. Papier sans filigrane. Edition encadrée ; plusieurs gravures sur bois. Le livre se termine ainsi : « ☙ Cy finissent les heures de ǁ Nostre Dame a lusaige de Lymoges, ǁ toutes au long, sans rien requerir. Avec ǁ les grans suffraiges accoustumez. Et ǁ y a este adjouste plusieurs Oraisons ǁ en latin et en francoys et des hym- ǁ nes nouvellement imprimez. (Marque des Barbou sans devise, un croissant en chef ; en pointe, une mer dans laquelle des poissons nagent). A Lymoges ǁ ☙ par Hugues Barbou. ǁ M. D. LXXIII ». L'ouvrage contient douze gravures, mesurant 0,072 × 0,102, occupant toute la page (celles de l'Annonciation et de la Crucifixion se répètent) et suivies de quatrains : Annonciation, Visitation, Crucifixion, Pentecôte, Nativité, Anges annonçant la Nativité, Adoration des Mages, Circoncision, Fuite en Egypte, Couronnement de la Vierge, le roi David, Job. On trouve en plus dans les suffrages des saints, six gravures plus petites insérées dans le texte : Trinité, saint Jean-Baptiste, saint Jean l'Evangéliste, saint Claude, sainte Valérie, Vierge et Enfant Jésus.

On a relié avec l'ouvrage ci-dessus, le suivant :

Propositions dicts et sentences ‖ contenant les graces fruicts prouffictz, ‖ utilitez et louanges du tres sacre et di- ‖ gne sacrement de lautel pour ceulx ‖ qui le recoivent en estat de gra- ‖ ce : extraicts de plusieurs ‖ saincts docteurs. (Marque de l'imprimeur). *Par Jacques Kerver, rue Sainct-Jacques, à l'enseigne de la Licorne.* M CCCCC LXXIII. In-8°. Car. gothiques. 134 ff. non chiffrés. Impr. en noir. 29 ll. à la page. Signatures : A-R. Au recto du dernier feuillet, même marque que sur le titre. Pages réglées.

Au Grand Séminaire de Limoges.

1574

2. Concion de joie et action de grâce pour la bienvenue du Roy Henri III faicte au monastere de l'abbaye de Grandmont, en laquelle est demonstré s'il est loisible de faire la guerre à son prince, ores qu'il soit tyran, par l'expresse parole de Dieu, exemple et doctrine des premiers chretiens. [Par François de Nefville]. — *Lymoges, Hugues Barbou,* 1574, in-8°.

« La Croix du Maine et du Verdier, qui ont indiqué plusieurs ouvrages de cet abbé de Grandmont et entre autres un *Droguier de l'âme chrestienne* (Paris, Gilles Gourbin, 1577, in-8°, livre recherché à cause de son titre) n'ont pas parlé de celui-ci, lequel est porté dans le catalogue de Lavalière-Nyon, n° 22,377. » (Brunet, IV, 34.)

1575

3. Graduale ‖ secundum usum cathedralis ecclesie ‖ totius que dio- ‖ cesis Lemovicensis, continens planum cantum omnium ‖ que diebus dominicis ‖ feriis et festis sanctorum per ‖ totum annum in missa cantantur. ‖ Reverendi in Christo Patris ‖ et Domini, Domini Sebastiani de Laubespine, Dei ‖ gratia Lemovicensis Episcopi jussu impressum, ‖ ac fideliter emendatum. (Belle vignette ovale avec encadrement renaissance représentant la lapidation de saint Etienne). *Lemovicis.* ‖ *apud Hugonem Barbou.* ‖ 1575.

Grand in-folio. Car. gothiques. 166 ff. non chiffrés. Impr. en rouge et noir. 9 portées à la page. Signatures : A-Z, Aa-Ss. Nombreuses lettres de deux points de 0,041 et 0,023, au carré, encadrées de vignettes. (Voy. la reproduction de la gravure du titre p. 29).

Au Grand Séminaire de Limoges.

L'imprimeur a résolu le difficile problème de la composition du plainchant. Pour cela il a fait fondre les notes par tranches verticales, avec des épaisseurs variables, suivant que ces notes embrassent deux ou trois portées. Les lignes verticales de séparations de mesure et les clefs se combinent de la même façon par tranches verticales et produisent un effet harmonieux. On est obligé de regarder soigneusement pour se rendre compte du travail d'assemblage qui est très habile et très satisfaisant.

4. Regulæ perpetuæ ad instructionem Divini officii, secundum usum Cathedralis ecclesiæ totiusque Diœcesis Lemovicensis. Reverendi in Christo Patris et Domini, Domini Sebastiani de Laubespine, Dei gratia Lemovicensis Episcopi jussu, et consilio venerabilium Dominorum Docani et capituli ejusdem ecclesiæ editæ. — *Lemovicis, apud Hugonem Barbou*, 1575, in-12.

5. Ordo du diocèse de Limoges. — *Lymoges, Hugues Barbou*.
On attribue cet ordo à Guillaume Malerbaud.

1579

6. Heures à l'usage de Limoges.
M. Laforest de Saint-Lazare les possède. — Poyet, *Bibliogr. limous.*

1580

7. M. Tvllii ‖ Ciceronis ‖ Epistolae ‖ ad ‖ T. Pomponivm Atticvm ‖ Ex fide vetustissimorum codicum emendatæ, ‖ studio et opera Simeonis Bosii ‖ Prætoris Lemovicensis. ‖ Ejusdem animadversiones ‖ Ad amplissimum virum ‖ Philippvm Hvraltvm Chivernivm ‖ Galliæ Procancellarium. (Marque à la devise : *Meta laboris honor*). *Ratiasti Lemovicvm,* ‖ *Apvd Hvgonem Barbovm,* ‖ Anno CIƆ IƆ XXC. ‖ Ex privilegio Regis.

In-8°. Car. italiques. 4 ff. lim. non chiffrés, 622 pages chiffrées et 21 ff. non chiffrés pour l'interprétation des mots grecs. 30 ll. à la page. Signatures : ✱ A-Z, *Aa-Tt*.

Puis viennent les *Commentaires de Siméon Du Boys, adressées à Ph. Hurault de Chiverny*, précédées de ce titre : Simeonis Bosii ‖ Prætoris Lemovicensis ‖ Animadversiones ‖ In ‖ Epistolas M. T. Ciceronis ad ‖ T. Pomponium Atticum, ‖ Ad amplissimum virum ‖ Philippvm Hvraltvm Chivernivm ‖ Galliæ Procancellarium. (Même marque que ci-dessus). Ratiasti Lemovicvm, ‖ Apvd Hvgonem Barbovm. ‖ 1580. ‖ Ex privilegio Regis.

In-8. Car. italiques. 2 ff. lim. non chiffrés pour le titre, les vers grecs de Jean Dorat et les vers latins de Rolland Bétolaud et de Jean de Beaubreuil ; 372 pages chiffrées, sauf la dernière. Signatures : *a-z, Aa*. Le colophon est au bas de la page 364, ainsi conçu :
« *Excudebat Ratiasti Lemovicum* ‖ *Hugo Barboús* ‖ *Anno salutis humanæ* CIƆ IƆ XXC. »

Sur le titre, l'ex-libris ms. de l'auteur : « Sum Simeonis Bæosii ».
A M. Raoul Barbou des Courières.

« Édition peu connue, mais dont le texte a été corrigé d'après des manuscrits interpolés, et sur des conjectures qui ne sont pas toujours heureuses. » (Brunet, II, 48.)

D'après les *Annales de la Haute-Vienne* de 1812 (n° VIII, p. 29) « l'abbé d'Olivet faisait grand cas de cette édition parce qu'elle est belle et surtout correcte, et des notes de Du Boys, parce qu'elles sont instructives et savantes ».

1582

8. Heures de Nostre || Dame a l'usage de Limoges toutes au || long avec plusieurs belles oraisons || en latin et en français. Et y a este || adjouté la Confession gene- || rale, les hymnes plus communs de || l'année || et les Quinze effusions de Notre Seigneur. || Avec le pseaume de In exitu Israel et || la prose Iuste Iudex et le || Calendrier reforme. (Marque à la devise : *De long travail fruict et honneur,* et dans la vignette *Meta laboris honor.*) *A Lymoges,* || *par Hugues Barbou,* || 1582.

In-8°. Car. gothiques, sauf les quatrains sous les gravures, qui sont en car. romains. 240 ff. non chiffrés. 28 ll. à la page. Impr. en noir et rouge. Signatures : ✠a ; e, i, A-Z. Les douze gravures sont les mêmes que dans l'édition de 1573. Les gravures de Job et de la Trinité mesurent 0,043 × 0,065 ; elles sont signées F. T. Les gravures de saint Claude et de la Vierge ne s'y retrouvent pas ; mais on trouve celles de Jésus et les disciples d'Emmaüs, saint Martial et saint Nicolas. Chacun des mois est précédé d'une gravure (0,029×0,057) reproduisant les travaux de la campagne. Le livre a une riche reliure à la fanfare un peu fatiguée et porte devant et derrière le plat le nom du propriétaire : MARIE d'un côté, ALESME de l'autre.

A M. Nivet-Fontaubert.

On a relié à la suite les deux suivants :

9. ❡ Les quinze effusions de sang de nostre || Sauveur et Redempteur Jesus || Christ.

In-8°. Même car. gothique que celui des Heures. 8 ff. non chiffrés. 17 ll. à la page. Chacune des quinzes effusions est précédée d'une gravure mesurant 0,052×0,033 ; quelques gsavures se répètent. A la fin du dernier feuillet : « On les vend à Lymoges. Par || Hugues Barbou, demeurant || pres Sainct Michel. ▌ 1582. »

10. ❡ Instruction et Maniere de vivre pour || une femme seculiere, comment elle se doibt || conduire en pensees, parolles et œuvres || tout au long du jour pour tous les jours || de sa vie, pour plaire a Nostre seigneur || Jesus Christ et a amasser richesses || celestes au prouffit et salut de || son Ame.

In-8°. Car. gothique plus petit que celui des *Heures.* 24 ff. non chiffrés. 34 ll. à la page. Signatures : A-C. — A l'avant-dernier feuillet, verso, et dans la même gothique que celle des *Heures:* « ❡ De l'annonciation faicte par l'ange Gabriel à la vierge Marie de la conception du filz de Dieu ». Au dernier feuillet recto : « Des cinq pains et deux poissons dont Jesus repeut cinq mil hommes ». A la fin de ce feuillet : « *On les vend à Lymoges, en la* ‖ *maison de Hugues Barbou :* ‖ *pres Sainct-Michel.* ‖ 1582. »

11. Regulus ‖ Tragedie ‖ Dressée sur un faict des plus notables, qu'on puisse ‖ trouver en toute l'Histoire Romaine. ‖ Par Jehan Debeaubreuil ‖ Advocat au Siege Presidial ‖ de Limoges ‖ (Marque à la devise : *Meta laboris honor*) ‖ A Limoges, ‖ De *l'imprimerie de* ‖ Hugues Barbou ‖ 1582. Petit in-8º de 8 ff. prélim. non chiff. et 71 pag. chiff.

Dédicace de l'auteur « à M. Dorat, poëte du Roy, datée de Lymoges, le 15 may 1582 ».

« Tragédie en 5 actes, avec des chœurs, et sans femmes : les exemplaires en sont fort rares. 31 fr. de Soleinne. » (BRUNET, I, 714.)

1585

12. Promptuaire ‖ d'unisons ordonné et ‖ disposé Methodiquement. ‖ ∴ ‖ Pour tous ceux qui voudront composer ‖ promptement en vers François. ‖ ∴ ‖ par Pierre Le Gaynard, seigneur de la ‖ Chaume et de la Vergne sur Seure. ‖ Avec quelques autres poësies de son invention. (Marque de Nicolas Courtois avec la devise : *Bene facere nihil pollicitante*). A Poictiers. Pour *Nicolas Courtoys.* ‖ M. D. LXXXV. ‖ Avec Privilege du Roy.

In-8º. Car. italiques. 20 ff. lim. non chiffrés, 437 pages, plus 47 pages chiffrées « pour quelques sonnets et poemes pris aux œuvres de l'auteur ». Derrière la page 437 : « *A Limoges* ‖ *De l'imprimerie de Hugues Barbou.* ‖ *Pour Nicolas Courtoys.* ‖ M. D. LXXXV. » Derrière la page 47, la marque de Nicolas Courtoys qui figure sur le titre.

A M. Richard, archiviste de la Vienne.

« La rareté de ce volume en fait à peu près tout le mérite. Il a été vendu 9 fr. 50 Pressac ; 15 fr. 50 Veinant ». (BRUNET, III, 934)

1587

13. Breviarium ‖ insignis ecclesiæ Lemovicensis ‖ juxta formam concilii Tridentini ‖ restitutum et emendatum. ‖ Reverendi in Christo Patris D. Iohannis de Lavbespine ‖ Lemovicensis Episcopi authoritate ac ejusdem Ecclesiæ ‖ capituli consensu œditum. (Armes de Mgr Jean de Laubespine et au-dessous marque à la devise : *Meta laboris honor* avec deux lions pour supports). Lemovicis ‖ Apud Hugonem Barbou. ‖ Cum Privilegio Regis.

2 vol. in-8º. Car. romains. Imp. en noir et rouge. 2 col. de 38 ll.

Pars Hyemalis : 35 ff. lim. non chiffrés, 432 ff. chiffrés, plus 55 ff. chiffrés pour le Commun des saints et les commémorations, 4 ff. non chiffrés pour la bénédiction de l'eau. Le privilège du roy occupe le verso du 3ᵉ f. et le recto du 4ᵉ f. Le colophon est au verso du 4ᵉ f. : « Finis Breviarii ad ‖ vsum Ecclesiæ Lemovicensis, accu- ‖ rate excussi, majore industria reformati, ‖ et correcti, quam antea Impensis. ‖ Hugonis Barbou. (Marque à la devise : *De long travail fruict et honneur* et dans la vignette : *Meta laboris honor*). Lemovicis, ‖ Per Hugonem Barbou ‖ Anno a Nativitate Domini. ‖ 1587 ».

Pars Estivalis : 20 ff. lim. non chiffrés, 432 ff. chiffrés, plus 58 pour le Commun des saints, les commémortions et la bénédiction de l'eau ; 1 f. non chiffré pour le privilège du roi. Au verso, le colophon comme ci-dessus.

A la Bibliothèque communale de Limoges, MM. Marc et Prosper Barbou des Courières, M. l'abbé Arbellot, MM. Mariaux et Balmet.

14. Ordonnance du Roy sur le Desery des espèces légères et rougnées. — *Limoges, de l'imprimerie de Hugues Barbou*, 1587. In-12.

15. Déclaration du Roy sur son édit du 23 septembre dernier contenant le Desery des monnayes rougnées. — *Limoges, de l'imprimerie de Hugues Barbou*, 1587, in-12 avec figures.

1589

16. Heures de Nostre ‖ Dame a lusage de Lymoges toutes au ‖ long avec plusieurs belles oraisons ‖ en latin et en françoys. Et y a esté ‖ adjouste la confession gene ‖ ralle et les hymnes plus ‖ communs de ‖ l'année ‖ Avec le pseaume *de in exitu Israel :* et ‖ la prose de *Juste Judex.* Et le ‖ Calendrier reforme. (Marque avec le croissant et la devise : *De long travail fruict et honneur*). A *Lymoges.* ‖ Par Hugues Barbou. ‖ 1589.

Petit in-8°. Car. gothiques. 24 ff. lim. non chiffrés et 178 ff. chiffrés. Impr. en rouge et noir. 28 ll. à la page. Signatures a, e, i et a-z. Almanach de 1589 à 1611. Mêmes gravures que dans l'édition de 1582. Papier avec filigrane : Bourse avec glands. Reliure de l'époque, à petits fers dorés.

Au Grand Séminaire et à la Bibliothèque communale de Limoges.

A la suite de l'exemplaire appartenant au Grand Séminaire se trouve l' « Exercice pour jeunes gens ». Dans l'exemplaire de la Bibliothèque communale se trouve l' « Instruction et Manière de vivre » et l'ouvrage suivant :

17. La vie de Madame Saincte Margue ‖ rite vierge et martyre

avec son an || tienne et oraison. || Apres la saincte Pas || sion de Jésus... Finissant : O mater Dei memento mei.

In-8°. Car. gothique, le même que celui des *Quinze effusions* qui terminent les *Heures de Nostre Dame* de 1582. Un cahier signé a, de 8 ff. Au recto du f. 1, vignette représentant sainte Marguerite. (S. l. n. d. ni nom d'imprimeur, mais sûrement de Limoges, Hugues Barbou).

18. Les quinze effusions du sang de notre sauveur et redempteur Jesus Christ. — *Lymoges, Hugues Barbou,* 1589, in-8° de 16 ff. gothiques.

Une gravure sur bois en tête de chaque effusion.

1594

19. Heures de Nostre || Dame, à l'usage de Lymoges, toutes au || long : avec plusieurs belles oraisons || en latin et en francois. Et y a esté || adiouste la Confession gene- || ralle et les hymnes plus || communs de l'annee. || ✠ || Avec le Pseaume de *In exitu Israel* : et || la prose de *Juste Judex.* Et le || Calendrier reforme. (Marque à la devise : *De long travail fruict et honneur,* et dans la vignette : *Meta laboris honor*). *A Lymoges.* || *Par Hugues Barbou.* || 1594.

In-8°. Car. gothiques. 208 ff. non chiffrés. Impr. en rouge et noir. 28 ll. à la page. Signatures : A-Z et Aa-Cc. L'Extrait du privilège, l'Avertissement pour entendre le Calendrier nouvellement Réformé, la Table des fêtes mobiles, sont en car. romains. Les quatrains qui suivent les mois sont en car. italiques. Almanach de 1594 à 1611. Les gravures sont les mêmes que dans l'édition de 1589. Privilège pour dix ans daté de Chartres, 7 décembre 1592, signé Rancher.

A M. Marc Barbou des Courières.

On a relié avec cette édition les deux ouvrages suivants :

20. La Vie de Madame Saincte Marguerite. (Le titre manque).

In-8°. Car. romains. 8 ff. non chiffrés. 30 ll. à la page. Pages encadrées. Une vignette représentant sainte Marguerite au-dessous du titre. A la fin du dernier feuillet, marque des Barbou à la devise : *Meta laboris honor* et deux lions pour supports.

21. Instruction, || et maniere de vi- || vre pour une femme || Seculiere, comment elle se doibt conduire || en pensees, parolles, et heuvres tout au || long du jour pour tous les jours de || sa vie, pour plaire a nostre Sei- || gneur Iesus-Christ et a amasser || richesses Cœlestes, au proffit || et salut de son Ame.

In-8°. Car. romains. 24 ff. chiffrés. 31 ll. à la page. Pages encadrées. Signatures : A-C. — S. l. n. d. ni nom d'imprimeur, mais sûrement de Limoges, Hugues Barbou.

22. Petit cathechisme pour les catholiques. Tres necessaire au temps present, pour instruire la ieunesse, composé en Latin par M. Pierre Canisius [S J], Docteur en Théologie, et depuis mis en François, avec le Latin correspondant l'un à l'autre. — *A Lymoges, Par Hugues Barbou*, 1594, in-16 de 95 p. slt.

« La préface est de Jacques Frogé ». (P.-C. SOMMERVOGEL, *Bibl. de la Comp. de Jésus*, II, 650.)

1595

23. Discours sur deux fontaines medicinales du bourg d'Encausse en Gascogne, par Louys Guyon Dolois, sieur de La Nauche, médecin à Uzerche. — *Lymoges, Hugues Barbou*, 1595, in-8°.

Voy. *Nouv. biogr. générale*, et René FAGE, *Dictionnaire des Médecins du Limousin*, p. 100-101.

1596

24. Saint || Jacques, || tragoedie, || representee publiquement || à Lymoges par les confreres || Pelerins dudict sainct, en l'annee || 1596. Le Iour et Feste Sainct || Jacques 25 juillet || Par B. Bardon, de Brun. (Marque des Barbou sans croissant ni devise). *A Lymoges,* || *Par Hugues Barbou.* || 1596. || Avec permission.

In-8°. Car. italiques. 12 ff. lim. non chiffrés et 180 pages chiffrées. Nombreuses lettres de deux points, quelques-unes d'origine lyonnaise. Papier avec les filigranes : bourse posée sur un socle ayant un cœur au centre ; fleurs de lis, étoile à six rais.

A M. l'abbé Arbellot.

Voy. *Bull. de la Soc. arch. et hist. du Lim.*, t. XLII, p. 582.

F 1 v° Permission signée Deboulezat, vicaire général, Boyol, chanoine et official de Lymoges. Au-dessous vignette de saint Jacques du Missel Garnier, 1540, autour S. Iacq. | *Calicem | Quidem meum | Bibetis* et un quatrain. — F 2 r° Dédicace : A tres grand, tres illustre, et tres cœleste prince : lieutenant du Roy des Roys sur toute la Terre Universelle et particulièrement es Provinces, Royaumes, et Climats de Iudée, Samarie et Hespaigne : Monseigneur Saint Iacques le Grand. — F 5 r° Au lecteur. — F 5 v° Argument. — F 6 v° L'autheur a son livre sur le nom de Mathieu de Petiot, Sien Amy et Frere. — F 7 r° Aux Pelerins qui ont représenté ceste Tragœdie et particulièrement à M. Guibert, pour l'avoir faicte mettre en lumiere. Sonnet par l'aucteur. — F 7 v° A Monsieur Bardon, sonnet, par P. Guibert, Pelerin. Sonnet à Pierre Guibert sur sa devotion a faire imprimer la tragœdie Saint Iacques. — F 8 r° Sonnet a Monsieur Bardon sur sa Tragœdie de Saint Iacques par I. Granaud, Bayle l'An 1596. Sonnet acrostiche au lecteur sur B Bardon, Aucteur par L. D. Pelerin. — F 8 v° A Monsieur Bardon, sonnet, par De Julien, Pelerin. A Monsieur Bardon, sonnet, par Math. Petiot, son Frere. — F 9 r° Sonnetz et epigrammes subsequemment donnés par aucuns Amys de l'Autheur. comme ladicte Tragedie estoit presque imprimée, quatrain latin par Io. Belbroeus. Sonnet sur la Tragedie de Saint Iacques faicte par Monsieur Bardon, par I. Debeaubreuil. — F 9 v° Sonnet par le même. Aux Pelerins de S. Iacques. In Tragœdiam Domini Bernardi Bardonii causarum patroni disertissimi, iuris utriusque peritissimi, Epigramma par M. Pin, cog. — F 10 r° Ad Dominum Bardonium Patronum Doctissimumpar Io. David. Ad D. Bardonium Epigramma cuius nomen literæ capitales versuum demonstrant, par Iosephus Chalardus. De mærore voluptas. — F 10 v° A Monsieur Bardon sur sa Tragedie de Saint Iacques, sonnet, par Joseph Chalard, De pleur liesse. De Authore hujus tragœdiæ, sixain latin par L. Romanet. Idem de eadem, quatrain latin. — F 11 r° A Monsieur Bardon de Brun sur son œuvre de Sainct Iacques. Ode par François Bonin. F 17 v° Eiusdem eidem Epigramma, quatrain en grec. Ad eundem de Divo Iacobo, par Mart. Dub. — F 12 r° In Tragœdiam Bardonianam, sixain latin par G. Colin. Sonnet a Monsienr Bardon, par I. Dubois. — F 12 v° Personnages (ils sont au nombre de dix-sept, plus cinq chœurs).

« Le dimanche 8 juin 1597, la tragédie de S. Jacques fut jouée dans la
» rue des Bancs pour la réception du duc d'Epernon (2ᵉ *Reg. consul.* ;
» Bonav., III, 809) ».

« Cette pièce rare se compose de 180 p. non compris 12 ff. prélim. 40 fr. m. r. La Vallière et même prix de Soleinne.» (Brunet, I, 654).

25. Enchriridion sive manuale Parochiorum accuratissime recognitum, restitutum suisque absolutum numeris ex S. Rom. Ecclesiæ, nec non insigniorum Ecclesiarum Galliæ, Ritualium collatione, in duas sectum partes ; quarum prima unius cuiusque eorum sacramentorum quæ Sacerdos perficere potest sacram administrandi formam et ritum adhibet nunc primum editum, rever. in Christo Patr. D. Henrici De La Marthonie, Lemovicensis episcopi permissione, ac venerabilium decani et canonicorum insignis Cathedralis consilio assensu. *Lemovicis, Hugo Barbou, cum privilegio,* 1596, 2 part. en 1 vol. pet. in-4°, musique notée.

N° 18 du Catalogue de la Bibl. Rosvieux. — A Mᵐᵉ Baju.

26. Traicté de la peste, contenant les causes, signes, præcaution et cure d'icelle ; ensemble des causes et cure de la maladie populaire qu'a regnee l'annee derniere passee 1596, par Jehan David, docteur medecin. — *A Lymoges, par Hugues Barbou,* 1595, 1 vol. in-16 de 112 pages sans compter la dédicace, la préface et les vers adressés à l'auteur qui occupent 20 pages non chiffrées.

« Traité rare qui a été signalé comme un des meilleurs qu'on eût alors sur cette maladie contagieuse. » (Brunet, II, 535.)

Nouv. Biogr. général., t. XIII, 221 : « Jehan David né à Limoges vers 1560. — Cet ouvrage, dédié au comte Jean d'Escars, reçut les plus grands éloges de Jean de Beaubreuil, Balthazar du Bois, Bardon de Brun, Jean Mestre, Bastier et autres beaux esprits contemporains. David ne se contenta pas de faire imprimer leurs éloges en tête de son livre, il y écrivit cet avis au lecteur :

En temps de peste un médecin,
Si veux avoir que rien ne coste,
Tu l'auras soir et matin
Si de mon livre fais ton hoste. »

D*r* Bardinet, *Compte-rendu des travaux de la Soc. de méd. de la Hte-Vienne*, p. 70. — *Biogr. des hommes illustres du Lim.*, p. 172. — René Fage, *Dict des médecins*, p. 62-63.

1597

27. Examen cujusdam tractatus de peste, novissime in lucem editi, eum accuratissima præservatione et curatione pestis, par David Chabodie, médecin de Limoges. — *Lemovicis, apud Hugonem Barboum*, 1597, in-12.

Nouv. Biogr. génér. et René Fage : *Dictionnaire des Médecins du Limousin*, p. 46-47.

1598

28. Traicte ‖ de l'Oraison ‖ mentale, ‖ ou meditation des mystères de ‖ la vie et la passion de Nostre ‖ Sauveur Iesus ‖ Christ ‖ divisée en trois parties ‖ par ‖ le R. P. François Ariaz ‖ de la compagnie de Iesus ‖ et nouvellement mis en François. [Par le P. Solier.] (Marque des Jésuites). *A Lymoges, ‖ par Hvgves Barbov, ‖ 1598. ‖* Avec privilege.

In-8° de 7 ff. lim. non chiffrés au comm. (sign. a), 549 pages chiffrées (sign. A à Z), plus 7 ff. lim. non chiffrés à la fin (sign. Aa) pour la table, les corrections, l'approbation et la permission d'imprimer. Reliure parchemin de l'époque.

A M. Schmitt.

Le livre commence par la dédicace : « A reverend pere en Dieu Messire Henry de La Martonie, evesque de Lymoges », signée : « Le Traducteur Limousin » (9 p.); puis « Au Traducteur, sur quelques-unes de ses traductions spirituelles. Ode. » Signée : « Fr. Bon. Ch. Recollect de l'ordre de S. François. » (3 p.) « Sur l'Oraison mentale ou Meditation. Sonnet. » Signé : « B. Bardon, advocat. » (1 p.)

A la fin : « Table alphabétique des principales matieres contenues en ce divin traicté. » (12 p.); « Corrections de la presse. » (il y en a neuf), se terminant ainsi : « Le reste est aisé et fort excusable. » (1 p.); Approbation, signée : « M. Mauclerc, docteur en theologie. Peyroche. » (1 p.); Permission, datée du 26 juin 1598 et signée : « H. de La Martonie, episc. Lemovicensis. »

« La dédicace est signée : « Le Traducteur Limousin ». Cet ouvrage a eu d'autres éditions, celle de Douai, 1603, entre autres, n'est pas anonyme. » (P. C. Sommervogel, *Dict. des anonymes*, p. 977).

Sur le P. Solier, voy. Arbellot, *le P. Solier, de Brive*, au *Bull. de la Société des sciences, lettres et arts* de la Corrèze, 1887 ; Laforest, *Limoges au XVII*e *siècle*, p. 170 ; Leroux, *Invent. des Arch. dép.*, série D, fonds du Collège, Intr., p. xxii.

1599

29. Tres humble ‖ remonstrance ‖ et ‖ requeste ‖ des religieux ‖ de la Compagnie ‖ de Jesus ‖ au Tres Chrestien Roy de France ‖ et de Navarre Henri IIII. (Marque des Jésuites). *A Lymoges ‖ Par Hugues Bar bou, suyvant la ‖ coppie imprimée à Bourdeaux ‖ par S. Millanges,* 1599. ‖ Avec permission.

In-32. Car. romain. 236 pages, les deux dernières non chiffrées. La page 97 est sautée, le cahier C commence à la page 98. Signatures : A-P. Pages réglées.

A la Bibliothèque communale de Limoges.

L'approbation est signée : « P. Cybot, docteur en theologie et soubz chantre de Limoges. Boyol, chauoyne et official de Lymoges. » La permission est signée : « H. La Martonie, évêque de Lymoges. »

La première édition parut à Bordeaux, chez Simon Millanges, en 1598, in-8° de 138 p. (par le P. Louis Richeome). Il y a eu plusieurs autres éditions. (P. C. SOMMERVOGEL, *Dict. des anonymes*, col. 988).

Dans la *Bibl. de la Comp. de Jésus* (VI, 1818), le P. Sommervogel dit que l'édit. de Hugues Barbou est un in-8° de 142 p. Celle que nous indiquons ci-dessus serait donc une seconde édition de Limoges, en 1599.

Sur Simon Millanges, voy. *Arch. histor. du dép. de la Gironde*, I, 39-43.

30. Le ‖ Martyrologe ‖ romain ‖ distribué pour tous ‖ les jours de l'annee suivant ‖ la nouvelle reformation du ‖ Kalendrier. ‖ Mis en lumiere par le commandement de feu no ‖ stre S. Pere le Pape Gregoire XIII. ‖ (Par le P. François Solier de Brive). (Marque des Jésuites). *A Lymoges, ‖ Chez Hugues Barbou. ‖ Avec privilege du Roy.*

In-8°. Car. romains. 8 ff. lim. non chiffrés, 266 ff. chiffrés 1-266. Signatures : *a*, A-Z, Aa-Kk.

La dédicace au cardinal de Sourdis, archevêque de Bordeaux, primat d'Aquitaine, et l'avis au lecteur sont signés F. S. L. — Les initiales signifient : François Solier, Limousin : Barbier le nomme à tort Soulier (III, 79, *c*). Dans les *Supercheries* (III, 71, *d*) on attribue au P. Willot, traducteur lui aussi du *Martyrologe*, mais qui ne publia sa traduction qu'en 1642 et sous son nom, une édition de Douai, 1624, qui parut sous le nom d'*un Père de la Compagnie de Jésus* ; elle est encore du P. Solier. La traduction faite par le P. Willot est postérieure à la réforme d'Urbain VIII (1630). (P. C. SOMMERVOGEL, *Dict. des anonymes*, 977).

Jacques Barbou (1600-1605)

1604

30 *bis*. Iacobi Pontani de Societate Iesv, Poeticarvm intitvtionvm libri III. Editio tertia emendatior. — *Lemovicis, Iacobi Barbov*, 1604. In-8°.

(P. C. SOMMERVOGEL, *Bibl. de la Comp. de Jésus*, VI, 1011.)

Veuve de Jacques Barbou (1605-1620)

1610

31. Lettres patentes du Roy en forme d'Edict, par lesquelles i enjoinct à tous les sujects d'observer et garder inviolablement les Edicts de Pacification (en faveur des Protestants), nomméement celui de Nantes, et reiglements faicts suivant iceluy, avec l'arrest de la Cour. *A Limoges, par la veufve de Jacques Barbou.* In-8°.

N° 124 *bis* du Cat. de la Bibl. Bosvieux.

1615

32. Les || amours || sacrees || avec quelques hymnes canti- || ques et meditations. || Par || Pierre de Marin, || Lymosin. *A Limoges, par la veufve de Jacques Barbou.* 1615. — Petit in-8° de 117 pages.

Le titre a le même encadrement que les livres de Denis Janot, imprimeur à Paris en 1540, et que l'*Extraict de plusieurs sainctz docteurs,* imprimé à Limoges par Claude Garnier vers 1550. (A. CLAUDIN, *L'imprimeur Claude Garnier,* dans le *Bibliophile limousin* de 1894, p. 5.)

1616

33. La verité triomphante pour les papes sur cinquante faulsetés et autres inepties de l'antichristianisme du Ministre Mars. Avérées en la conférence faicte entre le V. P. F. Marcellin Montouzon, Récollet de l'ordre de S. François, et lecteur en theologie, et ledict Mars, Ministre des églises prétendues Reformes du Haut-Limozin, par ledict P. F. Montozon recollet. — Narraverunt mihi iniqui falsitates, et non secundum legem tuam : omnia mandata tua veritas P. s. 118... Avec permission et approbation, 1 vol. in-12 de 276 p., plus 2 p. de table et 1 p. d'errata.

L'ouvrage est dédié à Mgr Henri de la Martonie, évêque de Limoges.
N° 117 du Cat. de la Bibl. Bosvieux. Livre très rare.

1617

34. Aristotelis artis rhetoricæ libri tres, correctiores multo quam antea latina versione e regione græci sermonis posita... In-8°.

Édition grecque-latine à 2 col.
N° 697 du Cat. de la Bibl. de Limoges (Polygraphie).

1618

35 La victoire et triomphe de Jesus-Christ mort et resuscité. Stances... In-8° de 8 p.

1619

36. Lesguillon ‖ des dévots ‖ a la vierge ‖ Marie du Mont ‖ Carmel ‖ Dedie a la Mesme ‖ Vierge ‖ Par ‖ le Reverand Pere Frai ‖ re Iean Tuaut Carme ‖ D'aurillac en Auvergne ‖ Docteur En teologie et ‖ Provincial en la provin ‖ ce Dacquitaine. ‖ *A Limoges* ‖ *par la veufve de* ‖ *Iacques barbou* ‖ *1619* ‖ *Avec privilege*. — In-8° en deux parties : la première, de 176 pages, a un titre gravé sur cuivre, signé *G. Peitaut excudit ;* la seconde, de 80 pages chiffrées, plus 13 pages pour les tables, le formulaire des lettres d'association, une explication au lecteur, la licence du général de l'ordre, Fr. Sébastien Fanton (7 avril 1610), donnée à Fr. Pierre de La Cousture, docteur en théologie et prieur des Carmes de Morthemart, pour examiner le livre, l'attestation de ce dernier (15 juillet 1618), celle de l'abbé Gayon, docteur en théologie et chanoine théologal de la cathédrale de Limoges (4 mars 1619), et celle de l'abbé Maledent, chanoine théologal de Saint-Martial de Limoges, et enfin les errata.

1620

37. Statuts synodaux du diocèse de Limoges faicts et publiez au synode d'après la S. Luc en l'année mil six cent dix-neuf, Par Reverend Pere en Dieu Messire Raimond de La Martonie, évêque dudict Limoges. De l'avis et conseils des venerables doyen et chanoines de son église. (Armes de l'évêque)... In-8°.

Antoine Barbou (1624-1652)

Qualités : Imprimeur du Roi et de Monseigneur de Limoges, 1638-1643, Regis Collegiique typographum, 1650.

Domicile : rue Ferrerie devant Saint-Michel, 1629-1648 ; — Devant Saint-Michel, 1629 ; — Viâ Ferrariâ, prope S. Michaelem, 1650.

1622

38. Solennité de la canonization de S. Ignace de Loyola, fondateur de la compagnie de Jésus et de S. Fr. Xavier, apostre des Indes, faicte à Limoges, au Collège de la Compagnie de Jésus, despuis le 7 d'aoust jusqu'au 15 du mesme mois... In-12 de 44 p.

39. Reglement pour les religieuses de S. Claire urbanistes dressé par ordonnance de la congregation provinciale tenue à Libourne l'an 1624 le 17 octobre y presidant nostre R. P. F. Benigne a Genua, general de tout l'ordre... In-16.

1623

40. L'Apologie chrétienne pour vingt-cinq articles de la doctrine catholique débattus par les hérétiques de notre temps et nouvellement agités par ceux de l'église pretendue reformée et envoyés à l'auteur par P. de M. [par François de Fagnon]... In-8° de plus de 400 p.

Dédié à Mgr de La Marthonie, évêque de Limoges. *Biogr. des hommes illustres du Limousin*, p. 242. NADAUD et VITRAC, ms. Bibl. de Pau, A 20, B. comm. de M. A. Claudin.

1624

41. Mandement de Mgr l'évêque de Limoges [Raymond de la Marthonie] sur les mariages... Placard.

1625

42. Bréviaire du diocèse de Limoges... 2 vol in-8°.

Par contrat passé avec Barbou, imprimeur, et signé de deux députés de la Cathédrale, Raymond de La Marthonie, évêque de Limoges, fit marché pour imprimer un nouveau bréviaire du diocèse en deux gros volumes in-8°. (LEGROS, *Mélanges*, 1, 568).

1628

43. Mandement de Mgr l'Evêque de Limoges [Raymond de la Martonie] pour les indulgences... Placard.

1629

44. Nicolai Clenardi Grammatica græca. A Sthephano Moquoto e Societate Jesu recognita, ad usum Collegiorum ejusdem Societatis. Addita est Syntaxis cum iis partibus Grammaticæ quæ adhuc in Clenardo desideratæ fuerant Una cum Compendio Regularum. Editio ultima... In-8° de 320 p. et 40 p. pour le *Compendium Regularum*.

44. Statuts et règlements du diocèse de Limoges publiez au Synode d'après la Saint-Luc, en l'année mille six-cent dix-neuf. Seconde édition, revue, augmentée et confirmée par Reverendiss. Père en Dieu messire François de La Fayette, évesque dudict Limoges. A laquelle sont adjoutez les Règlements des paroisses pour l'Ordre du service Divin, Administration des Sacrements, Droicts des Curez et Prestres d'icelle. (Armes de l'évêque François de La Fayette... In-12 de 12 ff. lim. non chiff. et 336 p.

45. Statuts et reglements des églises paroissiales de Saint-Pierre-du-Queyroir et de Saint-Michel-des-Lions, de la ville de Limoges. Pour l'ordre du divin service et administration des saints Sacre-

ments. Ausquels se conformeront les autres esglises paroissiales du Diocèse de Limoges, hormis se qui sera de l'usage propre et particulier des dictes paroisses. Faictz et dressez de l'authorite de reverendissime pere en Dieu Messire François de La Fayette evesque de Limoges, Conseiller du Roy en ses conseils d'Estat et premier aumosnier de la Royne. (Sans marque)... In-12 de 84 p. plus 12 p. non chiffrées. — Armes de l'évêque François de La Fayette au verso du titre.

46. Bulle d'Urbain VIII... In-8°.

1636

47. Breviarium insignis ecclesiæ Lemovicensis recognituum et emendatum reverendi in Christo patris D. Raymundi de la Martonie, Lemovicensis episcopi, authoritate ac ejusdem ecclesiæ capituli consensu editum. A reverendum in Christo Patre D. Francisco de La Fayette, episcopo Lemovicensis confirmatum. (Armes de Mgr de La Fayette).. — In-8°. 2 vol. Impr. en rouge et noir sans gravures.

48. Ordonnance de Mgr François de La Fayette, sur les mariages... — In-4°.

1638

49. Traite de la dévotion des anciens chrestiens à saint Martial, apostre de la Guienne, premier evesque de Limoges, par Jean Bandel, docteur en théologie, de la Société de Sorbonne, chanoine en l'église cathédrale, official et vicaire général de l'évêché de Limoges. (Armes de Mgr de La Fayette). — In-16 de 23 et 227 pages, plus 4 pages pour les Prières de chaque jour de la sepmaine durant l'ostension en l'Eglise de S. Martial.

Réédité en 1806 et en 1858, par M. l'abbé Texier.

1640

50. Ordonnances de Mgr l'évêque de Limoges... In-4°.

1641

51. Elegantiæ poeticæ... In-8°.

1643

52. Statuts et Règlements pour les frairies et congrégations érigées et instituées dans le diocèse de Limoges, faits par illustrissime et reverendissime Père en Dieu Messire François de La Fayette, conseiller du roi en ses conseils et évesque du dit Limoges. Publiées au synode tenu le jeudy après la fête de S. Luc, de l'année mil six cent quarante-trois. (Armes de l'évêque)... In-8° de 20 p.

1644

53. Lusuum poeticorum sylva. Ad usum collegiorum Societatis Jesu. (Marque des Jésuites). — In-12 de 156 pages, les 40 dernières, pour la table et l'Index, non chiffrées.

Dans son *Dict. des ouvrages anonymes* (p. 531), le P. Sommervogel ne mentionne que cette édition et une autre de *Rothomagi, Nic Loyselet*, 1655, in-12. Il ne parle pas de la réimpression de Barbou de 1752.

1645

54. Elegantiæ poeticæ in locos communes digesta et ex optimis Auctoribus collectæ Opera Joannis Blomerel Lotharingi. Sectâ hac Editione multis additionibus locupletatæ Quibus ab incerto Authore Insignis lusum poeticorum sylvæ facta est Accessio. Ad usum collegiorum Societatis Jesu. (Marque à la devise : *Meta laboris honor*, avec deux lions pour supports)... In-12 de 4 ff. lim. non chiffrés et 622 pages chiffrées.

1650

55. Rhetorice Placidam quam Pieris irrigat undam grandiæ facundæ reserans Præcepta Loquelæ Hæc etiam Logicæ præludia docta sagacis, Strictaque grammaticæ compendia digerit Artis. Authore P. Petro Jossetto e Societate Jesu. (Marque des Jésuites)... *Cum privilegio regis.* In-8° de 414 p. sllelt.

Bibl. com. de Limoges, Polygraphie, n° 968.

L'approbation de Jean Pitard, provincial d'Aquitaine, conformément au privilège accordé à la Société par Henri III le 10 mai 1583, Henri IV le 20 décembre 1606 et Louis XIII le 14 février 1611 pour tous les livres écrits par les membres de la Société de Jésus, permet au P. Pierre Josse de choisir un imprimeur pour sa Rhétorique qui sera seule imprimée et vendue à Limoges. Celui-ci choisit Antoine Barbou. Fait à Limoges, le 8 mai 1650.

« C'est une rhétorique en vers ; le titre lui-même forme quatre vers. » (*Bibl. de la Compagnie de Jésus*, IV, 824).

Voy. LAFOREST, *Limoges au XVII° siècle*, p. 171 et LEROUX, *Inv. des Arch. dép.*, série D, fonds du Collège, introd., p. xxii.

1651

56. Dictionnaire nouveau, Latin, François et Grec, divisé en deux parties : Dont la Première Partie comprend l'ordre alphabétique, Des mots Latins expliqués en François et tournés en Grec. Doctement et soigneusement recueilli des escrits de Robert Estienne et de G. Morel. Avec la Citation des bons Autheurs, comme Caton, Varron, Cæsar, Cicéron, Tite-Live, Virgile, Horace, Ovide et autres.

Et la Seconde Partie enseigne le Thresor des Mots François Mis en Latin. Enrichy de tous les moyens necessaires et profitables à la Jeunesse pour apprendre facilement l'usage de la Langue Latine. Remply et fourny d'Exemples et Phrases choisies tant de mots Latins que François, avec la Declinaison et le genre des Noms : la Conjugaison et la Construction des Verbes. Et un Recueil des Noms des Provinces, Pays, Villes, Montaignes, Mers, Isles, Fleuves et Rivières, Où sont les remarques pour bien composer en Latin, avec l'Abbrégé des Concordances. Derniere Edition Reveuë et augmentée derechef par un des Peres de la Compagnie de Jesus... In-8° de 792 p.

« Je n'ai pas vu la seconde partie. — La préface a cette dédicace : « Adolescentibus Latinæ Linguæ Studiosis Collegiorum Societatis Jesu » P. I. S. I. S. D. » J'interprète ainsi les initiales : *Petrus Iosset Societatis Iesus Salutem Dat.* — Cet ouvrage ne serait-il pas une nouvelle édition du *Dictionarium novum Latino Gallico-Græcum* du P. Pajot, S. J. (1645) ? » (*Bibl de la Comp. de Jésus,* IV, 825).

1652

57. Lusus poeticorum sylva ad usum collegiorum Societatis Jesu...

N° 1871 du Catalogue de feu M. l'abbé Texier.

58. Nicolai Clenardi Grammatica Græca cum observationibus P. Stephani Moquoti e Societate Jesu, A. P. Francisco Creuxio euisdem Societatis Sacerdote recognitis. Ad usum Collegiorum Societatis Jesu... In-8°.

59. Missæ Propriæ Sanctorum ecclesiæ Lemovicensis... In-folio.

Grande gravure au frontispice signée Patigny. Relié à la suite d'un *Missel romain* imprimé à Paris en 1658 par Jean Hénault.

Veuve d'Antoine Barbou et Martial Barbou (1652-1657)

Qualités : Regis Collegiique typographos, 1653, 1656 ; — Regis prædictique D. D. Lemovicensis episcopi typographum, 1652.

Domicile : Viâ Ferrariâ, prope divum Michaelen, 1653, 1656.

1653

60. Prosodia Henrici Smetii, Alostani Med. D. promptissima, quæ syllabarum positione et diphtongis carentium quantitatis, sola veterum poetarum auctoritate, adductis exemplis demonstrat. Ab auctore reformata innumerisque locis emendata, et quarta sui parte adaucta. Editio postrema, emendatior. Cum Appendice aliquot vocum ab ecclesiasticis poetis aliter usurpatorum. (Marque avec deux lions

pour supports)... In-8° de 16 ff. lim. non chiffrés et 643 p. chiffrées.

En tête : « Methodus cognoscendarum syllabarum ex Georgii FABRICII de re poetica lib. I. » — Catalog. de la Bibl. com. de Limoges. Polygraphie, n° 865.

61. De arte rhetorica Libri tres. Ex Aristote, Cicerone et Quintiniano præcipuè deprompti ad exemplar Romanum ipsius auctoris, omnibus mendis et purgati, plurimorum locorum citatione locupletati. Auctore Cypriano Soario Sacerdote Societatis Jesu. Addito rerum notabiliorum auctiore indice. Subticiuntur etiam ejusdem Rhetorices tabulæ per abreves, qua singulis horum librorum capitibus respondent quo faciliùs præcepta discantur. — (Marque des Jésuites)... In-8°.

62. Elegantiæ Aldi Manutii, auctæ, gallicæ factæ et in accomodotiora capita distributæ. Auctore Jacobo Gaulterio, Anno næensi artium liberalium in Academica Turnonia Societatis Jesu Magistro ... In-12.

1656

63. Epitheta Joannis Ravisi Textoris Nivernensis. Opus veriùs quam antehac absolutissimum... Opera Andronici Thalæi, ex Societate Caldoriana... (Marque à la devise : *Meta laboris honor*, avec deux lions pour supports)... In-8° de 930 pages.

1660

64. Lemovici multiplici eruditione illustres. Hoc est, elogia eorum Lemovicum qui aliqua Dicendi, Docendi, Scribendive Laude floruerunt. Ex lib. 10. Synopsis Exegeticæ. Authore I. Collino S. T. Doctore, Regis Christ. à Conf. et Eleemosinis, Canonico Theol. in Ecclesiæ Coll. Sancti Juniani. Ad Eruditissimum Virum Salomonem Priezacum, Sacr. Conf. Senatorem ... In-8° de 4 ff. lim. non chiffrés et 71 pages.

« C'est le premier essai de biographie des hommes illustres du Limousin ». A. DU BOYS et ARBELLOT, *Biographie des hommes illustres du Limousin,* p. 139.

65. Table chronologipue des évêques de Limoges, par le chanoine Collin. ... In-plano.

1661

66. Ioan. Gaudini Pictaviensis c Societate Jesu Epigrammatum libri III... In-12 de 102 p. sldett.

Martial I Barbou (1664-1680)

Qualités : Imprimeur ordinaire du Roy et de Monseigneur de Limoges, 1664, 1674; — Regis Collegiique typographum, 1665, 1671, 1672, 1674; — Imprimeur ordinaire du Roy et du Collège, 1667, 1672; — Regis, DD episcopi collegiique Lemovicensis typographum et bibliopolam, 1673, 1679.
Domicile : rue Ferrerie devant Saint-Michel, 1666; proche Saint-Michel, 1667, propè divum Michaelem, 1671, 1672, 1679; viâ Ferraria propè divum Michaelèm, 1674.

1664

67. Histoire du martyre de saint Rustique, saint diacre, et de ses compagnons, qui souffrirent dans Carthage, sous Hunneric roi des Vandales, tirée de Saint-Victor. évesque d'Utique. (Armes de l'évéque.) ... In-12.
Catalogue Emeric David, 1862, n° 2555.

1665

68. Nicolai Clenardi Grammatica Græca cum observationibus P. Stephani Moquoti e Societate Jesu, A P. Francisco Creuxio eiusdem Societati sacerdote recognitis. Ad usum Collegiorum Societatis. Editio nova et postrema cæteris facilior et correctior. ... In-8" 4 ff. 249-31 p.

« Une grammaire semblable a été imprimée en 1670 par Jean Dalvy à Tulle, in-8° de 260 p. » (*Bibl. de la Comp. de Jésus*, II, 1658.)

1666

69. Table chronologique et historique contenant un abrege fidele de tout ce qui s'est passé de plus remarquable dans la province de Limosin depuis les conquêtes des Romains jusqu'a l'année courante 1666. A tres illustres et tres honorables personnes Messieurs Barthelemy Juge, sieur du Masbillier, Prevost ; Michel Periere, sieur du Vignaud, Conseiller du Roy en ses Conseils et President au siege Presidial de Limoges; Estienne Martial Vidaud, receveur des tailles; Jean Vidaud, sieur du Garreau; Jean Boyol, sieur d'Henrau; Simon La Fosse, sieur du Caillau, Consuls magistrats de la ville de Limoges. Lettre dédicatoire signée I C. P C. T. (Jean Collin, Prêtre Chanoine Théologal)... In-plano en deux feuilles de 0,80 de largeur sur 1 m. de hauteur.

1667

70. Petit catéchisme catholique composé par M. Pierre Canisius, docteur théologien, de la Compagnie de Jésus, et depuis mis en

françois avec le latin correspondant l'un à l'autre. Marque avec deux lions pour supports... In-16 de 112 p.

1669

71. Proprium sanctorum diœcesis Lemovicensis... (Par le P. Milsonneau.) In-8°.

Bibl. de la Compagnie de Jésus, V, 1603. « Cet ouvrage doit être écrit en latin ? Dans une vie manuscrite de Mgr de la Fayette, évêque de Limoges, on dit que ce prélat publia ce livre, qui était l'œuvre du P. Louis Milsonneau. » — P.-C. SOMMERVOGEL, *Dict. des anonymes*, p. 761.

1671

72. C. Velleii Paterculi Historiæ Romanæ. Libri Duo. Ex emendatione et recensione Justi Lipsii... In-16 de 238 p. chiff., plus 62 p. non chiff. pour l'Index et la *Vita Vellei Paterculi*.

1672

73. Récit de ce qui s'est passé à Limoges durant la célébration de la canonisation de saint François de Borgia, quatrième duc de Gandie, et troisième général de la Compagnie de Jésus, au mois de juillet 1672... In-4° 24 p.

Bibl. com. de Limoges : Histoire, n° 1232, p. 284 ; Polygraphie, n° 809.

74. Histoire sacrée de la vie des Saints principaux er autres personnes plus vertueuses, qui ont pris naissance, qui ont vécu, ou qui sont en vénération particulière en divers lieux du diocèse de Limoges. Tirée fidèlement des archives de plusieurs anciennes abbayes de Limosin, ou autre documents authentiques de la mesme province. Par M. J. Collin, doct. en théol. con. aumosnier du Roy, chanoine théologal de l'église collégiale de Saint-Junien. (Monogramme du Christ)... In-12 de 708 p.

N° 1183, Bibl. com. de Limoges, Histoire ; n° 1846 du cat. de feu M. l'abbé Texier.

75. Analecta Breviarii seu Officia Sanctorum Quorumdam Recentium, in Breviario Romano apponenda Ex mandato SS. DD. N Urbani VIII, Alexandri VII, Clementis IV et Clementis X, Ab sacra Rituum Congregatione Recognita et approbata. Editio Nova. In multos Consequentes annos perutilis et percommoda... *Cum permissu superiorum.* — In-12 de 118 p.

1673

76. Series ordinationum ex pontificati romani, cum eis quæ ab Ordinatis presbyteris in prima sua ordinatione cum episcopo promuntianda sunt. (Monogramme du Christ.)... In-12.

1674

77. M. T. Ciceronis epistolarum ad familiares libr. VII, ad usum Collegiorum Societatis Jesu... Petit in-4°.

78. Discours funèbre sur la vie et la mort du R. P. Le Jeune, appellé communément le *Père Aveugle*, prestre de la Congregat. de l'Oratoire de Jésus, prononcé par ordre et en présence de Monseigneur l'Evesque de Limoges, dans la principale paroisse de son diocèse. Par Monsieur G. Ruben, docteur en théologie, prieur de Ville-Neuve. (Armes de l'évêque Louis Lascaris d'Urfé.)... In-8° de 216 p.

Autre édition avec le même titre, précédée d'un portrait du P. Le Jeune. A *Toulouse, chez Jean Boude,* 1690. 1 vol. in-8° de 215 p.

1675

79. Nouveau dictionnaire ou Thresor royal des deux langues françoise et latine, [par le P. Gaudin]... In-4°.

1676

80. Novum dictionarium sive Thesaurus Vocum et locutionum latinarum quibus Gallicæ et Græcæ pariter respondunt. Collectus opera et studio P. Johannis Gaudini è Societate Jesu. In gratiam et ad usum studiosæ Juventutis. A. M. D. G. B. Q. V. M... In-4° à 2 col. de 271 p. sldell.

(Barbou a publié cet ouvrage sans y être autorisé par la Compagnie de Jésus. Voy. l'Appendice'.

A la p. 671 : « Finis primæ partis. » — D'après l'approbation du P. Raimond Baile, datée de la Rochelle, 27 août, sans indication d'année, mais de 1665 à 1667, années de son provincialat, on voit que ce n'est qu'une partie du *Nouveau dictionnaire français et latin* : « cum jam... permissu Martialis Barbou typis suis vulgaret librum P. Io. Gaudin qui hanc inscriptionem præfert : *Nouveau...* Nunc eidem M. Barbou permitto ut librum alterum qui quidem illius prioris operis pars est posterior et qui inscriptus est *Novum,..* recudere possit. » Après le privilège : Achevé d'imprimer pour la 2e fois, le 15 février 1667.

1678

81. Rituale seu Manuale Lemovicense. Auctoritate Illustrissimi, ac Reverendissimi D. D. Ludovici d'Urfe, Episcopi Lemovicensis, Editum. (Armes de Mgr Louis d'Urfé)... 2 vol. in-8°. 1re partie : 7 ff. lim. non chiffrés et 352 pages chiffrées ; 2e partie : 6 ff. lim. non chiffrés, 120 et 268 pages chiffrées.

82. De Sacrificio Missæ autore Joa Bona... In-12.

N° 40 du catalogue de la Bibliothèque Bosvieux.

1679

83. Regulæ et instructiones Ad sacramenta ministranda sacrasque functiones peragendas... Authoritate illustrissimi et reverend. D. D. Ludovici d'Urfe, Episcopi Lemovicensis editæ... In-12.

84. La Grammaire de Despautère abrégée pour la commodité de la jeunesse, [par le P. Gaudin]... In-12.

Veuve de Martial I Barbou (1680-1686)

Qualités : Imprimeur du Roi et du Collège, 1681; Regis typographum, 1682, 1683, 1686; — Imprimeur ordinaire du Roy, 1685.
Domicile : Viâ Ferraria propè divum Michaelem, 1683, 1686.

1681

85. La sainte psalmodie ou livre d'église, savoir... Le tout selon le Saint Concile de Trente... In-12.

1682

86. Amaltheum poeticum et historicum. Recenter emendatum et recognitum, plurimisque Historiis ac Vocabulis Poeticis, quæ in eo desiderabantur, auctum ac in ordinem optimum redactum. Quinta editio. Ad majorem Dei Optimi, Maximi gloriam, et studiosæ Juventutis utilitatem... In-32 de 4 ff. lim. et 333 pages chiffrées.

1683

87. Nicolai Clenardi grammatica græca, cum observationibus, P. Stephani Moquoti e Societate Jesu, a P. Francisco Creuxio, ejusdem Societatis sacerdote recognitis. Editio nova et postrema cæteris facilior et correctior. (Marque avec deux lions pour supports)... In-8° (titre rouge et noir) de 249 p. chiffrées plus 8 p. non chiffrées pour le titre, l'avis au lecteur et le privilège, et 32 p. pour le *Compendium Regularum.*

La permission d'imprimer est accordée pour dix ans par le R. P. Nicolas Rogon, provincial d'Aquitaine, le 9 avril 1651.
Le privilège est accordé pour cinq ans le 21 août 1651. Signé : Morlon.

1685

88. Règle de S. Augustin et Constitutions pour les religieuses de la Providence... In-12 de 234 p., la table non comprise.

89. La manière de recevoir les sœurs de la Providence à l'habit et à la profession... In-12 de 48 p.

1686

90. Herodiani historiæ de imperio post Marcum, vel de suis temporibus... Libri VIII. Angelo Politiani interpreti... In-12 de 351 p.

Pierre Barbou (1686-1714)

Qualités : Illustrissimi ac Reverendissimi DD episcopi typographum, 1688, 1689, 1695, 1698, 1709, 1710; — Collegii typographum, 1688, 1698, 1699, 1701, 1709; — Imprimeur de mondit seigneur l'évêque, 1689, 1690; — Imprimeur de l'Hôtel de Ville et du Collège, 1696; — Imprimeur de Monseigneur l'évêque, 1703, 1706, 1709, 1712; — Imprimeur du Roy et du Collège, 1704; — Imprimeur du Roy, 1705; —.Typographum et bibliopolam, 1707; — Imprimeur libraire, 1703; — Imprimeur du Collège, 1710.

Domicile : viâ Ferrariâ prope divum Michaelem, 1688, 1698, 1699, 1701; — viâ Ferrariâ, 1699, 1707; — proche Saint-Michel, 1703, 1704; — rue Ferrerie, 1705, 1706, 1708.

1688

91. Statuts et règlements synodaux du diocèse de Limoges, publiés en l'an 1619, par Mgr Raymond de La Marthonie; revus, corrigez et confirmez par Mgr François de La Fayette en 1629, et par Mgr Louis de Lascaris d'Urfé en 1683... In-12.

92. Rubricæ generales missalis. (Sans marque)... In-12 de xxxii-92 p., les cinq dernières non chiffrées.

Privilège daté de Saint-Germain-en-Laïe, 24 avril 1680, signé Desvieux, accordé pour dix ans à Mgr Louis Lascaris d'Urfé qui cède son privilège à Pierre Barbou.

93. Publ. Virgilii Maronis bucolica. Ad usum collegiorum Societatis Jesu. (Marque des Jésuites)... In-4º.

1689

94. Le Pastoral du diocèse de Limoges, où l'on explique les obligations des ecclésiastiques et des pasteurs, et la manière de s'acquitter dignement des fonctions sacrées. Composé par l'ordre de Monseigneur l'illustr. et révérend. Louis d'Urfé, évêque de Limoges. (Armes de l'évêque Louis d'Urfé)...

(Nº 1143, Bibl. comm. de Limoges, Histoire).

Privilège daté de Saint-Germain-en-Laye, le 24 avril 1680, signé Desvieux, accordé à Mgr Louis de Lascaris d'Urfé pour dix ans, lequel cède son privilège à la veuve de Martial Barbou et à Pierre Barbou, son fils. — Achevé d'imprimer pour la première fois le 15 août 1689. Les exemplaires ont été fournis.

95. Proprium Sanctorum Diœcesis Lemovicensis juxta Breviarium diocesarium, authoritate Episcopali de consensu capituli, editum, denuo recognitum anno 1683, authoritate illustrissimi ac reverendissimi D. D. Ludovici Lascaris d'Urfé, Episcopi Lemovicensis... In-8° de 237 p. plus 2 p. non chiffrées.

1690

96. Le pastoral du diocèse de Limoges... (Armes de l'évêque)... In-12 de 692 p.; les-ving-quatre premières (pour le titre, le mandement et l'avertissement) et les vingt dernières (pour la table et les errata) non chiffrées.

Première partie. — Privilège de douze ans pour les livres liturgiques, daté du 5 mai 1690 et signé Boucher, accordé à l'évêque qui cède son privilège à Pierre Barbou. — Registré sur le livre de la communauté le 9 mai 1690. Signé : P. Trabouillet, P. Aubouyn et C. Coignard, adjoints.— Achevé d'imprimer pour la première foic le 5 juillet 1690. Les exemplaires ont été fournis.

97. Illustrissimo viro D. D. Antonio Goudin, equiti, regia consiliis, generalis galliarum quæsturæ præsidi, ærarii dominii et viarum public. directioni judicioque in Lemov. ditione. Suas theses D. D. D. Leonardus Monier, Lemovix, et Petrus de La Farge de Sirieix, Treignacensis... M. DC. XC. *Cum privilegio regis.* ($0^m,72 \times 0^m,86$). Sujet : Vierge en extase, *Steph. Gantrel excudit.* Au bas de la thèse, armes : d'argent au chevron de gueules, accompagné en chef de deux pigeons ou corbeaux affrontés de..., en pointe un navire voguant sur une mer; cimier, un casque taré orné de lambrequins. Impr. sur satin.

A M. G. Demartial.

1694

98. Justinus... In-24.

99. Le pastoral du diocèse de Limoges... 2ᵉ partie... In-12.

1695

100. Ordo divini officii recitandi juxta ritum breviarii Lemovicensis pro anno bissestili 1696... In-12.

Voy. *Archives histor.*, t. VI, p. 53.

101. Rubricæ generales breviarii ac missalis romani et regulæ computi ecclesiastici ex prædictis libris, et ex Martyrologio Romano excerptæ. *Cum privilegio Regis...* In-12 de 79 ff. lim. et XXVIII-114 pages, les trois dernières non chiffrées.

102. Medulla totius philosophiæ autore P. Valade, presbytero Lemovico... In-12.

N° 932 du Catalogue de la Bibl. Bosvieux.

1696

103. Lucii Annæi Flori... In-24.

104. Oraison funebre de Tres Haute, Tres Illustre et Tres Puissante dame Madame Marie de Fumel, Epouse de Messire Joseph de Beaupoil, marquis de Saint-Aulaire, et autres places, Lieutenant de Roy dans le haut et bas Limousin. Prononcée dans l'Eglise de Saint-Michel des Lions le trentième avril 1696. Par le P. Joseph David, Prêtre de l'Oratoire de Jésus... In-4° de 20 pages.

1697

105. Pomarium latinitatis, elegantiori consitum cultu, longeque peritiori descriptum manu, in quo locutiones synonimæ bene multæ, earum omnium fere rerum, quæ quotidianum veniunt in usum, meliorem in ordinem utilioremque formam diguruntur. Auctore P. Franc. Pomey, e Societate Jesu. Editio postrema ac nova... In-12 de 406 p.

Bibl. de la Comp. de Jésus, VI, 979.

1698

106. Justini historarum ex Pompeio Trogo Libri XLIV, ex Musco Io. Isaaci Pontani. (Marque à la devise : *De long travail plaisir*)... In-24.

107. Indiculus universalis. Rerum ferè omnium, quæ in Mundo sunt, Scientiarum item, Artiumque nomina, Aptè, breviter que colligens. L'Univers en abrégé, où sont contenus en diverses listes presque tous les Noms des Ouvrages de la Nature, de toutes les Sciences, et de tous les Arts, avec leurs principaux Termes. Par le P. F. P. de la Compagnie de Iesus. Edition IV. Revue, corrigée et augmentée par l'Auteur... In-12 de 336 p., slpelt.

Bibl. de la Comp. de Jésus, VI, 987.

1699

108. Rituale seu manuale Lemovicense auctoritate illustrissimi ac reverendissimi D D Francisci de Carbonnel de Canisy, Episcopi Lemovicensis, recognitum ac denuo editum. (Armes de Mgr de Carbonnel de Canisy)... In-8° en deux parties : la première de 8 ff. lim. non chiffrés et 400 pages, les dix dernières non chiffrées ; la deuxième de 242 pages, les huit dernières non chiffrées.

Privilège accordé le 5 mai 1690 à Mgr Louis de Lascaris d'Urfé pour douze ans. — Registré sur le registre de la communauté le 9 mai 1690. L'évêque est averti que suivant l'édit d'avril 1686 le débit des livres se fera seulement par un libraire et un imprimeur. Signé : Trabouillet, Auboûyn et Coignard, adjoints.

Par lettres signées Carpot, Mgr de Carbonnel permet à Pierre Barbou d'imprimer les ouvrages liturgiques pour dix ans à commencer du jour de l'expiration du privilège de 1690. — Registré sur le livre de la communauté le 29 mai 1697. Auboüyn, syndic.

109. Æliani variæ historiæ. (Marque à la devise : *De long travail plaisir*)... In-24 de 192 p.

110. Flos latinitatis, ex Auctorum linguæ latinæ principuæ monumentis excerptus, Et Tripartito Verborum Nominum et Particularum Ordine, in hunc digestus Libellum. Cui prima editio nuper inscripserat, pro Titulo, Pomariolum latinitatis. Auctore P. F. P. et societate Jesu (P. François Pomey). (Sans marque)... In-12 de 374 p.

« Dans un avis (p. 4) l'auteur indique que l'ouvrage s'appelait autrefois *Pomariolum*, mais qu'ayant été augmenté de deux tiers, il se nomme maintenant *Flos latinitatis* ». (*Bibl. de la Comp. de Jésus*, VI, 979.)

111. Novus candidatus rhetoricæ, altero se candidior, comptiorque non Aphtonii solùm Progymnasmata ornatiùs concinnata, sed Tullianæ etiam Rhetoricæ Præcepta clariùs explicata repræsentans, studiosis Eloquentiæ Candidatis. Accessit nunc prinum Dissertatio de Panegyrico. Auctore P. Francisco Pomey, è Societate Jesu. (Sans Marque)... In-12 de 8 p. non chiffrées au commencement pour le titre et l'avert., 427 p. chiffrées et 13 p. non chiffrées pour l'index.

Cat. de la Bibl. de Limoges. Polygraphie, n° 731.
Bibl. de la Comp. de Jésus, VI, 982.

112. Lettres choisies de S. François-Xavier, traduction nouvelle avec le latin à côté, par un Père de la Compagnie de Jésus. — *Suivant l'imprimé à Tulle, à Limoges, chez Pierre Barbou, imprimeur et libraire du collège, rue Ferrerie*, 1699. In-12 de 375 p. sll.

« L'édition de Tulle est de 1682, chez Jean-Léonard Chirac. Ce n'est pas la même qui a été publiée à *Varsovie, chez Maurice-George Weidunam*, 1739, in-12 de 242 p. sous le titre : *Lettres choisies de S. François-Xavier, traduction nouvelle, par un Père de la Compagnie de Jésus*. Dans l'avertissement, on voit clairement que c'est une nouvelle traduction ». (P. C. Sommervogel, *Dict. des anonymes*, p. 507.)

113. Æliani variæ historiæ. (Marque à la devise : *De long travail plaisir*)... In-24 de 192 p.

114. C. Julii Cæsaris, quæ extant, ex emendatum Jos. Scaligeri... In-24 de 510 p.

1700

115. Collegii Lemovicensis Societatis Jesu ob illustrissimi viri

Caroli Boucher equitis Torquati Domini D'Orsay ad Lemovicensem præfecturam reditum festi plausus. *S. l. et a.* In-4° de 14 pages (vers 1700).

Bibl. de la Comp. de Jésus, IV.

1701

116. Nicolai Clenardi Grammatica græca, Cum observationibus P. Stephani Moquoti è Societate Jesu. A P. Francisco Creuxio ejusdem Societatis Sacerdote recognitis. Editio nova et postrema, Cæteris facilior et correctior. (Marque à la devise : *Meta laboris honor*, avec deux lions pour supports)... *Cum privilegio Regis*. — In-8° de 4 ff. lim. non chiffrés, 249 p. et 2 à 32 pages.

Approbation de Nicolas Royon, provincial d'Aquitaine, datée de Bordeaux le 9 avril 1651.

Privilège pour cinq ans, daté de Paris le 21 août 1651, signé Morlon accordé à ANTOINE Barbou.

Il y a eu un grand nombre d'éditions de cette grammaire, en particulier chez Sébastien Cramoisy, à Paris, en 1619 et années suivantes Le nom du P. Moquot qui ne figurait pas sur le titre des premières éditions s'y trouve à partir de 1629.(P. C. SOMMERVOGEL, *Dict des anonymes*, col. 621.) Il y avait eu précédemment des éditions revues par I. L. B. (Le P. Philippe Labbe) imprimées à Paris (*Gaspard-Meturas*, 1643 et *Louis Boulanger*, 1647).

1703

117. Ordonnances synodales du diocèse de Limoges Revisées et imprimées de nouveau par l'ordre de Monseigneur l'Illustrissime et Reverendissime François de Carbonnel de Canisy, Evêque de Limoges. (Armes de Mgr de Canisy)...*Avec privilège du Roy*. — In-12 de 6 ff. lim., 259 pages, et 4 ff. non chiffrés pour la table et le privilège.

118. Le Pastoral du diocèse où l'on explique les obligations des Ecclésiastiques et des Pasteurs et la manière de s'acquitter dignement des fonctions sacrées. Composé par l'ordre de Monseigneur l'Illustrissime et Reverendissime Louis d'Urfé, évêque de Limoges, tome I. Revu et imprimé de nouveau par ordre de Monseigneur l'Illustrissime et Reverendissime François de Carbonnel de Canisy, évêque de Limoges. *Avec Privilège du Roi*... 3 vol. in-12.

N° 1144 du catal. de la Bibl. de Limoges, Histoire.

Privilège du 5 mai 1690, signé Boucher, accordé pour les livres liturgiques, pour 12 ans, à Mgr Louis de Lascaris d'Urfé qui cède son privilège à Pierre Barbou. Achevé d'imprimer pour la première fois le 15 juillet 1690. Les exemplaires ont été fournis.

Par lettres patentes signées Carpot, il est permis à Pierre Barbou d'imprimer les livres liturgiques pendant 10 ans à commencer du jour de l'expiration du privilège de 1690.

Registré sur le livre de la communauté le 29 mai 1697. Signé Aubouin, syndic.

1704

119. Oraison funebre de Madame Elisabeth d'Aubusson de La Feuillade, abbesse de Notre-Dame de la Règle, Prononcée à Limoges le 23e jour d'avril 1704, dans l'Eglise Abbatiale de la Règle, Par le Père Périère, de la Compagnie de Jésus... In-4° de 66 pages.

Voy. Arbellot, Le P. Jean de Périère, au *Bull. de la Soc. arch. du Limousin*, XLI, 108.

120. Grammaire de Despautère abrégée, pour la commodité de la jeunesse qui veut apprendre la langue latine, par le R. P. Gaudin, 8e édition... In-12.

121. Arrêt donné par Nosseign. les maistres des requêtes portant règlement général entre les président, lieutenant-général, lieutenant-criminel, conseillers, avocats, etc., en la sénéchaussée et siège présidial de Limoges, vice-sénéchal et garde des petits sceaux audit siège... In-4°.

122. Lettres de la prieure du couvent de N.-D. de la Règle pour annoncer la mort de Mme Elisabeth d'Aubusson de La Feuillade, datées de Limoges 22 mars 1704. *S. l. (Limoges) ni nom d'imprimeur*. — In-4° de 11 pages.

1705

123. Lettres de la prieure du couvent de N.-D. de la Règle pour demander des prières pour l'âme de Mme Elisabeth d'Aubusson de La Feuillade, datées de Limoges 25 juin 1705. *S. l. (Limoges) ni nom d'imprimeur*. — In-4° de 15 pages.

124. Lettres d'amortissement général pour tous les bénéficiers et gens de main-morte qui ont payé le droit d'amortissement, données à Versailles au mois de mars 1704... In-folio de 4 p.

1706

125. Constitution de N. S. P. le pape Clément XI du 16 juillet 1705, portant confirmation et rénovation des constitutions des papes Innocent X et Alexandre VII, contre l'hérésie de jansénisme... In-4° de 25 p.

1707

126. Histoire de C. Velleius Paterculus, De l'ancienne histoire romaine et grecque. Traduction nouvelle avec le latin à côté... In-12.

Privilège signé Lecomte, daté 1er mars 1707, accordé sans limite de durée pour : Les feuilles classiques, Cæsaris Commentaria, Quintus Curtius, Sallustius, Justinus, Florus, Velleius Paterculus, Titus Livius, Herodiani historiæ, Tursellinus, Phædri Fabulæ, Cornelius Nepos, Vita S. Ignatii, Virgilii, Ovidii, Horatii, Senecæ opera, Le Despautère et rudimens de Behours, Le Despautère et rudimens du P. Gaudin.

Registré sur le registre de la communauté des libraires le 30 mars 1707. Signé : Guérin, syndic.

127. Series ordinationum juxta pontificale Romanum Urbani Papæ Octavi, auctoritate recognitum. Jussu et authoritate illustrissimi et reverendissimi. DD. Antonii de Charpin de Genetines... In-12.

Par lettres patentes du 26 mars 1707 signées Lecomte, il est permis à Mgr Antoine de Charpin de Genetines de faire imprimer les livres liturgiques de son diocèse pour dix ans. Celui-ci cède son privilège à Pierre Barbou le 16 avril 1707. Registré sur le registre de la communauté le 30 mars 1707. Guérin, sindic.

128. Mandement de Messieurs les vicaires généraux de Limoges pour la publication de la constitution de N. S. P. le pape Clément X, avec quelques declarations... In-4° de 10 p.

1708

129. Ordonnance de Monseigneur l'évêque de Limoges Antoine de Charpin de Genetines, touchant le catéchisme ou l'instruction familière (datée du 22 février 1708)... In-4° de 6 p.

130. Oraison funebre de très noble et très illustre demoiselle Marguerite de Canillac, fille de M. le marquis du Pont du Chateau, grand senechal d'Auvergne, prononcée dans l'Eglise des Pères Recolets de Guéret le 24 de janvier 1708, par le R. P. Justin Bergue, recolet, prédicateur du roi d'Espagne... In-12 de 96 p.

1709

131. Ordonnance de Monseigneur l'évêque de Limoges Antoine de Charpin de Genetines, touchant les ecclésiastiques qui boivent ou qui mangent dans les cabarets (datée du 16 août 1708). Lue et publiée au synode d'après Pâques tenu le 11 avril 1709... In-4° de 8 p.

132. Hymni in honorem sancti Martialis, apostoli, et sanctæ Valeriæ, virginis et martyris... In-12 de 23 p.

133. Avis donné par Monseigneur l'illustrissime et reverendissime Antoine de Charpin de Genetines, évêque de Limoges, aux curé assemblés dans son premier synode le 11 avril 1709... In-4° de 10 p.

1710

134. C. Julii Cæsaris quæ extant, Ex emendatione Jos. Scaligeri. *Cum Privilegio Regis.* – In-24 de 3 ff. lim. non chiffrés et 590 pages.

135. Les Hommes illustres de l'ancienne Rome, par Sextus Aurélius Victor. Traduction nouvelle avec le latin à côté... In-16 de 6 p. non chiff. et de 207 p. plus 13 p. non chiff. à la fin pour l'explication des noms propres et le privilège.

136. Histoire de C. Velleius Paterculus, traduite nouvellement en français, avec le latin à côté. *Avec privilège du Roi...* In-12.

137. Proprium Breviarii Lemovicensis, Illustrissimi et Reverendissimi in Christo Patris D. D. Antonii de Charpin de Genetines Lemovicensis Episcopi auctoritate. De venerabilis Capituli Consensu editum... *Cum privilegio Regis.* — In-12 de 24 ff. lim. non chiffrés, 404 pages et XLIV pages, les quatre dernières non chiffrées.

138. Proprium missalis Lemovicensis illustrissimi ac reverendissimi in Christo patris D. D. Antonii de Charpin de Genetines, Lemovicensis episcopi, auctoritate de venerabilis capituli consensu editum... In-folio.

139. Thesaurus trium linguarum latinæ, gallicæ, græcæ, Magno vocum locutionumque ex optimis scriptoribus collectarum numero locupletatus. Opera et studio Joannis Gaudini, è Societate Jesu. Nova editio auctior et emendatior. *Lemovicis et væneunt Parisiis apud Joannem Barbou Bibliopolam, e regione Collegii Ludovici Magni. MDCCX. Cum privilegio regis.* In-4º de 732 p.

Le privilège de Barbou est du 17 août 1710.
La première partie est en français et en latin seulement.

1711

140. Ordonnance de Mgr l'évêque de Limoges, Antoine de Charpin de Genetines, pour faire signer le formulaire, datée du 10 novembre 1710. Lue et publiée dans le synode d'après Pâques tenu le 16 avril 1711...

141. Ordonnance de Mgr l'évêque de Limoges, Antoine de Charpin de Genetines pour défendre aux prêtres d'avoir des servantes, datée du 1ᵉʳ avril 1711 (4 p.), suivie de la défense relative aux ivrognes, danses, etc. (2 p.)... In-4º.

1712

142. Les véritables motifs de confiance que doivent avoir les fidèles dans la protection de la Sainte-Vierge, divisés en quatre livres... In-12 de 302 p. (Par le P. Paul Le Clerc).

« Plusieurs éditions dont la première est celle de Limoges, car on trouve sous la date du 24 février 1712, dans la Correspondance autographe de l'abbé Tricaud, conservée à la Bibliothèque de Lyon, le passage suivant : « Le P. Le
» Clerc, jésuite et préfet des pensionnaires du Collège Louis-le-Grand, a fait
» imprimer à Limoges un livre qui a la forme d'un petit in-12 de Hollande
» de 302 pages, qui a pour titre : *Les véritables motifs...* Son nom est au privilège. » L'approbation est du 10 avril 1711 ». — (P. C. SOMMERVOGEL, *Dict. des anonymes*, p. 1024.)

« Les *Mémoires de Trévoux*, 1713, p. 53¹, l'annoncent comme nouvellement imprimé à Paris. » (*Bibl. de la Compagnie de Jésus*, III, 1232.)

142. Avis donné par Monseigneur l'Illustrissime et Révérendissime Antoine de Charpin de Genetines, évêque de Limoges, dans le synode d'après Pâques, tenu le 7 avril, l'an 1712... In-4° de 8 p.

143. Lettre pastorale de Mgr de Genetines, évêque de Limoges, au clergé de son diocèse. In-4°.

1713

144. Illustrissimo viro Dom. D. Josepho Rogier, Domno du Buisson, Regi a consiliis in utraque Lemovicensi curia, prætori amplissimo et in eadem provincia rei politicæ præfecto meritisimo. Se suamque philosophiam D. D. D. philosophi Lemovicenses collegii Societatis Jesu... (0^m,69 × 1^m,06). Sujet : Sacré Cœur de Jésus, d'après Le Brun. Au-dessous du sujet, armes : d'or à la bande d'azur à six roses posées en orle trois et trois; couronne de marquis. Impr. sur satin.

A M. l'abbé Arbellot.

1714

145. Mandement et instruction pastorale de Mgr l'illustrissime et révérendissime Antoine Charpin de Genetines, évêque de Limoges... In-4°.

146. Maurise (*sic*) ou les entretiens spirituels de saint Ignace mis à la portée de tous par une exposition neuve et facile. *Lyon et Limoges*, s. d. (1714?). In-12.

N° 201 du catalogue de feu M. l'abbé Texier.

Jean II Barbou (1714-1736)

Qualités : Regis Collegiique typographum, 1717, 1719, 1727, 1732; DD. episcopi typographum, 1717, 1727; — Imprimeur du Roi, 1720; — Imprimeur du Collège, 1722; — Collegii typographum, 1723; — Imprimeur de Monseigneur l'Evêque, 1726, 1727; — Imprimeur du Roy, du Clergé et du Collège, 1732; — Regis, Cleri Collegiique typographum, 1734.

Domiciles : viâ Ferrariâ, propè D. Michaelem, 1717, 1719; — rue Manigne, 1732.

1717

147. Principia Linguæ græcæ seu Faciliores Grammaticæ Græcæ

institutiones Latino-Gallicæ auctæ et illustrate. Ad usum Collegii Patrum societatis Jesu. (Marque aux Cicognes.) *Cum privilegio Regis...* In-12.

Dans son *Dict. des anonymes* (1754), le P. Sommervogel ne fait pas mention de l'édition de Limoges in-12, et n'indique que l'édition de Paris in-8°.

Privilège pour six ans accordé à Jean Barbou, marchand libraire à Paris, daté de Versailles 5 juillet 1741. Signé Delamet.

Registré sur le livre de la Communauté des libraires et imprimeurs de Paris. N° 258, fol. 255. Conformément aux règlemens, et notamment à l'arrêt du Conseil du 13 aout 1709. Paris le 2 octobre 1711. P. Delaunay, syndic.

148. Ritualis Lemovicensis pars altera, de processionibus exequiis et synodo, Aucthoritate illustriss. et reverend. in Christo Patris DD Antonii de Charpin de Genetines episcopi Lemovicensis edita... In-8°.

Le prix du volume est fixé à cinquante-cinq sols relié en veau, et à quarante-cinq sols en feuilles.

1718

149. Manuel de dévotion pour les Confrères de saint Israël et de saint Théobald, etc.., In-12.

150. Les particules reformées, augmentées et rangées en un meilleur ordre, avec un abregé tres-clair des Genres et des Declinaisons, des Heteroclites, des Pretcrits et de toute la Syntaxe, par le R. P. Fr. Pomey... In-16.

Bibl. de la Comp de Jésus, VI, 978.

151. Rubricæ generales Breviarii martyrologii ac missalis Romani, aliaque ex prædictis libris excepta. (Sans Marque.)... In-12 de 482-CXL p., plus 4 p. non chiff. p. la table.

152. Clarissimis eloquentissimisque viris D. D. in supremo senatu advocatis et in præsidiali curia Lemovicensi causidicis dissertissimis. Se suasque ex rhetorica et poetica conclusiones D. D. D. rhetores Collegii Lemovicensis Societatis Jesu... ($0^m,49 \times 0^m,75$). Sujet : Le lavement des pieds. *A Paris, chez Cars, rue St-Jacques, au nom de Jésus.* Impr. sur satin.

A M. l'abbé Arbellot.

1719

153. L.-A. Senecæ... Tragœdia Medea. Ad usum Collegiorum Societatis Jesu... Petit in-4°.

154. In L. Catilinam Quarta, habita in Senatu Oratio Vicesima secunda synopsis. Ad usum Collegiorum Societatis Jesu. (Marque des Jésuites.)... Petit in-4°.

1720

155. Arrest du Conseil d'Estat du Roy du 13 juillet 1720 concernant la comptabilité des hôtels des monnayes du royaume... In-4° de 16 p.

1721

156. Les véritables motifs de confiance, que doivent avoir les Fidèles dans la protection de la Sainte Vierge. [Par le P. Le Clerc (Paul).] — *A Limoges, A Paris chez Jean Barbou*, M. DCCXXI, pet. in-12 de 302 p. slpelt.

Réédition, pour le compte des Barbou de Paris, de l'ouvrage de 1712.

157. Permission de manger des œufs pour 1721, 7 février 1721... In-4°.

158. Défense de vendre du beurre sans le pouvoir du juge de la Cité, 7 février 1721... Placard in-plano.

159. M. (1) pour faire la quête en faveur des personnes ruinées par l'incendie de Rennes, 7 février 1721... In-4°.

160. Lettre du Roy à Monseigueur l'évêque de Limoges et Mandement de MM. les Grands Vicaires de Limoges pour faire chanter un *Te Deum*, 21 août 1721... In-4°.

161. Ordonnance du juge de la Cité pour faire un feu de joie, 21 août 1721... In-plano.

162. Lettres de Monseigneur le Regent à Monseigneur l'évêque de Limoges avec les lettres de MM. les agents du clergé et celle de Monseigneur, 21 août 1721... In-4°.

163. M. pour faire des prières publiques afin d'être préservé des maladies contagieuses, 18 novembre 1721... In-4°.

164. J. U. accordé par Notre S. P. le Pape Innocent XIII afin

---

(1) Nous adoptons les mêmes abréviations que M. Leroux dans les *Sources de l'histoire du Limousin* (Limoges, 1895, in-8) : A. P. avis pastoral ; — C. circulaire ; — D. décret ; — L. P., instruction pastorale ; — J. U. jubilé universel ; — L. P. lettre pastorale ; — M. mandement ; — O. ordonnance ; — P. permission ; — R. règlement.

Nous n'indiquons ici que les pièces dont nous avons relevé les titres sur les registres des Barbou pour montrer les omissions que l'on commet forcément lorsqu'on ne s'appuie pas sur un document. De 1721 à 1740, les *Sources de l'histoire du Limousin* indiquent 22 titres d'actes des évêques de Limoges, les registres des Barbou en accusent 70. M. Leroux prévient du reste le lecteur que sa liste est incomplète.

d'implorer l'assistance de Dieu au commencement de son pontificat pour bien gouverner l'Eglise catholique, avec M. de Mgr l'évêque de Limoges, le cathéchisme du jubilé et les prières dressées par son ordre pour le gagner, 23 novembre 1721... In-4°.

1722

165. Despautère abrégé par le R. P. Gaudin de la Compagnie de Jésus. Revu nouvellement par un Pere de la meme Compagnie. (Marque supportée par deux lions)... In-12 de 362 pages.

Privilège accordé pour six ans, daté de Paris 3 juillet 1723. Signé de Saint-Hilaire.

Registré sur le registre de la Communauté des librairres et imprimeurs de Paris, p. 141, n° 162. Conformément aux règlemens, et notamment à l'arrêt du Conseil du 3 aoust 1703. A Paris le 7 juillet 1722. Delaulne, syndic.

166. M. pour faire chanter le *Te Deum* en actions de grâces pour le sacre et le couronnement du Roy Louis XV, 24 novembre 1722... In-4.

167. P. de manger des œufs pour 1723, 30 novembre 1722... In-4°.

1723

168. Publii Virgilii Maronis Operum. Editio nova, juxta Backrianam cæteris omnibus emendatior. Cum tabula. (Sans marque.) *Cum privilegio Regis*... In-24.

169. Sex Aurelii Victoris. Historiæ Romanæ Breviarium ex bibliotheca Andrea Schotti. Ad usum studiosæ juventutis. Nova editio emandatior. — *Lemovicis, PARISIIS, apud fratres Barbou, via Jacobæa prope Fontem sancti Benedicti. Sub Ciconiis MDCCXXIII, cum privilegio Regis.* Petit in-12 de 184 p.

170. M. de MM. les vicaires généraux pour faire des prières publiques à cause de la pluie, 3 juillet 1723... In-4°.

171. Illustrissimis viris D. D. Antiquissimæ et celeberrimæ urbis Lemovicensis consulibus vigilantissimis. Suas ex universâ philosophiâ theses dedicant philosophi collegii Lemovicensis Societatis Jesu... (0ᵐ,77 × 1ᵐ,04). Sujet : Jésus conduit devant Pilate, d'après le tableau de Le Sueur. *A Paris, chez Cars (Laurent), rue Saint-Jacques, au nom de Jésus.* Au-dessous du sujet, armes de Limoges.

1724

172. Les particules reformées, augmentées et rangées en un meilleur ordre avec un abregé tres clair des Genres et des Decli-

naisons, des Heteroclites, des Preterits et de toute la Syntaxe, par le R. P. Fr. Pomey... In-12.

173. P. de manger des œufs pour 1724, 1ᵉʳ février 1724... In-4°.

174. M. concernant la déclaration des mendiants, 21 février 1724... In-4°.

175. M. pour la publication du jubilé et bulle de Notre S. P. le Pape, 12 novembre 1724... In-4°.

1725

176. P. de manger de œufs pour 1725, 26 janvier 1725... In-4°.

177. M. pour faire des prières publiques [pour le beau temps], 15 juin 1725... In-plano.

178. M. pour faire chanter un *Te Deum* en actions de grâces du mariage du roi, 23 septembre 1725... In-4°.

1726

179. Prolongation d'avis donné par Monseigneur l'Illustrissime Reverendissime Antoine de Charpin de Genetines, évêque de Limoges, dans le synode d'après Pâques, tenu le 9 de may, l'an 1726... In-4° de 16 p.

180. M. pour demander par des prières publiques la bénédiction de Dieu sur la résolution que le Roy a prise de gouverner l'Etat par lui-même, 2 juillet 1726... In-4°.

181. M. pour chanter le *Te Deum* pour la convalescence du roi, 15 août 1726... In-4°.

1727

182. Proprium breviarii Lemovicensis, Illustrissimi et Reverendissimi in Christo Patris DD. Antonii de Charpin de Genetines Lemovicensis Episcopi auctoritate, De venerabilis Capituli consensu, editum. (Armes de l'évêque Antoine de Charpin de Genetines.) *Cum Privilegio Regis*... In-12 de 48 p. non chiff. au comᵗ, 468 p. chiff., plus XII Supplément du martyrologe, plus 4 p. non chiff.

Privilège signé Lecomte, accordé à Mgr Antoine de Charpin de Genetines pour les Bréviaires, Diurnaux, Missels, Rituels, Antiphoniers, Manuels graduels, Processionnels, Epistoliers, Psautiers, Directoires, Heures, Catéchismes, Ordonnances, Mandements, Statuts synodaux, Lettres pastorales, et Instructions à l'usage du diocèse, pour dix ans. Daté de Paris, 4 mai 1717.

Registré sur le Livre de la Communauté des Imprimeurs et Libraires de Paris, le 7 mai 1717. Signé Delaulne, syndic.

Ledit seigneur évêque a cédé le susdit privilège à Jean Barbou, son imprimeur, par acte du 14 août 1717. Signé † Antoine, évêque de Limoges.

183. Thesaurus trium linguarum latinæ galicæ græcæ. Magno vocum, locutionum que exoptimis scriptoribus collectarum numero locupletatis. Operâ et studio Joannis Gaudini, è Societate Jesu. (Armes de France soutenues par des cornes d'abondance d'où s'échappent des pièces de monnaie au-dessous un œil). In-4°.

Il existe des exemplaires avec la date 1525.

Cession de privilège : Je soussigné cède à M. Jean Barbou, imprimeur du roy à Limoges, le droit que j'ai au privilège obtenu de Sa Majesté le 22 décembre 1717, et à moi cédé par M. Robustel l'aîné pour le livre intitulé : *Dictionnaire* ou *Trésor* du P. Gaudin, français, latin et grec, et l'*Abrégé* du même, pour en jouir par ledit sieur Barbou, sans qu'il puisse rien prétendre aux autres livres énoncez audit privilège. A Paris ce 18e jour d'octobre 1725, Barbou.

Registré sur le registre VI de la communauté des imprimeurs libraires de Paris, p. 136, le 18 octobre 1725. Signé Brunet, syndic.

Bibliothèque communale de Limoges, Polygraphie, n° 583.

184. P. de manger des œufs pour 1727, 7 février 1727... In-4°.

185. J. U. accordé par Notre S. P. le Pape Benoît XIII, 15 février 1727... In-4°.

186. Jubilé de l'année sainte, pour la ville et le diocèse de Limoges, accordé par N. S. P. le pape Benoît XIII, avec le mandement etc... In-12.

187. M. pour faire des prières publiques au sujet de la grossesse de la Reine, 9 juin 1727... In-4°.

188. M. pour faire chanter le *Te Deum* en actions de grâces de la naissance de deux princesses, 29 août 1727... In-4°.

189. Extraits des avis et observations donnés par l'Assemblée générale du clergé, 14 décembre 1727... In-folio de 8 p.

1728

190. P. de manger des œufs pour 1728, 8 janvier 1728... In-4°.

191. M. pour faire des prières publiques au sujet de la grossesse de la Reine, 2 août 1728... In-4°.

192. M. pour faire des prières publiques pour demander de la pluie, 13 septembre 1728... In-4°.

193. M. pour faire des prières publiques afin d'obtenir l'heureuse naissance d'un dauphin, 21 octobre 1728... In-4°.

194. M. pour faire des prières publiques en actions de grâce de la convalescence du roi, 16 novembre 1728... In-4°.

1729

195. P. de manger des œufs pour 1729, 29 janvier 1729... In-4°.

196. M. de Mgr l'évêque de Sarepte pour faire des prières publiques pour l'heureux accouchement de la reine, 22 juillet 1729... In-4°.

197. M. de Mgr l'évêque de Sarepte pour chanter le *Te Deum* en actions de grâces de la naissance de Mgr le Dauphin, 15 septembre 1729... In-4 .

1730

198. Tresor des langues française et latine tiré des auteurs originaux et classiques de l'une et l'autre langue, par le P. Jean Gaudin de la Compagnie de Jésus, ou Dictionnaire françois et latin recueilli de Ciceron, Pline, Cesar, Tite Live... Nouvelle edition augmentée de plusieurs termes, phrases et verbes qui manquoient dans les precedentes... In-4° de 967 p. sltelp.

Même privilège que pour l'édition de 1725.

199. P. pour manger les œufs pour 1730, 20 janvier 1730... In-4°.

200. O. de MM. les vicaires généraux sur la mort de Mgr Charpin de Genétines, 7 septembre 1730... In-4°.

201. M. de MM. les vicaires généraux pour obtenir de Dieu la plénitude de son esprit sur Mgr de Lisle du Gast, le jour de son sacre, 17 septembre 1730... In-4°.

202. M. de MM. les vicaires généraux pour chanter le *Te Deum* d'actions de grâce de Mgr le duc d'Anjou, 14 septembre 1730... In-4°.

203. M. de Mgr l'évêque de Limoges, 2 décembrs 1730... In-4°.

204. M. avec la déclaration de Louis XIV et l'édit du roi Henri II touchant les femmes qui cèlent leur grossesse, 11 décembre 1730... In-4°.

205. P. de manger des œufs en 1731, 23 décembre 1730... In-4°.

1731

206. Le Pastoral du diocèse de Limoges... (Armes de Mgr Benjamin de l'Isle du Gast.) Avec privilège... 3 vol. in-12.

207. M. pour la convocation du synode au 5 avril 1731, 17 février 1731... In-4°.

208. M. pour le renouvellement des pouvoirs et approbations, 20 mars 1731... In-4°.

209. M. au sujet des chapelles domestiques, 16 juin 1731... In-4°.

210. M. pour demander à Dieu de la pluie, 12 août 1731... In-4°.

1732

211. Homélie sur la fréquente communion prêchée à Paris et dans plusieurs cathédrales de France, Par le R. P. J. R. (Joseph Roux), Docteur et Professeur en Théologie, Provincial de la province de Toulouse, de l'Ordre des FF. Prêcheurs, Conventuel, et ancien Prieur du grand Couvent du même ordre, à Paris, rue S. Jacques... *Avec approbation et permission.* — In-4° de 18 pages.

212. Thomæ A Kempis de imitatione Christi... libri quatuor versiculis distincti juxta exemplar editum. (Marque des Jésuites)... In-24 de 315 p., plus un *Index librorum* de 9 p. non chiff.

213. M. pour la permission des œufs en 1732, 13 janvier 1732... In-4°.

214. M. pour faire des prières publiques pour le beau temps, 5 juillet 1732... In-4°.

1733

215. P. de manger des œufs pendant le Carême 1733, 6 janvier 1733... In-4°.

216. M. pour faire chanter un *Te Deum* en actions de grâces des heureux succès des armées du roi. 2 janvier 1734... In-4°.

1734

217. Elementa Rhetoricæ, selectis ex antiquis auctoribus exemplis illustrata... In-12.

218. Les fables de Phèdre, affranchy d'Auguste, traduites en françois, avec le latin à côté. Pour servir à bien entendre la langue latine et à bien traduire en françois. Nouvelle édition revue, corrigée et augmentée, où l'on a marqué la construction de quelques fables pour en donner l'intelligence aux enfans qui commencent à traduire... S. d. In-12.

219. P. de manger des œufs pendant le Carême 1734, 20 janvier 1734... In-4°.

220. M. pour chanter le *Te Deum* en actions de grâce pour le château de Milan, 24 janvier 1734... In-4°.

221. M. pour chanter le *Te Deum* en actions de grâce pour les heureux succès des armées du roi en Italie, 24 juillet 1734... In-4°.

222. M. pour chanter le *Te Deum* en actions de grâce pour la prise de Philisbourg, 22 août 1734... In-4°.

223. M. pour chanter le *Te Deum* en actions de grâce de la victoire remportée par les troupes de l'empereur sous Gaustella en Italie, 24 octobre 1734... In-4°.

224. L. P. à MM. les archiprêtres, curés, vicaires, confesseurs et autres ecclésiastiques du diocèse, 28 décembre 1734... In-4°.

225. O. portant défense pour la pêche et la chasse dans les biens de saint Martial, 29 décembre 1734... In-4°.

1735

226. M. pour faire une procession générale pour demander du beau temps, 12 juillet 1735... In-4°.

227. M. pour obtenir un temps convenable aux biens de la terre, 22 juillet 1735... In-4°.

Veuve de Jean II Barbou (1736-1751)

Qualités : Illustrissimi ac reverendissimi DD. episcopi Lemovicensis ejusque cleri typographi, 1736, 1738; — Imprimeur du Roy, de Monseigneur l'évêque et du Clergé, 1736; — Collegii typographum, 1738, 1741, 1743; — Regis, Cleri Collegiique typographi, 1739; — Regis, Collegiique typographi, 1740, 1741, 1744, 1751; — Imprimeur du Roy et du Collège, 1747, 1750.

1736

228. Breviarium lemovicense illustrissimi ac reverendissimi in Christo Patris DD Benjamini de l'Isle du Gast Episcopi Lemovicensis auctoritate, ac venerabilis capituli Lemovicensis consensu editum. (Armes de Mgr de L'Isle du Gast)... *Cum Privilegio Regis*. 4 vol. in-8.

Privilège signé Samfon accordé à l'évêque pour ses livres liturgiques, pour dix ans. Paris 26 octobre 1730. Registré sur le registre de la communauté, le 26 novembre 1730. P.-A. Lemercier, syndic. — L'évêque cède son privilège pour dix ans à Jean Barbou, le 2 janvier 1731.

229. Antiphonale ∥ ad usum ∥ ecclesiæ Lemovicensis ∥ accomodatum ∥ juxta indicem ad calcem positum. Illustrissimi ac Reverendissimi in Christo Patris DD Benjamini de l'Isle du Gast, Lemovicensis Episcopi authoritate, ac venerabilis capituli consensu editum. (Armes de l'évêque.)... In-fol. sign. A à Z, Aa à Zz, Aaa à Zzz, AAaa à zzz, AAaaa, AAAAaaaa à XXXXxxxx. *A* Commune sanctorum.

230. Lettre pastorale de Monseigneur l'évêque de Limoges à Messieurs les curés, vicaires et desservans de son diocèse, au sujet de la déclaration du Roy, concernant la forme de tenir les registres de baptêmes, mariages, sépultures, etc., donnée à Versailles, le 9 avril 1736 et enregistrée aux Parlements de Paris et de Bordeaux, 4 p., suivie de lad. déclaration... In-4° de 15 p.

231. P. de manger des œufs pendant le carême 1736, 15 janvier 1736... In-4°.

232. M. pour la publication du nouveau bréviaire du diocèse, 25 août 1736...

233. L. P. et déclaration du Roy concernant les baptêmes, mariages, sépultures, données à Versailles, le 9 avril 1736, 20 novembre 1736... In-4° de 40 p.

17:7

234. Cantiques en l'honneur de saint Martial que l'on chante à la procession du mardi de Pâques, 3 avril 1737... In-12.

235. M. pour faire des prières publiques afin d'obtenir du beau temps, 15 octobre 1737... In-4°.

236. M. pour la publication du nouveau Bréviaire, 2 novembre 1737... In-4°.

1738

237. Missale Lemovicense illustrissimi ac reverendissimi in Christo patris D. D. Benjamini de l'Isle du Gast, episcopi Lemovicensis autoritate ac venerabilis ejusdem ecclesiæ capituli consensu editum. (Armes de Mgr de l'Isle du Gast)... *Cum privilegio regis. Taxatum undecim libris non compactum.* — In-folio de 20 p. non chiffrées, plus 600-cxxviii p. chiffrées, plus encore 4 p. chiffrées supplémentaires. L'ouvrage contient huit gravures sur acier, *Drevet excudit.*

Privilège signé P.-A. Lemercier accordé à l'évêque le 26 octobre 1730, pour dix ans, pour les ouvrages suivants : Bréviaires, Diurnaux, Missels, Rituels, Antiphoniers, Manuels, Graduels, Processionnels, Epistoliers, Pseautiers, Directoires, Heures, Catéchismes, Ordonnances, Mandements, Statuts synodaux, Lettres pastorales et Instructions, à l'usage de son diocèse. — Registré sur le livre de la communauté des libraires. 26 novembre 1730. L'évêque cède son privilège à Jean Barbou, le 2 janvier 1731.

238. C. Julii Cæsaris quæ exstant, ex emendatione Jos. Scaligeri. (Sans marque.) *Cum privilegio Regis...* In-24 de 738 p.

Réédition des ouvrages de 1699 et 1710.

Reproduction du privilège qui se trouve dans l'édition de 1710 du même ouvrage.

239. Missæ Defunctorum excerptæ ex Missali Lemovicensi illustriss. ac reverendiss. in Christo Patris D. D. Benjamini de l'Isle du Gast, episcopi Lemovicensis. (Armes de l'évêque.)... In-folio.

N° 15 du Catalogue de la Bibl. Bosvieux.

240. Graduale ad usum Ecclesiæ Lemovicensis accomodatum juxta indicem ad calcem positum. Illustrissimi ac reverendissimi in Christo Patris D. D. Benjamini de l'Isle du Gast, Lemovicensis Episcopi authoritate ac venerabilis capituli consensu editum. (Armes de l'évêque.)... In-folio.

241. M. pour la publication du nouveau Missel du diocèse, 20 mars 1738... In-4°.

242. M. pour faire des prières publiques afin d'obtenir du beau temps, 4 juillet 1738... In-4°.

243. M. pour la commémoration du vœu que fit Louis XIII d'heureuse mémoire le 10 février 1638, pour mettre son royaume sous la protection de la Tres-Sainte Vierge, 6 août 1738... In-4°.

244. M. relatif aux ecclésiastiques, 9 décembre 1738... In-4°.

245. M. pour la publication du nouveau Missel et P. de manger des œufs pendant le Carême de 1739, 15 décembre 1738... In-4°.

1739

246. In solemni affixionum triduo diligentiæ suæ specimen dabunt selecti auditores collegii Lemovicensis Societatis Jesu. Diebus 24, 25 et 26 mensis Augusti, anno 1739, Manè ab horâ 8 ad 10. Sero à 3 ad 5. A. M. D. G. V. Q. M. G. (Marque des Jésuites.)... In-4°.

247. M. pour faire chanter le *Te Deum*........, 14 juin 1739... In-4°.

248. M. des vicaires généraux sur la mort de Mgr Benjamin de L'Isle du Gast, 10 septembre 1739... In-4°.

1740

249. M. T. Ciceronis de Officiis liber tertius. Ad usum Collegiorum Societatis Jesu. (Marque des Jésuites)... Petit in-4° de 48 pages.

250. M. de MM. les vicaires généraux, le siège vacant, pour faire des prières publiques pour le sacre de Mgr du Coetlosquet, 15 janvier 1740... In-4°.

251. C concernant le Carême de 1740, 17 février 1740... In-4°.

1741

252. Quintus Curtius Rufus, de Rebus gestis Alexandri Magni. Editio prioribus correctior. Juxta exemplar Amsterdami.)... In-12 de 427 p.

253. In L. Catilinam Tertia... Ad usum Collegiorum Societatis Jesu... Petit in-4°.

254. M. T. Ciceronis in L. Catilinam invectiva Oratio prima. Ad usum Collegiorum Societatis Jesu. (Marque des Jésuites.)... Petit in-4° de 28 p.

255. M. Tullii Ciceronis in L. Catilinam ad Quirites Oratio secunda. Ad usum collegiorum Societatis Jesu. (Marque des Jésuites). Juxta exemplar Amsterdami... Petit in-4°.

1743

256. Publii Virgilii Maronis Operum. Editio nova, juxta Backianam, cæteris omnibus emendatior, cum tabula... Petit in-12.

257. Caii Sallustii Crispi Opera quæ extant omnia, editio nova, Emendata et versiculis distincta. (Marque aux cigognes)... In-12 de 248 p.

258. Interprétation des pseaumes de David et des cantiques qui se disent tous les jours de la semaine dans l'office de l'Eglise. Avec un abrégé des vérités et des mystères de la religion chrétienne, par M. Cocquelin, chancelier de l'Eglise et de l'Université de Paris. — *A Limoges, et se vend à Paris, chez Joseph Barbou, rue Saint-Jacques près la Fontaine S. Benoist, aux Cigognes.* Sans date, mais l'approbation est datée de 1743, in-12.

1744

259. Elementa Rhetoricæ selectis ex antiquis auctoribus exemplis illustrata. (Marque aux cigognes)... In-12.

260. Illustrissimo viro Domino D. Leonardo Romanet de Labriderie, baccalaureo Sorbonico, insignis ecclesiæ Lemovicensis decano meritissimo. Se suasque ex universa philosophia thèses D. D. D. Jacobus Cosse et Leonardus Reys. (Armes des Romanet de La Briderie)... (0^m,75 × 1^m). Sujet : Moïse frappant le rocher, d'après Poussin, sans nom de graveur. Impr. sur satin.

1747

261. Les particules réformées, augmentées et rangées en un meil-

leur ordre. Avec un abrégé des genres, des déclinaisons, des hétérc-
clites, des prétérits et de toute la syntaxe. Revu et corrigé par le
R. P. F. Pomey de la Compagnie de Jésus... In-12.

262. Billets que Cicéron a écrit (*sic*) tant à ses amis communs
qu'à Attique son ami particulier... In-12 de 143 p.

1750

263. Les Bucoliques de Virgile, traduites du Latin en François...
In-12 de 83 p.

1751

264. In L. Catilinam Tertia ad Quirites Oratio vicesima prima
Synopsis. Ad usum Collegiorum Societatis Jesu. (Marque des
Jésuites)... Petit in-4° de 24 p.

265. In Catilinam quarta. Habita in senatu. Oratio vicesima
secunda synopsis. Ad usum Collegiorum Societatis Jesu. (Marque
des Jésuites)... Petit in-4°.

266. Sapientiæ et omnibus sapientiam amantibus. Se suasque ex
philosophia theses D. D. D. philosophi Collegii Lemovicensis Societatis Jesu. Has theses, Deo duce et auspice Dei-parâ, tueri conabuntur in Collegio Lemovicensi Societatis Jesu, die 2ª Augusti anni
1751, horâ tertiâ pomeridiana... In-plano.

A M. P. Ducourtieux.

Martial II Barbou (1751-1784)

Qualités : Collegii typographi, 1755 ; — Imprimeur du Roy et du Collège, 1761, 1765, 1767, 1774, 1775 ; — Imprimeur du Roi, 1762, 1776 à 1784.

1753

267. Virgini assumptæ, cælorum reginæ et terrarum præsidio.
Se suas theses, aliasque litterarias exercitationes D. D. D. Selecti
auditores collegii Magnacensis. Ex universâ rhetoricâ, theses propugnandæ... (0^m,47 × 0^{m}72). Sujet : l'Assomption. *A Paris, chez...*
In-plano.

A M. J. Dubois.

1755

268. Illustrissimo viro Dom. D. Joanni-Baptistæ Devoyon, Equiti,
Domino de La Planche, Regia consiliis, Regiarum causarum ad tunc
in Generali Galliarum Quæstura, atque in Ærarii Dominii et viarum
publicarum directione judicioque per Lemovicensem ditionem,
Senatori in curia Lemovicensi, Et olim præposito et Regio judici

ejusdem urbis Lemovicensis. Se suasque ex universa philosophia theses D. D. D. Robertus Thomazon, Jacobus Raynaud, philosophi collegii Lemovicensis Societatis Jesu. (Points de la thèse): Has theses Deo Duce et auspice Dei para, tueri conabuntur in Collegio Lemovicensis Societatis JESU, die mensis Augusti annni 1755. (0,485 × 0,723.) Sujet : La Flagellation ; au-dessous, armes des de Voyon, Imp. sur satin. In-plano.

A M. Marc Barbou des Courières.

269. Thèse de Jean-Baptiste Rigaudie d'Aubusson et de Jean-Baptiste Carboinaud, de St-Priest-d'Aixe, élèves de philosophie du Collège de Limoges de la Société de Jésus... (0^m,75 × 1^m). Sujet : La mise au tombeau. Impr. sur satin.

1756

270. Exercice littéraire des Affiches pour les cinquièmes et les sixièmes... (0^m,47 × 0^m,72). Sujet : Le repos dans la fuite en Egypte. *A Paris, chez Cars, rue Saint-Jacques, au nom de Jésus.* In-plano.

A M. J. Dubois.

1758

271. Méthode courte et facile pour rappeler à l'usage de l'Eglise ceux qui en sont séparés, dressée et publ. par ordre de Franç.-Elie de Voyer d'Argenson, archev. de Bordeaux... In-12.

N° 88 du Catalogue de la Bibl. Bosvieux.

272. A Messieurs le Sénéchal, le Procureur fiscal et les Avocats, de la Justice du marquisat de Magnac. Exercice littéraire des affiches pour les troisièmes et les quatrièmes... (0^m,47 × 0^m,71). Sujet : Une reine à genoux implorant la protection d'un guerrier entouré de soldats, à l'entrée de sa tente. *A Paris, chez Cars, rue Saint-Jacques, au nom de Jésus.* Au bas des questions, armes : d'or à la croix de gueules terminé par des coquilles, cantonné de quatre oiseaux éployés dans chaque canton. Couronne de marquis. Supports : deux anges.

A M. J. Dubois.

1760

273. Catéchisme du diocèse de Limoges. (Armes de l'évêque Jean-Gilles du Coëtlosquet)... In-12.

1761

274. Dévotion au Sacré-Cœur de Notre-Seigneur Jésus-Christ, contenant une pratique de Dévotion pour honorer le Sacré Cœur de la Très-Sainte Vierge Marie ; l'Abrégé de la vie de Sœur Marguerite-Marie Alacoque, Religieuse de la Visitation Sainte-Marie. Dédiée aux Dames Religieuses de la Visitation Sainte-Marie... *Avec approbation et privilège du Roy.* In-18.

L'approbation datée de Paris 17 février 1746 est signée S. Germain. Le privilège accordé est daté de Versailles, 28 mars 1758, signé Le Bègue, pour trois ans et pour les trois ouvrages : *La Sainte psalmodie ou Livre d'église ; la Dévotion au Sacré-Cœur ; Cantiques de l'âme dévote.* — Registré sur le livre de la communauté le 28 février 1723. Paris, 3 avril 1759. P.-G. Lemercier, syndic.

275. Clarissimo nobilissimoque viro Dom. D. Arnulpho-Claudio Poute, Equiti, March. de Nieul le Viron, baronni de Villefavard, Dom. de Dompierre, St-Sornin, St-Hilaire-du-Bois, Vignoles, etc. Regia Consiliis, Majori Senechallo provinciæ Santonensis, Regiarum navium legato, navigiique speculatorii *L'Hermine* Præfecto. Se suas Theses, aliasque litterarias exercitationes D. D. D. Selecti rhetores collegii Lavalliensis De Rhetorica theses propugnandæ... (0^m,44 × 0^m,77). Sujet : Personnage s'adressant à un vieillard assis près duquel est une jeune femme appuyée contre un arbre. Dans le dessin, à gauche : *Paris, chez Hecquet, place Cambray, à l'image St Maur*. Au-dessous du tableau, armes : d'argent à trois pals de sable avec un chevron de même ; couronne de marquis. Supports : deux hercules. In-plano.

A M. J. Dubois.

1762

276. Calendrier ecclésiastique et civil du Limousin, pour 1762 (1re année)... In-12 de 120 à 150 p.

« Cette publication, fondée par le chanoine De Voyon, s'est continuée sous différents titres jusqu'en 1814 ; elle renferme de précieux documents pour l'histoire du Limousin. » (A. Du Boys, dans l'*Annuaire de la Haute-Vienne*, 1854, et H. Ducourtieux, dans l'*Almanach Limousin* de 1861.)

1763

277. Le Socrate rustique ou description de la conduite économique et morale d'un paysan philosophe. Traduit de l'allemand de M. Hirzel, premier médecin de la république de Zurich, par un officier suisse au service de France et dédié à l'ami des hommes [M. le marquis de Mirabeau]. *A Zurich, et se trouve à Limoges chez Martial Barbou, libraire imprimeur du roi*. 1763. In-12 de 172 pages.

Publié sous le pseudonyme de Ferey des Landes. C'est probablement Constant des Landes, propriétaire possédant une pépinière, cité dans le Registre de la Société d'agriculture de Limoges en 1772. (Voy. *Documents historiques*, t. III, p. 264.)

1764

278. Exercice littéraire des affiches pour les seconds et les troisièmes... (0^m,46 × 0^m,77). Sujet : Jésus-Christ présidant à la destruction des livres par le feu. Gravure de : Le Bossu, d'après Le Sueur. Au-dessous du sujet, initiales entrelacées L et M. In-plano.

A M. J. Dubois.

1765

279. Ephémérides de la généralité de Limoges pour l'année 1765 (par Desmarets)... Petit in-12 de 233 pages, avec la carte des environs de Limoges, gravée par Cornuau.

280. Lettres patentes du Collège de Limoges du 6 décembre 1764 (confirmation de celles de février 1763)... In-12 de 17 p.

1766

281. Mémoire pour dame Magdelaine Regnaudin, veuve de Messire Joseph Limousin, écuyer, seigneur de Neuvic, Masléon et autres lieux, contre messire Joseph du Garreau de La Seynie, écuyer, seigneur du Puy-de-Bette... In-4° de 83 p.

Legros, *Mél. ms.*, dit que ce mémoire a été imprimé à la fin de 1766 ou au commencement de 1767.

1767

282. Catéchismes ou instruction de la doctrine chrétienne, revu corrigé et augmenté... In-32.

Privilège donné à Paris le 16 décembre 1767, pour dix ans, signé Lebègue, pour les ouvrages suivants : *La Semaine sainte, La sainte Psalmodie, La journée du chrétien, Les cantiques de l'âme dévote, La dévotion au Sacré-Cœur de Jésus, L'interprétation des psaumes de David* par Coquelin, *Le règlement de vie, Les sages entretiens, Le catéchisme de la doctrine chrétienne, L'imitation de la Sainte-Vierge, Le pieux Chrétien* et le *Calendrier du Limousin.*

Registré sur le registre de la communauté des libraires de Paris. Le 30 janvier 1768. Ganeau, syndic.

1771

283. L'Indicateur du diocèse de Limoges, ou état alphabétique des paroisses qu'il comprend. Dédié à Monseigneur Louis-Charles d'Argentré, évêque de Limoges, etc. — Placard.

1772

284. Rudimens nouveaux ou principes de la grammaire, par Jean Gaudin, de la Compagnie de Jésus. Dernière édition, revue, corrigée et augmentée de plusieurs phrases nécessaires et de soixante-cinq règles nouvelles, avec des exemples très utiles pour en faciliter l'usage. — *A Angoulême, chez François Robin, imprimeur ordinaire du roi et de Mgr l'évêque, avec permission.* A la fin : *Imprimé par Barbou de Limoges*, 1772, in-8° de 206 p.

285. Exercices littéraires du Collège de Laval-Montmorency... ($0^m,50 \times 0^m,82$). Sujet : Moïse frappant le rocher. *Poussin pinx. Paris, chez Hecquet, place Cambray, à l'image S. Maur.* Au-dessous du sujet : monogramme du Christ. In-plano.

A M. P. Ducourtieux.

1774

286. Eloge de Marc-Antoine Muret, orateur des papes et citoyen romain. Prononcé le 22 août 1774 avant la distribution des prix, par M. l'abbé Vitrac, professeur d'humanités (au collège royal de Limoges)... In-8° de 44 p. avec portrait.

Le portrait de M.-A. Muret, par Hainzelman, est celui d'un autre Muret. Voy. ARBELLOT, *l'abbé Vitrac*, au *Bull. de la Soc. arch. du Limousin*, t. XXXVI, p. 18.

Bibl. comm. de Limoges, histoire, n° 1195.

1775

287. Observations sur les moyens que l'on peut employer pour préserver les animaux sains de la contagion et pour en arrêter les progrès, par M. Vicq d'Azyr, etc... In-4° de 33 p.

288. Eloge de Jean Dorat, poète et interprète du roi, prononcé le 22 août 1775, avant la distribution des prix du Collège royal de Limoges, par M. l'abbé Vitrac, professeur d'humanités... In-8° de 62 p., les huit premières non chiffrées, avec portrait.

ARBELLOT, *L'abbé Victrac*, au *Bull. de la Soc. arch. du Lim.*, XXXVI, 19.

1776

289. Rapport fait par ordre de l'Académie des Sciences sur les effets des Vapeurs Méphitiques dans le corps de l'homme, et principalement sur la vapeur du Charbon, avec un précis des moyens les plus efficaces pour rappeller à la vie ceux qui ont été suffoqués. Troisième édition à laquelle on a ajouté : 1° un extrait de ce que l'on a écrit de plus important sur la cause de la mort des Noyés et sur les moyens de les rappeller à la vie ; 2° des remarques sur la méthode la plus avantageuse d'appeller à la vie quelques enfants qui paroissent morts en naissant. Par M. Portal, médecin consultant de Monsieur, etc... In-12 de 92 p.

Ouvrage imprimé par ordre de M. d'Aine, intendant, d'après l'ordre de M. le Contrôleur général. V. *Feuille hebdomadaire*, de 1776, p. 5 et 1777, p. 68.

290. Procès-verbal des essais faits par le lieutenant-général de police de la ville de Limoges pour parvenir à connaître la proportion qui doit être entre le prix du pain et celui des grains. Imprimé par ordre de Monseigneur l'Intendant, 1776... In-4° de 122 p.

291. L'Ami du peuple français, Limoges... In-8°.

Recueil n° 210 du catalogue Cochard, *Lyon*, 1834 (Note de M. Poyet).

292. Discours sur quelques opinions du public concernant la médecine, prononcé au mois de mars 1776, devant le collège des médecins de Limoges, par Jean-Baptiste Boyer, agrégé de ce collège et docteur de la Faculté de Montpellier... In-8° de 50 p.

A. DU BOYS et ARBELLOT, *Biogr. des hommes illustres du Limousin*, p. 89, et René FAGE, *Dictionnaire des médecins du Limousin*, p. 35-36.

1777

293. Eloge de Baluze, prononcé avant la distribution des prix du collège Royal de Limoges le 22 août 1777, par M. l'abbé Vitrac, professeur d'humanités... In-8° de 89 p., avec portrait.

Voy. *Feuille hebd.*, 1777, p. 157, et Arbellot, *L'abbé Vitrac*, au *Bull. de la Soc. arch.*, XXXVI, 19.

294. Règlement du collège de Laval-Montmorenci, en Basse-Marche... In-24.

1779

295. Eloge de Grégoire XI, prononcé avant la distribution des prix du collège royal de Limoges, le 21e août 1779, par M. l'abbé Vitrac, sous-principal, Associé des Académies de Montauban et de Clermont-Ferrand... In-8° de 68 p. avec portrait.

Arbellot, *L'abbé Vitrac*, au *Bull. de la Soc. arch. du Limousin*, XXXVI, p. 19.

1780

296. Traité élémentaire du genre épistolaire, de l'apologie et de la narration. A l'usage de MM. les humanistes du collège royal de Limoges. Seconde édition revue et augmentée... In-8° de 170 p.

La première édition avait été faite par Pierre Chapoulaud en 1777, (in-8 de 124 p.).

1781

297. L'Arithmétique en sa perfection mise en pratique selon l'usage des financiers, gens de pratique, banquiers et marchands..., par F. Le Gendre, arithméticien. Dernière édition, corrigée et augmentée d'une nouvelle règle d'alliage... In-12.

298. Le Temple de Gnide, poème imité de Montesquieu, par M. L***, de L... (sept chants) [M. Liron, de Limoges]. — *A Londres, M. D. CC. LXXXI (De l'imp. Barbou).* In-8° de 84 p.

Voy. *Almanach limousin*, 1862, p. 140.

299. Carte de la généralité de Limoges levée géométriquement. Dédiée à Messire Marius-Jean-Baptiste-Nicolas d'Aine..., par ses très humbles serviteurs Cornuau et Capitaine, Ingénieurs géographes du Roi. — *A Paris et à Limoges, chez Barbou.* In-plano de $0^m,68$ sur $0,^m78$.

Annoncé dans la *Feuille hebdomadaire* de 1782. Prix : 2 ll. en noir et 2 ll. 10 s coloriée.

300. Pensez-y bien, ou réflexions sur les quatre fins dernières. Nouvelle édition... in-18.

301. Clarissimo viro D. D. Josepho Guingand de Sainct-Mathieu, baccalaureo theologo, insignis ecclesiæ parochialis Lemovicensis

Sancti Petri de Quadruvio Rectori vigilantissimo. Se suas theses D. D. D. Selecti philosophiæ Candidati... Has theses, deo duce et auspice Dei para tueri conabuntur Die mercurii I Mensis Augusti Anno Domini 1781, horâ postmeridiana tertia. Arbiter erit M. Johannis Baptista de Gay de Vernon, presbiter Lemovicensis, Et regii collegii Lemovicensis Philosophiæ professor. In aulâ Regii Collegii Lemovicensis... ($0^m,55 \times 0^m,84$). Sujet : Jésus au milieu des docteurs. Au-dessous du sujet, armes des de Saint-Mathieu. In-plano.

A M. l'abbé Arbellot.

1782

302. Carte du diocèse de Limoges dédiée à Mgr L.-C. Duplessis d'Argentré, évêque de Limoges, par le s^r Cornuau, Ingénieur-Géographe... In-plano. Prix : 50 s. enluminée, 40 s. non enluminée.

« Indépendamment du diocèse de Limoges, cette carte comprend ceux d'Angoulême et de Tulle en entier et en grande partie ceux de Poitiers, de Saintes, de Périgueux et de Sarlat.

» Le dessin de cette carte est précis et net, l'impression belle et sur beau papier. On ne peut pas la regarder comme une réimpression de celle que M. N. Nollin donna en 1773, qui n'était elle-même qu'une nouvelle édition de la Carte du Diocèse, dédiée à M. de Genetines, décédé évêque de Limoges. C'est un ouvrage nouveau et bien fait pour soutenir l'idée avantageuse que le public a des talents de son auteur. Elle mérite d'occuper une place chez tous les gens de goût.

» On trouve aussi chez M. Barbou, la petite Carte de la Ville et Banlieue de Limoges, 6 s. : l'Indicateur du Diocèse, 10 s., etc., etc. »

(*Feuille hebdomadaire*..., n° XXXVI, 4 septembre 1782, p. 150.)

303. Vie des saints pour tous les jours de l'année, avec une prière à la fin de chaque vie, et des instructions sur les dimanches et les fêtes mobiles... In-12.

1783

304. L'histoire du vieux et du nouveau Testament avec des explications édifiantes, tirées des SS. Pères, pour régler les mœurs dans toutes sortes de conditions. Dédiée à Monseigneur le Dauphin par le Sr de Royaumont, Prieur de Sombreval. Nouvelle édition revue et corrigée... *Avec Approbation et Permission.* S. d. (1783). — In-12 de xvi-538 pages.

L'approbation des docteurs en Sorbonne datée du 23 octobre 1669. Signée : A. Augustin de Lameth, Piron. La permission simple parle de l'édition précédente, Paris 1772, est datée du 24 avril 1783 et signée : Néville.

Registré par nous Syndic et Adjoint de la Chambre syndicale de *Poitiers*, conformément à l'arrêt du conseil du 30 août 1777, portant règlement sur la durée des privilèges en librairie. A Poitiers, le 30 mai 1783. C. Braud, syndic.

Léonard Barbou (1785-1820)

Qualités : Imprimeur du Roi, 1785 à 1793; — Imprimeur du Roi et du Collège, 1788, 1789, 1792; — Imprimerie de la Garde nationale, 1790, 1791, 1793; — Imprimeur du Collège, 1793; — Imprimerie républicaine, 1793; — Imprimerie du F∴. Barbou, membre de la Loge, 1805, 1806; — Imprimeur de Mgr l'évêque, 1807, 1808; — DD episcopi et cleri typographum et bibliopolam, 1811, 1819, 1820; — Imprimeur du Roi et de Monseigneur l'évêque, libraire de l'Académie, 1815.

1785

305. Calendrier ecclésiastique et civil du Limousin. Années 1785 à 1790... 6 vol. in-24 de 168 p. environ.

Le vol. de 1786 contient (p. 156) la fin de la Notice sur la Monnaie de Limoges par l'abbé Legros, commencée dans les calendriers de 1784, p. 149, et de 1785, p. 151.

Barbou annonce les ouvrages suivants :
L'Indicateur du diocèse de Limoges, prix : 12 sols ;
La nouvelle carte de ce diocèse, prix : 3 livres ;
Celle de la Généralité, prix : 3 livres ;
La carte itinéraire et minéralogique de la même Généralité, prix : 3 livres ;
La carte des environs de Limoges, prix : 6 sols.

Même annonce de Barbou en 1786 et 1787, sauf pour l'*Indicateur du diocèse*. Il ajoute : édition de 1771 en placard, prix : 12 sols.

306. L'indicateur du diocèse de la généralité de Limoges. Nouvelle édition dressée sur la carte du diocèse de Limoges, levée et dessinée par M. Cornuau, ingénieur-géographe, et gravée à Paris en 1782... In-12.

1788

307. L'indicateur du diocèse et de la Généralité de Limoges, ouvrage utile à toutes les personnes qui ont des affaires et des correspondances dans ce diocèse et autres circonvoisins, dont quelques paroisses, etc. dépendent de la généralité de Limoges. Nouvelle édition dressée sur la carte du diocèse de Limoges, levée et dessinée par M. Cornuau, ingénieur-géographe, et gravée à Paris en 1782... In-12 de 160 p.

Ce volume peu commun contient à la fin des recherches sur les anciennes voies romaines du Limousin et sur l'ancien nom de Limoges, extraits des *Mémoires* de l'abbé Nadaud. On l'attribue à l'abbé Legros.

308. Éloge de l'institution des religieuses Filles de Notre-Dame, [par J.-B. Vitrac], 1788... In-8° de 72 p.

L'approbation placée à la fin est datée du 23 février 1788 ; elle est signée Garat, chanoine théologal de l'église de Limoges ; Pétiniaud, docteur de la maison et société de Sorbonne.

N° 1736 du catalogue de feu M. l'abbé Texier.

309. Traité élémentaire du genre épistolaire, de l'apologue et de la narration, à l'usage de MM. les humanistes du Collège Royal de Limoges, seconde édition (*lisez* troisième), revue et augmentée [par l'abbé Vitrac, sous-principal]... In 8° de 260 p.

1789 (1)

310. Les Bucoliques de Virgile. Traduites du Latin en François... In-12 de 63 p.

311. Lettre écrite à Monsieur le comte des Roys, grand sénéchal de Limousin. (Signé : Roulhac de Rochebrune)... S. l. In-4° de 10 p.

Arch. de la Haute-Vienne, série B. (s. n.)

312. Procès-verbal de l'Assemblée générale de la noblesse du Haut-Limousin, tenu le 17 mars 1789 et jours suivants, et cayer remis par M. le comte des Roys, Grand Sénéchal, à MM. le comte des Cars et le vicomte de Mirabeau, Députés de l'Ordre de la Noblesse à l'Assemblée des Etats-Généraux, convoqués à Versailles pour le 27 avril 1789... S. l. In-4° de 15 p.

Recueil n° 1865 du cat. Texier. — Archives de la Haute-Vienne, série B. (s. n.)

313. Réflexions d'un Gentilhomme du Haut-Limousin, présentées à l'Assemblée de l'Ordre de la Noblesse de cette Province, tenue le 17 mars 1789, et remises aux commissaires-rédacteurs des Cahiers ; sous la cotte 25... S. l. n. d. In-4° de 16 p. (Attribué au vicomte de Mirabeau.)

Bibl. com. de Limoges, H A. (s. n.)

314. Cahier de l'Ordre de la Noblesse des Sénéchaussées de Limoges et de Saint-Yrieix, dans le Haut-Limousin, pour être porté par des Députés au Roi dans les Etats-Généraux qu'il a convoqués à Versailles pour le 27 avril 1789... In-4° de 25 p. (Attribué à M. de Lépine, subdélégué de l'Intendant de Limoges.

Bibl. com. de Limoges, Hh. (s. n.)

315. Mémoire présenté au Conseil en 1766 par M. Turgot, intendant de la Généralité de Limoges, sur la surcharge des impositions qu'éprouve cette Généralité. Imprimé par ordre de M. le vicomte de Mirabeau, Député de l'Ordre de la Noblesse du Haut-Limousin, qui l'a reçu de sa chambre... S. d. In-4° de 29 p.

Grand sém. de Limoges, recueil Legros.

316. Copie de la lettre écrite à MM. les Officiers municipaux de la ville de Limoges par Messieurs de Roulhac et Naurissart, l'un et

---

(1) Pour les publications à partir de cette date, nous nous sommes aidé de la *Bibliographie de l'histoire de la Révolution dans la Haute-Vienne*, par M. Fray-Fournier.

l'autre députés de la Sénéchaussée. (Versailles, 26 septembre 1789). S. l. n. d. [*Limoges, L. Barbou*]. In-4° de 4 p.

Bibl. com. de Limoges, Hh, (s. n)

317. Copie de la Réponse de MM. les Officiers munipaux, État-Major et Officiers de la Milice bourgeoise et Commissaires du Comité patriotique de la ville de Limoges. (3 octobre 1789). S. l. n. d [*Limoges, L. Barbou*]. In-4° de 3 p.

Bibl. com. de Limoges, Hh. (s. n.)

318. Ordonnance de Monsieur le lieutenant général en la sénéchaussée du haut pays de Limosin et siège présidial de Limoges, pour la convocation des Etats généraux et l'Assemblée des Trois Ordres dudit pays à Limoges. Signé : Roulhac, lieutenant général, et datée du 16 février 1789... In-plano d'une feuille et demie.

1790

319. Procès-verbal de l'Assemblée électorale du département de la Haute-Vienne (31 juillet — 14 août 1790). — S. l. n. d. [*Limoges, L. Barbou*]. In-4° de 51 p.

Arch. de la Haute-Vienne, L. 175.

320. Arrêté du Directoire du département (17 septembre 1791) et Prospectus pour l'établissement d'une caisse patriotique pour l'échange des assignats contre des billets de confiance. S. d. [1791]. In-4° de 14 p.

Arch. de la Haute-Vienne, L. 256.

321. Observations météorologiques faites dans le département de la Haute-Vienne pendant les années 1794, 1796, 1797 et 1798, par M. Juge de Saint-Martin... In-8° de 16 à 28 p.

N° 1154 du Catalogue de la Bibl. comm. de Limoges (Histoire).

322. Réponse de l'ingénieur aux demandes faites par un des Administrateurs du Département de la Haute-Vienne relativement aux travaux publics. (Signé : Dumont, ingénieur en chef des ponts et chaussées, 11 décembre 1790)... S. d. [1790]. In-4° de 26 p.

Bibl. comm. de Limoges, H. 1137.

323. Règlement de la Société des amis de la paix établie à Limoges, 1790... S. d. [1790]. In-8° de 13 p.

Arch. de la Haute-Vienne, L. 812.

324. Discours prononcé par le Roy à l'Assemblée nationale, le 4 février 1790... In-4°.

325. Procès-verbaux de la confédération (des gardes nationales de la Haute-Vienne). — *A Limoges, de l'imprimerie de la Garde nationale,* s. d. [1790]. In-4° de 32 p.

326. Lettre datée du 20 avril 1790 et signée : les Officiers et volontaires de la Garde nationale de Limoges, proposant la formation d'une Confédération des Gardes nationales du département ; suivie (p. 4) d'un Extrait du registre des délibérations de la Garde nationale de Limoges, du 30 mars 1790, et (p. 7) d'un Extrait des registres de l'hôtel commun de la ville de Limoges. — *A Limoges, de l'imprimerie de la Garde nationale*, s. d. [1790]. In-4° de 8 p.

327. Programme pour la confédération des Gardes nationales du département de la Haute-Vienne fixée au 9° mai 1790 (Signé : de Vanteaux, commandant général ; Barbou-Descourières, colonel, etc.) — *A Limoges, de l'imprimerie de la Garde nationale*, s. d. [1790]. In-4° de 12 p.

Bibl. comm. de Limoges, Hh (s. n.)

328. Lettre datée du 6 septembre 1798, au sujet de la grâce accordée par le roi à Etienne Solignac, cavalier déserteur du Régiment de Royal-Navarre. (Signée : Barbou-Descourières, colonel de la Garde nationale de Limoges). — S. l. n. d. [1790]. In-4° de 2 p.

329. Discours prononcé par le Père Foucaud, Aumônier de la Garde nationale de Limoges, le 2 octobre 1790. — *A Limoges, de l'Imprimerie de la Garde nationale*. S. d. [1790]. In-12 de 5 p.

Bibl. comm. de Limoges, Hh (s. n.)

330. Lettre datée du 23 octobre 1790. (Signée : Barbou-Descourières, colonel de la Garde nationale de Limoges). S. l. n. d. [1790]. In-4° de 2 p.

Grand Séminaire de Limoges, recueil Legros.

331. Règlement provisoire pour la Garde nationale de Limoges. — *A Limoges, de l'Imprimerie de la Garde nationale*. 17 juin 1791. In-12 de 23 p.

1791

332. Lettre datée du 8 juillet 1791, annonçant l'envoi du règlement de discipline rédigé par le comité militaire, etc. (Signée : Barbou des Courières, commandant de la Garde nationale de Limoges. — *Limoges, de l'imprimerie de la Garde nationale*. S. d. (1791). In-4° de 4 p.

333. Ordre pour la confédération des Gardes nationales du 14 juillet 1791. (Signé : Barbou-Descourières, colonel). S. l. n. d. (1791). In-plano.

334. Lettre sans date aux Gardes nationales. (Signée Barbou-Descourières, colonel). S. l. n. d. (1791?). In-4° de 2 p.

335. Circulaire datée du 28 janvier 1792 pour requérir au nom nom de la loi cent citoyens soldats afin d'escorter jusqu'à Argenton les prisonniers venant de Perpignan. (Signée : Barbou-Descourières, colonel-commandant). S. l. n. d. (1792). In-4° de 4 p.

336. Lettre de M. de Nantiat, chevalier de Saint-Louis et Maire de Nantiat, à M. de Laipaud, député du département de la Haute-Vienne, sur la répartition de la contribution foncière. (Datée de Fredaigue le 8 mars 1791)... S. d. (1791). In-12 de 46 p. avec deux tableaux synoptiques.

<small>Bibl. du Grand Séminaire. Note de M. Poyet.</small>

337. Calendrier de la ville de Limoges et du département de la Haute-Vienne. Année 1791 à 1793, 3 vol. in-24 de 168, 132 et 144 p.

<small>Ce calendrier fait suite au *Calendrier ecclésiastique et civil du Limousin*. N° 1118 au Cat. de la Bibl. comm. de Limoges (Histoire), Hb, 1118 à 1120.</small>

1792

338. La Nation, la loi, le roi. Aux autorités constituées. Questions philosophiques... S. d. (1792). In-fol. plano.

<small>Thèses soutenues dans le Collège de Sainte-Marie de Limoges, le 2 août 1792.
Arch. de la Haute-Vienne, D. (s. n.).</small>

339. Exercice littéraire de Messieurs les Ecoliers de cinquième du Collège de Limoges, département de la Haute-Vienne... S. d. (1792?). In-4° de 11 p.

<small>Bibl. comm. de Limoges, Hb (s. n.)</small>

340. La distribution des prix du Collège de Limoges se fera samedi 18 août 1792 à deux heures après midi... *l'an 4° de la Liberté*. S. d. (1792). In-fol. plano.

<small>Arch. de la Haute-Vienne, L. 328.</small>

1793

341. Instruction pour tous les Citoyens qui voudront exploiter eux-mêmes du Salpêtre, envoyée dans toutes les municipalités par le Comité de Salut public de la Convention nationale, conformément au décret du 14 frimaire de l'an 2° de la République... S. d. (1793). In-8° de 14 p.

<small>Bibl. comm. de Limoges.</small>

342. Journal du Département de la Haute-Vienne (organe de la Société populaire de Limoges, dirigé par Publicola Pédon)... Premier numéro le 6 septembre 1793, dernier numéro le 23 août 1794, au total 45 numéros de 8 pages in-8°.

343. Discours sur cette question : Peut-il exister un gouvernement heureux qui ne soit fondé sur l'Egalité et la Liberté ? Pro-

noncé par Publicola Pédon, professeur d'éloquence. Imprimé par ordre de l'administration du Collège... 1793. In-4° de 22 p.

Bibl. com. de Limoges, Hh, 1137.

344. Adresse des élèves du collège national de Limoges, aux citoyens Bordas et Borie, représentants du peuple françois et commissaires dans les départements de la Haute-Vienne et de la Corrèze, par le Citoyen Boudet, élève de seconde, le 7 mai 1793, l'an 2ᵉ de la République française... In-4° de 3 p.

345. Adresse à tous les bons Républicains. Bayonnette en avant... S. d. (1793 ?) In-4° de 2 p.

Arch. de la Haute-Vienne, L. 283.

346. Instruction sur les mesures déduites de la grandeur de la terre uniformes pour toute la République et sur les calculs relatifs à la division décimale pour la commission temporaire des poids et mesures républicaines en exécution des décrets de la Convention nationale... An IIᵉ de la République une et indivisible. 1 vol. in-8°.

A la fin, feuillet liminaire : Certifié par nous, administrateurs du district de Limoges, la présente édition conforme à l'original déposé aux Archives du district. Limoges, le 11 floréal, l'an 2ᵉ de la République Française une et indivisible. Signé : Auvrai, David fils, Poncet et Romanet.

347. Le nouveau testament de notre seigneur Jésus-Christ. Traduit sur l'ancienne Edition Latine, corrigée par le commandement du Pape Sixte V, et publiée par l'autorité du Pape Clément VII. Par le R. P. Denis Amelotte, Prêtre de l'Oratoire, Docteur en Théologie. Avec permission de Son Eminence Monseigneur le Cardinal de Noailles, Archevêque de Paris. Nouvelle édition, revue, corrigée et mise en meilleur ordre que les précédentes. (Sans marque.)... In-8° de 4 p. non chiff. au comᵗ p. le titre, témoignages, privilèges et approbation, 574 p. chiff. et 8 p. non chiff. p. la table.

La permission de Mgr Louis-Antoine de Noailles, archevêque de Paris, est datée du 1ᵉʳ novembre 1703.

La permission de Jean-François Senant, Père général de l'Oratoire de Jesus, datée de Paris 22 avril 1668, est accordé à François Muguet, imprimeur à Paris. L'approbation signée Pastel est datée du 7 avril 1707.

348. Instruction publiée par ordre du roi relativement à la contribution patriotique... In-4° de 24 p.

On a intercalé à l'intérieur l'Extrait des registres du comité de salut public de la Convention nationale du vingt-troisième jour de Floréal, l'an deuxième de la République française une et indivisible. In-4° de 2 p.

349. Extrait du registre des délibérations du Comité de Surveillance du département de la Haute-Vienne, séant à Limoges. Séance du 13ᵉ jour du mois (de) Brumaire de la 2ᵉ année de la République française.... S. d. (1793. In-folio plano.

Arch. de la Haute-Vienne, L. 342.

350. Arrêté du Comité de surveillance de la commune de Limoges (26 pluviôse an II)... S. d. (1793). In-folio plano.

Arch. de la Haute-Vienne, L 851.

351. Proclamation. — Les Membres composant le Comité de surveillance de la commune de Limoges à leurs concitoyens (25 thermidor an II)... S. d. (1793). In-folio plano.

Arch de la Haute-Vienne, L 851.

352. Liberté, égalité, justice, vertu, unité indivisibilité ou la mort. Extrait des Registres du Comité révolutionnaire du district de Limoges. Séance du 8 frimaire (an III). — *A Limoyes, de l'imprimerie républicaine de L. Barbou*, s. d. (1794). In-folio plano.

Arch. de la Haute-Vienne, L 851.

353. Chanson sur la Fête de la Plantation de l'Arbre de la Fraternité. — *A Limoges, de l'Imprimerie de la Garde nationale.* S. d. (1793). In-8° d'une page.

1794

354. Extrait (du procès-verbal) de la séance du 18 ventôse (an II) de la Société républicaine de Limoges.... S. d. (1793). In-4° de 10 p.

Arch. de la Haute-Vienne, L 813.

355. Extrait du Procès-verbal de la Société Républicaine de la commune de Limoges, séance du 8 Floréal l'an 2ᵉ de la République Française, une et indivisible... S. d. (1793). In-4° de 6 p.

Arch. de la Haute-Vienne, L 813.

356. Société populaire de Limoges. Extrait du Procès-Verbal de la Société Populaire de Limoges, séance du 3 Vendémiaire, l'an 3ᵉ de la République, une et indivisible. S. l. n. d. — *Limoges, L .Barbou*, 1794. In-4° de 3 p.

Arch. de la Haute-Vienne, L 813.

357. Extrait du procès-verbal de la Société populaire de Limoges, Département de la Haute-Vienne. Séance du 27 Vendémiaire, 3ᵉ année de la République Française, une et indivisible. — *Limog s, de l'imprimerie républicaine de L. Barbou.* S. d. (1794). In-8° de 13 p.

Arch. de la Haute-Vienne, L 813.

358. Extrait des registres des Délibérations de la Société Populaire de Simoges. Séance du 22 Brumaire, 3ᵉ année Républicaine... S. d. (1794). In-8° de 18 p.

Arch. de la Haute-Vienne. L 813.

359. La Société populaire de Limoges, aux ci-devant prêtres du Département de la Haute-Vienne. — *A Limoges, de l'Imprimerie républicaine.* S. d. (1794). In-4° de 2 p.

360. Les Administrateurs du district de Limoges, aux Officiers municipaux de leur Arrondissement. 15 Prairial l'an 2ᵉ de la République.. S. d. (1794). In-fol, plano.

Arch. de la Haute-Vienne, L 211.

361. Procès-verbal de la fête de la Raison, célébrée par la Société populaire de Magnac-la-Montagne, le 30 frimaire de l'an 2ᵉ de la République française, une et indivisible... (1793). In-8° de 20 p.

362. Tableau du maximum des Denrées et Marchandises qui se consomment ordinairement dans le district du Dorat... An II de la République (1794). In-fol. de 75 p.

363. Tableau du maximum des Denrées et Marchandises qui se consomment ordinairement dans le district de Saint-Yrieix-la-Montagne... An IIᵉ de la République (1794). In-fol. de 93 p.

Arch. de la Haute-Vienne, L 762.

1795

364. Calendrier de la ville de Limoges et du département de la Haute-Vienne... 1795. In-24.

1797

365. Mes instants ou Recueil de poésies fugitives, par Martial Dourneau, ancien membre de plusieurs académies, du Musée de Paris et curé de Saint-D... (Saint-Dizier en Champagne).

Biogr. limous. 198, et n° 1076 du cat. de la Bibl. com. de Limoges (Polygraphie, belles-lettres).

Plusieurs pièces sont adressées à des personnes de Limoges, entre autres à Cl. Barthon, à Jules Bonnef..., à Théophile Lab..., au docteur Boulland, à Victor B..., au poète Imbert, aux deux fils de Léonard Barbou, Prosper et Henri, etc.

1798

366. Proposition d'un congrès de paix générale, par J.-J. Juge... An IIII de la R., *Limoges, de l'imp. de L. Barbou* ; an VIII de la République, *A Paris, chez Rousseau, rue Haute-Feuille N° 36.* Br. in-12 de 92 p.

1799

367. Calendrier pour l'an VII et 1799. Avec les foires du département de la Haute-Vienne et autres circonvoisins, les nouveaux poids et mesures et monnoies, et leur valeur comparée avec les anciens... In-24.

1802

368. Calendrier de la ville de Limoges et du département de la Haute-Vienne... In-24.

369. Instructions dogmatiques et morales sur le Saint-Sacrifice de la Messe... In-18.

370. La pieuse paysanne, ou la vie de Louise Deschamps... In-12.

371. La journée du chrétien sanctifiée par la prière et la méditation. Nouvelle édition augmentée des Messes et Vêpres des principales fêtes de l'année et de l'Office de la Vierge et des Morts, sans renvoi... In-32.

Bibl. de Monismes, 1862. (Note de M. Pierre Poyet.)

1803

372. Société d'agriculture et des arts du département de la Haute-Vienne commune de Limoges. Procès-verbal de la séance publique tenue le 6 thermidor an XI... dans l'église de l'ancien collège de Limoges... In-8°.

1804

373. Publication d'indulgences plénières en forme de Jubilé de Mgr l'évêque de Limoges... In-18.

1805

374. Instructions pour les trois premiers grades de la Franc-Maçonnerie. — S. l. n. d. (*De l'imprimerie du F∴ Barbou*). In-12 de 10 p.

375. Annuaire du département de la Haute-Vienne, an XIII (1804-1805), 1ᵉʳ de l'Empire... In-24.

N° 1119 du Cat. de la Bibl. comm. de Limoges (Histoire).

376. Constitution de la R∴ [ ] ∴ de St-Jean sous le titre de l'Amitié, à l'O∴ de Limoges « Un ami, don du ciel, est le vrai bien du sage. » VOLT. (Vignette banale). — *A Limoges, de l'imprimerie du F∴ Barbou, membre de la Loge*. An de la V∴ L∴ 5805, 3ᵉ mois. In-12 de 54 p.

1806

377. Traité de la Dévotion des anciens chrétiens à saint Martial, apôtre de la Guienne, premier évêque de Limoges, par Jean Bandel... In-16.

Réimpr. de l'édit. de 1638.

378. Calendrier ecclésiastique, civil et militaire de la sénatorerie de Limoges... 1806 à 1813, 8 vol. in-24.

Bibl. Bosvieux et n° 1120 du Cat. de la Bibl. comm. de Limoges (Histoire).

379. Extrait du livre d'architecture tracé par les FF∴ Maçons composant la R∴ [ ] de St-Jean ayant pour titre l'Amitié a l'O∴ de Limoges, Haute-Vienne. — *A Limoges, de l'imprimerie du*

F∴ Barbou, membre de la Loge. An de L∴ V∴ L∴ 5806, 4ᵉ mois. In-12 de 95 p.

Papier blanc portant dans la pâte une grappe de raisin et le nom en anglaise : BARBOU.

380. Instructions pour les trois premiers grades de la Franc-Maçonnerie. S. l. n. d. In-12 de 10 p.

1807

381. Mandement de Messieurs les vicaires généraux du diocèse de Limoges pour faire chanter un *Te Deum* en actions de grâces des succès éclatans obtenus sur les Russes dans la mémorable journée de Friedland et de l'entrée triomphante de nos armées à Kœnigsberg... 15 juin 1807. In-4° de 8 p.

Papier blanc portant dans le filigrane, en bâtarde : BARBOU.

382. Voici votre foire ou mélanges instructifs plaisans et curieux... Dans cet opuscule on a cherché à faciliter les moyens de faire un présent lors de la foire de Sᵗ-Loup, ainsi que dans tout autre marché. Pour cela, on a réuni des préceptes d'une morale gaie, mais pure, des recettes précieuses pour conserver sa santé, la soigner ; panser les animaux dans certaines maladies ; et instruire en amusant. Prix : dix sous... In-8° de 36 p.

1808

383. Mandement de Monseigneur l'évêque de Limoges, qui ordonne qu'il sera chanté un *Te Deum* en actions de grâces des victoires remportées par les armes de Sa Majesté, aux champs d'Espinosa, de Burgos, de Tudela et de Somo-Sierra et de l'entrée de ses troupes dans la ville de Madrid... 7 décembre 1808. In-4° de 8 p.

Papier *azuré* portant dans le filigrane, d'un côté une grappe de raisin e le mot FIN au-dessous ; de l'autre, en bâtarde, BARBOU.

384. Changements survenus dans les mœurs des habitants de Limoges depuis une cinquantaine d'années, par J.-J. Juge. « Le temps conduit la mode et la mode les mœurs. » DELILLE. (Marque : un atelier typographique, au centre l'initiale B)... In-8° de 82 p. plus 9 p. de table.

1809

385. Mandement de Monseigneur l'évêque de Limoges pour faire chanter un *Te Deum* en actions de grâces des glorieux succès obtenus par les armes de S. M. l'Empereur des François, roi d'Italie, en Allemagne... 25 avril 1809. In-4° de 7 p.

Même filigrane que le précédent.

386. Mandement de Monseigneur l'évêque de Limoges pour faire chanter un *Te Deum* en actions de grâces de la prise de la ville de Vienne. — S. l. n. d. 29 mai 1849. In-4° de 6 p.

Même filigrane que le précédent.

387. Mandement de Monseigneur l'évêque de Limoges pour faire chanter un *Te Deum* en actions de grâces des victoires remportées par les armes de S. M. l'Empereur et Roi aux journées d'Euzersdorf et de Wagram. — S. l. n. d. 13 juillet 1809. In-4° de 7 p.

Même filigrane que le précédent.

388. L'ange conducteur dans la dévotion chrétienne, par Jacques Gout... In-12.

1810

389. Histoire et Paraboles du P. Bonaventure. (marque n° 4, à la devise : *Meta laboris honor*)... In-12 de 214 p. plus une table de quarante numéros.

1811

390. Ordo divini officii recitandi, juxta ritum Breviarii Lemovicensis, recentioris editionis. Autoritate DD Episcopi Lemovicensis editus; pro anno M. DCCC. XI, Paschâ occurente 14 aprilis. (Armes de l'évêque)... In-12 de 70 p.

Léonard Barbou a imprimé les Ordo de 1811 à 1820.

1815

391. Prière à la Ste Vierge des Sept Douleurs pour le jour de la Compassion... In-4° de 2 p.

Le filigrane du papier porte en lettres bâtardes : Disnematin.

392. Adresse aux habitans du département de la Haute-Vienne sur le choix de leurs représentants au Corps-Législatif ; et aux citoyens de Limoges sur celui de leurs Officiers Municipaux... S. d. (1815). In-8° de 16 p.

393. Catéchisme ou instruction de la doctrine chrétienne; nouvelle édition, revue et corrigée par l'ordre de Mgr Marie-Jean-Philippe Du Bourg, évêque de Limoges, pour l'usage de son diocèse... In-18.

Bibl. de Monimes, 1862. (Note de M. Pierre Poyet.)

LES BARBOU DE PARIS

Après les Barbou de Lyon et de Limoges, dont il a été question dans les chapitres précédents, il nous reste à dire un mot de ceux de Paris, pour en terminer avec cette famille d'imprimeurs.

Le nom de Barbou ne paraissait pas pour la première fois parmi ceux des imprimeurs-libraires de la capitale, lorsque Jean-Joseph vint s'y établir en 1704. Dans le chapitre consacré à la Famille, on a pu voir qu'un Nicolas Barbou exerçait à Paris de 1530 à 1542; mais il ne paraît pas qu'il ait fait souche d'imprimeurs (1).

La Maison de Paris n'a eu qu'un siècle de durée (1704-1808) et pendant cette période, elle n'a eu à proprement parler que trois chefs, tous trois nés à Limoges :

Jean-Joseph Barbou (par abréviation Jean) fut seulement libraire de 1704 à 1717; il s'associa ensuite avec son jeune frère Joseph, qui acheta une imprimerie en 1723 et mourut en 1736. Seul en nom de 1736 à 1752, Jean-Joseph n'en était pas moins puissamment secondé par son neveu Joseph-Gérard, reçu libraire en 1746 et imprimeur en 1750.

Joseph-Gérard, successeur de son oncle Jean-Joseph, a exercé de 1752 à 1790. C'est pendant son exercice que la maison atteignit sa plus haute prospérité.

Joseph-Hugues (par abréviation, Hugues) neveu et successeur du précédent, a exercé de 1790 à 1808, d'abord avec ses jeunes

(1) Voir la 2ᵉ partie, Les Barbou de Limoges, pages 73 et ss.

frères, jusqu'en 1796 et enfin seul de 1797 à 1808. A cette dernière date, il céda son établissement à M. Auguste Delalain.

La similitude des prénoms des Barbou, et de l'initiale de leur premier prénom J, a occasionné de fréquentes erreurs chez les bibliographes, qui ont souvent confondu les frères et les neveux entre eux, ou qui ont fait vivre tel ou tel de ces imprimeurs beaucoup plus longtemps qu'il n'avait vécu en réalité.

Ce qui a fait la réputation des Barbou de Paris, ce n'est pas, comme on le pense, leurs livres classiques, qui ne sortaient pas de l'ordinaire, mais bien leur Collection des auteurs latins du format in-12.

Dans une notice sur l'*Origine de l'art typographique et les principaux imprimeurs*, M. Gabriel Peignot déclare que les Barbou, les Didot, les Crapelet, etc., immortalisèrent le xviiie siècle, par la beauté de leurs éditions, par la netteté et la perfection de leurs caractères (1).

Les Barbou avaient acquis dans le milieu littéraire et artistique de la capitale, une connaissance approfondie du livre ; ils savaient quels étaient les desiderata des amateurs. Par leurs premiers essais, on voit qu'ils avaient conçu le projet de former une collection d'auteurs latins soigneusement imprimée, ornée de belles eaux-fortes ; mais bien des causes les forçaient à l'ajourner. Une pareille entreprise exigeait de grands capitaux; car aux frais de l'impression proprement dite, il fallait ajouter la rémunération des annotateurs, des dessinateurs, des graveurs et des relieurs et, au fur et à mesure que la collection s'augmenterait, il faudrait engager une mise de fonds plus importante. Les Barbou se buttaient aussi à une entrave presque insurmontable : les privilèges possédés par leurs confrères.

L'idée de la collection des auteurs latins avait germé aussi dans l'esprit de quelques libraires, soit naturellement, soit à l'instigation de l'abbé Dufresnoy. Le premier qui la mit à exécution, en 1743, fut Coustelier (Antoine-Urbain II) fils d'un très savant libraire du même nom (2) qui avait déjà publié (de 1683 à 1712) *Pline* et *Catulle*. D'après G. Peignot (3), Coustelier avait composé plusieurs romans ou brochures frivoles, tout à fait oubliés aujourd'hui ; mais

---

(1) Gabriel Peignot, *Manuel bibliographique de l'an IX*, p. 89 et 221.
(2) Henri Stein, *Antoine-Urbain I Coustelier, imprimeur-libraire à Paris, d'après des fragments de sa correspondance avec Dom Calmet.* (Paris, 1892, in-8 de 9 p.)
(3) Gabriel Peignot, *op. cit.*

il retira plus d'honneur de la publication de quelques volumes de la collection d'auteurs latins. Antérieurement à 1743, il avait publié *Quinte-Curce, Pline le jeune, Martial.* En même temps que lui, les libraires David, Grangé, Robustel, Le Loup et Mérigot publièrent quelques auteurs.

Le zèle des premiers imprimeurs semblant se ralentir en 1754, Joseph-Gérard Barbou jugea le moment favorable pour continuer l'œuvre commencée. Il acheta donc à ses confrères les ouvrages déjà publiés par eux, et à partir de cette époque jusqu'en 1780, il ne cessa d'ajouter chaque année de nouveaux volumes à la Collection des auteurs latins. Au moment de sa mort, vers 1790, cette collection comprenait 34 ouvrages formant 68 volumes, tous ornés de gravures, têtes de chapitres, vignettes, culs de lampe, dessinés par Cochin, Eisen et les autres principaux artistes de l'époque.

Lorsque Antoine Urbain II Coustelier entreprit la collection des auteurs latins, dans le format in-12, il ne fit que céder aux désirs des bibliophiles, qui, depuis la disparition des Elzévirs, recherchaient leurs éditions « avec une convoitise ardente (1). » Il s'efforça de suivre les traces de ces « imprimeurs émérites ». C'est ce qui ressort de l'avis qu'il plaça en tête de ses premiers volumes (du *Catulle,* notamment), avis que Barbou s'empressa de reproduire dans son prospectus et sur quelques unes de ses éditions. Mais tout en confiant la direction à un savant éditeur, Étienne-André Philippe, connu aussi sous le nom de Philippe de Prétot, tout en veillant à ce que les livres « soient exempts de toute erreur d'impression », il subit, pour la forme, la mode du jour ; le livre se ressentait alors des « fadeurs et des bergeries » du règne de Louis XV (2).

(1) « Les Elzévirs (1592-1712) étaient à peine descendus dans la tombe, et déjà leurs productions étaient, de la part des bibliophiles, l'objet d'une convoitise ardente...... »

« La collection élzevirienne résiste toujours victorieusement aux fluctuations du caprice, à la satiété des temps. D'un format commode, d'un caractère aussi purement gravé que purement dessiné, d'un tirage parfait, elle joint la grâce à la correction...... » Gustave BRUNET, *Recherches sur diverses éditions elzeviriennes,* p. 11 et 12 (Paris, 1866, in-12).

« Les *Elzévirs,* les *Elzévirs !* Voilà ce qui fait le fond et le grand prix des anciennes bibliothèques ; les *Elzévirs !* c'est là le mot sacramentel, le véritable mot de passe des amateurs, et c'est aussi celui qui leur est habituellement jeté dans le monde avec l'ironie si plaisamment caractéristique des ignorants par ceux qui veulent faire semblant de rire des jouissances qu'ils ne sont pas en état de partager. » (p. 10.) TENANT DE LA TOUR, *Mémoires d'un bibliophile* (Paris, 1861, in-18).

(2) Henri BOUCHOT, *Le Livre* (p. 19) (Paris, Quantin, 1886, in-8).

« On n'imprimait presque plus de livres dans les formats in-folio et in-4°, dit Paul Lacroix : on se rejetait sur les petits formats depuis l'in-8° jusqu'à l'in-24, en rehaussant le peu d'importance des publications nouvelles, dites *nouveautés*, par des estampes, des vignettes et des culs-de-lampe en taille douce. Là était la mode avec son engouement passager. Un auteur n'eût pas fait imprimer une héroïde ou une poésie sans y ajouter quelques figures dues au au crayon de Gravelot, d'Eisen, de Moreau, de Marillier ou de Saint-Aubin. Une école de gravure pour les estampes de livres s'était formée parmi les élèves de Lebas, et l'on crut voir renaître les beaux jours de la librairie, lorsqu'on offrit aux amateurs, et surtout aux femmes du monde, une série de collections volumineuses accompagnées de charmantes gravures, telles que *le Cabinet des Fées, les Voyages imaginaires*, etc..... » (1).

M. Paul Lacroix, aurait pu dire que, lorsque les gravures venaient rehausser un texte aussi élevé que celui des auteurs latins, elles en augmentaient considérablement la valeur.

Joseph-Gérard n'eut qu'à suivre l'exemple des libraires qui l'avaient précédé : après avoir choisi les éditeurs les plus experts et les dessinateurs les plus habiles, il imprima sur les beaux papiers du Vivarais ou de l'Angoumois, avec les meilleurs caractères de Fournier le Jeune. Ses livres étaient convenablement reliés, et on peut dire qu'ils avaient un aspect très chatoyant. Dans ces conditions, ils ne pouvaient manquer d'être accueillis favorablement par les amateurs d'alors.

La meilleure preuve que la Collection des auteurs latins fut bien accueillie en son temps, et qu'elle répondait à un réel besoin, c'est que les Barbou durent rééditer certains auteurs jusqu'à trois ou quatre fois.

Ses contemporains ne lui marchandèrent pas les éloges. Si on parcourt la *Bibliographie parisienne* de 1770, on y trouvera fréquemment les appréciations les plus flatteuses extraites des journaux de l'époque *(Journal des savants, Journal historique de Verdun, Affiches-Annonces, Mercure de France)* (2).

---

(1) Paul Lacroix, xviiie siècle, *Lettres, Sciences et Arts*, p. 271 (Paris, Firmin Didot et Ce, 1878, in-8).

(2) *Bibliographie parisienne ou Catalogue d'ouvrages de science, de littérature et de tout ce qui concerne les beaux-arts...* imprimés ou vendus, à Paris, avec les jugements qui en ont été portés dans les écrits périodiques... Par une Société de gens de lettres (Hurtault d'Hermilly, etc.), année 1770. — (Paris, Desnos, 1770, 2 vol, in-8).

De nos jours, Peignot, Brunet, Deschamps, Cohen, les PP. de Backer et Sommervogel (1) et tous les bibliographes se sont accordés à reconnaître les mérites de la Collection des auteurs latins de Barbou. Ils ont fait seulement des réserves pour ceux réimprimés par Joseph-Hugues, dont les caractères sont moins bons et dont les frontispices et les vignettes sont usés. L'imprimeur en avait conscience, car en 1808, il donna une seconde édition des *Lettres de Pline*, sans gravures.

La Collection des auteurs latins n'est plus aussi recherchée qu'autrefois. Nos goûts littéraires ont changé ; les professeurs et les savants du xviiie siècle ont fait place à d'autres ; on préfère maintenant les éditions annotées et commentées, accompagnées de la traduction, telles que celles de Lemaire ou de Panckoucke.

En dehors de leurs classiques et de leur collection, les Barbou éditèrent peu de choses. La littérature française fut à peine abordée par eux et si, parmi leurs ouvrages, on remarque les belles éditions de Malherbe de 1757, 1764 et 1776, on est surpris qu'ils n'aient pas continué à marcher dans cette voie. Ils avaient probablement une assez grosse affaire sur les bras avec leurs auteurs latins et la question des privilèges devait les arrêter aussi (1). Mais s'ils n'en éditèrent pas pour leur compte, en revanche ils en imprimèrent pour leurs confrères, et cela d'une façon remarquable (2).

Un seul ouvrage immoral est sorti des presses des Barbou ; mais il est en latin et il ne porte pas leur nom, le *J. Meursii elegantiæ latinis sermoni*, de Nicolas Chorrier, que l'on range quelquefois dans la Collection des auteurs latins. Ils en avaient si bien conscience qu'ils l'indiquaient comme imprimé à Leyde (*Lugduni Batavorum*) chez les Elzévirs avec la marque à la devise : *Non solus*, adoptée par Coustelier, que Joseph-Gérard Barbou continua à placer sur ses titres.

Les Barbou faisaient le commerce des papiers en grand. Indé-

---

(1) PP. de Backer et Sommervogel, *Bibliothèque de la Compagnie de Jésus*, éd. de 1853-61, 3 vol. in-fol. (II, col. 363 et suiv.)

« C'est à Joseph-Gérard Barbou ... que le public est redevable de cette
» belle Collection des auteurs latins qui rendra immortel le nom de cet
» imprimeur ... ».

(2) Ils donnèrent cependant, en 1757 le *Télémaque de Fénelon*, réédité en 1806, et en 1808 les *Œuvres de Boufflers*, avec des gravures de Marillier, in-12.

(3) En 1770, Joseph-Gérard a imprimé pour le compte de la veuve Duchesne, Saillant, Desaint, Panckoucke et Nyon une fort belle édition de la *Henriade* de Voltaire, en 2 vol. in-8.

pendamment de ceux qu'ils utilisaient pour eux-mêmes, ils en vendaient d'énormes quantités à leurs confrères de Paris et des provinces avoisinantes. De 1704 à 1750, ils les tiraient beaucoup du Limousin, comme on a pu le voir dans le chapitre qui précède; mais nos papiers n'étaient pas très beaux : on s'en plaignait, et à partir de 1750, les Barbou s'adressèrent presque exclusivement aux fabricants de l'Angoumois et du Vivarais, comme on peut s'en assurer par leurs ouvrages.

Ils étaient aussi relieurs et ils créèrent un genre, la reliure *dite Barbou,* plein veau marbré, avec trois filets dorés sur les plats, dentelle aux gardes; au dos, six compartiments, le deuxième recevant le titre sur étiquette en peau, les autres avec petits fers. C'est la reliure de la Collection d'auteurs latins, reliure qui était imitée par plusieurs de leurs confrères, par Cazin notamment.

Nous ne connaissons aux Barbou de Paris que trois domiciles, qui nous sont indiqués par les titres de leurs livres. Au début (1704 à 1715), ils sont *rue Saint-Jacques, en face le Collège Louis le Grand* (peut-être chez la veuve de Simon Bénard). A dater de 1715, probablement à la suite de l'achat de l'ancien fonds et de la maison de la veuve Mabre-Cramoisy, ils habitent *rue Saint-Jacques, près la Fontaine Saint-Benoît, aux Cigognes.* Dans la deuxième généalogie (1) l'indication est encore plus précise : « maison touchant l'église Saint-Benoît ». Cette maison correspondrait aujourd'hui aux bâtiments en construction entre la Nouvelle Sorbonne et la Faculté des sciences, en face de la rue du Cimetière Saint-Benoît actuelle (ancienne rue Fromentel). C'est dans cette maison que s'étaient succédé depuis le xve siècle plusieurs générations d'imprimeurs célèbres. Il se pourrait même qu'elle eût abrité un des premiers imprimeurs de Paris, Ulrich Gering, lorsqu'il quitta la Sorbonne. Dans tous les cas, depuis le xvie siècle, c'était celle des Nivelle et des Cramoisy.

A partir de 1757, les titres indiquent une troisième adresse : *rue et vis-à-vis la grille des Mathurins.* C'était l'ancien hôtel Catinat, qui porte aujourd'hui le n° 56 de la rue des Écoles avec entrée au n° 29 de la rue du Sommerard (ancienne rue des Mathurins, n° 5). Hugues Barbou le vendit avec son fonds à M. Auguste Delalain en 1808, et ses successeurs l'occupent encore. Quelquefois, de 1757 à 1767, les volumes portent encore rue Saint-Jacques : cela tient à ce que l'ancienne maison était toujours en la possession des Barbou, qui y avaient un dépôt.

(1) V. 1re partie, La Famille Barbou, p. 28.

Les Barbou de Paris ont eu plusieurs marques (1). En premier lieu, ils adoptèrent celle de Simon Bénard, à la veuve duquel ils avaient acheté en 1711 une bonne partie, peut-être la totalité de son fonds. C'est la même marque qui figurait sur les derniers ouvrages édités par la veuve de Bénard (2), et qui est indiquée dans l'*Inventaire des marques d'imprimeurs et de libraires de la Collection du Cercle de la Librairie* par M. Paul Delalain (3). Ce dernier désigne la marque ainsi : « Initiales fleuronnées et doublées dans un cercle. » Les initiales sont D B. Le D se rapporte peut-être au prénom d'un Bénard ou au nom d'un libraire associé avec lui : David, Dupuy ou Desprès. Nous avons relevé cette marque sur des ouvrages de Jean-Joseph Barbou de 1713 et 1714.

A partir de 1715, cette marque fait place à celle des Cramoisy : *Aux Cigognes.* « Dans un cercle formé par un serpent qui se mord la queue, volent au-dessus d'un paysage, deux cigognes dont l'une soutient et nourrit l'autre » (4).

Cette marque avait appartenu d'abord à Sébastien Nivelle, aux Cramoisy et à d'autres imprimeurs. Jean Barbou la prit à la suite de l'achat du fonds de la veuve Mabre-Cramoisy et M. Auguste Delalain l'adopta lorsqu'il acquit la maison Barbou en 1808.

Lorsque Jean-Gérard acheta les premiers volumes de la Collection des auteurs latins à Urbain II Coustelier et autres, il continua à placer sur les titres l'une des marques des Elzévirs, celle représentant « un orme entortillé d'un cep de vigne chargé de raisin qu'un vieillard vient cueillir, avec la devise : *Non Solus* (5).

(1) Paul Delalain, *Inventaire des marques d'imprimeurs et de libraires de la collection du Cercle de la librairie*, 2e éd. revue et augmentée, p. 4, (Paris, au Cercle de la librairie, Avril 1892, 1 vol. in-4).

(2) Voy. Emile Ruben, *Catalogue de la Bibliothèque communale de Limoges, Belles Lettres*, p. 121, sous le n° 445, un recueil factice de plusieurs opuscules écrits par les PP. Jésuites Vanière, Tarillon, Champion, Sanadon, etc., entre les années 1704 et 1707.

(3) Paul Delalain, *op. cit.*, p. 6 : « Veuve de Simon Bénard, rue Saint-Jacques, en face le Collège Louis-le-Grand. Initiales fleuronnées et doublées dans un cercle. »

(4) Sur cette marque, voyez la savante description qu'en a fait M. Paul Delalain. (*Bibliographie de la France*. Chronique, n° 8, 25 février 1893.)

(5) Paul Delalain, *op. cit.*, p. 4 et 291. « La marque adoptée en 1620 par Isaac Elzévir et connue sous le nom du *Solitaire*, représente, dit M. Alphonse Willems, dans son ouvrage sur les Elzévirs, un orme embrassé par un cep chargé de raisins, avec le Solitaire et la devise : *Non Solus*. La vigne mariée à l'ormeau est un symbole emprunté à l'antiquité ; il sert à exprimer la concorde et l'union. Le promeneur solitaire est un autre symbole : il signifie que le sage s'accommode de la solitude, parce qu'elle lui fournit l'occasion de se recueillir en lui-même et de s'entretenir avec ses propres pensées. »

En 1757, Joseph-Gérard adopta une seconde marque qui lui était propre : « un atelier d'imprimerie avec des attributs scientifiques et des petits génies pour ouvriers » ; devise : *Meta laboris honos*. C'était la devise des Barbou de Limoges avec la variante *honos* au lieu de *honor* (1).

En 1763, nouvelle marque : « un olivier près duquel sont représentées deux cigognes, dont l'une apporte de la nourriture à l'autre (rappel de la marque des Cramoisy) avec devise : *Et fructu et foliis* : par le fruit et par les feuilles (2)… C'était, avec la précédente, la marque préférée de Joseph-Gérard.

Enfin, de 1807 à 1808, on voit sur quelques ouvrages les initiales J. B., en anglaise, entrelacées.

Les Barbou ont eu d'autres marques que nous avons négligé de relever, parce qu'elles n'ont figuré que sur des volumes isolés.

Possédant déjà trois marques, lorsqu'il imprima le premier volume de la Collection des auteurs latins, en 1755, pourquoi Joseph-Gérard y ajouta-t-il celles aux devises : *Meta laboris honos* et *Et fructu et foliis* ? S'il avait réservé l'une à telle ou telle catégorie d'ouvrages, nous l'aurions compris ; mais dans sa Collection il employait indifféremment l'une ou l'autre de ces marques. Dans les titres du *Cicéron* de 1768, en quatorze volumes, une partie porte la marque : *Non solus* et l'autre celle : *Et fructu et foliis*.

Jean-Joseph BARBOU (3)

(1704-1717)

Jean-Joseph Barbou, fils cadet de Pierre, imprimeur du roi à Limoges, était né dans cette ville le 30 mars 1683. Après de bonnes études au collège des Jésuites, il avait fait son apprentissage chez son père. Son intelligence, ses aptitudes particulières pour le commerce donnaient le meilleur espoir à sa famille ; Pierre Barbou rêva pour lui une librairie à Paris. Il pensait avec raison que la maison de Limoges tirerait de grands avantages d'un établissement dans la capitale, soit pour la vente de ses ouvrages, soit pour celle

---

(1 et 2) Paul DELALAIN, *Inventaire des marques*, p. 4.

(3) Dans les chapitres qui précèdent, nous avons désigné le premier des Barbou de Paris par ses noms de baptême, Jean-Benoit. D'après les documents que nous avons consultés depuis, il est désigné par Jean-Joseph, prénoms que nous lui donnerons à l'avenir.

MARQUES DES BARBOU DE PARIS

N° 1. — Marque de Simon Bénard
de 1713 à 1715.

N° 2. — Marque des Cramoisy
de 1715 à 1808.

N° 3. — Marque des Elzévirs : *Non Solus*
de 1754 à 1793.

N° 4. — *Meta laboris honos*
de 1757 à 1801.

N° 5. — *Et fructu et foliis*
de 1763 à 1801.

des papiers fabriqués en Limousin. L'entreprise pouvait paraître téméraire; car Paris possédait d'anciennes maisons, très connues, très achalandées, dont les chefs jouissaient d'une grande réputation de savoir et d'intelligence. Mais si son fils réussissait, quelles facilités ne devait-il pas procurer à ses frères pour leur établissement. On verra par la suite qu'il ne faillit pas à cette tâche.

Mais comment entrer dans cette communauté des libraires et imprimeurs de Paris, dont le nombre des membres, d'après l'édit d'août 1686, avait été réduit à trente-six, bien qu'elle comptât plus de soixante titulaires à cette époque. L'édit tolérait l'existence viagère des imprimeurs existants; mais il tendait à ramener au plus tôt leur nombre au chiffre fixé par lui. En 1697, il y avait encore cinquante-sept imprimeurs à Paris (1).

Une circonstance vint servir les projets de Pierre Barbou. Il apprit en 1703 que la communauté des libraires et imprimeurs avait été autorisée à emprunter la somme de 9,500 l. et les deux sols pour livre (soit 10,450 l.) pour être déchargée « de l'exécution des » édits des mois de mars 1691, pour les offices de syndic et juré; » — d'août 1701 pour l'hérédité des offices d'auditeurs; — et de » juillet 1702, pour un office de trésorier de leur bourse », et être ainsi affranchie des taxes sur les arts et métiers, ses membres devant être considérés « comme suppôts et membres de l'Université de Paris ».

Malgré ses démarches, la communauté n'avait pu parvenir à trouver cette somme. Pierre Barbou s'offrit à lui prêter les 10,450 l. au denier vingt, par contrat de constitution, sans répéter les intérêts de la première année, à la condition que son fils Jean-Joseph serait reçu libraire de Paris. La chambre syndicale assemblée accepta cette proposition le 13 novembre 1703 et promit « de solliciter un arrêt du conseil royal des finances autorisant ladite réception » (2).

La communauté présenta une requête au roi dans ce sens et, le 8 décembre 1705, un arrêt du Conseil d'état autorisa M. d'Argenson, conseiller, à recevoir Jean-Joseph Barbou comme libraire, « bien qu'il n'ait fait aucun apprentissage, afin qu'il jouisse des mêmes droits, franchises, immunités, privilèges et prérogatives dont jouissaient les autres libraires de la communauté, à la condition de payer la somme promise » (3).

---

(1) Ambroise FIRMIN-DIDOT, *Histoire de la typographie*, p. 830. (Paris, 1882, in-8).
(2) Bibliothèque nationale, Ms. fonds français 21856, f° 195 v°.
(3) *Ibid.*, f° 196 r°.

La réception de Jean-Joseph Barbou eut lieu le 8 janvier 1704. Le registre ne mentionne pas, suivant l'usage, l'apprentissage du candidat et son examen devant les membres de la Chambre, puisque Jean-Joseph était l'objet d'une faveur ; mais il s'étend en revanche sur les conditions du prêt qui motivait cette faveur.

Un peu plus loin, le registre de la communauté des libraires et imprimeurs de Paris fait encore mention de Jean-Joseph Barbou. Au 22 juillet 1707, celui-ci, qui avait versé 5,000 l. au moment de sa réception et un peu plus tard 4,250 l., était encore débiteur de 1,200 l. envers la communauté. La Chambre prit une décision par laquelle elle empruntait cette dernière somme à Mlle Cusson et à Mme veuve Journel, sous le couvert de Barbou, afin de se libérer vis-à-vis du trésor. Le payement ne semble avoir été complètement effectué qu'en 1714, d'après un reçu collé à la fin du registre (1).

D'après la deuxième généalogie (2), il reçut de son père, en avancement d'hoirie, soit en marchandises, soit en argent, une valeur de 36,000 livres. Sa mère lui donna en sus « en sous-main » 10,000 livres pour son établissement. Il partait donc avec les encouragements paternels et un premier fonds.

Ce fonds se composait naturellement des ouvrages classiques suivis au Collège des Jésuites de Limoges, qui devaient trouver aussi leur écoulement au Collège Louis-le-Grand. On ne sera donc pas surpris de voir Jean-Joseph Barbou ouvrir sa librairie en face de ce grand établissement et rechercher la clientèle des Jésuites. Il y réussit pleinement car, dès 1711, comme le prouve le permis d'imprimer du *Principia linguæ græcæ* de 1717, il est seul à prendre le titre de libraire du Collège Louis-le-Grand (3).

Il arrivait dans un bon moment : le collège Louis-le-Grand était dans sa plus grande prospérité ; d'autre part, s'il avait des concurrents sérieux dans Ballard, Bénard, Coustelier, Cusson, David, Guérin, Lambin, Langlois, Sevestre, Thiboust, etc., deux des an-

---

(1) Bibliothèque nationale, Ms. Fonds français 21856, f° 221 v°. On trouve, collé à la fin du registre, un reçu du 11 mars 1714, d'après lequel Barbou reconnaît que les syndic et adjoints lui ont remis 1,200 l. provenant de Mme Journel, dont ceux-ci lui ont fait contrat de constitution, et il s'engage à leur rapporter quittance de ladite somme de MM. les traitants.

(2) V. 1re partie, La Famille Barbou, p. 28.

(3) « Par grâce et privilège du Roy, il est permis à Jean Barbou, marchand libraire à Paris et du collège des Pères Jésuites, suivant le privilège qui leur a été accordé en conséquence des désordres que les différentes impressions apportaient dans les classes dudit collège, d'imprimer, vendre et débiter seul les Feuilles et Auteurs tant grecs que latins accomodez à leur usage ... (5 juillet 1711). »

ciens fournisseurs du collège, Simon Bénard et Mabre-Cramoisy étaient morts et leurs héritiers devaient souhaiter de vendre leur fonds.

C'est certainement à la suite des demandes de son fils, que Pierre Barbou de Limoges obtenait en 1707 la permission d'imprimer pendant quatre ans les ouvrages suivants : *Feuilles classiques, César, Quinte-Curce, Salluste, Justin, Florus, Velleius Paterculus, Tite-Live, les histoires d'Hérodien, Tursellin, les Fables de Phèdre, Cornelius Nepos, la Vie de saint Ignace, Virgile, Ovide, Horace, Sénèque, Despautère et rudiments de Behours*, et le même ouvrage du P. Gaudin. Ces ouvrages, édités auparavant par la maison de Limoges, devaient faire partie du premier fonds emporté par Jean-Joseph, et leur épuisement rapide motivait cette nouvelle permission.

Si nous manquons de documents pour les premières années de la librairie de Paris, en revanche nous en possédons de précieux à partir de 1714 ; ce sont les relevés de compte annuels entre les maisons de Paris et de Limoges. Au chapitre des Barbou de Limoges, nous avons résumé ces comptes, et si l'on veut bien s'y reporter, on se fera une idée des livres, papiers et autres fournitures expédiés de Limoges; notre ville recevait en retour, des ouvrages parisiens (1), des caractères d'imprimerie et des fournitures de toutes sortes.

Parmi les ouvrages édités par Jean-Joseph de 1704 à 1717, époque où il s'associa avec son frère Joseph, nous en avons relevé trente-quatre, presque tous écrits par les PP. Jésuites : Catrou, Commire, Gaudin, Gobien, de Grainville, Jouvency, Labbe, de La Rue, de Montaigu, Pomey, Porée, Sanadon, etc. Leurs titres nous sont en majeure partie fournis par le savant ouvrage du P. Carlos Sommervogel : *Bibliothèque de la Compagnie de Jésus* (2).

Jean-Joseph s'efforça d'acheter les ouvrages des Jésuites à ceux de ses collègues qui les possédaient. En 1711, il acquit le fonds d'un

---

(1) Parmi ces ouvrages on remarque plusieurs fournitures de l'*Almanach royal* de d'Houry et des *Almanachs* de Collombat.

(2) *Bibliothèque de la Compagnie de Jésus*, par le P. Carlos Sommervogel.

Simon Bénard éditait beaucoup de livres écrits par les PP. Jésuites. Il fit paraître en 1672 le charmant ouvrage suivant : *Caroli de la Rue e Societate Jesu Idyllia, tertia editio auctior;* in-12 avec sept gravures de L. Cossin, plus deux culs de lampes et deux têtes de chapitre du même. L'ouvrage eut trois éditions successives de 1671 à 1672.

libraire bien connu, Simon Bénard (1) dont sa veuve, N. Dallin, avait sa boutique auprès de la sienne, rue Saint-Jacques. Il trouva dans ce fonds les auteurs édités par le P. Jouvency : *Horace, Juvénal* et *Martial*, les *Discours* du même auteur avec gravure de J F. Cars, le *Virgile* du P. de La Rue (en un vol. in-4° *ad usum Delphini*, avec frontispice, et en 4 vol. in 12).

La même année, il acheta à J.-B. Cusson (2), un *Virgile*, in-12 avec carte, frontispice et dix-sept gravures de F. de la Monnée, gravées par G. Scotin l'aîné.

En 1715, il acheta, aux héritiers de la veuve Mabre-Cramoisy (3), avec le fonds de la librairie, la maison que celle-ci occupait, près de l'église Saint-Benoît, et à partir de cette date ses ouvrages porteront l'ancienne marque des Cramoisy et leur enseigne : *Aux Cigognes*.

Le 8 avril 1715, nouvel achat, celui-ci fait à Guérin, comprenant les *Pensées édifiantes*, de l'abbé de Bellegarde, du *Candidatus Juvencii*, du *Commiri Carmina* et du *Virgile* du P. Catrou en six volumes, avec figures. Cet ouvrage avait dû être imprimé par Guérin (4), auquel Jean-Joseph Barbou avait fourni le papier, car nous voyons dans ses relevés de comptes annuels un certain nombre de rames de papier pour le *Virgile* : « 1713, 440 rames carré fin *Virgile* à 4 l. la rame ».

C'est en 1715 aussi que l'on rencontre le premier catalogue de Jean-Joseph Barbou que nous donnons plus loin. Il se trouve à la suite du *Juvénal* et forme douze pages. Il est divisé en trois catégories : *livres de fonds* (230 ouvrages), *livres d'assortiments* (76 ouvrages) et *assortiments de Hollande* (48 ouvrages) ; au total : 354 ouvrages.

Parmi les ouvrages de fonds, nous n'en avons trouvé que trente-

---

(1) Bénard (Simon), 2ᵉ fils de Guillaume et gendre de Jacques Dallin, reçu libraire le 25 septembre 1659, † 3 mai 1684. Sa veuve était morte en 1719. (LOTTIN.)

(2) Cusson (Jean-Baptiste), fils de Jean II, reçu libraire le 19 septembre 1686 et imprimeur le 8 juin 1694 ; adjoint le 19 août 1702, établi à Nancy le 10 mai 1711 ; mort après 1716. (LOTTIN.)

(3) Mabre-Cramoisy (Sébastien), petit-fils maternel de Sébastien II Cramoisy, reçu libraire le 6 mars 1659, adjoint le 25 juin 1677, marguillier de Saint-Benoit en 1678, mourut le 10 juin 1687, directeur de l'Imprimerie royale au Louvre. Sa veuve lui succéda dans ses fonctions et elle mourut avant 1696. (LOTTIN.)

(4) Guérin (Louis), de Bray-sur-Seine, reçu libraire le 7 sept. 1683, adjoint le 12 mai 1698, marguillier de Sᵗ-Benoist le 1ᵉʳ janvier 1705 et syndic le 17 juin 1705, mort en 1719. (LOTTIN.)

cinq imprimés par la maison de Limoges; les autres étaient achetés à Paris ou faisaient partie de l'ancien fonds de Bénard ou de Cramoisy. Dans le nombre se trouvent les éditions *ad usum Delphini* suivantes: *Apulée* (2 vol.), *Aulu-Gelle, Cicéron,* Discours, (3 vol.) Lettres (1 vol.) (1) et Pensées philosophiques (2 vol.) (2), *Horace* (2 vol.), *Virgile* (1 vol.) Ce dernier, édité par le P. de La Rue est indiqué « sous presse » bien qu'il ait paru en 1675 sous le nom de Simon Bénard, à la veuve duquel Barbou l'avait acheté en 1711, comme on l'a vu plus haut.

Le catalogue est assez sobre de dates. Deux ouvrages portent le millésime de 1710, quatre celui de 1712, trois celui de 1713, quatre celui de 1714 et douze celui de 1715. Ces derniers sont accompagnés de la mention : *Nova editio auctior,* indication à laquelle il fallait peut-être ajouter plus de foi qu'aujourd'hui.

Les auteurs latins qui figurent sur ce catalogue sont édités par des savants très appréciés, comme on peut en juger : les PP. Jouvency, de la Rue, Catrou ; parmi les traducteurs, Algay de Martignac et l'abbé Lezeau (deux Limousins), d'Ablancourt, Durier, de Bellegarde, Vaugelas.

Jean-Joseph Barbou tirait plusieurs de ses ouvrages de Lyon ; sans parler du *Dictionnaire* de Danet, qu'il imprima plus tard, le catalogue indique dix autres ouvrages venant de la même ville. Il payait, du reste, une somme considérable aux libraires de Lyon qui, encore au xviii° siècle, était un centre important pour l'imprimerie et la librairie.

Nous voyons aussi des livres de Genève, d'Amsterdam.

Un *Quintus Curtius,* in-8, *variorum* est accompagné du nom : *Elzévir*. Si on rapproche ce fait du soin que prend Jean-Joseph d'acheter des ouvrages à gravures, on verra se dessiner son désir de satisfaire les goûts du public et de marcher sur les traces des Elzévirs ; c'est ce qu'il fera plus tard.

Le catalogue se termine par l'avis suivant :

« On trouvera à la même librairie toutes sortes de feuilles latines et grecques, classiques, avec le latin interlinéaire (3), in 4 et in-8, de

(1) *M. Tulii Ciceronis Epistolæ ad familiares Phil. Quartier. Parisiis,* 1685.

(2) BRUNET (*Manuel du Libraire*) dit ne connaître que le tome 1 des *Œuvres philosophiques* de Cicéron *ad usum Delphini,* édité par François l'Honoré (*Parisiis, apud viduam Claudii Thiboust,* 1689, in-4). C'est donc à tort que le catalogue Barbou indique deux volumes. Du reste, ce premier volume acheté par lui, devint plus tard la propriété de la maison Delalain, qui, encore aujourd'hui, le fait figurer sur ses catalogues.

(3) Cette définition vient confirmer ce que nous avons dit déjà des *Feuilles Classiques.*

tous les orateurs et poëtes, avec plusieurs livres d'assortiments qui n'ont pu trouver place au présent catalogue.

» Messieurs les Professeurs, Maîtres de pension et libraires de province, sont priés de s'adresser à lui [Barbou] directement ; ils seront servis avec exactitude. »

Un avis à peu près semblable se trouve à la suite des catalogues de 1720 et 1723.

Les Barbou ne s'adressent encore qu'aux professeurs et aux élèves ; mais plus tard, ils élargiront le cadre de leur clientèle et s'adresseront au grand public.

Parmi les ouvrages classiques que Barbou avait acquis dans l'ancien fonds de la veuve Mabre Cramoisy, il s'en trouvait qui devaient lui rapporter de gros bénéfices à cause des grandes quantités demandées par les Collèges de la Compagnie de Jésus, en France et à l'étranger. Au sujet des différentes éditions du *Flores latinæ locutionis ex probatissimis scriptoribus...*, par le P. Bouriot ou Bariot, le P. Sommervogel s'exprime ainsi (1) : « Il est auteur d'un livre de *Phrases latines* qu'il renouvelait et augmentait tous les ans, intitulé, ce me semble : *Flores latinitatis,* auquel le bonhomme Cramoisy disait qu'il avait plus gagné qu'à tous les autres livres qu'il avait jamais imprimez, à cause du débit infini qu'il en faisait dans tous les Collèges de cette Société, tant en France qu'en Allemagne et dans les Pays-Bas. »

Le 28 octobre 1714, mourut Pierre Barbou, imprimeur du roi à Limoges. Jean-Joseph avait à ce moment près de lui à Paris, deux de ses frères, Jean, qui prit par la suite la maison de Limoges, et Joseph, le plus jeune. La mort du chef de la famille ne modifia pas tout d'abord les rapports d'affaires entre les maisons de Limoges et de Paris.

Jean-Joseph et Joseph BARBOU

(1717-1732)

A partir de 1717, Jean-Joseph associa à sa librairie son frère Joseph, son filleul, qu'il avait pour ainsi dire élevé et pour lequel

(1) Le P. Carlos Sommervogel, *Dictionnaire des ouvrages anonymes et pseudonymes publiés par des religieux de la Compagnie de Jésus depuis sa fondation jusqu'à nos jours* (p. 321), Paris Librairie de la Société bibliographique, 1884, 2 vol. in-8.

il avait un grand attachement. Désormais, la raison sociale sera :
Barbou Frères, ou encore : Jean et Joseph Barbou.

Joseph était né à Limoges, le 19 mars 1693 et avait été baptisé
à Saint-Michel-des-Lions. On saurait peu de choses sur lui,
sans le registre de la Communauté des libraires et imprimeurs de
Paris, qui, à l'occasion de sa réception comme libraire et, six ans
après, comme imprimeur, fournit quelques indications.

L'arrêt du Conseil d'Etat du 21 novembre 1716 nous apprend
que Joseph Barbou, qui avait fait un apprentissage de quatre ans,
en vertu du contrat du 9 juin 1713, demandait à être dispensé du
temps qui lui restait encore à faire pour les trois ans de service
chez les maîtres, d'après l'édit d'août 1686, afin d'être reçu libraire.
A sa demande étaient jointes les pièces suivantes : l'avis favorable
des syndic et adjoints de la Communauté lui accordant la dispense ;
les certificats de trois Jésuites sous lesquels il avait étudié, les
PP. Arnaudy (28 juin 1708), Moulinier et Boudart (ce dernier
avait été son professeur de logique et de philosophie), son
extrait de baptême et son brevet d'apprentissage.

A la suite de l'arrêt du Conseil d'Etat, les syndic et adjoints
se réunirent le 12 janvier 1717 et procédèrent à la réception de
Joseph comme libraire « dans la forme accoutumée ». Après avoir
constaté que le brevet d'apprentissage de Joseph du 9 juin 1713
avait été inscrit sur le registre de la Communauté ; que le candidat
avait plus de vingt ans et que, d'après le certificat de M. de Montempuys, Recteur de l'Université (31 octobre 1716), il était congru
en langue latine et savait lire le grec ; que son présentateur Jean
Barbou, son frère, et ses deux « certificateurs » Louis Guérin et
Charles Robustel, libraires et anciens syndics, attestaient qu'il
était de bonnes vie et mœurs, faisait profession de la religion catholique, apostolique et romaine, et avait les qualités requises
par le Règlement, ceux-ci l'admirent « à exercer l'art et profession de la librairie ».

Joseph promit d'observer les statuts et règlements et la déclaration du 23 octobre 1713 et de se soumettre aux dettes et obligations
contractées par la Communauté, puis il signa sur le registre avec
les syndic et adjoints, les présentateur et certificateurs. On lui
délivra copie de son acte de réception, mais en lui déclarant qu'il
ne pourrait s'en servir qu'après avoir prêté le serment devant le
lieutenant général de police.

La réception du libraire se faisait avec un certain cérémonial.
Les postulants invitaient plusieurs de leurs confrères à assister à
leur réception, et ceux-ci étaient priés de venir « en Manteau et
Rabat », comme en témoigne la lettre d'invitation ci-dessous,

adressée aux Libraires de sa connaissance par Nicolas-Augustin Delalain, le père d'Auguste Delalain, qui succéda aux Barbou (1).

Joseph Barbou versa entre les mains du syndic la somme de six cents livres pour sa réception, conformément à la déclaration du roi, du 11 septembre 1703, et en outre, « de sa bonne volonté » il y ajouta quatre cents livres dont il fit présent à la Communauté.

Trois jours après (15 janvier 1717), Joseph Barbou se faisait inscrire sur le registre « aux fins de parvenir à son rang à la maîtrise d'imprimeur » conformément à l'arrêt du Parlement du 3 mars 1704 sur le Règlement de l'imprimerie à Paris.

Comme nous l'avons déjà dit, Jean-Joseph Barbou agissait vis-à-vis de son jeune frère comme un second père. Il le maria le 25 janvier 1717 avec Anne-Antoinette de Béville, avec laquelle il avait été fiancé quelques mois auparavant. D'après le contrat de mariage, dont nous possédons une copie, les biens de la future s'élevaient à 49,915 l. 15 s.; ceux du futur étaient ainsi déterminés : « ... Le futur porté en communauté, de son côté, 20,000 l. dont 12,000 l. sont à lui léguées par son feu père Pierre Barbou et 8,000 l. que Jean Barbou, son frère, bourgeois de Paris, fondé de la procuration de leur mère Jeanne Mailhard, lui constitue en avancement d'hoirie de sa succession future, dont 5,000 l. sont déjà entre les mains dudit sieur Jean Barbou et les autres 15,000 l. en mains de leur mère, et se décharge desdites 5,000 l.; et le reste payable en trois pactes de six mois chacun ...

» Promet led. sʳ Jean Barbou d'associer led. Joseph dans son fonds de librairie pour six ans à compter du jour de la célébration du mariage. Dans la société entreront lesd. 20,000 l. du futur et seront dressés les articles de lad. société par main publique ... »

Ce qui entravait l'essor de la librairie à cette époque c'était le nombre incalculable de privilèges et de permissions accordés aux libraires pour des ouvrages qui auraient dû entrer dans le droit commun. Grâce à l'extrême obligeance de M. Henri Stein, nous avons eu connaissance d'une requête formulée en 1721 par une vingtaine de libraires parisiens, dans laquelle ceux-ci demandaient que l'impression des livres de classes (manuels, racines, textes, grammaires, bibles, etc.) ne fussent pas le privilège exclusif de

---

(1) « Monsieur, Nicolas-Augustin Delalain est venu pour avoir l'honneur de vous rendre ses devoirs et pour vous prier de vous trouver mardi prochain, 7 août 1764, à cinq heures de relevée, en la Chambre Royale et Syndicale de notre Communauté, pour être présent à sa Réception de Libraire, conformément au Règlement. *Vous êtes prié de venir en Manteau et Rabat.* » (Document communiqué par M. Paul Delalain).

quelques-uns. Joseph Barbou figure parmi les plaignants. En réponse à cette protestation parut l'arrêt du Conseil d'Etat privé du Roy du 13 septembre 1721, qui « donne acte aux libraires oppo-
» sans à l'enregistrement du privilège obtenu le 8 août 1720 par
» l'Université de Paris, de la déclaration par elle faite sur ledit
» privilège et ordonne qu'il sera registré pour être exécuté confor-
» mément à la dite déclaration. »

A cause de cette situation, les libraires trafiquaient entre eux de tout ou partie de leurs privilèges. Pour le même ouvrage, ils étaient plusieurs à se partager les droits et cela dans des proportions variables. Il n'était pas rare de voir paraître un ouvrage sous le nom d'un libraire qui, quelques jours après, avait cédé son privilège à un autre. De là des changements de titres et des complications difficiles à résoudre pour les bibliographes de l'avenir (1).

Les associations entre libraires étaient fréquentes; on connaît les plus célèbres, la Compagnie de *la Grande navire* entre autres. Le nom de Barbou se trouve dans plusieurs associations pour des ouvrages publiés, entre autres avec Charles-Joseph Panckoucke en 1765 et avec plusieurs libraires en 1770 et années suivantes.

Après dix-huit ans d'exercice, Jean-Joseph Barbou s'était acquis l'estime de ses confrères, qui le nommèrent adjoint de la communauté le 8 août 1722 (en vertu d'un arrêt du conseil du 1er août). On sait que c'était un poste de confiance; car les syndic et adjoints avaient pour mission d'enregistrer les privilèges accordés par le roi, et surtout de veiller à l'observance des statuts et règlements sur l'imprimerie et la librairie. Le syndic était alors Jean-Baptiste-Christophe Ballard et les trois autres adjoints Michel III Brunet, Pierre-François Emery et Nicolas Simart. C'était, d'après Lottin, le XXXVI° syndicat qui dura un an et neuf mois. Jean-Joseph Barbou fit encore partie du syndicat suivant (durée deux ans deux jours) qui avait à sa tête Michel III Brunet. Il eut pour collègues Nicolas Simart, Antoine-Urbain I Coustelier et Laurent II Rondet.

C'est pendant ce second syndicat que son frère Joseph fut reçu imprimeur, en même temps que Nicolas Gosselin, Claude Robustel et Christophe David. Le 2 juillet 1723, les quatre candidats se présentèrent devant les syndic et adjoints et produisirent un arrêt du

(1) Le 20 janvier 1718, les frères Barbou achetèrent à Robustel son privilège pour vingt-cinq ans sur l'*Horatius Juvencii* et deux ans après, tous les exemplaires étaient à leur nom. En 1746, Jean Barbou acheta à Marc Bordelet, son privilège sur le *Prædium rusticum* du P. Vanière, et la même année le nom du premier libraire était remplacé par celui de Barbou.

Conseil d'Etat du 22 juin précédent, les autorisant « à lever une imprimerie » conformément au règlement du 28 février 1723. La Chambre leur ayant donné son approbation, ils payèrent d'avance la somme de 600 l. pour les droits de leur réception. Cette somme venait affirmer qu'ils s'empresseraient de former leur établissement; mais dans le cas où ils ne se seraient pas mis en état d'être reçus, ils ne pouvaient réclamer la somme donnée à la Communauté (1).

La réception de Joseph Barbou comme imprimeur à Paris dut certainement contrarier la maison de Limoges, qui pouvait craindre de se voir fermer, à un moment donné, l'important débouché de la capitale. Cependant la maison de Paris continua toujours à demander des livres à Limoges.

A dater de 1723, on remarque sur les titres de plusieurs ouvrages imprimés par Jean Barbou de Limoges pour le compte de ses frères de Paris, le mot : *Lemovicis* en petites italiques précédant le mot : PARISIIS en capitales. D'autre part Joseph Barbou a soin de mettre à la fin des ouvrages sortant de ses presses *Ex typis Josephi Barbou* ou *De l'imprimerie de Joseph Barbou*.

En 1723, les Barbou sont parvenus à réunir dans leur librairie une collection de onze ouvrages de poésie des PP. Jésuites, dont on relève les titres sur les *Œuvres* du P. du Cerceau. Ces ouvrages, formaient dix-sept volumes dont deux avec figures (ceux des PP. de La Rue et Vanière). Il y avait là une tentative de leur part, qui peut-être ne fut pas aussi fructueuse qu'ils le pensaient, car la collection s'augmenta peu par la suite. Dans tous les cas, en éditant les œuvres poétiques des Jésuites, ils eurent avec ceux-ci des relations plus intimes encore qui se traduisirent par l'impression d'une quantité de petits ouvrages pour le Collège Louis-le-Grand (tragédies, ballets, éloges, etc.).

Le privilège qui termine les *Œuvres* du P. du Cerceau comprend sept ouvrages : *Cornelius Nepos, Erasmi colloquia, Virgilius, Aurelius Victor, Justinus, Cæsaris Commentaria, Maximes tirées de l'Ecriture sainte*, ce qui indique une grande activité dans la librairie Barbou. Les *Œuvres* sont imprimées par J.-B.-Christophe Ballard; c'est à la veuve de celui-ci que Joseph-Gérard Barbou achètera plus tard son imprimerie.

Ici se place une critique des Barbou, dans laquelle l'auteur anonyme, qui n'est autre que l'abbé Pierre-Jacques Blondel, nous paraît avoir forcé la note :

Les *Mémoires sur les vexations qu'exercent les libraires et impri-*

---

(1) Bibliothèque nationale, Ms. fonds français, 21857, f° 63 v°.

meurs de Paris (1) présentent les Barbou comme vendant leurs livres trop cher par rapport au prix de revient. Ils s'adressent surtout à Joseph Barbou qu'ils traitent, avec plusieurs autres imprimeurs du reste, de « corsaires impitoyables ». Nous en extrayons les passages suivants :

« ARTICLE Ier. *Vexations exercées sur le public* ...

» Qu'on fasse un peu attention aux éditions de Barbou, comment sont conditionnées celles des livres classiques et des poëtes latins modernes, quoyqu'il les vende trop cher et qu'il en fasse un grand débit (2).

» Il est associé avec Despréz (3) pour l'Edition de St-Chrisostome du R. P. D. Bernard ; on scait qu'il n'y emploie que du papier de Limoges, et que les caractères grecs dont il se sert sont si usez qu'à peine peut-on distinguer les esprits et les accents (4). Le même

---

(1) Publiés d'après l'imprimé de 1725 et le ms. de la Bibliothèque de la ville de Paris, par Lucien Faucou. (Paris, 1879, in-4°.) — Bibliothèque nationale, Ms. fonds français 21835.

(2) Nous avons voulu nous rendre compte du bien fondé de cette critique. En prenant les bases données par l'auteur des *Mémoires* : pour la composition, le tirage et le papier. Les « compagnons » compositeurs étaient payés de 3 à 4 livres, soit à peu près 35 centimes le mille de lettres levées ; les « compagnons » imprimeurs touchaient 2 livres 10 sols par jour, soit environ 1 livre 5 sols le mille de feuilles tirées ou la rame. Le papier carré du poids de 18 livres coûtait 4 livres la rame, comme on l'a vu dans les comptes des Barbou de Limoges. Ceci posé, à combien revenait au libraire un ouvrage classique in-12 de 24 feuilles (soit 576 pages) ce qui était la grosseur habituelle, tiré à quinze cents exemplaires (trois rames) avec une reliure pleine basane.

En chiffres ronds, la composition était de 240 l , les tirage 360 l., le papier 300 l,, les étoffes 300 l. et la reliure 600 l. Au total 1,800 l. soit par exempl. 1 l. 5 sols. Les Barbou vendaient ces ouvrages 2 l. 10 sols. Mais comme aujourd'hui, il leur fallait ajouter au prix coûtant, une foule de choses difficiles à apprécier les frais de publicité, les remises aux libraires, les dons de livres, etc., etc. Le prix de vente n'était donc pas aussi exagéré que l'auteur des *Mémoires* veut bien le dire.

(3) Guillaume II Desprez, fils de Guillaume I, reçu libraire le 23 novembre 1706, imprimeur le 5 juillet 1708, devenu le 25 août 1740 imprimeur du roi et mort le 31 octobre 1753, retiré de la librairie depuis le 10 déc. 1743. (LOTTIN).

(4) Dans le chapitre : Les Barbou de Limoges (p. 166) nous disions que le carré fin de 25 l. et de 17 l. dont Jean-Joseph Barbou achetait une quantité à Limoges, était pour Robustel, l'éditeur des œuvres de saint Jean-Chrysostome. Les *Mémoires sur les vexations*, de 1725, nous apprennent l'association de Barbou avec Guillaume II Desprez, pour ce même ouvrage. On

Despréz a donné au public une Edition in-24 de l'Imitation de J. C. du S*r* de Beuil, beaucoup plus mal conditionnée que les almanachs qui s'impriment à Troyes en Champagne...

» ARTICLE III. *Vexations contre les compagnons imprimeurs* ...

» ... Ils (les maîtres imprimeurs) les ont fait passer depuis peu pour des séditieux à cause que huit compagnons imprimeurs qu'ils avoient fait venir d'Allemagne, mécontens de leur procédé, s'en sont retournez dans leur pays.

» On ne peut trop éclaircir ce fait pour montrer la lacheté et la mauvaise foy des libraires dans ce trait de calomnie qu'ils ont lancé contre les compagnons. Barbou et David (1), deux imprimeurs aussi avides et aussi malfaisants qu'il y en ait dans le corps, prièrent Montalan, libraire, qui a ses correspondances dans tous les pays étrangers, de leur faire venir d'Allemagne des compagnons imprimeurs, à qui ils s'engagèrent de donner trois livres par jour, nourris, blanchis et couchez. Ils vinrent au nombre de huit sur la foi qu'ils avaient prise en la lettre de Montalan, que par malheur ils avaient laissée à Francfort. Etant arrivez, on en conduisit six chez Barbou et deux chez David.

» Ils travaillèrent pendant trois jours chez ces imprimeurs. Barbou ne fut pas content de leur besogne, parce que ces Allemands ne connaissoient rien en François. D'ailleurs comme chacun a ses usages, ils n'étoient pas faits à la manière de travailler de Paris. Cet imprimeur ne trouvant pas son compte à payer ces étrangers sur le pied énoncé et stipulé dans la lettre de Montalan, voulut les obliger à rompre le marché et à se contenter de 40 sols par jour pour tout, à condition qu'ils resteroient chez lui pendant trois ans. Les Allemands ayant appris ce manque de foy par la bouche d'un relieur qui servoit d'interprète à Barbou, parce que ces pauvres gens n'entendoient pas un mot de François, — ils répondirent qu'ils n'y consentiroient pas, d'autant qu'il faisoit trop cher vivre à Paris pour des Allemands qui ne sont pas accoustumés à se contenter de peu et à se passer de vin. L'impri-

---

s'explique mieux alors le nom de « St-Chrysostome » donné au papier qui servait à l'impression de cet ouvrage, et le chiffre des commandes : « 1714, 100 rames double carré Saint-Chrysostome pesant 25 livres à 6 l. 10 s. la rame, de M*lle* Leblois de Saint-Léonard, pour MM. Robustel (Claude), Desprez (Guillaume II) et Desessarts (Jean), imprimeurs à Paris, et 267 rames même papier pesant 17 livres à 4 l. 15 s ; — 1725, 28 rames Saint-Chrysostome pesant 25 livres à 6 l. 10 s.; — 1726, 80 rames même papier ; — 1727, 615 rames ; — 1729, 444 rames ; — 1731, 200 rames, etc.

(1) Christophe II David, second fils de Michel, reçu libraire le 27 octobre 1713 ; imprimeur le 2 juillet 1723, mort en 1742. (LOTTIN.)

meur Barbou, mécontent de leur réponse et accoutumé qu'il étoit à agir avec hauteur, les enferma tout un jour dans son imprimerie sans leur faire donner aucune nourriture, faisant ainsi charte privée de la manière la plus criante. Ce Monsieur Barbou auroit besoin d'être plus modéré, car il a déjà été noté dans son pays pour mauvaise affaire (1).

» Des Allemands qu'on retient de force et à jeun ne laissent pas que de faire grand bruit : ceux-ci en firent tant qu'il fallut enfin leur donner la liberté. Après cet esclandre, ils ne pensèrent plus qu'à s'en retourner dans leur pays avec leurs camarades ; mais Barbou leur retint injustement leurs hardes qu'il garde encore, tant il est honnête homme!

» Pour s'en retourner chez eux, ils n'avoient pas de quoi : il étoit donc de la justice de ceux qui les avoient fait venir de leur payer leur retour, comme cela se pratique en pareil cas : mais ce sont des libraires. Les compagnons imprimeurs de Paris, indignez de la mauvaise foy de Barbou envers ces étrangers et penetrez de commisération pour des confrères eloignez de leur pays et dans l'indigence, leur firent quelques charitez pour les aider dans leur voyage.

» Voila le crime capital que les Imprimeurs leur reprochent. Quoi des compagnons auront la hardiesse de se montrer généreux envers de pauvres étrangers que les maîtres maltraitent injustement! Cela est il supportable! Aussi les maîtres imprimeurs s'en sont-ils plaint partout comme d'une révolte ouverte... »

« Voilà un procédé neuf, original, peu dispendieux : réduire par la famine des ouvriers à travailler », dit M. Werdet qui reproduit quelques passages des *Mémoires* dans son *Histoire du livre* (2).

Si les syndicats avaient existé de ce temps, l'imprimerie de Joseph Barbou eût été avec raison mise à l'index. Peut-être faudrait-il toutefois avant de condamner les Barbou, savoir si l'espèce de pamphlet dont nous venons de reproduire quelques passages, narre très exactement les faits.

Les catalogues des Barbou que l'on trouve à la suite d'ouvrages imprimés en 1720, 1723 et 1729, sont à peu près la reproduction

---

(1) Nous ne savons à quelle « mauvaise affaire » l'auteur fait allusion. Dès sa jeunesse, Joseph Barbou habitait avec son frère à Paris et il n'est venu à Limoges qu'en 1713 et 1714 pour voir ses parents et faire quelques achats de peaux et de parchemins. S'il y avait eu quelque chose à lui reprocher à Limoges, nous en aurions trouvé trace.

(2) Edouard Werdet, *Histoire du livre en France depuis les temps les plus reculés jusqu'en 1789*. Troisième partie II, 243 et ss. (Paris, Dentu, Aubry, 1864, 4 vol. in-18).

de celui de 1715 ; ils présentent cependant cet intérêt, qu'ils permettent de suivre les éditions nouvelles et les rééditions. Lorsque l'on jette un coup d'œil d'ensemble sur ces additions, on voit très bien le but des libraires : ils recherchaient les meilleurs ouvrages didactiques et s'attachaient les meilleurs éditeurs pour leurs ouvrages latins. Dans ces quinze années, ils ont ajouté à leurs dictionnaires l'*Apparatus grœcus*, les *Dictionnaires* de Richelet et celui dédié au prince de Dombes.

Ils ont refait une partie de leurs éditions latines et se sont attachés à augmenter surtout celles des auteurs suivis dans les collèges des Jésuites : *Cicéron, Horace, Ovide* et *Virgile*.

Pour *Cicéron*, ils ont ajouté cinq éditions des œuvres complètes (in-fol., 2 vol., in-4°, 4 vol., in-8°, 11 vol.), dont trois d'Amsterdam et une de Bâle (in-4°, 2 vol.). Ils recommandent tout spécialement aux étudiants celle de Grævius, qu'ils ont divisée en cinq volumes se vendant séparément. Ils ont des éditions latines-françaises pour *les Devoirs, les Epitres familières, les Tusculanes* et *la Rhétorique* ; des éditions françaises pour les *Epitres familières*, les *Oraisons choisies*, le *Songe de Scipion* et la *Lettre à Quintus*. Leurs nouveaux éditeurs pour ces derniers sont l'abbé Geoffroy et M. Dubois.

Pour *Horace*, ils possèdent l'édition *ad usum Delphini*, celle avec notes de du Hamel et les éditions latines-françaises du P. Tarteron (2 vol. in-12) et de Mme Dacier, 10 vol. in-12 de Hollande.

Pour *Ovide*, des éditions des œuvres complètes *ad usum Delphini* (in-4° 1 vol., in-18 ou in-24 3 vol. de Hollande) des éditions latines-françaises en 9 volumes in-12 et françaises en 6 vol. in-12 (*Métamorphoses*, 3 vol. in-12).

Pour *Virgile*, les éditions du P. de la Rue en un vol. in-4° ou en quatre volumes in-12.

Leur fonds s'est augmenté de *Plaute* et de *Tacite*, ainsi que de plusieurs traductions de Mme Dacier et de MM. de Port-Royal, éditions d'Amsterdam. Il semble qu'il s'est produit un adoucissement dans l'enseignement du latin, et l'on parle plus souvent le français dans les classes. Les ouvrages latin-français ou les traductions sont bien plus nombreux qu'autrefois.

Dans le catalogue de 1715 se trouvaient quelques volumes de l'édition *ad usum Delphini*. Celui de 1727 nous apprend que les Barbou ont fait paraître les auteurs suivants : *Florus, Velleius Paterculus, Eutropius, Cornelius Nepos, Aurelius Victor, Phædrus, Virgilius* et *Sallustius*, et qu'ils se proposent d'éditer les autres auteurs, formant plus de soixante volumes, cela par dix volumes chaque année. C'était, nous le pensons, une promesse en l'air ; car il aurait fallu aux Barbou beaucoup plus de capitaux que ceux dont ils disposaient pour mener à bien une aussi vaste entreprise. Mais ils pouvaient acheter des queues d'édition et substituer un titre à leur nom à celui du précédent libraire : c'est ce qu'ils firent pour quelques-uns de ces ouvrages (1).

Parmi les ouvrages imprimés par les Barbou, de 1729 à 1732, nous citerons, indépendamment de nombreuses plaquettes pour le Collège Louis-le-Grand, le *Catalogue des manuscrits de Saint-Martial de Limoges* (1730) dont M. Léopold Delisle a donné une réédition dans le *Bulletin* de notre Société, accompagnée de précieux documents (2) ; les *Oraisons de Cicéron* traduites en français par de Villefore (8 vol. in-12), achetées au libraire Gandouin, le 3 octobre 1730 ; l'*Histoire de Danemarck*, par J.-B. Desroches, avocat-général au bureau des finances de La Rochelle (1732).

Le 18 août 1732, Joseph Barbou mourut (3). Sa veuve administra l'imprimerie quelque temps, puis elle la fit gérer par son neveu Joseph-Gérard jusqu'au 31 octobre 1750, date à laquelle elle s'en dessaisit en sa faveur.

Joseph-Gérard et Antoine, fils de Jean II, imprimeur à Limoges, étaient employés dans la librairie de leur oncle au moment de sa mort.

Jean-Joseph BARBOU

(1732-1752)

Jean-Joseph Barbou, à dater de la mort de son frère, met son nom seul sur les ouvrages de sa librairie, bien que, par le fait, depuis 1746, sa maison fût dirigée par son neveu Joseph-Gérard, reçu libraire cette même année.

L'âge du repos était venu pour lui : depuis 1745, du reste, une

(1) Fournier, *Dictionnaire portatif de Bibliographie* (Paris, Fournier frères, 1805, in-8) donne le catalogue des auteurs latins *ad usum Delphini*, in-4. Aucun des ouvrages cités par Barbou n'est indiqué à la date de 1727. Ils sont portés au contraire à leur véritable date d'impression chez divers imprimeurs : *Aurelius Victor*, 1681, *Cornelius Nepos*, 1675, *Florus*, 1674, *Eutropius*, 1683, *Phœdrus* 1675, *Sallustius*, 1674, *Velleius Paterculus*, 1675, *Virgilius*, 1682.

(2) *Bulletin de la Société archéologique et historique du Limousin*, t. XLIII, p. 1-64.

(3) Il laissait une fille, mariée en 1741, à J.-B Lepenier de Monbaron, riche marchand de bois à Paris.

attaque d'apoplexie l'avait paralysé du côté droit, et depuis 1749, il habitait le plus souvent sa maison de campagne de Fleury, près de Paris.

De 1732 à 1752, Jean-Joseph Barbou imprima pour les PP. Jésuites, une foule d'ouvrages dont on verra les titres au catalogue ci-après. Ces ouvrages, proprement imprimés et reliés, ne sortaient cependant pas de l'ordinaire.

A la suite du *Dictionnaire français* du P. Tachard (1752), l'éditeur donne les titres des autres dictionnaires que l'on trouve chez lui. Il y en a quatorze.

C'est en 1742 que sortirent de l'imprimerie de la veuve Joseph Barbou les *Mémoires pour le s^r Barbou, seigneur de Monimes, contre M. de la Guérinière, abbé-chef de Grandmont, et Aymé de Myomandre, archiprêtre de Rancon et curé de Bessines*. Nous avons déjà parlé de ces mémoires dans la première partie. En 1742 aussi, Barbou imprima les *Modèles de caractères de l'imprimerie et des autres choses nécessaires audit art, gravés par Simon P. Fournier le jeune*. (1) C'étaient les spécimens de ce fondeur qui, sur les indications des Barbou de Paris, fournissait depuis 1736 les imprimeurs du Limousin et qui fit imprimer par la suite plusieurs ouvrages chez Joseph-Gérard Barbou. Les caractères et les vignettes de Fournier le jeune, paraissent à cette époque dans les ouvrages des Barbou et des grands éditeurs parisiens. Il faut reconnaître que ses types étaient bien gravés et d'un dessin agréable.

Une note administrative rédigée vers 1751 et conservée à la Bibliothèque nationale. Manuscrits (fonds français. Collection Anisson Duperron, 22105, t. 46), nous fournit les renseignements suivants :

« Barbou (Jean), demeurant rue Saint-Jacques, *Aux Cigognes*. C'est un honnête homme, fort riche et qui vend beaucoup de livres de classe. Le 10 septembre [1750], il s'est retiré au village de Fleury, dans une maison qu'il a achetée et a cédé son imprimerie (lisez librairie) à son neveu [Joseph Gérard].

» Barbou (la veuve de Joseph) demeure rue Saint-Jacques. Elle est retirée et son neveu tient pour son nom (2).

» Barbou (Joseph-Gérard), rue Saint-Jacques, *Aux Cigognes*. C'est le neveu du précédent avec lequel il est associé. Il tient

---

(1) Sur *Fournier le jeune*, voy. Ambroise Firmin-Didot, *Essai de typographie*, p. 847-848.

(2) Depuis novembre 1733, elle habitait à Limoges, auprès de ses parents.

l'imprimerie de sa tante. Le 1ᵉʳ octobre 1750, il a acheté l'imprimerie de Ballard père et a été reçu en cette qualité le 6 dudit mois.

» Les Barbou sont fort riches. Ils sont de Limoges, où ils avaient une fabrique de papiers. » (1)

Jean-Benoit mourut à Fleury le 20 août 1752 et fut enterré à Clamart. Il avait institué son neveu Joseph-Gérard pour son héritier universel.

On a vu dans la première partie, dans quelle haute estime sa famille le tenait. Les deux généalogies rendent hommage à la bonté de son cœur et à ses hautes qualités d'administrateur.

Joseph-Gérard BARBOU

(1752-1788)

Joseph-Gérard Barbou, cinquième fils de Jean II, imprimeur du roi à Limoges, était né dans cette ville le 7 juin 1723. Comme on l'a vu plus haut, il travaillait chez son oncle Jean-Joseph depuis sa jeunesse avec son frère Antoine ; mais c'est surtout après l'attaque d'apoplexie qui frappa son oncle Jean-Joseph en 1745, qu'il prit la direction des affaires.

Le registre de la Communauté des libraires nous apprend que le 11 janvier 1746, Joseph-Gérard, apprenti en premier lieu de Simon Langlois et ensuite de Gabriel Valleyre depuis 1742, se présenta devant les syndic et adjoints avec l'approbation de Monseigneur le Chancelier, l'exemptant du temps qui lui restait à faire pour terminer son apprentissage et les requit de le mettre en état de subir « l'examen de sa capacité au fait de la librairie »,. selon l'art. XLIV du Réglement du 28 février 1723. Ceux-ci, après avoir examiné le certificat de M. le Recteur de l'Université de Paris Josse, du 30 mars 1742, constatant que le candidat « était congru en langue latine et qu'il savait lire le grec » ; — le certificat de M. Bruté, curé de Saint-Benoit (12 janvier 1746), attestant qu'il était de la religion catholique, apostolique et romaine ; — l'attestation de « ses vie et mœurs » signée : Le Mercier, Briasson, Valleyre et Ganeau, libraires et imprimeurs, lui firent tirer au sort les noms des huit examinateurs qui, avec la Chambre, devait juger de sa capacité,

(1) C'est leur grand commerce des papiers qui faisait supposer qu'ils avaient une fabrique en Limousin.

dont quatre parmi les anciens officiers (David, du Mesnil, Pralard et Le Mercier) et quatre parmi ceux qui n'avaient pas passé par les charges (Valleyre, Lottin, Despilly et Clousier). Joseph-Gérard Barbou se chargea de les convoquer pour le 13 janvier 1746 à quatre heures du soir (1).

Au jour indiqué, les examinateurs questionnèrent le candidat « sur les connaissances propres et nécessaires à la profession de librairie », et, après avoir entendu ses réponses, par voie de scrutin, ils jugèrent qu'il devait être admis.

Deux jours après (15 janvier 1746), les syndic et adjoints procédaient à la réception de Joseph-Gérard de la même manière que pour son oncle Joseph, avec cette variante, c'est qu'en lui délivrant copie de la réception, ils lui déclaraient qu'il ne pourrait s'en servir « qu'après avoir été présenté par l'un d'entre eux au Tribunal de l'Université pour y prêter le serment *in loco majorum*, à l'effet d'obtenir lettres d'immatriculation de membre et suppost de la dite Université, conformément aux articles 5 et 6 du Règlement du 10 décembre 1725 ». Joseph-Gérard versa mille livres entre les mains du syndic, pour la Communauté des libraires.

Depuis 1742 au moins, Joseph-Gérard gérait l'imprimerie de la veuve de Joseph, sa tante. Du jour où il fut reçu libraire, il s'inscrivit pour parvenir à la maîtrise de l'imprimerie. Le 7 septembre 1750, il présenta une requête au Conseil d'État pour demander d'être reçu imprimeur, faisant valoir que, par actes passés devant notaires les 20 mai 1749 et 17 avril 1750, sa tante avait renoncé à ses droits, comme imprimeur, en sa faveur; que d'autre part il était entré en pourparlers avec J.-B.-C. Ballard pour lui acheter son imprimerie, mais que celui-ci étant mort sur les entrefaites, il s'était adressé à Mme Cottin, sa veuve, qui, par acte du 14 août 1750, s'était démise en sa faveur. Il produisit les justifications d'usage, et le roi ayant accédé à sa demande, il fut admis à « représenter ses titres et capacités et à subir l'examen et l'épreuve accoutumés » devant les syndic et adjoints de la Communauté des libraires et imprimeurs de Paris (2).

Le 15 septembre 1750, le registre de la Communauté constate que les syndic et adjoints ont « fait la visite et dressé le procès-verbal de l'imprimerie que le sr Barbou a acquise pour servir à son établissement, et que celui-ci, conformément à l'article XLIV du Règlement, les a requis de le mettre en état de subir l'examen et épreuve sur le fait de l'imprimerie. » Ils lui ont fait tirer au sort les

(1) Bibliothèque nationale, Manuscrit, fonds français 21858, f° 63 r°.
(2) *Ibid.*, f° 134, r°.

noms des huit examinateurs qui doivent, avec eux, juger de sa capacité, savoir : quatre parmi les anciens officiers (de Lépine, Josse, Coignard, Le Mercier) et quatre parmi ceux qui n'ont pas encore passé par les charges (Rabuty, Hardy, Prault père et Lottin), qu'il s'est chargé de convoquer pour le lendemain à trois heures du soir (1).

Le lendemain, en effet, les examinateurs interrogèrent Joseph-Gérard sur « les différentes parties et usages de l'art de l'imprimerie », et, après avoir entendu ses réponses, par la voie du scrutin, « ils se trouvèrent réunis sur sa capacité et pensèrent qu'il méritait d'être admis à la maîtrise de l'imprimerie (2) ».

L'arrêt du Conseil d'Etat du 28 septembre 1750 ordonna que Joseph-Gérard serait admis comme imprimeur-libraire à Paris et il fut reçu en cette qualité par les syndic et adjoints le 6 octobre suivant (3). Joseph-Gérard donna 500 livres à la Communauté pour sa réception.

Grâce à ses nombreuses et bonnes relations avec ses confrères, Joseph-Gérard put réaliser le projet qui souriait aux Barbou depuis longtemps, celui de posséder la Collection des auteurs latins pour les bibliophiles. On verra, par la suite, avec quelle persévérance il poursuivit la continuation de cette Collection, pour le plus grand honneur de sa maison.

La formation de cette Collection et sa valeur vont faire l'objet des lignes suivantes.

Il convient tout d'abord de dire de quels volumes se composait la Collection, à l'apparition du dernier ouvrage, celui du P. Rapin publié en 1780. Nous prendrons la liste dressée par Joseph-Gérard lui-même :

P. Terentii comœdiæ, 2 vol., 1753 (Le Loup et Mérigot).

Catullus, Tibullus, Propertius, 1754 (c'est l'édit. de 1743 avec changement de titre), réédité en 1792.

T. Lucretii Cari Opera, 1754 (c'est l'édit. de 1744 avec changement de titre).

Martialis Epigrammata, 2 vol., 1754 (c'est l'édit. de 1753 avec changement de titre).

Eutropius, 1754 (c'est l'édit. de 1746 avec changement de titre), réédité en 1793.

Phædri fabulæ, 1754 (il y avait deux édit. : celle de 1742 (Coustelier) et celle de 1747 (Grangé), dont les titres avaient été changés), réédité en 1783 et 1802 (Brotier).

(1) Bibliothèque nationale, Manuscrits, fonds français 21858, f° 134, v°.
(2) Ibid., f° 135, r°.
(3) Ibid., f° 136, r° et v°.

C. Julii Cæsaris Commentaria, 2 vol., 1755.
Quintus Curtius, 1757.
Plauti comœdiæ, 3 vol., 1759.
Sarbievii (Mathiæ Casimiri) carmina, 1759, réédité en 1791.
C. Cornelius Tacitus, 3 vol., 1760, réédité en 1793 (J.-N. Lallemand).
Selecta Senecæ Philosophi opera, 1761, réédité en 1790.
Publii Ovidii Nasonis Opera, 3 vol., 1762, réédité en 1793.
P. Virgilii Maronis Opera, 2 vol., 1767 (l'édit. de 1745 (Coustelier) formait 3 vol.), réédité en 1790.
Lucani Pharsalia, 1767 (il y avait eu une édit. en 1745).
Cornelius Nepos, 1767 (il y avait eu une édit. en 1745), réédité en 1784.
Novum Jesu-Christi Testamentum, 1767, réédité en 1785.
M. T. Ciceronis Opera omnia, 14 vol., 1768 (J.-N. Lallemand).
Caii Plinii Secundi Epistolæ et Panegyricus Trajano dictus, 1769, réédité en 1788 (J.-N Lallemand).
Justinus, 1770.
Sarcotis et Caroli V Imp. Panegyris, carmina, auctore Masenio, 1771 (il y avait eu une édit. en 1757).
Sallustius, 1774 (il y avait eu des édit. en 1744, 1761), réédité en 1801.
Jac. Vanierii Prœdium rusticum, 1774 (petit in-8), réédité en 1786.
Q. Horatii Flacci Opera, 1775 (il y avait eu des édit. en 1746 et 1763).
Titus Livius, 7 vol., 1775.
Juvenalis et Persii Satyræ, 1776 (il y avait eu une édit. en 1746 avec nouveau titre en 1754), réédité en 1801.
Senecæ de Beneficiis et de Clementia excerpta, 1776.
Velleius Paterculus et Florus, 1777 (il y avait eu une édit. en 1746).
D. Erasmi Encomium Moriæ, et Mori utopia, 1777. (Il y avait eu une édition en 1765.)
F. J. Desbillons Fabulæ Æsopiæ, 1778 (il y avait eu des édit. en 1759 et 1769).
Amœnitates poeticæ, sive Th. Bezæ, Mureti poemata, et J. Secundi Juvenilia, J. Bellaii amores, 1779 (il y avait eu une édit. en 1757).
Caii Plinii Historia naturalis, 6 vol., 1779 (Brotier).
De Imitatione Christi, ex recens. J. Valart, 1780 (il y avait eu des édit. en 1758, 1764 et 1773), réédité par Beauzée en 1789.
Renati Rapini Hortorum libri IV et Cultura hortensis, 1780.

Soit trente-quatre ouvrages en soixante-huit volumes.

Dans une *Notice des éditions des auteurs latins* (1), notice qui a dû être imprimée plusieurs fois, voici comment les Barbou exposent la formation de la Collection.

« Les éditions des Auteurs latins imprimées par les *Elzévirs*, si recherchées pour leur élégance, si commodes par leur format,

---

(1) *Notice des éditions des auteurs latins, poètes, historiens, orateurs, philosophes, etc., qui composent la collection des Barbou*, M.DCCC.VII. In-12 de 24 p. (Communiquée par M. Paul Delalain.)

devenoient plus rares de jour en jour, et peu de gens pouvoient parvenir à les compléter. M. Lenglet Dufresnoy conçut, en 1743, le dessein de suppléer à la rareté de ces éditions, en faisant réimprimer toute la suite des mêmes Auteurs Latins, en petits in-12, et, s'il se pouvoit, aussi proprement que les Elzévirs.

» Son projet fut goûté de plusieurs libraires (et entr'autres d'Antoine *Coustelier,* fils d'Urbain, si célèbre dans la typographie françoise), qui publièrent successivement : Catulle, Tibulle et Properce réunis dans un seul volume, Lucrèce, Salluste, Virgile, Cornélius Népos, Phèdre, Horace, Velleius Paterculus, Eutrope, Juvénal, seconde édition de Phèdre, fort supérieure à la première, et Martial. Etienne-André *Philippe* de Prétôt, censeur royal, présida à plusieurs de ces éditions.

» On paroissoit en rester là, quand BARBOU résolut de poursuivre l'entreprise. Il acquit, pour cet effet, le fonds des Auteurs déjà publiés par différents libraires, et ces Auteurs ont été la base de la belle Collection qu'il continue de former. Il a depuis publié lui-même César, Quinte-Curce, Plaute, Tacite, Ovide, Lucain, Cicéron, Justin, Pline le Jeune, Tite-Live, etc., ainsi que d'autres livres modernes qui ne déparent point cette suite. Il a encore réimprimé la plupart des précédents Auteurs qui manquoient, et les nouvelles éditions ne le cèdent aux premières, ni pour la correction, ni pour l'exécution typographique. »

Dans la *Biographie Michaud*, M. Gabriel Peignot donne quelques renseignements complémentaires sur la Collection.

« ... En 1753, dit-il, le zèle des entrepreneurs des quatorze premières éditions formant dix-huit volumes (1) (dont un triple : *Catulle, Tibulle, Properce*), se ralentissant, Joseph-Gérard Barbou résolut de la continuer. En conséquence, il acquit le fonds des seize auteurs déjà publiés par différents libraires et en ajouta dix huit autres formant en 1780 soixante-huit volumes in-12. Joseph-Hugues céda sa librairie à M. Auguste Delalain, qui édita trois autres auteurs en quatre volumes : *Juvencius* (1809), 1 vol.; *Musæ rhetorices* (1809), 1 vol.; *Quintilianus* (1810), 2 vol. (2). Pour compléter cette jolie Collection, il faut y ajouter quatre autres tomes publiés en 1757, réunis deux à deux, par Philippe de Prétot (3), éditeur de la plupart des auteurs imprimés pour cette

---

(1) Nous donnons plus loin les titres des quatorze premiers volumes publiés.

(2) Ces trois ouvrages ne figurent plus sur le catalogue actuel de MM. Delalain, qui ont cependant quelques exemplaires encore du *Musæ rhetorices*.

(3) Probablement les *Tablettes géographiques,* 1755, 2 vol.

collection avant 1755. La collection complète était, en 1810, de soixante-seize volumes (1) ».

Les ouvrages que Joseph-Gérard acheta à Antoine Urbain II Coustelier étaient les suivants : 1° *Phèdre*, édition Le Mascrier, 1742, (imp. David) ; 2° *Catulle, Tibulle, Properce*, 1743, 3 tomes en 1 vol.; 3° *Lucrèce*, 1744 (des exemplaires portent le nom de Grangé, 1748), imp. C.-F. Simon ; 4° *Virgile*, 1745, 3 vol.; 5° *Lucain*, 1745 ; 6° *Horace*, 1746 ; 7° *Velleius Paterculus*, 1746 ; 8° *Eutrope*, 1746 (imp. Ve Delatour); 9° *Juvénal et Perse*, 1746 (imp. Ve Delatour).

Il acheta en outre à David : *Salluste*, 1744 (imp. C.-F. Simon); *Cornelius Nepos*, 1745 (imp. C.-F. Simon); — à Grangé : *Phèdre*, éd. S.-A. Philippe, 1747 (imp. C.-F. Simon); — à Le Loup et Mérigot : *Térence*, 1753, 2 vol.; — à Robustel et Le Loup : *Martial*, éd. Le Mascrier, 1753, 2 vol.

Tous ces ouvrages, sauf le *Phèdre* et le *Martial*, étaient édités par Étienne-André Philippe dit de Prétot.

Dès qu'il fut en possession de ces volumes, Joseph-Gérard en refit les titres à son nom, en substituant au premier millésime celui de 1754 (2), et il masqua le nom de l'imprimeur par une bande de papier. Nous n'avons trouvé que le *Térence* qui ait conservé son titre aux noms de Le Loup et Mérigot, probablement parce qu'il avait été tiré à trop grand nombre (3), ou bien parce que Barbou n'était pas seul propriétaire de cet ouvrage.

D'autres ouvrages étaient dans le même cas et ne furent pas réédités par Joseph-Gérard Barbou, tels sont : *Catulle, Lucrèce, Martial, Eutrope* et *Phèdre* (il possédait deux éditions de ce dernier) (4). Ce n'est qu'en 1761, huit ans après l'achat à Coustelier, que Barbou réédita l'un des premiers ouvrages, le *Salluste*.

(1) On a vu plus haut que le chiffre de Joseph-Gérard Barbou était de **68**. M. G. Peignot, pour arriver au chiffre de 76 indiqué par lui en 1811, doit ajouter probablement les ouvrages suivants : *Meursii elegantiæ latini sermonis*, 2 tomes en 1 vol.; *Tablettes géographiques*, par Philippe de Prétot (1755), 2 vol., et les trois ouvrages édités par Auguste Delalain. (*Biographie universelle ancienne et moderne*, III, 354 (Paris, Michaud, 1811-33, 55 vol. et supplém. 1834-62, 30 vol.)

(2) L'achat à Coustelier doit remonter à 1753, car pour le *Catulle* de ce libraire, daté de 1743 (marque : *Non solus. Lugduni Batavorum*), Barbou refit le titre à cette date, vignette banale : *Lutetiæ Parisiorum. Apud Josephum Barbou, viâ San-Jacobœâ*, M. DCC. LIII). L'avis du *Typographe au lecteur*, daté des calendes d'octobre 1743, émane de Coustelier.

(3) Il figure tel qu'il était en 1753 dans le Catalogue actuel de MM Delalain.

(4) Parmi les quatorze premiers ouvrages, voici ceux qui furent réédités : 1761 et 1774 *Salluste*, 1763 et 1775 *Horace*, 1767 *Virgile* (en 2 vol. au lieu de 3), *Lucain, Cornelius Nepos*, 1776 *Juvénal et Perse*, 1777 *Velleius Paterculus*.

Dans un prospectus, qui semble à peu près le même que celui rédigé dix ans auparavant par Coustelier, Barbou annonce son intention de continuer la Collection des auteurs latins. Moins heureux que Deschamps (1), nous n'avons pu voir ce prospectus, qui certainement devait s'inspirer de l'Avis du typographe au lecteur, placé en tête du *Catulle* de Coustelier. Nous en traduisons quelques passages :

« Nous t'offrons, bienveillant lecteur, une édition aux caractères élégants, sur papier pur et glacé, depuis longtemps désirée... Nous avons soigné l'exécution typographique de façon à pouvoir présenter aux yeux des savants et des délicats un livre exempt de toute erreur d'impression... Tel est, bienveillant lecteur, l'avertissement que nous avons cru devoir placer en tête de cet ouvrage. Si tu favorises notre entreprise, nous nous hâterons de publier tous les autres poètes, ceux surtout que n'ont pas édités les Elzévier. Ce sont, en effet, ces imprimeurs émérites, et non point ces vulgaires barbouilleurs de papier et gâcheurs de caractères que nous avons voulu et que nous voudrons toujours imiter. Salut. 1er octobre 1743. » (2).

Pour rendre l'imitation plus évidente, Coustelier avait adopté l'une des marques des Elzévirs celle à la devise : *Non solus*, et Joseph Gérard continua à la placer sur ses titres.

Pour montrer l'ardeur que Joseph-Gérard mit dans la continuation de la Collection, nous indiquerons dans quel ordre les ouvrages se sont succédés.

Le premier ouvrage imprimé par lui fut le *César* de 1755 en 2 vol. On lit à la fin du tome Ier la liste des auteurs que Coustelier avait édités et de ceux qui étaient sous presse. Le libraire fera paraître chaque année les autres auteurs. Joseph-Gérard ajoute que l'édition de ces ouvrages a été enrichie de notes et de corrections

---

(1) *Dictionnaire de géographie ancienne et moderne à l'usage du libraire et de l'amateur de livres*, par un Bibliophile [Deschamps], p. 720. Paris, Didot, 1870, in-8.

(2) « Typographus Lectori : Jamdudum expetitam Catulli, Tibulli et Propertii Editionem eleganti caractere, cartha pura et nitida offerimus tibi, Lector benevole... Editionem porrò nostram ita curavimus prælo subjici, ut eam doctis et delicatis oculis offeramus omni errore typographico vacuam... Ea sunt, Lector benevole, quæ præloqui censuimus : si autem cœptis nostris faveas, quamprimùm properabimus ad cæteros Poëtas edendos, eos præcipuè quos non ediderunt Elzevirii. Hos etenim, non verò vulgares illos chartarum maculatores, atque caracterum corruptores imitari mens nostra semper fuit, et erit. Vale. Kalendis Octobris 1743. »

savantes et qu'elle a été ornée surtout de plusieurs gravures du très célèbre D. Cochin et d'autres illustres maîtres (1).

On ne voit dans cette liste ni le *Térence* ni le *Lucain* qui faisaient cependant partie de la Collection. Joseph-Gérard réédita *Lucain* en 1767.

Suivant sa promesse, Joseph-Gérard fit paraître successivement : *Quintus Curtius, Amœnitates poeticæ* et *Masenius*, en 1757 ; *Th. a Kempis de Imitatione Christi*, en 1758 ; le même ouvrage, traduction Valart, *Sarbievius* et *Plaute*, en 1759 ; *Tacite*, 3 vol. en 1760 ; *Sénèque* et *Salluste* (2ᵉ édition), en 1761 ; *Ovide*, 3 vol., en 1762 ; *Horace*, en 1763.

La couverture de ce dernier donne le catalogue de 1755, en y ajoutant les volumes parus depuis, plus le *Desbillons* que Barbou ne réédita qu'en 1769. Joseph-Gérard se garde bien de parler du *Meursius*, de Nicolas Chorier (1757), qu'il a sur la conscience.

Il annonce comme étant sous presse : *Cicéron, Justin, Nouveau testament, Pline l'Ancien* et *Tite-Live*.

En 1764, paraît la deuxième édition de *Th. a Kempis*, et en 1767, *Novum testamentum, Virgile* en 2 vol., *Cornelius Nepos* et *Lucain*. Le catalogue qui termine ce dernier ouvrage mentionne l'*Erasmi encomium moriæ* que Barbou venait d'acheter et qu'il imprima en 1777 seulement.

Aux ouvrages sous presse sont venus s'ajouter *Quintilien*, qui ne parut qu'en 1810 chez Delalain et les *Fables* de Desbillons, bien que ce dernier figure parmi les ouvrages en vente à la suite de l'*Horace* de 1763.

Si Joseph-Gérard sembla se ralentir de 1764 à 1767, ce n'était qu'un sommeil apparent, car en 1768 parut l'ouvrage le plus considérable de sa Collection latine, les *Œuvres de Cicéron*, en quatorze volumes. Cet ouvrage, dont Brunet fait un grand éloge, demanda un travail opiniâtre. Barbou qui l'avait commencé dès 1763 (2)

(1) AUCTORES quos in lucem prodidit A. U. Coustelier : quorum auctorum editio ditatur ac locupletatur tum egregiis digrammatibus tum emendatioribus viticulis, quam plurimis præsertim à celebratissimo D. Cochin, et aliis celeberrimis Magistris exaratis.

POETÆ : Catullus, Tibullus et Propertius ; — Lucretius — Virgilius, 3 vol. ; — Horatius ; — Juvenalis et Persius ; — Phœdri fabulæ ; — Martialis epigrammata.

HISTORICI : Cæsaris commentaria, 2 vol. ; — Cornelius Nepos ; — Sallustius ; — Velleius Paterculus ; — Eutropius.

SUB PRÆLO : Quintus Curtius ; — Ovidius, 4 vol. ; — Plinius Harduini ; — Justinus.

Aliiauctores singularis (sic) annis ab eodem Bibliopola prælo subjicientur.

(2) Voir le deuxième titre du tome 1ᵉʳ.

sentit qu'il ne pourrait mener l'œuvre à bonne fin, s'il n'y intéressait quelques confrères. Sur les titres des tomes 1, 2, 4, 5 et 6, son nom est précédé de ceux de Desaint et Saillant. Les titres portent indifféremment les marques aux devises *Non solus* et *Et fructu et foliis*. A la fin, on remarque une réclame du fondeur en caractères que l'on retrouve sur bien d'autres volumes de la Collection à partir de 1755. « *Litteræ quibus impressus est hic liber a P. S. Fournier juniore incisæ sunt.* » Barbou devait bien une part de sa gloire à cet habile fondeur.

Le *Cicéron* se termine par un catalogue de la collection comprenant vingt-quatre auteurs et quarante-six volumes. Souvent les volumes sont accompagnés d'un index bibliographique se terminant toujours par l'édition Barbou.

On voit paraître ensuite : *Desbillons* et *Pline le Jeune*, en 1769, *Justin*, en 1770; *Masenius*, 2ᵉ édition, en 1771, *Th. a Kempis*, 3ᵉ édition et le même, traduction Valard, 2ᵉ édition, en 1773, *Salluste*, 2ᵉ édition et le *P. Jacques Vanière* en 1774.

A la suite de ce dernier, Barbou ajoute le nom d'Eisen à celui de Cochin et indique comme étant sous presse le *Tite-Live*, revu par Lallemand, qui parut en effet l'année suivante ainsi que l'*Horace*, du même éditeur.

Nous passons par dessus les rééditions de *Velleius Paterculus*, *Juvénal et Perse*, *Sénèque*, en 1776 ; *Erasme*, en 1777 ; *Desbillons*, en 1778 ; *Amœnitates poeticæ*, *Pline l'Ancien* (6 vol.), en 1779 ; *Imitation de Jésus-Christ*, 4ᵉ édition, en 1780, pour arriver au dernier ouvrage de la Collection, le *Ren. Rapini hortorum et cultura hortensis* de 1780 (1).

Joseph-Gérard avait donc mis vingt-six ans pour achever la Collection.

Les volumes étaient du format in-12 carré, sur beau papier de l'Angoumois ou du Vivarais, imprimés avec les excellents caractères de P.-S. Fournier le Jeune, et ornés d'eaux-fortes des meilleurs graveurs. Ils avaient une reliure en veau marbré, dorée sur tranches, avec petits fers au dos, filets sur les plats et dentelle sur les gardes. Ils étaient donc d'un format très commode et avaient un aspect très élégant.

Les prix fixés par Joseph-Gérard pour chacun des volumes reliés étaient de 5 à 6 l., et il vendait la collection complète (68 vol.) 395 livres, en 1782. C'est à peu de chose près le prix

(1) De 1780 à 1788, il réédita les volumes suivants: *Phèdre*, 1783, *Cornelius Nepos*, 1784, *Novum testamentum*, 1785, *P Vanière*, 1786, *Encomium moriæ*, et *Th. a Kempis*, 1787.

qu'elle vaut de nos jours, et on la trouve rarement complète et en bon état, du moins c'est ce qui ressort de l'examen de l'ouvrage de Cohen et des quelques catalogues que nous avons consultés.

J.-B. Brunet (1) donne la liste des « auteurs latins publiés et imprimés à Paris chez Coustelier, Barbou, etc., du format in-12 ». Il prévient le lecteur que les éditions citées par lui sont celles qu'il est préférable de choisir. Il ajoute que « les soixante-et-onze volumes réunis, reliés en veau, dorés sur tranche, se paient de 200 à 250 fr. dans les ventes ; ils étaient plus chers il y a cinquante ans. Un exemplaire en papier de Hollande et broché a été vendu 540 fr., salle Sylvestre, en 1808 ».

Si Brunet parle de soixante et onze volumes, c'est qu'il comprend dans la Collection l'*Imitation de Jésus-Christ*, traductions Valart ou Beauzée, deux éditions de *Phèdre*, et le *Meursii elegantiæ latini sermonis* que les Barbou n'y comprenaient pas. Ils y ajoutaient en revanche le *Senecæ de Beneficiis et de Clementia excerpta, in gallicum conversa*, de 1776, dont ils latinisaient le titre pour le mettre en harmonie avec les autres.

Dans les catalogues, on voit souvent introduire dans la Collection Barbou, des ouvrages que les éditeurs n'y avaient jamais compris, tels par exemple : *Ruris deliciæ*, de 1757, *Santeuil, hymnes*, de 1760, *Du Mas, Liber psalmorum*, de 1780, *Malherbe, Poésies*, de 1776 ; *Sannazarii Opera*, de 1728 ; etc.

Les ouvrages de la collection qui furent le plus souvent réédités sont *Th. a Kempis De imitatione Christi* (4 éd.), le même, traduction Valart (4 éd.), *Desbillons* (4 éd.), *Salluste* (4 éd.), *Virgile* (3 éd.), *Horace* (3 éd.)

Parler des éditeurs de la collection des Barbou, des dessinateurs et des graveurs qui l'ont illustrée, ce serait nommer presque tous les savants et les artistes du xviiie siècle. Nous ne copierons pas les dictionnaires biographiques : il nous suffira de dire que les Barbou ont eu le grand mérite de faire une belle œuvre, en groupant autour d'elle l'élite des savants et des artistes.

Avant d'en terminer avec la Collection d'auteurs latins, qu'il nous soit permis d'indiquer les noms des dessinateurs et des graveurs.

Dans les quatorze ouvrages édités par Coustelier avant 1754, on remarque parmi les dessinateurs les noms de Cochin fils, Van Mieris, Eisen, Durand, Gravelot, et parmi les graveurs, ceux de Delafosse, Sornique, Duflos, Lemire, Fessard.

Joseph-Gérard Barbou ajouta à ceux-ci, à partir de 1755 : B.

---

(1) *Manuel du Libraire*, 5ᵉ édit., V, c. 1788.

Picart, Marillier, de Sève, de la Borde, Blakey, Prévot, comme dessinateurs ; Ficquet, Lempereur, Aliamet, de Longueil, L.-J. Cathelin, Baquoy, comme graveurs. Il mettait en avant le nom de Cochin, auquel il adjoignit bientôt celui d'Eisen, comme les deux plus en vue.

Cohen, dans son *Guide de l'amateur de livres à vignettes et à figures du* xviiie *siècle* (1) indique, comme Brunet, les éditions que l'on doit préférer aux autres, ce sont généralement les plus anciennes ; car les dernières ont des gravures fatiguées par le tirage. Il indique aussi des prix qui sont supérieurs à ceux de Brunet. Les ouvrages qu'il cote le plus cher à cause des dessinateurs et du nombre des gravures sont : *Lucrèce*, 1754 (10 à 12 fr.); *Horace*, 1754 et 1763 (8 à 10 fr.); *Térence*, 2 vol. 1753 (15 à 20 fr.); *Phèdre* et *Lucain*, 1754 (7 à 8 fr.); *Justin*, 1770 (6 à 8 fr.). Les autres ouvrages sont de 5 à 6 fr.

On comprend que les livres qui demandaient le concours des dessinateurs, des graveurs et des imprimeurs en taille-douce, revenaient cher. Aussi Barbou employait-il fréquemment les entêtes et les culs de lampe gravés sur bois par J.-B. Papillon, qui tentait à ce moment de régénérer l'ancienne gravure en « taille d'épargne » et qui faisait d'assez jolies vignettes. Mais celles-ci étaient bien loin d'approcher de la grâce et de la finesse des eaux-fortes.

Pendant l'exercice de Joseph-Gérard, on trouve quantité d'ouvrages pour le Collège Louis-le-Grand, écrits par des Jésuites, entre autres ceux des PP. Commire, de La Sante, Hosschius, Gautruche, Tachard, Sanadon, de la Rue, Jouvency, Sautel, Pomey, Masenius, de Kervillars, Desbillons, Porée, de Merville, de Querbœuf, Baudory, Fleuriau, Lebrun, Sauger, Rapin ; mais à partir du moment où les Jésuites ne dirigent plus les collèges, ces noms se font plus rares et ils font place à ceux de nouveaux auteurs, qui quelquefois n'ont fait que démarquer les ouvrages des premiers. Cependant, ceux du P. Jouvency se vendaient toujours.

Les auteurs suivis sont alors : de Wailly, Vaugelas, les abbés d'Olivet, Colin, Valart, Beauzée, Paul, Gédoyn, Dinouart, Le Ragois, — Lallemand, De Barrett, Mercier, Capperonnier, de Sacy, Mongault, Seguy, Bouhier, Villier, etc.

Les ouvrages le plus souvent réimprimés étaient ceux de l'abbé d'Olivet et de de Wailly. *Les principes généraux de la langue française* et l'*Abrégé de la grammaire* de ce dernier eurent sept éditions en dix ans.

---

(1) Paris, Rouquette, 1880, in-8.

A partir de 1763, Barbou se lance dans les traductions françaises; dans le catalogue de cette année, il donne les titres de trente et un auteurs traduits.

L'un de ses beaux ouvrages pendant cette période est le *Malherbe*, édité en 1757, 1764 et 1770, dont Cohen fait grand éloge, et qu'il estime de 15 à 20 fr.

Il fit paraître aussi, de 1768 à 1773, trois Traités de Cicéron dans le format in-32, dont les éditions, accompagnées d'un portrait, sont exécutées avec beaucoup de soin et de goût.

Les ouvrages relatifs au Limousin imprimés par Barbou sont si rares, que l'on nous permettra de signaler l'*Histoire de la vie et du culte de Saint-Léonard en Limousin*, par l'abbé Oroux, chanoine de Saint-Léonard de Noblat, imprimé en 1760.

Joseph-Gérard, suivant l'usage d'alors, aimait à s'adresser au lecteur, au début de ses livres; il vantait naturellement les qualités de ses ouvrages, mais cependant d'une façon discrète et en fort bons termes. Ainsi on trouve en tête du *Nouveau testament* in-24 de 1771, l'avis suivant que nous traduisons : (1)

« Pour le *Nouveau Testament* dans l'édition que l'on appelle ordinairement petit format, nous avons suivi l'édition déjà sortie de nos presses. C'est donc le même texte que nous avons reproduit, avec les mêmes sommaires en tête de chaque chapitre. Nous avons apporté le même soin, afin que, autant que possible, aucune faute ne déshonore le plus utile et le meilleur des livres.

» Nous avons entrepris cette double édition pour que tout chrétien puisse se procurer un *Nouveau Testament* d'un format plus commode et d'un prix modique. Si, en effet, l'imprimeur qui publie des livres destinés à être mis entre toutes les mains doit offrir ces deux avantages, il doit agir ainsi surtout quand il édite le *Nouveau Testament* ».

Dans l'avertissement de la traduction d'*Eutrope* par de Wailly, parue en 1783, Barbou s'exprime ainsi : « ... Dans tout ce que

---

(1) Typographus lectori. — Novum Testamentum in forma quâm vocant minorem vulgaturi eam secuti sumus editionem quæ nostris e typis prodierat. Eumdem igitur textum repræsentavimus; eadem capitibus singulis præfiximus argumenta. Par adhibita est diligentia, ut nullis, quoad fieri posset, mendis fœdaretur librorum utilissimus et excellentissimus.

Ideo duplex a nobis suscepta est editio ut cuique christiano liceret novum sibi comparare Testamentum, quod esset formâ commodiori, quodque modico væniret pretio. Si enim hoc utrumque præstandum est a Typographo qui libros manibus omnium terendos typis mandat, maxime cum novum Testamentum in lucem dare aggreditur.

fesons, nous avons pour objet le plus grand bien des études. Nous désirons que ce que nous offrons aujourd'hui à la jeunesse lui soit aussi profitable que notre zèle est pur. »

Les auteurs qui lui confiaient leurs ouvrages avaient pour lui la plus grande estime, on en jugera par la phrase qui termine la préface des diverses éditions des *Principes généraux et particuliers de la langue française* de M. de Wailly : « Mon ouvrage étant contrefait dans plusieurs villes de province, ces éditions remplies de fautes et imparfaites m'ont attiré des reproches de plusieurs professeurs ; j'avertis que je n'avouerai d'autre édition que celle imprimée à Paris sous mes yeux ; il sera aisé de la reconnaître à la signature de l'imprimeur.

Barbou

Plusieurs éditeurs, et des plus importants, s'adressaient à lui pour l'impression de leurs ouvrages ; la belle édition de *la Henriade* de Voltaire sortie, en 1770, de chez la veuve Duchesne, Saillant, Desaint, Panckoucke et Nyon (2 vol. in-8) porte à la fin de la seconde partie (verso de la 3e page de la table), dans un encadrement formé d'attributs des sciences et des arts :

De

l'Imprimerie

de BARBOU

En donnant les titres de plus de deux cents ouvrages imprimés par Joseph-Gérard Barbou pendant les trente ans de son exercice, nous ne prétendons pas les donner tous, mais seulement une partie. L'on se rend bien compte des lacunes qu'une pareille liste doit présenter lorsque l'on parcourt la liste de tous les ouvrages parus pendant une seule année. Ainsi la *Bibliographie parisienne pour l'année 1770* (1) nous donne les titres de trente-cinq ouvrages de Barbou, alors que dans nos recherches nous n'en avons trouvé que huit.

La *Bibliographie parisienne* donne sur chacun des ouvrages les appréciations des journaux. Voici ce que nous relevons au sujet du

---

(1) Paris, Denos, 1770, in-8°.

Justin de 1770, le seul de la Collection des auteurs latins qui parut cette même année :

« Ce Justin forme le cinquantième volume de la magnifique Collection des auteurs latins et il est exécuté comme tous les autres : nous ne pouvons le louer davantage ». (*Journal des savants*, mars 1770, p. 562).

« Cette belle édition, faite sur celle de Fischerus à Leipsick lui est supérieure par les corrections de quelques fautes et par l'insertion de plusieurs leçons excellentes. L'auteur recommandable à plus d'un titre a fait disparaître presque toutes les difficultés qui embarrassaient dans le texte de Justin ». (*Journ. hist. de Verdun*, 1770, t. 107, p. 92).

« Rien n'est désiré pour la critique du texte. Quant à la partie typographique, ce livre aussi soigné que tous ceux qui sortent des mains de l'imprimeur, est encore décoré d'une estampe gravée sur le dessin de M. Gravelot ». (*Affiches-Annonces*, 1770, janvier n° 5).

Les catalogues placés à la fin de plusieurs ouvrages de Joseph-Gérard Barbou auraient pu nous permettre de suivre l'accroissement de sa librairie ; mais ces catalogues sont souvent écourtés et ne contiennent que les titres des ouvrages les plus en faveur. On doit cependant une mention à celui qui suit les poésies du P. Sanadon de 1754. Il comprend les sept divisions suivantes : Ouvrages du P. Jouvency ; — Ouvrages du P. de La Rue ; — Collection des poètes latins édités par A.-U. Coustelier ; — Traductions ; — Dictionnaires ; — Livres à l'usage des classes et des pensions ; — Poètes et orateurs de la Société de Jésus.

C'est sous la direction de Joseph-Gérard que la librairie Barbou atteignit son apogée. C'était même la librairie à la mode en 1762. On lit, en effet, dans l'ouvrage de M. Henri Bouchot (1) : « Quand les fermiers généraux, ces grands financiers amateurs du siècle dernier, imaginèrent de faire une édition à leurs frais des *Contes* de La Fontaine, ils jetèrent naturellement les yeux sur les artistes les plus préparés à illustrer les inimitables fantaisies du grand poète, Eisen et Choffard. Le premier eut dans sa tâche la composition des sujets hors texte ; Choffard, la décoration générale. On s'adjoignit Ficquet pour le portrait du *bonhomme*, Ficquet dont la spécialité en ce genre était éblouissante de finesse et d'esprit ; Diderot fit une courte introduction ; on confia la composition à un imprimeur de premier ordre et on le mit en vente chez Barbou ».

Joseph-Gérard mourut vers 1790.

---

(1) Henri Bouchot, *Le Livre*, p. 209 (Paris, Quantin 1886, in-8).

BARBOU Frères

(1790-1796)

Après la mort de Joseph-Gérard, la maison fut dirigée par ses neveux : les trois fils de Léonard Barbou de Monimes (Joseph-Hugues, Martial et Martial-Rémy) et l'un des fils de Martial Barbou des Courières (Henri-Joseph Barbou des Places). Ce dernier et Joseph-Hugues étaient les filleuls de Joseph-Gérard.

C'est Joseph-Hugues qui semble avoir eu la part prépondérante dans la direction. Depuis la mort de son père, en 1782, il était devenu le chef de la famille. Comme tel il était entré en possession du Livre de raison. Il semble qu'il ait fait de courts séjours à Limoges, car le Livre ne porte que deux mentions de sa main. Dans la première, il inscrit la mort de son père (10 juin 1782) et mentionne qu'il est son héritier universel, à la charge d'acquitter la légitime de ses cinq frères et sœurs (22,000 livres pour chacun) ; il signe : « Barbou de Monimes fils aîné, garde du corps Compagnie de Villeroy ». En 1786, il indique le mariage de sa troisième sœur et la même année, l'entrée au service de ses jeunes frères Martial et Martial-Rémy, en qualité de gardes du corps dans la Compagnie de Luxembourg.

Le catalogue de Hugues Barbou de 1807, que M. Paul Delalain a eu l'obligeance de nous communiquer, permet de savoir le nombre et le genre d'ouvrages publiés par les frères Barbou pendant cette période si sombre de notre histoire, de 1790 à 1796. Comme les titres sont accompagnés de leur date de publication et du prix de vente, il nous a été facile d'en relever une trentaine, ce sont presque tous des auteurs latins ou des traductions de ces auteurs ; la plupart des rééditions.

Parmi les ouvrages de la Collection d'auteurs latins, il réédita *Virgile* et *Sénèque* (1790) ; *Sarbievius* (1791) ; *Catulle* (1792) ; *Ovide*, *Eutrope* et *Tacite* (1793). Mais les gravures et les caractères de ces éditions sont fatigués et celles-ci sont généralement moins estimés que les premières.

Au moment de l'effervescence politique, alors que l'on prenait pour modèle la République romaine, les œuvres de Cicéron, étaient souvent citées et le grand orateur romain jouissait d'une grande faveur. C'est pour cela qu'à la suite d'une traduction de Cicéron de 1795, les frères Barbou indiquaient les titres de leurs autres traductions de cet auteur. Il y en a douze, à la suite desquelles se trouvent d'autres auteurs latins avec la traduction en regard.

Eu 1796, plusieurs circonstances vinrent rompre l'association des frères Barbou. Peut-être Martial et Martial-Rémy émigrèrent-ils et s'engagèrent-ils dans l'armée de Condé ? On n'entend plus parler d'eux à partir de cette date. Henri-Joseph Barbou des Places épousa à Paris, en 1796, Mlle Rosalie Ardant de Meilhards, sa cousine, et il dut se retirer des affaires, car à partir de 1797, le nom de Hugues Barbou est seul sur les titres d'ouvrages.

Joseph-Hugues BARBOU

(1797-1808)

Joseph-Hugues, ou tout simplement Hugues, dut être, à ses débuts, très gêné par la situation politique. Les affaires en librairie, comme dans les autres industries, étaient à peu près nulles. Pendant les trois années de 1797 à 1799, il n'édita que deux ouvrages. En revanche, de 1800 à 1808, la reprise des affaires s'accentua d'années en années (quatre titres en 1800 et vingt en 1806), et l'on peut évaluer à une centaine les nouveautés ou les rééditions sorties des presses de Hugues pendant huit ans.

Mais de même que ses devanciers, Hugues Barbou ne se départ pas un instant de la ligne de conduite qu'il s'est tracée. Il ne publie que des ouvrages classiques, les latins principalement, et des ouvrages de piété. Dès le Concordat, il réimprime toute l'ancienne série des catéchismes, évangiles, imitations de J.-C., maximes, vies de saints, etc.

A la liste des classiques latins, il ajoute les excellents ouvrages de Lhomond, tant de fois réimprimés depuis. Hugues fait aussi quelques tentatives du côté des classiques français. On remarque dans le catalogue de 1807 des ouvrages de Fénelon, Bouflers, Fléchier, Montesquieu, Voltaire, etc.

Hugues publia en 1807 une *Notice des auteurs latins de la collection des Barbou*. Nous avons reproduit plus haut le préambule de cette Notice. Les ouvrages sont présentés au public d'une façon très engageante, sans forcer l'éloge. On trouvera ces notices à la suite de chacun des titres, dans le catalogue.

De la Collection des auteurs latins, il ne réédita que le *Salluste* et l'*Imitation de Jésus-Christ.* Toute la collection figure sur son catalogue, et elle est cotée plus cher que du temps de Joseph-Gérard, 7 fr. le volume (au lieu de 6 fr.) ou 469 fr. la collection entière.

On trouve à la suite neuf ouvrages des auteurs *ad usum Delphini* dont le prix n'est pas indiqué ; mais comme quelques pages plus haut le *Virgile* est compté 18 fr., les autres devaient être du même prix.

Hugues Barbou possède encore en 1807 les trois ouvrages de Cicéron dans la jolie édition in-32, qu'il vend, en reliure maroquin, 6 fr. le volume.

Sous le titre « Catalogue des différents traités des auteurs grecs et latins en grandes feuilles in-4° et in-8° », nous voyons dans le catalogue de 1807, quelques-unes des feuilles classiques éditées à Limoges. Il n'y a plus que Cicéron qui soit représenté par treize titres, c'est probablement ce qui restait de cette fameuse *Chambre des Cicérons* de la maison de la rue Manigne à Limoges, qui contenait 77,415 de ces feuilles en 1751. Le catalogue fait connaître les prix de vente : les traités de 3 à 4 feuilles in-4° se vendaient 20 c.; ceux de 5 à 6 feuilles, 30 c.; de 7 à 8 feuilles, 40 c., etc.

Puisque nous venons de parler de prix, le catalogue de 1807 permet de constater que les livres sont d'un prix plus élevé qu'avant 1789. Les volumes in-32 se payent : reliure parchemin, 1 fr.; basane dorée sur tranche, 1 fr. 50; — les in-24, parchemin, 75 c.; basane, 1 fr. 25; veau, 1 fr. 75; veau doré sur tranche, 2 fr.; — les in-18, parchemin, 1 fr.; basane, 1 fr. 25; veau, 2 fr.; — les in-12 cartonnés ou reliure parchemin, 1 fr. 50 à 2; fr. reliés basane, 2 fr. 75; veau, 3 fr. 25; veau doré sur tranche, 3 fr. 60.

En 1808, Hugues perdit sa femme et ce triste événement venant après la mort de ses frères le détermina à abandonner les affaires. Il céda sa maison à l'un de ses plus estimables confrères, M. Auguste Delalain (1) avec lequel il avait des relations d'affaires et

---

(1) Voici la généalogie de MM. Delalain, telle que MM. Delalain ont eu l'obligeance de nous la communiquer :

« 1° Nicolas-Augustin, de Vitry-le-François, libraire, 7 août 1764, adjoint 11 septembre 1786 (LOTTIN). Etait désigné par *l'aîné*, un de ses frères puînés, Louis-Alexandre, étant alors établi également libraire ;

2° Jacques-Auguste, né à Paris, le 25 juillet 1774, l'un des fils du précédent, libraire à Rouen, 1803, puis à Paris vers 1805, acquéreur du fonds Barbou, 1808 ; retiré 1836, mort 1852 ;

» 3° Jules, fils aîné du précédent, libraire, 1836 ; mort 1877.

» 4° Henri et Paul, deux des fils du précédent, libraires à partir de 1864

de famille. La maison ne pouvait tomber en de meilleures mains. M. Paul Delalain, l'un des petits-fils de M. Auguste Delalain, a bien voulu nous communiquer la circulaire par laquelle il annonce sa retraite à sa clientèle.

« Paris, 5 septembre 1808.

« Monsieur,

« J'ai l'honneur de vous prévenir que Monsieur Auguste Delalain, Successeur de la maison Barbou, Imprimeur-libraire à Paris, rue des Mathurins, n° 5, est chargé de la liquidation définitive de ladite maison, en vertu des pouvoirs authentiques qui lui ont été conférés ; en conséquence, c'est avec lui que vous avez à traiter directement pour les Comptes qui existaient entre vous et la maison Barbou.

« Je suis avec considération, Monsieur, votre très humble et très obéissant serviteur.

« Barbou. »

Joseph-Hugues survécut peu à sa retraite. Il est permis de supposer que le chagrin et la maladie devaient le miner. Il mourut à la fin de 1808 ou au commencement de 1809, laissant un fils, M. Eugène-Valérie, né en 1800, qui entra dans la magistrature (1).

---

et 1866, d'abord sous la raison sociale de Jules Delalain et fils, puis à partir de 1878, sous celle de Delalain frères.

» Nicolas-Augustin a eu plusieurs domiciles : en 1764, rue de la Comédie française (aujourd'hui rue de l'Ancienne-Comédie); en 1780, rue Saint-Jacques, vis-à-vis la rue du Plâtre, adresse désignée : en 1784, rue Saint-Jacques, la porte cochère en face la rue du Plâtre, au fond de la cour; en 1787, rue Saint-Jacques, n° 240, devenue en 1794, rue Jacque, n° 140.

» Jacques-Auguste fut appelé au service militaire pendant la Révolution et fut employé dans l'administration des vivres, section des approvisionnements extraordinaires, à la suite de l'armée de Sambre-et-Meuse. Libéré en 1800, il ne trouva en rentrant à Paris qu'un paquet d'assignats sans valeur pour sa part de succession et reprit la profession paternelle, qu'après un court séjour à Paris rue Hautefeuille (1801), il alla exercer pendant quelque temps à Rouen, où le signale l'*Annuaire* de 1804 ; revenu peu après à Paris, il s'établit rue Saint-Jacques, puis, en 1808, devint acquéreur du fonds des Barbou. Jusqu'en 1810, il mettait sur les titres de ses éditions : « successeur de MM. Barbou et Lallemant ».

(1) Il était président de Chambre à la Cour de Paris au moment de sa mort en 1856.

Grâce à l'extrême obligeance de MM. Henri et Paul Delalain, il nous a été permis de visiter l'ancienne maison des Barbou, rue des Mathurins, n° 5, qui correspond aujourd'hui au n° 29, rue du Sommerard. C'est l'ancien hôtel Catinat dont on peut voir la façade sobre et sévère en pénétrant par la cour, rue du Sommerard, mais dont l'aspect a été sensiblement modifié par les transformations qu'elle a subies. Le bâtiment de l'hôtel de Catinat était entre cour et jardin ; une partie du jardin a été expropriée pour le percement de la rue des Ecoles, le long de laquelle a été édifiée la librairie existant aujourd'hui.

Nous avons pu voir aussi les ouvrages des Barbou en feuilles, dont les ballots, faits sous les yeux mêmes des premiers éditeurs, sont toujours en parfait état. Du reste, on peut lire dans le catalogue de MM. Delalain les titres des éditions latines de la Collection Barbou qui sont encore en vente. Il y a vingt-deux ouvrages formant cinquante-six volumes in-12, auxquels il faut ajouter quatre ouvrages des éditions latines *ad usum Delphini*, du format in-4°.

Nous voilà arrivé au terme de notre tâche. Nous avons essayé de jeter un peu de lumière sur une famille d'imprimeurs qui a joué un grand rôle dans la production du livre. Nous avons montré avec quelle persévérance elle a poursuivi le but qu'elle voulait atteindre et le succès qui fut la récompense de ses efforts. Grâce à ces hommes intelligents et laborieux, nous possédons une des collections d'auteurs latins à laquelle les bibliophiles réserveront toujours une place honorable dans leur bibliothèque. Ce sera le plus beau titre de gloire de la maison Barbou.

Paul Ducourtieux.

OUVRAGES IMPRIMÉS

PAR LES BARBOU DE PARIS (1)

Jean-Joseph Barbou (1704-1716)

Nom : J. Barbou, *Johannem* Barbou, J. Barbou.
Domicile : Viâ Jacobœâ, e regione Collegii Ludovici Magni. Rue Jacob, vis-à-vis le Collège Louis-le-Grand, jusqu'en 1714. — Rue Saint-Jacques, près la Fontaine Saint-Benoit, 1715.
Enseigne : Aux Cigognes. *Sub Ciconiis.*
Marques : Celle de Simon Bénard, de 1704 à 1714; celle des Cramoisy, à partir de 1715.

1711

1. Philippo V. Hispaniarum Regi Catholico ob cæsos acie pulsosque occupatis urbibus ac regnis hostes. Epinicia in Regio Ludovici Magni Collegio Societatis Jesu. In-4° de 28 p.
Les pièces sont des PP. N. Et. Sonadon, Jac. Longueval, R. P. Dorival, Rob. Rauld, N. Châtillon, Th.-M. Desantons, N.-L. Ingoult. (P. C. Sommervogel, VI, 216.)

1712

2. Candidatus rhetoricæ, olim a Patre Francisco Pomey e Societate Jesu digestus, In hac editione novissimâ à P. Josepho Juvencio, auctus, emendatus et perpolitus. In-12 de 360 p.

3. Laudatio funebris Ludovici Delphini, nepotis Ludovici Magni, dicta in regio Ludovici Magni Collegio Societatis Jesu, a Natali Stephano Sanadon..., ex eadem Societate. Non. mai. an. M. DCC. XII. Marque de Simon Bénard. In-12 de 35 p.

4. Virgilius... avec l'interprétation et les notes du R. P. de la Ruë... In-4.
D'après Barbier le P. de La Rue céda son privilège à Barbou en juin 1713. (P. C. Sommervogel).

5. Epicedia Ludovico Delphino, Ludovici Magni Nepoti, Mariæ Adelaidi Conjugi, Ludovico Delphino dicta, in Regio Ludovici Magni Collegio Societatis Jesu, die 27 Aprilis anni 1712. In-8 de 30p. (Par le P. Porée.)
Mém. de Trévoux, 1712, p. 1801-98. (P. C. Sommervogel, VI, 247.)

---

(1) Le nom du P. C. Sommervogel, renvoie à sa *Bibliothèque de la Compagnie de Jésus;* — celui de Brunet, au *Manuel du Libraire;* — et celui de Cohen, au *Guide de l'amateur de livres à vignettes.*

6. Dictionnaire nouveau ou l'abbregé du Trésor des deux langues françoise et latine, du R. P. Jean Gaudin de la Compagnie de Jésus. Enrichi de quantité de mots et d'un très grand nombre de phrases et de façon de parler françoises et latines. In-8.

1713.

7. Gallis ob Victoriam reducem congratulatio. Habita in Regio Ludovici Magni Collegio Societatis Jesu, die vii kal. Jan. An. M.DCC.XII. A. P. Carolo Porée, Societatis ejusdem Sacerdote. In-8 de 80 p.

Dans les *Orationes*, t. 1, p. 166-202 (*Mém. de Trévoux*, 1713, p. 737-41). (P. C. SOMMERVOGEL, VI, 1022.)

8. Lettres edifiantes et curieuses ecrites des Missions Etrangeres par quelques Missionnaires de la Compagnie de Jésus [par le P. Charles Gobien]. Tomes III et IV du Recueil. 2 vol. in-12.

9. Ratio conscribendæ epistolæ. Carmen Auctore Claudio Heroæo de Montaigu, e Societate Jesu... Marque de Simon Bénard. In-8 de 15 p.

Dans les *Poemata didascalica* du P. Oudin, II, 298-309. (P. C. SOMMERVOGEL.)

10. In divum Maximum martyrem, Cujus ossa in æde sacrâ regii Societatis Jesu collegii Ludovici Magni adservantur, ode ionica. Petit in-8 de 4 p.

P. C. SOMMERVOGEL, VI.

1714

11. P. Virgilii Maronis Opera, interpretatione et notis illustravit Carolus Ruæus, Soc. Jesu. Jussu Christianissimi Regis ad usum Delphini, editio novissima, auctior et emendatior, cui accessit index accuratissimus, omnibus numeris et concordantiis absolutus. 4 vol. in-12.

L'Index forme le 4ᵉ volume; d'après Barbier, il serait de l'abbé de Lezeau, qui perfectionna l'Index fait par le P. de la Rue pour son édition de 1682. — Les *Mémoires de Trévoux*, novembre 1714, p. 2037, disent que Barbou aurait, en même temps que son édition en 4 vol. in-12, fait paraître l'Index in-4°. (P. C. SOMMERVOGEL).

12. De mala ingeniorum contagione vitanda. Oratio habita Lutetiæ Parisiorum, in regio Ludovici Magni collegio societatis Jesu a Natali Stephano Sanadone, ex eadem Societate. VI decembris an. M. DCC. XIII. Marque de Simon Bénard. In-12.

13. Josephi Juvencii e Societate Jesu Orationes. Editio nova emendatior. 2 vol. in-12, 287 (pour 277) et 271 p.; grav. de I F Cars.

14. Candidatus Rhetoricæ a P. Josepho Juvencio auctus emendatus et perpolitus. Ad usum Regii Ludovici Magni Collegii Societatis Jesu. In-12 de 360 p.

15. Caï Velleii Paterculi historiæ Romanæ libri duo cum notis. In-12 de 256 p.

Cet ouvrage est du P. Joseph de Grainville, S. J., bien que le nom du P. Buffier se trouve dans le privilège. L'auteur habitait Rouen; le P. Buffier se sera chargé ou de surveiller l'édition, ou, comme le pense Barbier, de remettre le manuscrit à l'imprimeur. (Sommervogel, II, 349.)

16. Grammaticæ græcæ poeticæ libri tres, Ex Prosodia et Dialectis Græcis olim a Philippo Labbe S. J. editis maximam partem confecti. Ad usum Regii Ludovici Magni Collegii Societatis Jesu. In-12 de 166 p. sllelt.

17. Le premier livre des Fastes d'Ovide, traduction nouvelle, avec des notes critiques et historiques (par Lezeau). In-12.

Frontispice reproduisant les armes de l'abbé Bignon, signé I. F. Cars, sc.

L'abbé Lezeau avait entrepris de traduire les six livres des Fastes, et il paraît qu'il était capable d'y réussir; mais il n'a donné que la traduction du 1er livre. Le traducteur y a joint d'amples notes critiques et historiques qui sont ce qu'il y a de plus estimable dans son ouvrage. La vie d'Ovide qui est à la tête est trop superficielle, et l'auteur y adopte trop facilement les idées de Ciofanius et de quelques autres, qui se sont trompés sur le compte d'Ovide. — V. Goujet, Vie d'Ovide.

18. Publii Virgilii Maronis Operum editio nova. Cæteris omnibus emendatior. In-12, 352 p., fig. et cartes.

1 frontispice et 17 figures de F. de la Monnée, gravée par G. Scotin l'aîné.

1715

19. Joannis Commirii, e Societate Jesu, Carmina. Editio novissima, longe auctior et emendatior. 2 vol. in-12, 444 et 356 p. sll.

Cette édition a été donnée par le P. Sanadon; il y a inséré plusieurs opuscules de Commire, au nombre de plus de 40, qui n'avaient point encore été imprimés. (P. C. Sommervogel, II, 1344.)

20. Decii Junii Juvenalis Satyræ, cum notis ac perpetua interpretatione Josephi Juvencii, e Societate Jesu. Editio nova auctior et emendatior. In-12 de 503 p. pour *Juvénal et Perse* et 29 p. pour l'*Appendix de Diis*.

21. Pensées édifiantes et chrétiennes pour tous les jours du mois; avec des considérations sur la mort. Par M. l'abbé de Bellegarde. Petit in-8 de 8 p. non chiffrées au comm^t et de 392 p.

22. Natalis Stephani Sanadonis, e Societate Jesu, carminum libri quatuor. In-12 (pp. 278, 24, 26 et 2 sllelts).

1716

23. Publii Terentii Comœdiæ expurgatæ. Interpretatione ac notis illustravit Josephus Juvencius S. J. Editio nova ab autore denuo aucta et emendata. In-12 de 312 p. sll.

La première édition imprimée à Rouen en 1680, in-8, souvent réimprimée par la suite. (P. C. Sommervogel, *Dict. des anonymes*, p. 960.)

24. Les œuvres de Virgile, traduction nouvelle, avec des Notes critiques et historiques. Par le P. Catrou, de la Compagnie de Jésus. 6 vol. in-12, fig. (298, 495, 493, 499, 412 et 456 p.).

Jean et Joseph Barbou

(1717-1732)

Raison sociale : Fratrum Barbou, Frères Barbou. — Jean et Joseph B. Johannem et J. B.
Domicile : Vià Jacobæâ, prope Fontem Sancti-Benedicti, rue Saint-Jacques, prés la Fontaine Saint-Benoît.
Enseigne : Aux Cigognes. — *Sub Ciconiis*.
Marque : celle de Mabre-Cramoisy.

1717

25. — Publii Terentii Comœdiæ expurgatæ. Notis novissimis et argumentis illustravit Josephus Juvencius Societatis Jesu. — Cum appendice de Diis et heroïbus poëticis ad omnium poëtarum intelligentiam necessario. — Nova editio prioribus longe auctior et emendatior. In-12 4 ff. n. c. 312 p., avec frontispice.

26. P. Canisii S.-J. Theologi Cathechismus latinus. Nunc iterum in gratiam studiosæ juventutis operâ cujusdam ex eâdem Societate editus. In-16 de 80 p.
(P. C. Sommervogel, II, 640.)

27. Joannis Despauterii Prosodia, de quantitate syllabarum. Nova methodo et facili compendio in quatuor Partes digesta. Cum variis Observationibus et Appendicibus. Postrema editio denuo recognita, aucta, illustrata. Curâ et studio R. P. Philippici Labbe Biturici Societatis Jesu sacerdotis, ad usum collegiorum Societatis Jesu. In-8 de 100 p.

28. — In laudem Ludovici XV. Argumenta poetica a P. Carolo Porée Rhetorices professore proposita. A Selectis Rhetoribus scripta, et ab iisdem recitata ; die veneris Aug. 21 anni Dom. 1716. In Regio Ludovici Magni Collegio Societatis Jesu. in 12 de 14 p.
Quatre pièces signées, dont une par Charles-Marie de la Condamine.
(P. C. Sommervogel, VI, 248.)

29. Exempla amoris a P. Carolo Porée Rhetorices professore proposita, a Selectis Rhetoribus scripta, et ab iisdem recitata ; Die Veneris Aug. 21 Dom. 1716. In Regio Ludovici Magni Collegio Societatis Jesu. In-12 de 14 p.
Quatre pièces signées. (P. C. Sommervogel, VI, 248.)

30. In laudem Ludovici XV. Argumenta poetica a P. Carolo Porée, rhetorices professore, proposita; a selectis rhetoribus scripta (Paul Bombard, Ch. Marie de la Condamine, P. César-Fabrice Bombard et Dominique de S.-Contest), et ab iisdem recitata... In regio Ludovici Magni collegio societatis Jesu. In-12.

31. Exempla amoris a P. Carolo Porée ... proposita ; a selectis rhetoribus (Ch. Distephano, Ch.-Gab. Turgis, Nicolas Le Breton, Jacq.-Marie-Jérôme de Montaran) scripta, et ab iisdem recitata ... in regio Ludovici Magni collegio Societatis Jesu. In-12

32. Eutrope. Abrégé de l'histoire romaine depuis la Fondation de Rome, jusqu'à la mort de l'empereur Jovien. Traduct. nouv. avec des notes critiques, hist., etc., par M. l'abbé Lezeau. In-12. Frontispice par L. Cossin.

33. Publii Terentii comœdiæ expurgatæ. In-12. Frontispice gravé.

34. Principia linguæ græcæ seu faciliores Grammaticæ græcæ. Institutiones Latino-Gallicæ, ad usum Collegii Patrum Societatis Jesu. In-8.

(P. C. Sommervogel, *Dict. des anonymes*, p. 754.)

35. Index vocabulorum omnium quæ in Eclogis, Georgicis et Æneide Virgilii continentur. In-4°, 3 fr.

1718

36. — Candidatus rhetoricæ a P. Josepho Juvencio auctus emendatus et perpolitus. Ad usum Regii Ludovici Magni Collegii societatis Jesu. In-12 de 338 p. sllelt.

37. — Dictionnaire françois et latin, tiré des auteurs originaux et classiques de l'une et de l'autre langue. Dédié à Son Altesse Royale Monseigneur le serenissime Prince des Asturies. Seconde édition. Par le R. P. Joseph Joubert, de la Compagnie de Jésus. Marque des Cramoisy. In-4°.

38. Apparat royal augmenté ... Dictionnaire des commençants du R. P. Gaudin. In-8.

« On a attribué à tort au P. Gaudin l'*Apparatus græco latinus* de Paris, 1664 (Barbier, *Exam. des Dictionn.*) ». (P. C. Sommervogel, III, 1270.)

39. Eutropii breviarium... latin-français, traduction nouvelle. In-12

40. Histoire des Juifs. 3 vol. in-12.

1719

41. Dictionnaire de Richelet. Nouvelle édition. 2 vol. in-fol.

42. Titi Livii Opera ... cum notis. 6 vol. in-12.

43. Racines grecques augmentées. In-12.

44. L'histoire de la guerre des Romains contre Jugurta, roi des Numides, et l'histoire de la conjuration de Catilina. Ouvrages de Salluste. Latin-François. Traduction nouvelle. In-12.

45. Imitation de Jésus-Christ, traduction nouvelle par M. l'abbé D.-R. In-12, fig.

1720

46. Les fleurs des vies des saints, en abbregé et leurs doctrine et maximes, par le R. P. Amable de Bonnefons, de la Compagnie de Jésus. 4 vol. in-8.

(P. C. Sommervogel, I, 1739.)

47. Q. Horatii Flacci Opera expurgata. Interpretatione ad verbum, variis Lectionibus ac Notis illustravit Joannes du Hamel, in Alma Universitate Parisiensi eloquentiæ professor. Marque des Cramoisy. In-12 de xxvii-300 p. Frontispice de C. Cochin.

48. Imitation de Jésus-Christ, traduction nouvelle. In-12.

49. Cicéron. Les Epîtres familières, latin-françois, traduction nouvelle par M. Dubois. 2 vol. in-12.

1721

50. Q. Horatii Flacci Carmina expurgata. Cum adnotationibus ac perpetuâ interpretatione Josephi Juvencii, e Societate Jesu. Editio nova ab auctore denuo aucta et emendata. 3 vol. in-12, 336, 258 et 237 p. (Imprimé par Antoine Lambin en 1697).

51. Dictionnaire français-latin, par le P. Gaudin ? In-4°.

52. Gradus ad Parnassum sive novus synonymorum, epithetorum, et phrasium Poeticarum Thesaurus, Smethium ... ad poesim necessarios ... comprobatur. Addita sunt genera, et crementa. Nominum ac Verborum Præterita et Supina cum omnium vocabulorum interpretatione Gallica. Accedunt quæ ... excerptæ. Ab uno e Societate Jesu recognitum (le P. Jacques Vanière). In-8.

« En 1710, la veuve Simon Bénard, rentrant pour ainsi dire dans une propriété qui avait été enlevée à son mari, obtint un privilège pour cinq ans, de réimprimer à Paris seulement le *Gradus ad Parnassum*. En 1712, elle céda son droit à J. Barbou, qui fit paraître dès 1713 une édition assez soignée de cet ouvrage. Les explications tirées de l'histoire, de la fable et de la géographie s'y trouvent en latin et en français. Dans ces nouvelles éditions, à dater au moins de 1701, l'avis sur l'utilité de ce livre n'est plus celui que le P. Aler avait traduit du français, c'est une censure assez fine des plagiats faits à l'ouvrage par l'auteur du *Regia Parnassi*, pour les libraires Bruyset de Lyon. On fit encore des augmentations successives au *Gradus*, à Paris, chez le libraire Brocas, en 1732, et chez Barbou en 1731 ..... » (P. C. Sommervogel, II, 1095.)

Le P. Vanière n'est que l'éditeur de cette nouvelle édition du *Synonymorum et Epithetorum Thesaurus*, dont l'auteur serait un Père Castillon ou Chastillon. (P. C. Sommervogel, *Dictionn. des anonymes*, p. 356.)

53. Officina latinitatis. In-8.

54. Despautère et Behourt. In-8.

1722

55. La véritable sagesse ou considérations très propres à inspirer la crainte de Dieu. Disposées pour tous les jours de la semaine. Traduites de l'italien du Père Paul Segneri de la Compagnie de Jésus. Et augmentées de réflexions et de sentiments sur la confession et sur la communion. Par le P. Gabriel-François Le Jay, de la même compagnie. In-24 de 271 p.

L'approbation pour les additions qui se doivent faire à la traduction du livre du P. Segneri, etc., est donnée en Sorbonne, le 15 mars 1703. Le privilège de la veuve Bénard est de la même année. (P. C. Sommervogel, IV, 767.)

56. Candidatus rhetoricæ ... du P. Jouvency. In-12.

57. Publii Virgilii Maroniis Opera, interpret. et notis illustravit. Car. Rueus, ad usum Delphini. Nova editio auctior et emendatior. In-4° de 860 p., 18 fr.

A la suite : Index vocabulorum omnium quæ in Eclogis, Georgieis et Æneide Virgili continentur. Novo ordine dispositus, mendis fere innumeris expurgatus, adjecto etiam verborum constructione.

58. In Laudem Ludovici XV rite inuncti et coronati Argumenta poetica A P. Ægid. An. Xav. de la Sante Rhetorices professore proposita, a Selectis rhetoribus scripta, et ab iisdem recitata. Die Martis 24 novembris anni. Dom. 1722. In regio Ludovici Magni Collegio Societatis Jesu. In-12 de 19 p.

(P. C. Sommervogel, VI, 251.)

59. Phædri Fabulæ ... latin-français. In-12.

1723

60. Gabrielis Cossartii e Societate Jesu Orationes et Carmina. Nova editio auctior et emendatior. In-12 de 297 p.

P. C. Sommervogel, II, 1500.

61. Joannis Antonii du Cerceau e Societate Jesu Carmina. Nova editio aucta et emendata. In-12 de 218 p. sllelt. Imprimé par J.-B.-Christophe Ballard.

62. Renati Rapini Societatis Jesu, Carminum. Nova editio aucta et emendata. Marque des Cramoisy. 3 vol. in-12.

Au t. 1er, frontispice de L.-M. Dumesnil, gravé par I. F. Cars.

Cette édition contient en plus les *Miscellanea* et une ode p. 206-23 du t. III. (P. C. Sommervogel, VI, 1454.)

63. Ludovico XV regni habenas moderanti Musarum Juvenilium concentus, seu varia Carminum Argumenta, A. P. Ægid. An. Xav. de la Sante, rhetoricæ professore proposita, a selectis rhetoribus scripta, et ab iisdem recitata. Die sabbate 13 martii, ann. dom. 1723. In regio Ludovici Magni Collegio Societatis Jesu. In-12 de 31 p.

(P. C. Sommervogel, t. VI, 252.)

64. Jonathas le Machabée, tragédie qui sera représentée au Collège de Louis le Grand, chez les Pères de la Compagnie de Jésus. Mercredi 4e jour d'aoust 1723. In-4° de 8 p. (Par le P. de la Sante).

Le temple de la gloire, ballet qui sera dansé au Collège de Louis le Grand, à la tragédie de Jonathas le Machabée. Le mercredi quatrième jour d'aoust 1723. In-4°.

Mercure, août 1723, p. 345-60. *Journ. de Verdun*, janv. 1724, p. 28. (P. C. Sommervogel, t. VI, 252.)

65. Sidronii Hosschii, e Societate Jesu, elegiarum libri sex. Item Guilielmi Becani, ex eadem societate, idyllia et elegiæ. Præmittitur Sidronii Hosschii vita, una cum illustrissimorum virorum poematibus in ejus obitum scriptis, jussu eminentissimi principis Fabii Chisii, S. R. E. cardinalis, qui fuit Alexander VII. Pont. Max. Nova editio auctior et emendatior. In-12.

66. Sex. Aurelii Victoris Historiæ romanæ breviarium ex bibliotheca Andreæ Schotti. Au usum studiosæ juventutis. Nova editio emendatior. In-24 de 184 p. plus 5 p. de catalogue.

67. Regi christianissimo Ludovico XV regni moderamen Capessenti Gratulatio. Habita 6 kalendas martias anno 1723, in regio Ludovici Magni Collegio, Societatis Jesu. In-4° de 36 p.

Dans les *Orationes*, II, 35-68, et dans le *Selectæ* PP. Soc. Jesu Orationes. (*Mém. de Trévoux*, 1723, p. 1749-53.) (P. C. SOMMERVOGEL, VI, 1026.)

68. Joann's Antonii du Cerceau, e Societate Jesu, Opera. Nova editio, aucta et emendata. Marque des Cramoisy. Imp. par J.-B.-Chr. Ballard. In-12.

69. Les œuvres de François Malherbe, avec les observations de M. Ménage et les remarques de M. Chevreau sur les poésies. Marque des Cramoisy. 3 vol. in-12.

Au tome 1er portrait à l'eau forte de Malherbe signé : A. Bormane sculp.

Au tome II, le privilège pour dix ans accordé à Antoine-Urbain 1 Coustelier daté de Paris le 22 février 1719.

70. Œuvres de Tite-Live, en François... 8 vol. in-12.

1724

71. L'histoire poétique pour l'intelligence des poètes et des auteurs anciens. Nouvelle édition. In-16. (Par le P. Pierre Gaultruche.)

La première édition de cet ouvrage très souvent réimprimé parut avant 1658 ; elle n'est pas anonyme, non plus que les suivantes généralement, dans celle que je cite, 1724, le nom de l'auteur est au privilège. (P. C. SOMMERVOGEL, *Dict. des anonymes*, p. 388.)

72. Nouveau dictionnaire françois-latin [par le P. Gaudin]. Nouvelle édition. In-4°.

73. Joannis Antonii du Cerceau, e Societate Jesu, Carmina. Nova editio aucta et emendata. In-12 de 218 p. sllelt.

La pièce intitulée : *Omnia vanitas, præter amare deum* a été imitée de trois façons différentes. Voir la *Suite de la Clef* ou *Journal historique sur les matières du temps*, t. 82, p. 209 et 368-9. (P. C. SOMMERVOGEL, II, 970.)

74. Apparatus Virgilii Poeticus ... In-4°.

1725

75. Natalis Stephani Sanadonis, e Societate Jesu, carmina, (v. l'éd. de 1715.)

76. P. Ovidii Nasonis Metamorphoseon, libr. XV, expurgati cum interpretatione Notis et Appendice de Diis et Heroïbus poeticis. Nova editio accuratissima. 2 vol. in-12, 353 et 306 p.

L'*Appendix* commence à la page 229 du t. II. Il est certain, dit le P. Adry (Barbier, *Dict. des anonymes*, 1re édit., t. III, p. 618-20) que ni cet Ovide ni cet Appendix ne sont du P. de Jouvancy; ils ont pour auteur le P. Fabre de l'Oratoire, et ont été réimprimés. Il est même arrivé que l'*Appendix* du P. Fabre a été ajouté à des éditiont d'Ovide du P. de Jouvancy, et celui du P. de Jouvancy à des Ovide du P. Fabre. En serait-il de même de l'édition Barbou 1766? (P. C. SOMMERVOGEL, IV, 847.)

77. Magistris Scholarum inferiorum Societatis Jesu, de ratione discendi et docendi. In-12 de 191 p. slt. (Par le P. Jouvency.)

78. Candidatus rhetoricæ, auctus et in meliorem ordinem digestus. (Par le P. Jouvency.) In-12 de 315 p. ou in-16 de 295 p.

79. Regulæ accentuum et spirituum Græcorum novo ordine in faciliores et difficiliores pro captu Scholasticorum distributæ, quibus additæ sunt nonnullæ observationes omnibus græcæ linguæ studentibus utilissimæ. Item dialecti apud Oratores usurpatæ a Poeticis sejunitæ. Opera P. Philippi Labbe Biturici, Societatis Jesu. Editio ultima auctior. In-8 de 220 p.

80. Utrum jure, an injuria Galli levitatis accusentur. Oratio. Habita XII. Kalendas februarias, anno M.DCC.XXV. In Regio Ludovici Magni Collegio Societatis Jesu, A P. Carolo Porée, societatis ejusdem sacerdote. In-4° de 40 p.

Dans les *Orationes*, II, 227-264 (*Mercure*, mars 1725, p. 531-540). (P. C. SOMMERVOGEL, VI, 1026.)

81. Œuvres du P. Rapin, qui contiennent les comparaisons des grands hommes de l'antiquité qui ont le plus excellé dans les belles lettres. Dernière édition, augmentée du Poème des Jardins. 2 vol. in-12.

82. In regales Ludovici XV et Mariæ nuptias Oratio, Habita I. Calendas decembris anno M.DCC.XXV, in Regio Ludovici Magni Collegio Societatis Jesu. In-4° de 31 p.

(P. C. SOMMERVOGEL.)

83. Lusus poetici allegorici, sive elegiæ oblectandis animis et moribus informandis accomodatæ in tres libros, aut decurias tributæ. Auctore P. Petro-Justo Sautel... In-12.

84. Le mariage de Thésée et d'Hippolite, ballet, à l'occasion de l'auguste mariage de Louis XV, sera dansé au Collège de Louis le Grand, à la tragédie de Telegone, reconnu fils d'Ulysse. Le mercredi premier jour d'aoust 1725 à midi. In-4° de 8 p.

P. C. SOMMERVOGEL, VI, 253.

85. Gabrielis MADELENETI carmina. Nova editio auctior. In-12.

86. Cicéron. Oraisons choisies, avec des notes critiques et historiques. Traduction nouvelle, latin-français, sur l'édition de Graevius. 2 vol. in-12.

87. Ciceronis, de Officiis, Amicitia, Senectute, Paradoxa et Somnium Scipionis, latin-françois, traduction nouvelle par M. Dubois. 2 vol. in-12.

88. Le Songe de Scipion, la Lettre politique à Quintus et les Paradoxes de Cicéron, latin-françois, avec des notes, par M. l'abbé Geoffroy. Traduction nouvelle. In-12.

89. Salluste, de la conjuration de Catilina et de la guerre de Jugurtha contre les Romains. Traduction nouvelle. In-12.

C'est une nouvelle édition de la traduction de l'abbé Cassagne, selon Barbier, 2 vol. texte en regard.

1726

90. P. Virgilii Maronis opera, ... cum interpretat. et notis Car. Ruaei ... Ad usum Serenissimi Delphini. Marque des Cramoisy. In-4°.

L'édition que l'on préfère pour la collection *Ad usum* est celle de 1682 (Simon Bénard) 10 à 12 fr. La première de 1675 est peu recherchée, 6 à 9 fr. Celle de *Paris* 1722 ou 1726 (Barbou) in-4° est moins belle, mais comme elle contient des augmentations le prix est le même que celui de l'édition de 1682. (BRUNET).

91. L. Annaei Flori. Epitome Rerum Romanarum, edente Anna Tanaquilli Fabri filia, editi ad usum Delphini. Marque des Cramoisy. In-4°. Frontispice de Cossin.

C'est l'éd. de 1674 dont les Barbou ont refait le titre.

Catalogue Delalain frères, Paris, 1893.

92. Eutropii historiae Romanae breviarium,... notis et emendationibus illustravit Anna Tanaquilli Fabri filia. Marque des Cramoisy. In-4°. Frontispice de Cossin.

C'est l'éd. de 1683 dont les Barbou ont refait le titre.

Catalogue Delalain frères, Paris 1893.

93. Aurelii Victoris historiae Romanae compendium, interpretatione et notis illustravit Anna Tanaquilli Fabri filia. Marque des Cramoisy. In-4°. Frontispice de Cossin.

C'est l'édition de 1681 dont les Barbou ont refait le titre.

Catalogue Delalain frères, Paris 1893.

94. Phaedri Fabulae, cum interpretatione et notis Petri Danetii, ad usum Delphini, nova editio emendata, et Publii Syri, aliorumque veterum Sententiis aucta. In-4°.

C'est l'édition de Léonard 1675, dont les Barbou ont refait le titre.

95. Turselini historiae cum argumentis, et capitibus distinctae. In-12.

Ce livre a été réimprimé plusieurs fois avec des continuations.

1727

96. Appendix de Diis et Heroïbus poeticis, editio aucta, cum notis gallicis, ... par le P. Jouvency. In-12.

97. Utrum informandis heroibus sit magis idoneum regnum an Respublica Oratio habita a Carolo Porée, e Societate Jesu, pridie Idus Januarii anno 1727 in regio Ludovici Magni Collegio Societatis Jesu. Serenissimo Principi Contio dicata, et jubente Serenissima Principe Contia. Gallice reddita a Petro Brumoy ejusdem Societatis Jesu. In-4° de III p. sld.

Dans les *Orationes*, II, 265-415 *(Mercure,* février 1727, p. 266-91.) (P. C. Sommervogel, VI, 1026.)

98. Utrum informandis Heroibus sit magis idoneum regnum aut Respublica. Oratio habita a Carolo Porée, e Societate Jesu, pridie Idus Januar. an. 1727 in Regio Ludovici Magni Collegio Societatis Jesu. Serenissimo Contio dicata, et jubente Serenissima Principe Contia, Gallice reddita, à Petro Brumoy, ejusdem Societatis Jesu. In-4° de 111 p. sld.

Inséré dans le *Caroli Poree S. J. Orationes* (1747), II, 265-415. (P. C. Sommervogel, II, 245.)

99. Novum dictionnarium latino-gallicum, P. Gudonis Tachard, e Societate Jesu, ... aliorum ex eadem Societate eruditorum opera ac studio concinnatum ... Recognitum denuo et emendatum ac... locupletatum. In-4°.

Ce dictionnaire quoique portant le nom de Tachard, est moins son ouvrage que celui des PP. Gaudin, Bouhours et Commire. (V. Michaud, *Biogr. univ.*)

100. Apologie de la religion chrétienne et de l'église de J.-C., par M***. 6 vol. in-4°.

101. Eutropii Breviarium historiæ romanæ, juxta editionem in usum serenissimi Delphini, cum notis gall. In-24.

102. Horatii Opera, latin-françois, avec des notes par M. Dacier. 10 vol. in-12.

103. Sallustius, juxta editionem in usum serenissimi Delphini, cum notis. In-24.

1728

104. Novus Apparatus latino-græcus. Seu Thesaurus trium linguarum latinæ, gallicæ, græcæ, ex Isocrate, Demostheni, aliisque præcipuis Auctoribus græcis concinnatus ab uno e Societate Jesu. Nova editio auctior et emendatior. In-4° de iv-712 p.

105. Q. Horatii Flacci Carmina expurgata. Notis novissimis illustravit Josephus Juvencius e Societate Jesu. Cum appendice de Diis et Heroibus poeticis ... Nova editio prioribus longe auctior et emendatior. 2 vol in-12 de 420 et 106 p.

106. Les hommes, ouvrage rempli de caractères. In-12.

107. Santolii (J.-B.) Operum omnium, editio tertia. 3 v. in-8, portr.

1729

108. Decii Junii Juvenalis satyræ ... cum notis novissimis ac perpetua interpretatione Jos. Juvencii, cum Appendice de Diis et heroibus poeticis ad intelligentiam poetarum necessaria. In-8°.

109. P. Virgilii Maronis Opera notis novissimis illustravit P. Carolus Ruæus Soc. Jesu. Jussu Christianissimi Regis, ad usum Serenissimi Delphini. Nova editio longè auctior et emendatior. Cum Appendice de Diis et Heroibus poeticis, ad poetarum intelligentiam necessaria. Tomus primus. In-12 de 590 p. et 23 pour l'*Appendix de Diis* (qui est du P. de Jouvancy) ; la vie de Virgile est en tête du volume.

Quoi qu'en dise le titre, il n'y a pas de tome 2ᵉ. Dans la préface qui n'est pas datée, on lit : « Hac septima editione ... textus ipse Virgilii ... ex fide Nic Heinsii restitutus ... », (P. C. SOMMERVOGEL, VI.)

110. Les poésies de VIRGILE, avec des notes critiques et historiques. Nouvelle édition, revue, corrigée et augmentée. Par le P. F. Catrou, de la Compagnie de Jésus. Marque des Cramoisy. 4 vol. in-12 (342, 630, 592 p.).

4 grav. dans le t. II, 1 frontispice et 6 grav. au t. III, 4 grav. au t. IV, signées : F. de la Monnee ; G. Scottin aîné sc.

Dans cette édition se trouve la vie du poète écrite par Donat en latin, et traduite par le P. Le Mazerier (*Mém. de Trev.*, 1729, p. 928). (P. C. SOMMERVOGEL, II, 884.)

111. Les Aventures d'Ulysse ou le Génie vainqueur des obstacles. Ballet qui sera dansé au Collège de Louis le Grand à la tragédie de Telegone reconnu fils d'Ulysse. Le mardi second jour d'aoust 1729, à midi. In-4° de 8 p.

Mercure, août 1729, p. 1822-1835. (P. C. SOMMERVOGEL, VI, 256.)

112. Joannis-Baptistæ Santoli Victorini operum omnium, editio tertia, in qua reliqua opera nondum conjunctim edita reperiuntur. 3 vol. in-12. Portrait de Santeul.

113. Jacobi Vanierii è Societate Jesus Tolosæ. In-12.

Pierre Robert, qui avait obtenu le privilège pour cet ouvrage, l'avait vendu presque aussitôt aux frères Barbou.

1730

114. Bibliotheca insignis et regalis ecclesiæ sanctissimi Martialis Lemovicensis, seu catalogus librorum manuscriptorum qui in eadem bibliotheca asservantur. In-8 de 27 p.

Cet imprimé se trouve au fol. 65 du tome LXIII° de la collection de Grenier à la Bibl. nat. (*Cabinet historique*, année 1861, catalogue, p. 219. Réimprimé dans *Les Manuscrits de Saint-Martial de Limoges*, par M. Léopold Delisle, au tome XLIII du *Bull. de la Soc. arch. et hist. du Limousin*, p. 1. Il y a eu un tirage à part.

1731

115. Les oraisons de Cicéron, traduites en françois, sur la nouvelle édition d'Hollande 1724. Avec des remarques. Par M. de Villefore. 8 vol. in-12.

116. L'empire de la mode. Ballet qui sera dansé au Collège de Louis le Grand, chez les Pères de la Compagnie de Jesus et servira d'intermèdes à la tragédie de Regulus. In-4° de 8 p.

Les danses sont de la composition de Blondy et de Malter l'aîné. (P. C. SOMMERVOGEL, VI, 258.)

1732

117. Dictionnaire françois et latin, etc., ou trésor des langues françoises et latines... Par le P. Jean Gaudin, de la Compagnie de Jésus. Nouvelle édition, revue, corrigée et augmentée. In-4°.

118. Le manuel des grammairiens divisé en 3 parties, ... par Nic. Mercier. Nouvelle édition, revue, corrigée et augmentée par M***. In-12.

119. M. Tullii Ciceronis Epistolarum selectarum libri IV. Accurate ad meliorum codicum fidem et nitidioris orthographiæ leges emendati. Marque des Cramoisy. In-12.

120. Histoire de Danemarc, avant et depuis l'établissement de la monarchie, par M. J.-B. des Roches, écuyer, conseiller et avocat général du roi très chrétien au Bureau des finances et chambre du domaine de la Généralité de La Rochelle. Nouvelle édition, revue et corrigée sur l'édition de Hollande, à laquelle on a joint la suite de la même histoire jusqu'à l'an 1732. Marque des Cramoisy. 6 vol. in-12.

121. Musæ rhetorices seu carminum libri sex, a selectis rhetorices alumnis in regio Ludovici magni Collegio elaborati et palam recitati, in argumenta ipsis proposita Ab Ægid. Ann. Xaverio de la Sante, Societatis Jesu sacerdote. In-12, x-288 p.

Autre édition en 1745, 2 vol. in-12 (XVII-379 et VIII-256). Le faux-titre de celle-ci porte : *Editio tertia multis aucta carminibus*. (P. C. SOMMERVOGEL, VI.)

Jean Barbou (1732-1752)

Nom : Joannem Barbou. Jean Barbou.
Domicile : Viâ Jacobeâ prope Fontem Sancti Benedicti; Viâ Jacobeâ, e regione Collegii Ludovici Magni.
Enseigne : Aux Cigognes. *Sub Ciconiis.*
Marque : Celle des Cramoisy.

1733

122. Jonathas le Machabée, tragédie, sera représentée au Collège de Louis le Grand pour la distribution des prix fondez par Sa

Majesté, le 5 août 1733, à midi. (Par le P. de La Sante.) In-4 de 4 ff.

L'Envie, ballet qui sera dansé au Collège de Louis le Grand, à la tragédie de Jonathas le Machabée. Le Mercredi cinquième jour d'Août 1733, à midy. In-4° de 8 p.

<small>Mercure, août 1733, p. 1852-60. (P. C. Sommervogel, VI, 259)</small>

1734

123. Gradus ad Parnassum, sive novus synonymorum, epithetorum, phrasium poeticarum ac versuum thesaurus... Ab uno e Societate Jesu (Paulo Aler). Editio novisssima, prœcedentibus longe auctior et emendatior. In-8.

1735

124. Telegone, reconnu fils d'Ulysse, tragédie, sera représentée au Collège Louis le Grand, pour la distribution... Le Mercredy troisième jour d'Aoust 1735, à midi. (Par le P. de La Sante.) In-4 de 8 p.

Le Ballet de Mars sera dansé au Collège de Louis le Grand, et servira d'intermèdes à la tragédie de Telegone reconnu fils d'Ulysse. Pour la distribution des prix fondez par Sa Majesté. Le Mercredi troisième jour d'Août 1735, à midi. In-4 de 8 p.

<small>(P. C. Sommervogel, VI, 261.)</small>

1736

125. Q. Horatii Flacci Carmina expurgata. Cum adnotationibus ac perpetua interpretatione Josephi Juvencii e Societate Jesu. Nova editio. 3 vol. in-8.

1737

126. Candidatus Rhetoricæ (du P. Jouvency). In-12 de 338 p. sllelt.

<small>L'édition de : Blesis, ex-officina Phil. Josephi Masson, 1742, in-12 de 261 p. porte à la fin le Privilège donné à Barbou.</small>

127. An et quatenus ars politica virtutibus regum annumeranda sit Pratio. Habita die vigesima Februarii, anno Domini M. DCC. XXXVII. In regio Ludovici Magni Collegio Societatis Jesu, ab Ægid. An. Xaverio de la Sante, ejusdem Societatis Sacerdote. In-4 de 38 p.

<small>(P. C. Sommervogel.)</small>

128. Regulus, tragédie, sera représentée au Collège de Louis le Grand pour la distribution des prix fondés par Sa Majesté, le Mercredy septième jour d'Août 1737, à midy. On fera une répétition publique de cette tragédie le Dimanche, quatrième du même mois à trois heures précises. (Par le P. Porée.) In-4 de 8 p.

La Curiosité, Ballet moral, sera dansé au Collège de Louis le Grand, et servira d'intermède à la Tragédie de Régulus, pour la distribution des prix fondés par Sa Majesté. Le Mercredy septième jour d'Août 1737, à midi. In-4° de 8 p.

Mercure, sept. 1737, p. 2045-56. (P. C. Sommervogel, VI, 262.)

1738

129. Grammaire grecque la plus courte et la plus aisée qu'il ait encore paru. In-12.

Le P. Carlos Sommervogel (*Dict. des anonymes*, 357) indique que l'ouvrage est du P. Pierre Escoulant et qu'il y a eu une autre édition. (Paris, Thiboust, 1736, in-12.)

130. Titi Livii Historiarum quod exstat, cum integris Johannis Freinshennii supplementis, emendatioribus et suis locis collatis, tabulis geographicis et copioso indice. Recensuit et notulis auxit Joannes Clericus. Editio nova prioribus auctior. Marque des Cramoisy. 3 vol. in-12.

1739

131. Jonathas Machabée, tragédie, sera représentée au Collège pour la distribution des prix fondez par Sa Majesté. Le Mercredy cinquième jour d'Aoust 1739, à midi. On fera une Répétition publique de cette tragédie le Dimanche, second jour d'Aoust, à trois heures précises après-midi. (Par le P. de La Sante.) In-4° de 8 p.

L'Origine des Jeux, Ballet qui sera donné au Collège de Louis le Grand et servira d'intermède à la Tragédie de Jonathas Machabée pour la distribution des prix fondez par Sa Majesté, le Mercredy cinquième jour d'Aoust 1739 à midi. In-4° de 8 p.

Les danses sont composées par Malter l'aîné. (P. C. Sommervogel, VI, 264.

132. Decii Juvenalis et A. Persii Flacci satyræ. Notis novissimis ac perpetuâ interpretatione illustravit Josephus Juvencius Societatis Jesu, cum Appendice de Diis et Heroïbus poëticis, ad Poëtatum intelligentiam necessaria. Nova editio Prioribus longè auctior et emendatior. Marque des Cramoisy. In-12 de 502 p.

1740

133. De opinionis Imperio Oratio habita in regio Ludovici Magni Collegio Soc. Jesu Idibus Martii anno Domini m. dcc. xl. Ab Ægid. An. Xaverio de la Sante, ejusdem Societatis Sacerdote. In-4° de 37 p.

(P. C. Sommervogel.)

1742

134. Mémoire pour le s^r Barbou, seigneur de Monimes, contre M. de La Guérinière, abbé-chef de Grandmont, et Aymé de Myomandre, archiprêtre de Rancon et curé de Bessines. In-fol.

135. Modèles des caractères de l'imprimerie et des autres choses nécessaires audit art, gravés par Simon P. Fournier le jeune. In-4° oblong.

1744.

136. P. Danetius. Magnum Dictionarium latinum et gallicum. In-4°

1745

137. Joannis Commirii e Societate Jesu Carmina. Editio novissima emendatior. In-12 de 444 p. slt.

(P. C. SOMMERVOGEL, II, 1344.)

138. Recueil de vers choisis. Tiré des meilleurs auteurs. Recueillis par le P. Bouhours, de la Compagnie de Jésus. In-12 de 445 p.

C'est l'édition de 1701 avec un nouveau titre; elle est faite avec peu de soins; voir par exemple les pages 61 et 63. (P. C. SOMMERVOGEL, I, 1914.)

139. Musæ Rhetorices, seu carminum libri sex, à selectis Rhetorices alumnis in Collegio Ludovici Magni elaborati. 2 vol. in-12.

140. Magnum dictionarium poeticum. Nova editio, auctior et emendatior. In 4°.

1746

141. Quinti Horatii Flacci Carmina nitori suo restituta, accurante Steph.-Andr. Philippe. In-12.

La dissertation sur Mécènes, par le P. Rodelle, S. J., se trouve en tête de cette édition. (P. C. SOMMERVOGEL, VI, 1935.)

142. Vanierii (Jacobi) e Societate Jesu, prœdium rusticum. In-12. Frontispice gravé par Brunet et 16 gravures non signées.

C'est l'édition de Marc Bordelet, qui parut en 1746, que celui-ci vendit presque aussitôt à Barbou.

1747

143. Principes de la langue latine mis dans un ordre plus clair, plus étendu et plus exact. A l'usage du Collège de Louis le Grand. In-8

« Le P. Fleuriau remania et publia sous cette forme les *Nouveaux principes de la langue latine*, du P. Robert Saulger. Noël-François de Wailly retoucha en 1768 la sixième édition des *Principes*. (P. C. SOMMERVOGEL, *Dict. des anonymes*, p. 753.)

1748

144. Eloge de Charles-Quint, traduit du poëme latin de Jacques Masenius, par le P. Ansart, dédié à la Dauphine. In-8.

« Il y eut une édition en 1774, tirée à très petit nombre et distribuée aux sommités des cours d'Autriche et de France (*Catal. des curiosités bibliogr.* de M. de la Roche. Paris, Charavay et Claudin, 1868, n° 828. » (*Bibl. de la Comp. de Jésus*, V, 687 et 688.) Il est possible que les éditions de cet ouvrage de 1757 et 1771 ne soient pas de Barbou. Elles portent : *Venit Parisiis*, c'est-à-dire se vendent à Paris. (P. C. SOMMERVOGEL.)

1751

145. Eutropii Breviarium historiæ romanæ ab urbe condita ad annum ejusdem urbis M C XIX, integritati suæ non restitutum modo, sed et notis gallicio illustratum in tyronum gratiam. In-24.

146. Abrégé des particules, contenant ce qui est le plus difficile et le plus nécessaire pour composer correctement en latin. Nouvelle édition revue et corrigée. In-18.

Joseph-Gérard Barbou (1752-1790)

Nom : Josephum Barbou, J. Barbou.
Domiciles : Rue Saint-Jacques, proche la Fontaine Saint-Benoit; Viâ Jacobeâ Sancti Benedicti jusqu'en 1765 ; à partir de 1766, rue des Mathurins, rue et vis-à-vis la grille des Mathurins, viâ Mathurinensium, viâ et contrà cancellos Mathurinensium.
Enseigne : Aux Cigognes. *Sub Ciconiis. Sub signo Ciconiarum.*
Marques : Celle des Cramoisy, alternant avec celles aux devises : *Non Solus*, à partir de 1754 ; *Meta laboris honos*, à partir de 1757 ; *Et fructu et foliis*, à partir de 1763.

1752

147. Cornelius Nepos, en François. In-12.

148. Œuvres diverses du P. Rapin, qui contiennent : I. L'Esprit du Christianisme, la Perfection du Christianisme, l'Importance du Salut; II. La Foi des derniers Siècles, la Vie des Prédestinés. Nouvelle édition. 2 vol. in-12, 473 et v-416 p. sllelt.

Lettres sur les ouvrages de piété (1756), IV, 121-8. (P. C. Sommervogel, VI, 1456.

149. Dictionarium novum latino-gallicum. Ex Cicerone, aliisque prœcipuis linguæ latinæ scriptoribus, grammaticis, oratoribus, historicis, medicis, jurisconsultis, philosophis et aliis, concinnatum. Serenissimo duci Burgundiæ dicatum. Marque des Cramoisy. 1 vol. in-4° de 12 p. non chiff. au commencement et i-1196 p. chiff.

Bien que la dédicace soit signée par Barbou, cet ouvrage n'est pas autre chose que le Dictionarium du P. Tachard qui avait paru précédemment sous le nom de l'auteur en 1687 et 1693. L'édition de 1727 avait subi des modifications et d'autres jésuites ont dû y avoir une certaine part, si l'on s'en rapporte au titre. (P. C. Sommervogel, *Dict. des ouvrages anonymes.*)

150. Dissertation sur l'Ecriture hyéroglyphique. In-12.

1753

151. Joannis Commirii è Societate Jesu Carmina. Editio novissima auctior et emendatior. 2 vol. in-12, xii-xvii-507 p. et 304-xiv p.
P. C. Sommervogel, II, 1344.

152. P. de la Sante, Orationes... In-12.

153. Histoire du Théâtre de l'Opéra en France, depuis son établissement jusqu'à présent, par Jacq.-Bern. Durey de Noinville. In-8°.

154. Cicéron, Traité de la Consolation, traduit par Jacq. Morabin. In-12.

155. Phædri Fabulæ, cum notis gallicis. In-12, fig.

156. L'Histoire poétique pour l'intelligence des Poëtes et des

Auteurs anciens. Par le P. Gautruche, de la Compagnie de Jésus. Dernière édition. Petit in-12 de 198 p. sll.

« *L'Appendix de Diis*, du P. de Jouvancy, est une traduction presque littérale de l'ouvrage du P. Gautruche. » (P. C. SOMMERVOGEL, III, 1290.)

157. Publii Terentii Afri comœdiæ sex, ad optimorum exemplarium fidem recensitæ, etc. — *Paris, Leloup et Mérigot.* — 2 vol. in-12. 6 à 8 fr.; pap. de Hollande, 10 à 12 fr.

Collection Barbou.

Il y a quelques exemplaires imprimés sur parchemin ; vend. en 3 vol. *mar. doublé de tab.*, 300 fr., Gouttard ; 70 fr. en feuilles, Lamy ; 153 fr., d'Ourches ; 131 fr. *m. bl.* Lair : 75 fr. en 1841. (BRUNET.)

1 fleuron qui sert pour les titres des deux volumes avec le portrait de Térence, 1 frontispice, 6 figures, 36 vignettes et 28 culs de lampe, tous par Gravelot, gravés par Delafosse et Sornique (de 15 à 20 fr.).

Illustrations charmantes. Les culs de lampe sont d'autant plus remarquables que tous sont variés, quoique représentant toujours des masques scéniques. (COHEN.)

Catalogue Delalain frères, à Paris, 1893.

158. Catullus, Tibullus et Propertius acced. fragmenta Corn. Gallo adscripta. 1 vol. in-12.

Collection Barbou.

3 fig., 3 vignettes non signées et 4 culs de lampe ; 3 et 4 fr. et plus en pap. de Holl. Cette édition est imprimée page pour page sur celle de Coustelier de 1743. Le titre seul a été réimprimé au nom de Barbou. (BRUNET.)

La première édition porte *Lugduni Batavorum* (Leyde), 1743. Elle est peut-être préférable pour les épreuves (de 5 à 6 fr.). (COHEN.)

1754

159. Phædri Aug. Liberti Fabulæ Æsopicæ, Opera Le Mascrier. In-12.

Collection Barbou. (Coustelier, 1742.)

Joli frontispice par Coypel, gravé par Fessard (de 5 à 6 fr.). (COHEN).

160. Phædri fabulæ. Ad mss. codd. et optimam quamque editionem emendavit Steph. Andr. Philippe (accedunt Fl. Aviani Fabulæ et L.-An. Senecæ ac. P. Syri Sententiæ. In-12.

Collection Barbou. (Grangé, 1747.)

« Fig. de 2 à 3 fr. et plus en pap. de Hollande.

» La seconde partie contenant Avianus, etc., sous la date de 1747, n'est pas dans tous les exempl. Il s'en trouve avec un titre à l'adresse de Barbou et sous la date de 1754. (BRUNET.)

1 frontispice, 7 vignettes et 5 culs-de-lampe par Durand, gravés par Fessard et Sornique ; 2 vignettes ne sont pas signées (de 7 à 8 fr.). (COHEN).

161. Titi Lucretii Cari De rerum natura libri sex, accedunt selectæ lectiones dilucidando poemati appositæ cura Steph.-And. Philippe. In-12, fig., 3 à 4 fr.

Collection Barbou.

Vend. en pap. de Hollande, *m. dent.* 13 fr., F. D. — Il y a des exempl. sur vélin, mais ils ne sont pas beaux : vend. (rel. en *mar.*) 100 fr. La Vallière ; 90 fr. Laire ; 43 fr., librairie de Bure ; 21 fr. 50 en 1839.

On trouve des exemplaires de cette édition dont le titre porte : *Apud. Joan. Aug. Grangé*, 1718, et qui ont de plus que la plupart de ceux de 1844, une partie de 76 pp. contenant : *Prœmium ad notas in Lucretium*, suivi du *Glossarium lucretianum*. Cette partie n'a pas été réimprimée dans l'édition de Barbou, 1754, in-12, calquée sur celle-ci. (BRUNET.)

1 frontispice, 6 très jolies figures et 6 vignettes fleuron par Van Mieris, gravées par Duflos (de 10 à 12 fr., sur pap. de Hollande, de 15 à 20 fr.).

Il a été tiré plusieurs exemplaires sur vélin. L'exemplaire de M. de Limare, vendu en 1786, était imprimé sur vélin et relié en *mar. violet* en 2 vol. Il a été adjugé à 144 livres. Une nouvelle édition ou un nouveau tirage a paru en 1754, avec le nom de Barbou, au lieu de Coustelier. (COHEN.).

On trouve à la tête du livre la Dissertation de *Lambin* sur la patrie, la naissance, le génie, la vie, la mort et les écrits de Lucrèce. Chaque livre du poëme est précédé d'un argument analytique, qui en met sous les yeux toute la substance. Le volume est terminé par de bonnes variantes. Cette édition, bien exécutée, quant à la partie typographique, est encore ornée de belles estampes, qui représentent les sujets les plus pittoresques de chaque livre. (*Notice de la Collection des Barbou*, 1807.)

162. Virgilii Opera, curis et studio Steph.-Andr. Philippe. 3 vol. in-12, fig.

Collection Barbou.

8 à 10 fr.; en *mar. r.* pap. de Hollande, 40 fr., F. Didot.

C'est la même édition, sauf le changement du titre, que celle donnée par Coustelier en 1745. Les éditions de 1767 et 1790 n'ont que 2 vol. (BRUNET.)

1 frontispice et 17 fig. par Cochin fils, gravées par Duflos, 25 entêtes et 20 culs-de-lampe non signés, dont plusieurs se répètent (de 25 à 30 fr.).

Il y a des exemplaires en papier de Hollande (de 50 à 60 fr.).

Barbou a mis un nouveau titre à cette édition en 1754. Dans ces conditions, l'exemplaire Grésy (1869), vendu 21 fr. (COHEN.)

163. Horatii Flacci carmina, accur. S. A. Philippe. In-12.

Collection Barbou.

Frontispice gravé par Duflos.

C'est l'édition de 1746 de Coustelier avec un nouveau titre. (BRUNET.)

164. Velleius Paterculus, Historiæ romanæ, accur. And. Philippe. In-12.

Collection Barbou.

C'est la même édition, avec un nouveau titre, que celle éditée en 1746 par Coustelier ; frontispice de Sève et vignette ; mais elle n'est pas jointe au Florus, comme dans l'édition de 1747. (BRUNET.)

165. Eutropius Historiæ romanæ libri X. In-12.

Collection Barbou.

Frontispice d'Eisen gravé par de Lafosse et 10 charmantes vignettes de de Lafosse gravées par lui dont 5 se répètent et 5 culs-de-lampe du même.

Cette édition est celle de Coustelier de 1746 avec un nouveau frontispice. L'édition de 1793, soignée par Capperonnier, est mal imprimée, mais elle contient de plus que la précédente le *Sextus Rufus*. (BRUNET.)

166. Decii Juvenalis Satirarum libri quinque ex recognitione Steph.-And. Philippe. Marque : *Non Solus.* In-12.

Collection Barbou.

2 frontispices gravés par Duflos, 5 entêtes et 5 culs-de-lampe non signés.

Cette édition est la même que celle de Coustelier de 1746. Le titre portant le nom de Barbou a seul été changé. L'éd. Coustelier vendue 11 fr. pap. de Hollande *mar. r.* F. Didot. Il y a eu une autre édit. imprimée par Barbou en 1776. Elles sont toutes bonnes. (BRUNET.)

167. Martialis (M. Valerii) Epigrammatum libri, ad optimos codices recensiti et castigati (edente Abr. Le Mascrier). Marque : *Non Solus.* 2 vol. in-12 de 5 à 7 fr.; pap. de Holl. 8 à 12 fr.

Collection Barbou.

Il y a des exemplaires au nom de *Robustel* et de *Le Loup.* (BRUNET.)

1 frontispice par Eisen, gravé par Lemire, et 2 vignettes par Eisen, gravées par Legrand (de 8 à 10 fr.). Vendu en *mar. r.* par Derome, à la vente Morante, 80 fr. (COHEN.)

Catalogue Delalain frères, Paris, 1893.

_{On trouve ici jusqu'aux épigrammes attribuées à Martial dans quelques manuscrits, mais séparément et à la fin du second tome, avec de nombreuses variantes. Cette édition est ornée d'un frontispice et de deux vignettes qui caractérisent l'auteur. (*Notice de la Collection des Barbou,* 1807.)}

168. Sallustius, ex recens. Steph.-Andr. Philippe. In-12, de 3 à 5 fr.

Collection Barbou.

Même édition que celle de David, 1744 (Barbou a caché le nom avec une bande de papier). Un exempl. en pap. de Hollande, rel. en *mar. r. dent.* 18 fr., F. Didot.

Il y a eu des éditions en 1761 et 1774. Les trois éditions sont également bonnes. (BRUNET.)

3 figures par Cochin fils, gravées par Fessard ; 1 fleuron sur le titre et 3 vignettes par Pierre, gravées par Fessard, les deux dernières non signées (de 5 à 6 fr.). (COHEN.)

169. Terentii Comœdiæ Expurgatæ. Notis novissimis et argumentis illustravit Josephus Juvencius, Societatis Jesu. Nova editio prioribus auctior et emendatior. In-12.

170. Novus apparatus græco-latinus, cam interpretatione gallica. Ex Isocrate, Demosthene aliisque prœcipuis Auctoribus græcis concinnatus... Nova editio auctior et emendatior. In-4° de 878 p.

Dans la collection d'autographes du Collège de Vaugirard à Paris, il y a le contrat, écrit de la main du P. de Jonvancy, avec Mme Dallin, veuve de Simon Bénard, daté de Paris, 8 janvier 1692, pour plusieurs ouvrages : « Un livre intitulé *Lexicon Græco-latinum,* le *Martial,* le *Ratio discendi et docendi,* l'*Horace,* la *1re Philippique* de Démosthènes, avec des remarques et la traduction français « s'il la fait ». A la fin de la pièce, sous la date du 1er avril 1699, le P. de Jouvancy reconnaît avoir reçu, selon les conventions, le *Ratio,* le *Martial* et l'*Horace.* D'après cela, on peut conclure que le *Lexicon* serait un ouvrage différent du *Novus apparatus* et n'aurait pas été imprimé non plus que la *Philippique*. (P. C. Sommervogel, *Dict. des Anonymes*, p. 640.)

171. Q. Horatii Flacci Carmina expurgata. Cum adnotationibus ac perpetuâ interpretatione Josephi Juvencii, è Societate Jesu. Nova editio accuratissima. 3 vol. in-12

Réédition de celles de 1721 et 1736.

172. Caroli Ruæi e Societate Jesu Carminum libri quatuor. Editio sexta. In-12 de 233 p.

173. Natalis Stephani Sanadonis e Societate Jesu carminum libri quatuor. Nova editio auctior et emendatior. Marque des Cramoisy. In-12.

174. R. P. Sautel Lusus allegoricus. In-12 de vi-182 p.; à la suite : G. Madeleneti Carmina, 134 p.

175. Dictionarium novum latino-gallicum ex Cicerone aliisque præcipuis linguæ latinæ scriptoribus concinnatum : serenissimo duci Burgundiæ dicatum. In-4.

Même ouvrage que celui de 1727.

176. Les livres de Cicéron, de l'Amitié, de la Vieillesse, les Paradoxes, le Songe de Scipion, la Lettre politique à Quintus, latin-françois. In-12.

177. Oraisons choisies de Cicéron, avec le latin à côté et des notes. 2 vol. in-12.

178. Colloques de M. Cordier, latin-françois. In-12.

179. Ciceronis opera philosophica. In-12.

180. Quintus Curtius, cum notis. In-12, cart. et fig. et in-24.

1755

181. Indiculus Universalis, ou l'Univers en abrégé du P. F. Pomey de la Compagnie de Jésus. Nouvelle édition corrigée, augmentée et mise dans un nouvel ordre, par M. l'abbé Dinouart. In-8° de ix-520 p. slt.

La 1re édition de Dinouart serait de 1754. L'ouvrage du P. Pomey va jusqu'à la page 390; puis vient : « Introduction à la connaissance des genres », p. 391-401; — « Observations sur les verbes », p. 401-18; — « Dictionnaire des mots latins les plus communs », p. 419-520.

(Même titre :) *Ibid.*, id., 1756, in-8 de 390 p. (?).

L'*Indiculus* a été inséré par le P. Michel Lanussa, S. J., dans son *Guide de la conversation latine*. (P. C. Sommervogel, VI, 987.)

182. C. Julii Cæsaris quæ exstant Opera, cum Hirtii sive Oppii Commentariis de Bellis Gallico, Civili, Alexandrino, Africano et Hispanico. Marque : *Non solus*. 2 vol. in-12.

Collection Barbou.

5 à 7 fr. et plus en pap de Hollande. — Premier auteur latin imprimé par Barbou. (Brunet.)

1 beau frontispice, d'après B. Picart, gravé par Ch. Duflos, 2 vignettes et 4 cartes géographiques (de 5 à 6 fr.). (COHEN).

Le premier volume contient un morceau de *Vossius* le père, sur la Vie et les Ecrits de César; la Guerre des Gaules; la Dissertation de *Dodwel* sur l'auteur du huitième livre de cette guerre et de celles d'Alexandrie, d'Afrique et d'Espagne, avec une nomenclature géographique des peuples, villes, rivières, etc., dont les noms se trouvent dans César. Le second tome est composé des trois livres de la guerre civile par César, et des trois livres d'Hirtius des guerres d'Alexandrie, d'Afrique et d'Espagne, auxquels on a joint le catalogue des éditions différentes de César. Celle-ci est ornée de quatre cartes géographiques, d'un frontispice où est le médaillon de César, et de quelques vignettes. (*Notice de la Collection des Barbou*, 1807.)

183. Les Commentaires de César, traduction nouvelle avec le latin à côté (de Nic. Perrot d'Ablancourt, retouchée par Le Mascrier), avec des notes et une carte de la Gaule, etc., par J.-B. Bourguignon d'Anville. Marque : *Non Solus*. 2 vol. in-12 avec le texte latin.

1756

184. Les Elégies d'Ovide, pendant son exil. Traduites en françois, le latin à côté. Avec des remarques critiques et historiques. Par le P. J.-M. de Kervillars, jésuite. Nouvelle édition. 2 vol. in-12.

1757

185. Les Avantures de Telemaque, fils d'Ulysse. Par feu Messire François de Salignac de La Motte Fenelon, precepteur de Messeigneurs les Enfans de France, et depuis archevêque, duc de Cambrai, prince du Saint-Empire, etc. Nouvelle édition conforme au manuscrit original. 2 vol. in-12, xviii-386 p. et 488 p.

Le premier volume contient un frontispice et 11 gravures signées de I. P. Le Bas, graveur. Le deuxième, 13 gravures, du même graveur, plus une Carte des Voyages de Télémaque, selon Monsr Fenelon, par le s^r Roussel.

186. Sarcotis Carmen. Auctore Jacobo Masenio S. J. Editio altera cura et studio J. Dinouart. in-12 de 108 p. sll.

Collection Barbou.

187. La Sarcothée, poème traduit du latin du R. P. Masenius de la Compagnie de Jésus; par M. l'abbé Dinouart. In-12 de 192 p. sllelt.

« Cette traduction est fort libre et ne peut donner qu'une idée imparfaite du poème de Masenius, dont le style, formé sur celui des anciens, fait, pour ainsi dire, tout le mérite. (*Année littér.*, 1757, VI, 98-120; *Mém. de Trévoux*, 1757, 2377-2389; *Lettres sur les ouvrages de piété*, 1757, IV, 261-81; *Mercure*, oct. 1757, p. 87-105.) — (P. C. SOMMERVOGEL, V, 687.)

188. Poésies de François Malherbe, rangées par ordre chronologique avec un discours sur les obligations que la langue et la poésie françoise ont à Malherbe, et quelques remarques (par Le Fèvre de Saint-Marc). In-8.

1 beau portrait de Des Monstiers, gravé par Fessard, et un fleuron, gravé par Duflos (de 6 à 8 fr.). Cette édition existe aussi sur papier fort (de 10 à 12 fr.) et sur papier de Hollande (de 25 à 30 fr.). (COHEN.)

189. Novum Jesu-Christi testamentum ad exemplar Vaticanum accuratè revisum. 1 vol. in-12 de iv-584 p.

190. Ruris deliciæ. Colligebat ex melioris notæ latinis gallicisque poetis, Franciscus Bertrand, academiæ Andegavensis socius. 1 vol. in-12.

191. Amœnitates poeticæ, sive Theod. Bezæ, M.-Ant. Mureti et Joan. Secundi juvenilia, tum Johan. Bonefonii Pancharis, etc. In-12 en 3 part.

Collection Barbou.

Sans titre collectif, les *Juvenilia* de Joach. du Bellay : l'une et l'autre sont ornées des portraits de Théod. de Beze et de Marc-Antoine Muret, grav. par Ficquet. (BRUNET.)

192. Quinti Curtii Rufi de Rebus gestis Alexandri Magni, libri decem. Marque à la devise : *Meta laboris honos.* In-12. 3 à 4 fr.

Collection Barbou.

1 frontispice, 2 vignettes et 1 cul-de-lampe charmants par Eisen, gravés par Lempereur (de 5 à 6 fr.). (COHEN.)

Catalogue Delalain frères, Paris, 1893.

Le texte de Quinte-Curce est ici le même que celui de *Henry Snakenburg,* le plus exact de tous ; mais l'éditeur l'a conféré avec les manuscrits du roi. L'impression en est très-soignée. Les ornements de la gravure consistent en un frontispice, un cul-de-lampe et une vignette, tous sujets relatifs à l'histoire d'Alexandre, et gravés sur les dessins de M. *Eisen.* On trouve à la fin du volume le catalogue des principales éditions de Quinte-Curce. (*Notice de la Collection des Barbou,* 1807.)

193. J. Meursii elegantiæ latini sermonis. — *Lugd. Batav.,* 1757. 2 tom. en 1 vol. in-8 (xxiv-214 et 172 p.).

Collection Barbou.

D'après Brunet, le véritable auteur de cet ouvrage est Nicolas Chórier. La première édition parut à Grenoble vers 1661. Il pense que Grangé ou Barbou ont imprimé les deux éditions de 1757 et 1774, cette dernière donnée par Meunier de Querlon. Nous tenons que c'est Barbou qui a imprimé les deux, mais à cause du caractère léger de l'ouvrage, il l'indique comme imprimé à Leyde par les Elzévirs avec la marque à la devise : *Non solus*. Titre gravé et un beau frontispice, non signé, qui paraît être de Gravelot (de 40 à 50 fr.). Il y a une nouvelle édition avec la date de 1774 contenant le même frontispice. (COHEN.)

1758

194. Th. a Kempis de imitatione Christi lib. IV, ex recens. Jo. Valart. In-12.

Collection Barbou.

Il y a eu des édit. en 1764 et en 1773. On fait peu de cas de ces édit. données par Valart parce qu'elles sont tronquées ; on y trouve ordinairement jointe une dissertation française sur l'auteur de l'Imitation en faveur de Jean Gerson, qui l'aurait écrite de 1220 à 1240. L'édition de 1789, publiée par Beauzée, se prend de préférence à celle de Valart. (BRUNET.)

195. Chrisalde, comédie françoise, en trois actes, sera repré-

sentée par les pensionnaires du College de Louis le Grand, le Mercredy dixième de may 1758, à deux heures et demie après midi. In-8 de 2 ff. *Au verso :* L'Antiquaire, comédie françoise en un acte.

P. C. Sommervogel, VI, 273

196. Astyanax, tragédie françoise en cinq actes, sera représentée au College de Louis le Grand, pour la distribution des Prix fondés par Sa Majesté. Le Mercredy, deuxième jour d'août 1758, à une heure et demie après midi. On en fera une répétition publique le dimanche 30 de juillet, dans une salle, à deux heures et demie. In-4° de 22 p. (La musique des chœurs est de Doché.)

P. C. Sommervogel, VI. 273.

197. M. Tullii Ciceronis. Cato Major. Ad. T. Pomponium Atticum. In-32.

Avec portrait-frontispice. — Jolie édit. 3 à 4 fr., quand le volume est d'une bonne condition. (Brunet.)

198. Traités historiques et critiques sur l'origine et les progrès de l'imprimerie. Par M. Fournier le jeune, graveur et fondeur de caractères. In-8.

Cet ouvrage contient :

I. Dissertation sur l'origine et les progrès de l'art de graver en bois pour éclaircir quelques traits de l'histoire de l'imprimerie et prouver que Gutenberg n'en est pas l'inventeur [1758].

II. De l'origine et des productions de l'imprimerie primitive en taille de bois ; avec une réfutation des préjugés plus ou moins accrédités sur cet art [1759].

III. Observations sur un ouvrage intitulé : *Vindiciæ Typographicæ* [1760].

IV. Remarques sur un ouvrage intitulé : *Lettre sur l'origine de l'imprimerie*, etc., pour servir de suite au Traité de l'origine et des productions de l'imprimerie primitive en taille de bois [1761].

V. Lettre à M. Fréron, au sujet de l'édition d'une Bible annoncée pour être la première production de l'imprimerie [décembre 1763].

199. Antonius de Arena Provençalis de bragardissima villa de Soleriis, ad suos compagnones qui sunt de persona friantes, bassas dansas et branlos practicantes... Nouvellos perquam plurimos mandat. In-12, titre gravé.

Cette édition contient le *Poema macaronicum de bello Huguenotico*, par Remi Belleau.

1759

200. [Desbillons J.] Fabularum Æsopiarum libri quinque priores Diligenter emendati. Editio tertia quam solam auctor agnoscit. In-12 de 329 p.

P. C. Sommervogel.

201. Regulus, tragédie françoise en cinq actes, sera représentée

au Collège de Louis le Grand, pour la distribution des prix fondez par Sa Majesté, le Mercredi premier jour d'Août 1759, à deux heures précises après midi. La répétition de la tragédie se fera mardi 31 juillet 1759, à trois heures après midi. In-4° de 8 p. (Par le P. Duparc.)

P. C. Sommervogel, VI, 274.

202. De l'origine et des productions de l'imprimerie primitive en taille de bois, avec une réfutation des préjugés plus ou moins accrédités sur cet art ; pour servir de suite à la dissertation sur l'origine de l'art de graver en bois, par M. Fournier le jeune, graveur et fondeur de caractères d'imprimerie. In 8.

203. L'Imitation de J.-C., traduction nouvelle par Valart. In-12, fig.

Il y a eu des éditions en 1773 et 1780.
La traduction de Valart est faite sur l'édit. latine qu'il a donnée, par conséquent on y remarque aussi des passages altérés. (Brunet.)

204. Marci Accii Plauti Comœdiæ, quæ supersunt. Marque à la devise : *Meta laboris honos*. 3 vol. in-12, 10 à 12 fr.

Collection Barbou.

Une des plus jolies éditions de la collection Barbou. — Il y a des exemplaires en pap. de Hollande. (Brunet.)

3 frontispices et 3 vignettes par Eisen. Les frontispices ont été gravés par Lempereur et les vignettes par Aliamet (de 15 à 20 fr.). (Cohen.)

Catalogue Delalain frères, éditeurs, Paris, 1893.

Feu M. *Capperonnier* (Jean, neveu de *Claude*, et oncle de *Jean-Augustin*, aujourd'hui conservateur de la bibliothèque impériale), garde de la bibliothèque du roi, professeur royal, etc., est l'auteur de cette édition. M. l'abbé *Valart* y a eu aussi quelque part. Ce livre est, sans contredit, un des plus parfaits de la Collection pour l'élégance du caractère, la correction, la propreté, le grand net et la beauté des ornements. Le texte est d'une pureté singulière; les noms des interlocuteurs, dans chaque pièce, sont hors ligne et distingués, comme dans nos dramatiques françois. Chaque volume est décoré d'un frontispice et d'une vignette, gravés d'après les dessins de M. *Eisen*. A la fin du troisième tome est une table alphabétique, où sont expliqués les mots et les tours particuliers à Plaute ; cette table facilite beaucoup l'intelligence de ce comique, et peut tenir lieu de notes. On y a joint un catalogue des principales éditions de Plaute. (*Notice de la Collection des Barbou*, 1807.)

205. Matthiæ Casimiri Sarbievii, e Societate Jesu, Carmina. Nova editio prioribus longe auctior et emendatior. Marque à la devise : *Meta laboris honos*. In-12. 3 à 5 fr.

Collection Barbou.

Cet excellent poète lyrique, que Grotius mettoit à côté d'Horace, et qui a été réimprimé tant de fois, n'a jamais été si complet ni si soigné que dans cette édition. Les épodes sont augmentées ici de près de moitié ; les VI° et VII° livres paroissent pour la première fois. Ces augmentations sont le fruit des recherches faites en Pologne et en Lithuanie par M. *Vander-Ketten*, chanoine régulier de l'ordre de Saint-Sauveur. Ce volume est enrichi d'une table historique et géographique, qui répand bien du jour sur ces poésies. (*Notice de la Collection des Barbou*, 1807.)

1760

206. Placide, tragédie françoise en cinq actes, sera représentée au Collège de Louis le Grand, pour la distribution des prix fondez

par Sa Majesté, le Mercredy 6 d'Août 1760, à deux heures précises après midi. La répétition de la tragédie se fera le dimanche 3 d'août 1760, à trois heures après midi. In-4° de 7 p. (Par le P. Vuillermet?).

P. C. Sommervogel, VI, 274.

207. Le Nouveau Testament, traduction par l'abbé Joseph Valart. In-24.

208. Corn. Cornelii Taciti quæ, exstant opera, recensuit J.-N. Lallemand. Marque à la devise : *Non solus.* 3 vol. in-12.

Collection Barbou. (Il y a des exempl. aux noms de Desaint et Saillant.)

3 frontispices d'Eisen. Bon texte 10 à 12 fr. La réimpression de 1793, vendue 13 l. 19 s. à la vente de M. Mel de Saint-Céran en 1791, est moins belle que l'édition de 1760. (Brunet.)

3 frontispices par Eisen, gravés par Lempereur (de 12 à 15 fr.) (Cohen).

209. Observations sur un ouvrage intitulé *Vindiciæ typographiæ,* pour servir de suite au Traité de l'origine et des productions de l'imprimerie primitive en taille de bois. Par M. Fournier le jeune. In-8°.

210. Dissertation sur le dieu Sérapis, etc. (par Ch. Galliot). In-8. 3 à 4 fr.

Il y a des exemplaires tirés in-4°. (Brunet.)

211. C. Cornelius Tacitus. 3 vol. in-12 avec fig.

212. Histoire de la vie et du culte de Saint Leonard du Limosin, par M. l'abbé Oroux, chanoine de Saint-Léonard de Noblac [Haute-Vienne]. In-12.

213. Les hymnes de Santeuil, traduites en françois, par M. l'abbé Poupin. 1 vol. in-12.

1761

214. Caroli Porée, e societate Jesu, sacerdotis, Fabulæ dramaticæ. Editæ ab uno ejusdem societatis sacerdote. In-12. (Imp. de Gissey.)

215. Leçons de mathématiques, à l'usage des Collèges. Par le P. de Merville, de la Compagnie de Jésus. Tome I, contenant les éléments d'arithmétique, d'algèbre, de géométrie et de trigonométrie rectiligne. In-12 de 380 p. sans l'avertissement et les figures.

(*Année littér.*, 1761, VIII, 67-71.)

Ce volume devait être suivi de plusieurs autres ; l'auteur comptait traiter toutes les parties des mathématiques, mais ces ouvrages n'ont pas vu le jour. (De Backer, II, 1263.)

216. Caroli Porée, e societate Jesu sacerdotis, orationes selectiores. In-8 de 380 p.

P. C. Sommervogel, VI, 1029.

217. Oraison funèbre de Monseigneur le duc de Bourgogne,

traduite du latin du P. Willermet, de la Compagnie de Jésus. (Par le P. Yves de Querbeuf.) In-8 de 103 p.

Cette traduction qui a le titre ci-dessus se trouve jointe à l'original :

Sérenissimi Burgundiorum ducis laudatio funebris. Dicta die 29 maii 1761. In regio Ludovici Magni Collegio Societatis Jesu. A Claudio Francisco Willermet, ejusdem Societatis Sacerdote.

(P. C. Sommervogel, VI et *Dict. des anonymes*, p. 666.)

248. Remarques sur un ouvrage intitulé : Lettre sur l'origine de l'imprimerie, etc. Pour servir de suite au traité de l'origine et des productions de l'imprimerie primitive en taille de bois. Par M. Fournier le jeune. In-8.

249. Méthode pour la traduction du français en latin. Troisième partie des Rudiments de M. l'abbé V*** D. L. A. D. A. (l'abbé Villart de l'Académie d'Amiens). Neuvième édition. In-12.

220. Les delices de la langue latine, tirées de Cicéron et des auteurs les plus purs, revues et augmentées. Nouvelle édition. In-12.

221. Conquête de la Gaule faite et écrite par Jules César. Traduction par l'abbé Joseph Valart. In-12.

222. Selecta Senecæ-philosophi opera, in Gallicum versa, operâ et studio P.-F.-X. D. (Petri-Francisci-Xaverii Denis). In-12. 2 à 3 fr.

Collection Barbou.

223. Caii Sallustii Crispi quæ exstant opera. Marque des Cramoisy. In-12.

Collection Barbou.

Même édition que celles de 1754 et 1774.

3 figures de Cochin fils, gravées par Fessard (les mêmes que celles de l'édit. de 1744, mais plus fatiguées); 2 vignettes par de Lafosse. Au lieu de la belle vignette de la page 111 dans l'édition de 1744, une gravure signée du même nom que la marque : Papillon inv. et sculp.

1762

224. Œuvres du Père du Baudory, de la Compagnie de Jésus. Nouvelle édition, revue, corrigée et augmentée. Marque des Cramoisy. In-12.

225. P. Ovidius Naso, Opera. In-12 avec fig. 10 à 12 fr. et plus en pap. fin.

Collection Barbou.

3 vignettes d'Eisen, gravées par Baquoy. — La réimpression faite en 1793 n'est pas belle. (Brunet.)

226. Selectæ Ciceronis ad T. Pomponium Atticum Epistolæ. Capitibus gallicis illustratæ, breviusque notis enucleatæ. Ad usum studiosæ juventis. — Marque des Cramoisy. In-12.

227. Vies des pères, des martyrs et des autres principaux saints, trad. de l'ouvrage anglais de Buttler, par l'abbé Godescard. 12 vol. in-8.

1763

228. Oraisons choisies de Cicéron, trad. nouv. (par Philippe, l'abbé d'Olivet, l'abbé de Maucroix et Fr. P. Gillet), avec le latin à côté, sur l'édition de Grævius, et des notes. — Marque : *Et fructu et foliis.* 2 vol. in-12.

229. Lettre à M. Fréron, au sujet de l'édition d'une bible annoncée pour être la première production de l'Imprimerie, *signée* : Fournier. In-8.

230. C. Julii Cæsaris commentaria de bello gallico et civili, cum notis gallicis et indice geographico. In-24.

231. M. T. Ciceronis Orator, et dialogi de Oratore, Numeris et capitibus distincti, brevibusque Argumentis per singula capita illustrati. Ad usum Collegiorum Universitatis Parisiensis. Nova editio accuratior et emendatior. — Marque à la devise : *Et fructu foliis.* In-12 de 6 p. non chiffrées au comm. et 452 p.

232. Quinti Horatii Flacci carmina Nitori suo restituta. Ed. Valart. Marque : *Et fructu et foliis.* In-12. 4 à 5 fr.

On lui préfère l'édition de Lallemand publiée par Barbou en 1775. (BRUNET.)

1 frontispice d'après B. Picart, gravé par Duflos; 10 vignettes dont 6 différentes et 4 culs-de-lampe non signés (de 8 à 10 fr.). (COHEN.)

1764

233. Josephi Juvencii e Societate Jesu ratio discendi. In-12 de 191 p.

234. Th. a Kempis de imitatione Christi libri quatuor ... recensuit J. Valart. In-12.

Collection Barbou.

Frontispice et 4 figures par Marillier, gravés par de Longueil. De 6 à 10 fr., plus en maroquin ancien). — Réimpression en 1773 et en 1789 avec les mêmes figures ; elles sont usées (de 2 à 3 fr.) (COHEN.)

235. Histoire d'Alexandre le Grand par Quinte-Curce, traduite par M. Vaugelas. Nouvelle édition, augmentée des suppléments de Freinshennius ; avec des notes historiques, géographiques et grammaticales. 3 vol In-12.

236. Selectæ e novo Testamento historiæ ex Erasmi paraphrasibus desumptæ, in gratiam tyronum, latin et français, par M. de Wailly. In-12.

237. Manuel typographique, utile aux gens de lettres, par Fournier le jeune. 2 vol. in-12.

2 frontispices par Gravelot et de Sève, gravés par Ferrand, et de nombreuse planches techniques (de 5 à 6 fr.) (COHEN).

(M. F.-Didot, dans l'*Encyclopédie moderne*, au mot *Typographie*, date par erreur ce livre de 1772.)

238. Poésies de Malherbe, avec la vie de l'auteur et des notes, par A G. M. Q. (Meusnier de Querlon). In 8. Portrait non signé (de 6 à 8 fr.)

M. Mehl signale des exemplaires de la même édition avec le portrait ci-dessus gravé par Fessard. Belle éditition bien imprimée. Il y a des exemplaires sur papier fort. Réimpression sous la date de 1776, avec le même portrait (de 5 à 6 fr.). (COHEN).

1765

239. Phædri Fabulæ, P. Syri Sententiæ, Faerni Fabularum. Libri quinque, cum notis gallicis. In-12.

240. Le petit Apparat royal, nouvelle édition corrigée et considérablement augmentée d'après les dictionnaires du P. Joubert et du P. Lebrun. In-8.

241. Anthologie française ou Chansons choisies, depuis le 13ᵉ siècle jusqu'à présent (recueillies par Monnet). 3 vol. in-8.

Ce recueil est précédé d'un : « Mémoire historique sur la chanson en général, et en particulier sur la chanson française, par M. Meusnier de Querlon ». M. Poyet indique une autre édition de cet ouvrage, 1774, 6 petits vol. in-8 avec fig. et airs notés (n° 661, cat. Plasson).

242. Chansons joyeuses, mises au jour par un anonyme, onissime [Collé], etc. In-8.

243. Philippiques de Démosthènes et Catilinaires de Cicéron, traduites par M. l'abbé d'Olivet, ... Cinquième édition, revue avec soin. In-12.

244. Stultitiæ laudatio Desiderii Erasmi declamatio. In-12.

Joli frontispice par Gravelot, gravé par Longueil (de 5 à 6 fr.). (COHEN)

245. Erasmi, Petrarchi et Corderii selecta colloquia, quibus adjectus est ejusdem Erasmi tractatus de civilitate morum puerilium, cum notis gallicis. In-18.

1766

246. Ovidii Metamorphoses, cum notis gallicis et Appendice gallico de Diis et Heroïbus poeticis, ad usum Scholarum. In-12.

247. Traduction en prose et en vers d'une ancienne hymne sur les fêtes de Vénus, intitulée : *Pervigilium veneris*. In-8.

248. Selectæ e Novo Testamento historiæ ex Erasmi paraphrasibus desumptæ in gratiam tyronum. Nova editio diligenter recognita. In-12.

249. Sallustius, cum notis. In-24.

250. Métamorphoses d'Ovide. Traduction nouvelle conforme au texte latin du P. Jouvenci, par M. Fontanelle. In-12.

251. Cicéron. Entretiens sur la nature des dieux, traduits par d'Olivet. 2 vol. in-12.

252. Les Commentaires de César (même trad. que l'éd. de 1755, retouchée par de Wailly). 2 vol. in-12.

La plus belle édition avec celle de 1775 (BRUNET).

253. Manuel typographique utile aux gens de lettres et à ceux qui

exercent les différentes parties de l'art de l'imprimerie, par Fournier le jeune. 2 vol. in-12.

Joli frontispice gravé.

254. Traduction du Traité de l'Orateur de Cicéron, avec des notes. Par M. l'abbé Colin. Nouvelle édition, revue et corrigée avec le texte à la suite de la traduction. In-12.

On trouve à la suite trois discours de l'abbé Colin qui ont remporté le prix d'éloquence à l'Académie française en 1705, 1714 et 1717 et qui ont été imprimés dans les recueils de cette Académie.

255. Præcepta rhetorices collecta ex libris de Oratore M. Tullii Ciceronis ... [cura et studio P. A. Alletz]. In-12.

256. Ciceronis eclogæ, ad usum juventutis collatæ, à D. d'Olivet. In-12.

1767

257. Faciles additus ad Linguam latinam, seu Excerpta quædam. ex colloquiis Matth. Corderii, et Apophtegmatibus Erasmi. Accesserunt amænæ fabulæ. In-12.

258. Abrégé de la grammaire francaise, par M. de Wailly, troisième édition, augmentée. In-12.

259. Beauzée. Grammaire générale ou exposition raisonnée des éléments nécessaires du langage pour servir de fondement à l'étude de toutes les langues. 2 vol. in-8°.

Très bon ouvrage au point de vue typographique d'après QUÉRARD, *France littéraire*.

260. Recueil de romances historiques, tendres et burlesques, tant anciennes que modernes, avec les airs notés. Par M. D. L*** (DE LUSSE). In-8.

Ce volume ne porte d'indication de tomaison ni au frontispice ni à la fin. Cependant Barbier donne 2 volumes à l'ouvrage.

261. Remarques sur la langue française. Par M. l'abbé d'Olivet. Marque : *Et fructu et foliis.* In-12.

262. Cornelii Schrevelii Lexicon Manuale græco latinum. In-8°.

263. Novum Jesu Christi Testamentum, ad exemplar Vaticanum accuratè revisum. Marque : *Et fructu et foliis.* In-12.

Collection Barbou.

Frontispice de Gravelot, gravé par de Longueil et une carte.

264. Virgilii Maronis opera, pristino nitori restituta, cum notis et variis lectionibus ex codicibus et optimis exemplaribus. 2 vol. in-12.

Collection Barbou.

Le même frontispice et les mêmes 17 figures par Cochin fils, gravées par Duflos que dans l'édition Coustelier (1745) et 4 en-têtes dont un porte le nom de Delafosse (de 10 à 12 fr.)

Il y a des exemplaires de l'édition de 1767 dont le titre porte : *Publii*

Virgilii opera. Dans la réimpression de 1790, les épreuves des figures sont usées. — (COHEN).

265. Divinæ fidei Analysis, auctore H. Holden. In-12, rel. 3 fr. 25

266. Cornelius Nepos de Vitâ excellentium Imperatorum, ex recognitione Steph.-Andr. Philippe. In-12 de 3 à 4 fr.

Collection Barbou.

Il y a eu une autre édition en 1784.

L'édition de 1745 imprimée par Simon est plus belle que celle-ci. Il y a des exempl. en pap. de Hollande : 4 à 5 fr. — (BRUNET).

Un frontispice par Cochin, gravé par Fessard, 1 fleuron sur le titre, 25 médaillons à portraits, 1 fleuron à la préface, 1 vignette et 13 culs-de-lampe, dont quelques-uns se répètent, par Pierre et Mathey, gravés par Fessard (de 5 à 6 fr.). — (COHEN).

La belle Epître dédicatoire de *Lambin*, professeur-royal de la langue grecque, à Henri III, sert d'introduction à ce livre. Aux vingt-trois Vies des hommes illustres, et à celles de Caton le Censeur et de Pomponius Atticus, on a joint les Fragments des chroniques et des autres écrits de Népos ; la chronologie des capitaines grecs, par *André Schott*, mais corrigée et augmentée ; celle des années de Caton, par le même ; celle de Pomponius Atticus, par *Ernest*, et un catalogue des principales éditions de l'auteur. Le frontispice du livre est orné d'une jolie estampe de M. *Cochin*. (*Notice de la Collection Barbou*, 1807.)

267. Marci Annæi Lucani Pharsalia, cum supplemento Thomæ Maii. Marque : *Et fructu et foliis.* In-12, 3 à 5 fr., pap. fin 5 à 6 fr.

Collection Barbou.

Il y a des exemplaires dont le titre porte : *ex recensione J. Goullin.* (BRUNET).

Un joli frontispice par Gravelot, gravé par de Longueil et un en-tête non signé (de 7 à 8 fr.). (COHEN.)

Cette édition, imprimée avec le même soin et la même élégance que le Virgile, est décorée d'une estampe agréable, qui représente le passage du Rubicon par César. Un sommaire, placé à chaque livre du poëme, en indique les principaux détails. A la suite du poëme est l'Essai poétique de Pétrone sur la guerre civile, et le Supplément de Thomas May, poëte anglois du dix-septième siècle. Ce Supplément contient toute la suite de la guerre civile jusqu'à l'assassinat de Jules-César. (*Notice de la Collection des Barbou*, 1807.)

1768

268. P. Virgilii Maronis opera ... Nova editio accurate recognita. 3 vol. in-12. pp. XLVII-380, 467, 401.

L'*Appendix de Diis* est au t. I, p. 345.

269. Les principes de la langue latine mis dans un ordre plus clair, plus étendu et plus exact. A l'usage du Collège Louis le Grand [par le P. Fleuriau]. Sixième édition retouchée avec soin par M. de Wailly. In-12.

270. M. Tullii Ciceronis opera ; recensuit J.-N. Lallemand. 14 vol. in-12. 42 à 56 fr.

Collection Barbou.

Edition recommandable par la beauté de l'impression et par la commodité de son format. Vend. (*en maroquin rouge*) 100 l. à la vente de M. Bailly en 1800 .... Un bon texte, des notes rédigées avec une habile concision, et de plus une impression soignée, ont assuré le succès de cette édition, due au modeste Lallemand. Il y a des exempl. en pap. fin qui sont un peu plus chers ; 151 fr. m. r. (rel. de Derome) Jourdan, et 200 fr. en 1828. On trouve quelquefois des exempl. dont les premiers volumes sont datés de 1766. (BRUNET.)

Portrait de Cicéron en tête du premier volume, de PP. Rubens, gravé par L.-J. Cathelin en 1762.

Catalogue Delalain frères, Paris, 1893.

M. Lallemand, ancien professeur de l'Université de Paris, qui a enrichi notre Collection du Tacite en trois volumes, est l'éditeur de cette nouvelle édition de l'orateur romain. Ce savant, pour donner le texte le plus correct, après avoir consulté les meilleures éditions, a conféré sur Cicéron quinze manuscrits de la bibliothèque du roi ; les notes qu'il a placées à la fin de chaque volume, font voir les secours qu'il en a tirés. On trouve aussi dans ces notes l'explication des passages et des mots grecs employés par Cicéron.

Chaque ouvrage, et même chaque lettre, a son sommaire, qui en indique le sujet et la matière. Pour la commodité des savants, à la division de Gruter, on a eu soin d'ajouter celle de Nizolius. La première est marquée par des chiffres romains, la seconde par des chiffres arabes. A la fin du dernier volume est un petit Dictionnaire, qui renferme l'explication des expressions rares ou des termes qui ont différents sens, suivant leur différente construction. Enfin, le savant éditeur, pour rendre son travail le plus exact qu'il étoit possible, s'est fait aider pour la lecture des épreuves, par un homme de lettres. Par ce moyen, chaque épreuve a été lue au moins quatre fois.

L'abbé d'Olivet donna les plus grands éloges à cette édition, et il s'empressa de faire connoissance avec l'auteur, dont il admira également la science et la modestie. (*Notice de la Collection des Barbou*, 1807.)

271. Le petit Apparat royal. Nouvelle édition corrigée et considérablement augmentée d'après les dictionnaires du P. Joubert et du P. Lebrun. In-8°.

272. M. T. Ciceronis Orationes quæ in Universitate Parisiensi vulgo explicantur cum notis selectis, juxta accuratissima Lallemand editionem. 3 vol. in-12.

273. M. T. Ciceronis Cato major. In-32, fig. rel. mar. 6 fr.

274. Dictionnaire abrégé, françois et latin, dédié à Monseigneur le Dauphin, ouvrage composé sur le modèle de Boudot. In-12.

275. Terentius, traduit par Mme Dacier. 3 vol. in-12.

276. T. Livii Patavini Historiarum ab urbe condita. Libri qui supersunt XXXV. Recensuit, e notis ad usum Scholarum accommodatis illustravit J.-B.-L. CRÉVIER, Emeritus rhetoricæ professor in Collegio Dormano-Bellovaco Universitatis Paris. Marque : *Et fructu et foliis*. 6 vol. in-12.

Barbou en a fait un tirage la même année avec un titre portant sa marque et au-dessous : *Parisiis, apud D. J. Aumont, in platea Collegii Mazarinæi, sub signo Sanctæ Monicæ.*.

277. Les livres de Cicéron : de la Vieillesse, de l'Amitié, les Paradoxes, le Songe de Scipion, traduction nouvelle avec le latin, revue sur les textes les plus corrects. Troisième édition retouchée avec soin, par M. Debarrett, inspecteur des Études de l'École royale militaire. Marque : *Et fructu et foliis*. In-12, xiv-305 p.

278. Les Offices de Cicéron, traduction nouvelle, avec le latin

revu sur les textes les plus corrects. Seconde édition retouchée avec soin. Par M. de Barrett, inspecteur des Etudes de l'Ecole royale militaire. Marque : *Et fructu et foliis*. In-12, xvi-464 p.

279. Dictionnaire universale seu Boudot, in-8.

280. Grammaire française par M. de Wailly. Cinquième édition augmentée de la prosodie et dédiée à l'Université de Paris. In-12.

281. Fabulæ Æsopiæ (libri XV), curis posterioribus, omnes fere emendatæ; accesserunt plus quam CLXX ; tum etiam observationes, grammaticæ præsertim, complures, et index copiosus; nec desunt, expressæ ære inciso, hominum ac pecudum figuræ elegantes. 2 vol. in-8, 58-615 p. avec grav. de Verhelst.

« Cette édition est la meilleure est la plus recherchée ». — (P. C. Sommervogel, II, 1497.)

282. Pensées de Senèque, traduites en françois, pour servir à l'éducation de la jeunesse, par M. de la Beaumelle. Nouvelle édition. In-12.

1769

283. Francisci-Josephi Desbillons. Fabulæ Æsopiæ, curis posterioribus omnes ferè emendatæ; quibus accesserunt plus quam CLXX novæ. Quinta editio. (Marque à la devise : *Meta laboris honos*). In-12 de xxxvi-504 p.

Collection Barbou.

Frontispice de Blackey, gravé par Baquoy.

Les notes de cette édition sont abrégées. (P. C. Sommervogel, II, 1497.)

284. Selectæ e Novo Testamento historiæ ex Erasmi paraphrasibus desumptæ in gratiam tyronum. Novo editio diligenter recognita. In-12.

285. Sallustius, latin et françois, traduit par M. Beauzée. In-12.

286. M. Tullii Ciceronis Orationes, quæ in Universitate Parisiensi vulgo explicantur, cum notis ex optimis quibusque commentatoribus selectis. Juxtà accuratissimam D. Lallemand. Emeriti Rhetoricæ professoris editionem. (Marque à la devise : *Et fructu et foliis*). 3 vol. in-12.

287. Eclogæ, quas in usum puerorum selegit, et Gallicas ex latinis fecit Jos. Olivetus. in-12.

288. Manuel des grammairiens. In-12.

289. Principes de la langue latine mis dans un ordre plus clair, plus précis et plus exact, à l'usage des principaux collèges de l'Université de Paris. Septième édition, refondue entièrement par M. de Wailly, auteur de la grammaire latine. Marque des Cramoisy. In-12.

290. Cornelius Tacitus, juxta accuratissimam Lallemand editionem. In-12.

291. La traduction de Virgile (de l'abbé de La Landelle de Saint-Rémy, retouchée par J.-Nic. Lallemant) connue sous le nom de traduction des quatre professeurs. 4 vol. pet. in-12.

292. C. Plinii Cæcilii Secundi Epistolæ et Panegyricus Trajano dictus. Nova editio, recensuit Joannes Nicolas Lallemand. Marque : *Et fructu et foliis.* In-12.
Collection Barbou.
3 à 4 fr. Frontispice de Marillier. (BRUNET.)

C'est encore aux veilles de M. Lallemand que l'on doit cet ouvrage. Il en avoit déjà donné une édition ; mais celle-ci est de beaucoup supérieure à la première ; puisqu'il l'a revue sur six manuscrits de la bibliothèque du roi, et sur les meilleures éditions. On a apporté à la lecture des épreuves le même soin que pour le Cicéron, et cette édition est aussi correcte qu'élégante. Après les *Lettres* et le *Panégyrique*, on trouve l'explication des mots grecs; il y a ensuite des notes dans lesquelles le savant éditeur rend compte de son travail, et explique les endroits difficiles. (*Notice de la Collection des Barbou*, 1807.)

1770

293. Justini Historiarum ex Trogo Pompeio libri XLIV. Marque : *Et fructu et foliis.* In-12, 3 à 4 fr.
Collection Barbou.
Edition soignée par Capperonnier. (BRUNET.)
1 beau frontispice par Gravelot, gravé par de Longueil, et 1 vignette n. signée (de 6 à 8 fr.) COHEN.
Catalogue Delalain frères, Paris, 1893.

M. l'abbé Capperonnier, de la bibliothèque du roi, s'est chargé de revoir cette édition. Il a pris pour base la meilleure, celle que *Fischerus* donna en 1737, à Leipsic. Après avoir corrigé quelques fautes échappées au savant Allemand, il a fait passer dans le texte plusieurs leçons excellentes, puisées et dans les manuscrits de la bibliothèque du roi et dans la plus ancienne édition de Justin. Il a rectifié avec beaucoup de soin la ponctuation qui étoit défectueuse en bien des endroits. Ces corrections font disparoître presque toutes les difficultés qui embarrassoient le texte de Justin. On trouve, après l'avis au lecteur, l'explication de la belle estampe qui accompagne cette édition. (*Notice de la Collection des Barbou*, 1807.)

294. Journal ecclésiastique ou Bibliothèque raisonnée des sciences ecclésiastiques, dédiée à S. A. Monseigneur Louis de Rohan, coadjuteur de l'évêché de Strasbourg, par M. l'abbé Dinouart, chanoine de l'église collégiale de Saint-Benoît, de l'Académie des Arcades de Rome. 4 vol. in-12.

295. Etrennes du chrétien pour l'année 1770. In-12.

296. Nouveau choix de fables d'Esope avec la version latine et l'explication des mots en français, divisé en trois parties pour les classes de sixième, cinquième et quatrième. Par M. Le Roy, professeur émérite de rhétorique, en l'Université de Paris, au Collège du Cardinal Le Moine. In-8, 1 l. 4 s.

297. Justini Historiarum ex Trogo Pompeio libri XLIV avec leur trad. [M. de Wailly]. In-12, 6 l.

Edition aussi correcte et aussi soignée que toutes celles des autres auteurs latins dont nous avons obligation aux presses de Barbou (*Mercure de France*, avril 1770. t. 1, p. 92).

298. Novum J. C. Testamentum. In-24, 1 l. 10 s.

299. Quintilien, de l'institution de l'Orateur, traduit par M. l'abbé Gedoyn, de l'Académie française ..., édition traitée d'après un exemplaire corrigé par l'auteur et revue par M. de Wailly. In-12, 4 vol. 15 l.

Nous observons que l'exécution typographique est toujours digne de Barbou (*Journal des savants*, avril 1770, p. 724.

300. Dictionnaire universel françois et latin tiré des meilleurs auteurs par le P. Le Brun. Troisième édition. 1 vol. in-4° 15 l.

301. Colloquia sacra ad linguam simul et mores Puerorum formandos Libri quatuor in quibus insigniores tam veteris quam Novi Testamenti Historiæ denarrantur. Nova editio auctior et emendatior. 1 vol. in-18, 1 l. 10 s.

302. Grammaire françoise par M. de Wailly. Sixième édition. In-12, 2 l. 10 s.

303. Abrégé de la Grammaire françoise. Sixième édition. In-12, 1 l. 4 s.

304. Fables de Phèdre, en latin, avec des notes, des éclaircissements et un petit dictionnaire à la fin, à l'usage des commençans, par M. Bourgeois, professeur au collège de Louis le Grand. Nouvelle édition. In-12, 1 l. 4 s.

305. Les mêmes latines et françoises chiffrées. Avec des notes critiques et historiques. In-12, 2 l. 10 s.

306. Principes généraux et particuliers de la langue françoise, confirmés par des exemples choisis, instructifs, agréables et tirés des bons auteurs ; avec les moyens de simplifier notre orthographe, des Remarques sur les lettres, la prononciation la prosodie, les accens, la ponctuation, l'orthographe et un abrégé de la versification françoise. Par M. de Wailly. Sixième édition, revue et considérablement augmentée. In-12, 2 l. 10 s.

307. Abrégé de la même Grammaire françoise, par M. de Wailly. Sixième édition, revue et augmentée. In-12, 2 l. 10 s.

Il y a peu d'ouvrages usuels aussi souvent réimprimés que le sont ces deux-ci, il ne faut pas s'en étonner. Devenus classiques par l'adoption que l'Université de Paris en a faite, ils sont entre les mains d'un très grand nombre de jeunes gens : ainsi de tems en tems on aura besoin de les réimprimer pour leur usage. *Affiches, Annonces*, etc. ann. 1770, n° 26, p. 102.

Malgré la multiplicité des éditions de cet ouvrage et des contrefaçons de la province et de l'étranger, il est toujours recherché avec le même empressement. *Journ. Encyclop.* 1770, tome 3, partie 1, avril, p. 139.

308. Selecti Psalmi Davidici, cum Argumentis et Notis, ad usum Candidatorum Rhetoricæ. In-12, 1 l. 4 s.

309. Abrégé de l'Histoire grecque et romaine, traduit du latin de

Velleius Paterculus, avec le texte corrigé, des notes critiques et historiques, une table géographique, une liste des éditions et un discours préliminaire, par M. l'abbé Paul. In-12, 3 l.

310. Les histoires de Salluste traduites en françois, avec le latin revu et corrigé, des notes critiques et une table géographique, par M. Beauzée, de l'Académie *Della Crusca*, des Académies royales de Rome et de Metz, des Sociétés littéraires d'Arras et d'Auxerre, professeur de grammaire à l'Ecole royale militaire. 1 v. in-12, 2 l. 10 s.

311. Les histoires de Justin. Nouvelle édition. In-12, 3 l.

312. Mœurs et coutumes des Romains, traduit du latin de *Nieuport*, par l'abbé Desfontaines. In-12, 5 l.

313. Institution de l'Orateur de Quintilien, traduit par l'abbé Gédouin. 4 vol. in-12, 12 l.

314. Tite Live avec les notes de M. Crevier. 6 vol. in-12, 15 l.

315. Tite Live, traduction de M. Crevier, par M. Guerin, 10 vol. in-12, 24 l.

316. Instruction sur l'histoire de France et Romaine, avec un abrégé de géographie par demandes et par réponses et un abrégé de l'histoire poétique et des Métamorphoses d'Ovide. Par M. Le Ragois. Nouvelle édition augmentée jusqu'au mariage de Monseigneur le Dauphin. 1 vol. in-12, 3 l.

Les éditions multipliées de ce petit ouvrage en prouvent assez l'utilité. (*Année littéraire*, 1771, t. I, n° 2, p. 143-144.)

317. — Explication abrégée des coutumes et cérémonies observées chez les Romains, pour faciliter l'intelligence des anciens auteurs. Ouvrage écrit en latin par M. Nieuport, et traduit par M. l'abbé Desfontaines. Nouvelle édition. In-12, 3 l.

318. Dictionnaire pour l'intelligence des auteurs classiques grecs et latins tant sacrés que profanes, ... par M. Sabbathier, professeur au Collège de Châlons-sur-Marne. *A Châlons-sur-Marne et à Paris, Delalain, Barbou, Hérissant fils*. 9 vol. in-8.

319. Histoire des Celtes et particulièrement des Gaulois et des Germains, par Simon Pelloutier... Nouvelle édition revue, corrigée et augmentée par M. de Chiniac ... *Barbou, Delalain, Le Jay, Crapard, Edme*. 5 vol. in-12.

320. Recueil de dissertations sur divers sujets de l'Histoire de France, par M. Sabbathier. *Delalain, Barbou*, in-12, 1 l. 10 s.

321. Fables choisies mises en vers par M. de La Fontaine, avec figures à chaque fable. *Barbou, Delalain, Guillyn*, in-8 et in-12.

322. La quantité du petit Behourt ou du nouveau Despautère. Nouvelle édition, retouchée et augmentée. In-8, 15 s.

323. Erasmi Petrarchi et Corderii selecta colloquia. Quibus

adjectus est ejusdem Erasmi Tractatus, de civilitate morum puerilium cum notis gallicis. In-12.

324. Imitation de Jésus-Christ, traduction de l'abbé Valart. In-12

1771

325. D. Junii Juvenalis et A Persii Satyræ. Notis novissimis ac perpetua interpretatione illustravit Josephus Juvencius Societatis Jesu. Cum appendice de Diis et Heroïbus poeticis ... Nova editio prioribus longe emendatior. In-12 de 459 p.

326. Appendix de Diis et heroïbus poeticis ou Abrégé de l'histoire poétique par le R. P. Jouvency. In-12 de 188 pages.

327. Juvenalis cum interpretatione ac notis Juvencii. Nova editio. In-12.

328. Sarcotis et Caroli V. Imp. Panegyris Carmina, tum de heroica poesi tractatus, auctore Masenio. Adjecta est Lamentationum Jeremiæ Paraphrasis, auctore D. Grenan. Editio altera. Marque : *Et fructu et foliis.* In-12 de LXXII-269 p.

Collection Barbou.

Dans cette nouvelle édition, Dinouart supprima la traduction. — (P. C. SOMMERVOGEL, V, 687).

Catalogue Delalain frères, Paris, 1893.

Comme on a prétendu que Milton avoit pris le fond de son *Paradis perdu* dans la *Sarcothée* de Masénius, on retrouve ici les pièces insérées à ce sujet dans le *Journal étranger* et dans les *Mémoires de Trévoux*. Après ces pièces viennent un *Traité de la poésie héroïque*, la *Sarcothée* et le *Panégyrique de Charles-Quint* par Masénius. Le *Traité de la poésie* est puisé dans les meilleures sources (on voit que Masénius connoissoit parfaitement les anciens, puisqu'il discute avec un goût exquis leurs beautés et leurs défauts). Le *Panégyrique de Charles-Quint* ne le cède pas à la *Sarcothée*. Ces deux poëmes sont des exemples des règles que l'auteur a posées dans son *Traité de la poésie*. Ce volume est terminé par l'excellente paraphrase en vers des *Lamentations de Jérémie*, composée par M. Grenan, célèbre professeur dans l'Université de Paris. (*Notice de la Collection des Barbou*, 1807).

329. Pensées de Cicéron, traduites pour servir à l'éducation de la jeunesse, par M. l'abbé d'Olivet. Nouvelle édition revue et augmentée. In-12.

330. P. Ovidii Nasonis Metamorphoseon. Libri XV. Cum notis gallicis et appendice gallico de Diis et Heroïbus poeticis. Ad usum scholarum. Marque : *Et fructu et foliis.* In-12.

331. Essai d'une nouvelle typographie, ornée de vignettes, fleurons, trophées, filets, cadres et cartels, inventés, dessinés et exécutés par L. Luce, graveur du roi, pour son imprimerie royale. Dédiée au roi. In-4° de 96 ff. n. ch.

Cette ouvrage, composé, dessiné et exécuté par Louis Luce, a été commencé en 1740 et achevé en 1770.

332. Thomæ a Kempis de Imitatione Christi, libri quatuor, versiculis distincti. In-32.

333. Cornelius Nepos, latin et français, traduction nouvelle avec des notes géographiques et historiques. In-12.

334. Ciceronis de Amicitia dialogus, ex recens. J.-G. Grævii. In-32 de 112 p. avec fig. rel. mar. 6 fr.

335. Philippiques de Démosthènes et Catilinaires de Cicéron, traduites par Joseph Thoullier d'Olivet. Sixième édition, revue avec soin. In-12.

1772

336. Œuvres diverses du Père du Baudory de la Compagnie de Jésus. In-12 de 384 p., rel. 2 fr. 75.

337. Oraisons choisies de Cicéron, traduction revue par MM. d'Olivet et de Wailly, avec le latin à côté, sur l'édition de M. l'abbé Lallemand, et avec notes. 4 vol. in-12.

338. Histoire d'Alexandre-le-Grand, par Quinte-Curce, de la traduction de Vaugelas, avec les suppléments de Frainshennius, nouvellement traduits par M. l'abbé Dinouart. 2 vol. in-12.

339. Cicéron, Œuvres choisies, trad. (de Villefore) revue par Noël-Fr. de Wailly, avec le latin et des notes. 3 vol. in-12.

Il y en a une autre édition en 1786. Souvent réimprimée. La traduction de Villefore, dont ces trois volumes sont extraits, a été imprimée à Paris en 1732, en 8 vol. in-12. — (BRUNET).

340. Panégyrique de Trajan, par Pline le jeune, traduit par de Sacy. In-12.

1773

341. Les principes de la langue latine mis dans un ordre plus clair, plus étendu et plus exact. A l'usage du Collège Louis le Grand [Par le P. Fleuriau]. Neuvième édition, entièrement refondue par M. de Wailly. In-12.

Auguste Savinien Le Blond ne s'est pas exprimé avec assez d'exactitude en parlant de cet ouvrage dans sa *Notice historique sur la vie et les ouvrages de Noël-François de Wailly*. Suivant lui, l'habile grammairien publia des *Principes de langue latine dans un ordre plus clair*, qui eurent sept éditions. Barbou n'acquit qu'en 1767 la propriété de cet ouvrage, qui est originairement du P. Sauger, jésuite. L'édition de 1768 est donc la première qui ait été donné par de Wailly et elle a été suivie de trois ou quatre autres seulement (Barbier, t. III, col. 1030). — (P. C. SOMMERVOGEL, III, 786).

342. Introduction à la syntaxe latine, nouvelle édition revue et augmentée d'un Vocabulaire latin et françois, par M. de Wailly. in-12.

343. M. T. Ciceronis De Officiis ad Marcum filium. In-32 de de 346 p. fig. rel. mar. 6 fr.

Un charmant frontispice par Moreau, gravé par Lemire : 6 à 9 fr. quand le vol. est relié en *mar*. (BRUNET); — (de 5 à 6 fr. (COHEN).

344. Principes généraux et particuliers de la langue française ...

Par M. de Wailly. Septième édition. Revue et considérablement augmentée... Marque des Cramoisy. In-12.

Les éditions précédentes portent les dates : 1760, 1763, 1765, 1766, 1768, 1770.

345. Instruction sur l'histoire de France et romaine, par M. Le Ragois, précepteur de Monseigneur le duc du Maine. Nouvelle édition, augmentée jusqu'au mariage de Monseigneur le Dauphin. In-12 rel. 3 l.

346. L'Imitation de J.-C., traduction nouvelle sur l'édition de 1764, revue sur huit manuscrits par M. l'abbé Valart. Marque à la devise : *Meta laboris honos*. In-12.

Collection Barbou.

Un frontispice et 4 figures de Marillier, gravés par de Longueil (de 4 à 5 fr.) Ces figures sont les mêmes que celles de l'édition latine de 1764, mais elles sont généralement usées. — (COHEN).

347. Th. a Kempis De Imitatione Christi. Libri quatuor. Ad manuscriptorum ac primarum editionum fidem castigati et mendis plus sex centis expurgati. Recensuit J. Valart... Nova editio. Marque : *Et fructu et foliis*. In-12.

Collection Barbou.

Même édition que celles de 1758 et 1764. Un frontispice de Marillier, gravé par de Longueil et 4 figures par les mêmes. — (COHEN).

1774

348. Q. Horatius, cum notis P. J. Juvencii. In-12.

Ce fut à Tours, en 1688 que parut la première édition d'Horace avec les notes du P. Jouvancy. L'édition de Rome, 1702 ou 1703, contient des augmentations et c'est cette édition qui a été souvent reproduite à Rouen, à Paris et ailleurs ; les notes qu'elle renferme sont excellentes et facilitent beaucoup à la jeunesse l'intelligence de l'auteur. On ne peut pas faire le même éloge d'un autre Horace du P. Jouvancy qui a été souvent réimprimé à Paris depuis 1710 environ chez Robustel et les frères Barbou. Les notes en sont beaucoup plus historiques que grammaticales; par conséquent elles sont moins utiles à la jeunesse ... — (P. C. SOMMERVOGEL, IV, 840).

349. Jacobi Vanierii Prædium rusticum. Nova editio cœteris emendatior. Marque : *Et fructu et foliis*. Pet. in-8, 4 à 5 fr.

Collection Barbou.

Dans les *Mémoires* autographes et inédits, laissés par l'abbé Brotier, neveu du P. Gabriel, pour servir à l'éloge de son oncle, on lit : « Il n'étoit jamais plus content que lorsqu'il pouvoit se soustraire à la nécessité de faire imprimer ce qu'il avait promis de donner. Il avoit commencé la nouvelle édition du *Prædium rusticum* de Vanière, donnée chez Barbou. Il y en avoit déjà quelques feuilles de composées. On lui apporte l'épreuve. Il y aperçoit une transposition considérable qui eût exigé un remaniement et une révision de son Manuscrit ; il envoie chercher le compositeur, lui remet les épreuves et le manuscrit, et lui dit : « Arrangez-vous comme vous voudrez ; je ne veux plus en entendre parler. » Il a en effet laissé l'édition qui a été achevée par M. Capperonier. (P. C. SOMMERVOGEL, II, 211).

350. J. Meursii Elegantiæ latini sermonis... 2 tomes en un vol. in-12.

Même édition que celle de 1757. (Voy. cette édition).

Dans : Les Elzevirs de la Bibliothèque impériale publique de Saint-Pétersbourg. (*Saint-Pétersbourg*, 1864, in-16). M. Ch.-Fr. Walter, mentionne sous le n° 85 (p. 37) l'édition de 1774 de Meursius, *330 p. in-12* et il signale à la suite celle de Londres 1781 [Cazin], 2 vol. in-18. Nous pensons que c'est une erreur de sa part. Les Elzevirs ont imprimé d'autres ouvrages de Meursius entre 1598 et 1625 mais on ne peut leur attribuer un ouvrage de *1774* qui sort certainement des presses de Barbou.

351. Sallustius (même édition que celles de 1754 et 1761).
Collection Barbou.

352. Selectæ e Novo Testamento Historiæ ex Erasmi paraphrasibus desumptæ, opusculum elementarium, in gratiam Tyronum. In-12.

353. Traité de l'Amitié, par M. de Sacy. In-12.

354. Lettres de Pline et Panégyrique de Trajan, trad. par M. de Sacy. 3 vol. in-12.

355. Justin. Histoire universelle, extraite de Trogue Pompée, trad. avec des notes critiques et historiques par M. l'abbé Paul. 2 vol. in-12.

5 fr. et plus en papier fin. (BRUNET.)

356. Florus, traduction par M. l'abbé Paul. 2 vol in-12.

357. Eloge de Charles-Quint, empereur d'Allemagne, roi des Espagnes et des Pays-Bas, traduit du poème latin de Jacques Masénius, par D. Ansard. In-8, br. 2 fr.

1775

358. Dictionnaire françois et latin, dédié à Monseigneur le Dauphin. Ouvrage composé sur le modèle du Dictionnaire de Boudot. Nouvelle édition. In-8.

359. Lettres de Cicéron à Atticus, traduites par l'abbé Mongault, de l'Académie françoise. 4 vol. in-12.

360. Histoires choisies du Nouveau Testament, trad. par M. de Wailly, latin et françois. In-12, pet. pap. rel. 2 fr. 10.

361. Salluste, traduit en français par Beauzée. In-12.

362. Philosophia ad usum scholarum accommodata. Auctore Antonio Seguy, presbytero Tutelate, sacræ Facultatis Parisiensis licentiato theologo, atque in studii Parisiensis Universitate philosophiæ professore, docente in Collegio Marchiano. 4 vol. in-12.

363. Les Commentaires de César, en latin et en françois. Nouvelle édition. Revue et retouchée avec soin par M. de Wailly. Marque : *Et fructu et foliis.* 2 vol. in-12.

La plus belle édition avec celle de 1766. — (BRUNET).

364. Etude lyriques, d'après Horace, par de Regaubac. In-12.

365. Salluste, traduit par M. Beauzée, de l'Académie françoise, seconde édition augmentée de morceaux entiers tirés des fragmens. In-12.

366. Cicéron. Entretiens sur la nature des dieux, traduction par M. l'abbé d'Olivet. Quatrième édition. 2 vol. in-12.

367. Les Offices, trad. nouvelle, avec le latin revu sur les textes les plus corrects, par M. de Barrett. In-12.

368. Les livres de Cicéron. De la Vieillesse, de l'Amitié, les Paradoxes, le Songe de Scipion. Lettre politique à Quintus. Traduction nouvelle avec le latin revu sur les textes les plus corrects. Quatrième édition retouchée avec soin, par M. de Barrett. Marque : *Et fructu et foliis.* In-12.

369. Titi Livii Patavini historiarum ab urbe condita libri qui supersunt XXXV. Cura J.-N. Lallemand. Marque à la devise : *Et fructu et foliis.* 7 vol. in-12.

Collection Barbou.

Edition estimée 28 à 35 fr. ; — vendue en pap. fin m. r. 70 fr. Saint-Céran en 1791. (BRUNET.)

Catalogue Delalain frères, Paris, 1893.

<small>M. l'abbé Lallemand en est l'éditeur. L'accueil favorable que le public a fait au Tacite, au Cicéron, et au Pline le Jeune, donnés par ce savant, étoit un bon garant du succès de son travail sur Tite-Live. Il a pris pour base de son édition celles de MM. Crevier et Drakemborch. On sait que ces deux savants avoient lu et discuté, avec le plus grand soin, les manuscrits et les meilleures éditions de leur auteur. Le premier volume, orné d'un très-beau portrait de Tive-Live, contient encore un avertissement curieux, dans lequel M. Lallemand apprécie, sans partialité, le travail de ceux qui ont donné des éditions de ce prince des historiens. Cet avertissement est suivi de l'excellente préface de M. Crevier. Aux trois fragments de Tive-Live déjà connus, on a ajouté celui qui fut découvert à Rome en 1772. M. Lallemand rend compte en peu de mots de ses changements et de ses corrections à la fin de chaque volume, qui est terminé par une bonne table alphabétique des matières. On trouvera dans le dernier volume les sommaires des livres perdus, et un ample *index* des sentences contenues dans tout l'ouvrage. L'editeur, aussi modeste que savant, s'est associé pour la lecture des épreuves une personne connue par son exactitude ; en sorte que l'on peut assurer que les gens de lettres trouveront dans cet ouvrage la même correction que dans les autres donnés par M. Lallemand. (*Notice de la Collection des Barbou*, 1807.)</small>

370. Quinti Horatii Flacci Carmina detersis recentibus plerumque maculis. Nitori suo restituta (éd. Lallemand). Nova editio. Marque : *Et fructu et foliis.* In-12, 4 à 5 fr.

Collection Barbou.

On préfère cette édition à celle de 1763 donnée par Valart. (BRUNET)

<small>Cette édition a été donnée par M. Lallemand, qui a supprimé, avec raison, toutes les leçons que M. Valart avoit insérées dans l'édition de 1763, qu'il prétendoit avoir revisée sur plusieurs manuscrits de Sorbonne et de la bibliothèque du roi. On a apporté toute l'attention possible pour la correction et pour l'exécution typographique. (*Notice de la Collection des Barbou*, 1807.)</small>

1776

371. Velleius Paterculus, Historia romana. *Avec* L. Annæi Flori epitome rerum romanorum libri IV. Marque à la devise : *Et fructu et foliis.* 2 tomes en 1 vol. in-12.
Collection Barbou.
3 à 4 fr. L'édition de Paris 1746 (David) ou avec un nouveau titre daté de 1754, in-12 même prix. Pap. de Hollande, 5 à 6 fr. (BRUNET.)
La première édition (*David*, 1746) ne contient pas *Florus.* Le frontispice est le même, mais il y a au lieu de 2 entêtes, 1 fleuron sur le titre, par de Sève, et 1 vignette par de la Borde, tous deux gravés par Fessard. — (COHEN).
Catalogue Delalain frères, Paris, 1893.

372. D. J. Juvenalis et A. Persius Flaccus, Marque : *Non solus.* In-12.
Collection Barbou.
Même édition que celle de 1754. Elle est bonne. — (BRUNET).
2 beaux frontispices gravés par Duflos et 5 culs-de-lampes. (De 5 à 6 fr.) (COHEN.)

373. Cicéron. Les Offices, traduction nouvelle, avec le latin à côté, par M. de Barrett. In-12.

374. Tusculanes de Cicéron, traduites par MM. Bouhier et d'Olivet. Quatrième édition. 2 vol. in-12.

375. Analyse des traités des bienfaits et de la clémence de Sénèque, précédée d'une vie de ce philosophe, plus ample que toutes celles qui ont paru. In-12.

376. Poésies de Malherbe. Rangées par ordre chronologique : Avec la vie de l'auteur et de courtes notes, par A. G. M. Q. (Meunier de Querlon). Nouvelle édition revue et corrigée avec soin. Marque : *Et fructu et foliis.* In-8.
Portrait de Malherbe signé N. D. Monstrer. L.-J Cathelin, sculp. 1762.
Edition remarquable par la netteté des caractères et la beauté des fleurons et culs-de-lampe. (BRUNET.) Voy. ce que dit Cohen de l'édit. de 1764.

377. Homère. L'Illiade, traduction nouvelle. 3 vol. in-4°.
3 fig. de Cochin, grav. par Romanet de Launay et Gaucher.

378. Justini Historiarum ex Trogo Pompeio libri XLIV. Accedunt excerptiones Chronologicæ, ad usum scholarum. In-24 de VIII-424 p.

1777

379. Principes de la langue latine (du P. Sauger) mis dans un ordre plus clair, plus précis et plus exact (par le P. Fleuriau). Dixième édition, refondue entièrement par M. de Wailly. In-12.

380. Le petit Apparat royal. Nouvelle édition, considérablement augmentée, avec un Dictionnaire géographique. In-8.

381. Manuel des grammairiens. Nouvelle édition. In-12.

382. Phædri Fabulæ, P. Syri Sententiæ, Faerni Fabulæ, en latin et en françois. In-12.

383. Ovide, Métamorphoses, latin et françois. 2 vol. in-12.

384. M. T. Ciceronis. Opera philosophica, cum notis. In-12.

385. Caii Velleii Paterculi historiæ romanæ libri duo. Nova editio ex collatione veterum editorum emendata ... L. Annæi Flori epitome rerum romanorum libri quatuor. In-12 (frontispice gravé).

Collection Barbou.

Nous sommes redevables de cette nouvelle édition aux soins du savant M. Lallemand, qui nous a déjà procuré celles de Tacite, de Pline le Jeune, de Cicéron et de Tite-Live. Le texte est précédé de la notice de Vossius sur la vie et les écrits de Paterculus, et d'un extrait des annales de cet historien, dressées par Dodwel. Comme ce qui nous reste de Velleius ne fournit pas deux cents pages, le savant éditeur a cru devoir y joindre *Florus*, avant le texte duquel il a aussi placé ce que Vossius a dit de Florus. Cet abrégé intéressant de l'histoire romaine méritoit d'entrer dans la Collection des Auteurs Latins; et les gens de lettres sauront bon gré à M. Lallemand d'en avoir donné une édition très-correcte. Velleius Paterculus avoit été publié seul en 1746, et avec un nouveau frontispice, en 1754. (*Notice de la Collection des Barbou*, 1807.)

386. Epîtres et évangiles des dimanches et fêtes de toute l'année de l'Avent, du Carême et des autres Féries. Nouvelle édition. In-18.

387. Grammaire françoise, par M. de Wailly, huitième édition, augmentée de la prosodie et dédiée à l'Université de Paris. In-12.

388. La même, en abrégé, huitième édition. In-12.

389. Principes de la langue latine, mis dans un ordre plus clair, plus étendu et plus correct, à l'usage des principaux Collèges de Paris, dixième édition, refondue entièrement par M. de Wailly. In-12.

390. Erasmi encomium moriæ. Th. Mori utopia. 2 tomes en 1 vol. in-12, 2 à 4 fr.

Collection Barbou.

Frontispice de Gravelot. (Il y avait eu une édit. en 1765.)

On ne pouvoit réunir ensemble deux ouvrages contemporains mieux assortis, tant par ce endroit que par l'étroite liaison qu'il y eut entre les deux auteurs. La nouvelle édition du premier (*l'Éloge de la Folie*) est entièrement conforme à celle de 1765. Quant au texte de l'Utopie de Th. Morus, il a pour base celui de l'édition la plus récente dont nous ayons connoissance, celle des frères *Foulis* (Glasgow, 1751), qui même n'est plus fort commune ici. L'éditeur de ces deux ouvrages, M. de Querlon, par les notes qu'il y a semées, quoiqu'avec son économie ordinaire, et par la seule correction qui répand tant de jour dans les anciens écrits, les a mis à la portée de tout le monde. Le premier est trop connu pour en rien dire; le second gagnera sûrement à l'être mieux, et c'est dans le texte original qu'il faut le lire pour le connoître. (*Notice de la Collection des Barbou*, 1807.)

1778

391. Josephi Juvencii e Societate Jesu ratio discendi. In-12 de 234 p.

392. Francisci Josephi Desbillons. Fabulæ Æsopicæ. Curis posterioribus omnes fere emendatæ quibus accesserunt plus quam CLXX novæ. Sexta editio. Marque : *Meta laboris honos*. In-12, xxxvi-504 p. 3 à 4 fr.

Collection Barbou.

1 frontispice par Blackey, gravé par Baquoy (de 4 à 5 fr.) (COHEN.)

Le P. Desbillons écrivait le 17 mai 1773 : « Mes fables se soutiennent toujours, en dépit de quelques envieux fort ignorés du public. Elles commencent à devenir classiques dans presque toute l'Europe. On les explique dans l'Université de Paris et dans quelques collèges d'Allemagne, dans la Suède, etc. Les plus célèbres journaux latins et allemands en ont donné des extraits et en ont fait des éloges, dont ceux qui sont venus à ma connaissance m'ont paru quelquefois excessifs ». — P. C. SOMMERVOGEL, II, 1947.

Cette édition est très-bien exécutée. Un mérite qu'elle a au-dessus de la quatrième publiée à Manheim, c'est que l'auteur a envoyé un exemplaire, corrigé de sa main, en beaucoup d'endroits. Les épreuves ont été relues avec soin par plusieurs gens de lettres. Ce volume contient : 1° une belle préface dans laquelle sont appréciés les ouvrages des différents fabulistes ; 2° plus de cinq cents fables en quinze livres ; 3° les sentences répandues dans ces fables ; 4° les notes sur chaque livre ; 5° une table alphabétique des fables ; 6° l'explication des mots les plus difficiles de l'ouvrage. (*Notice de la Collection des Barbou*, 1807.)

393. P. Virgilii Maronis Opera notis illustravit Carolus Ruæus, jussu Christianissimi Regis. Ad usum serenissimi Delphini, cum Appendice de Diis et Heroibus Poeticis ad poetarum intelligentiam a P. Juvencio. Nova editio accurate recognita. Marque des Cramoisy. In-12.

394. Dictionarium universale seu Boudot. In-8.

395. Orationes ex Sallustii, Titi Livii, Q. Curtii, et Taciti Historiis collectæ. Traduction nouvelle plus ample que les précédentes, latin et françois. 2 vol. in-12.

396. Oraisons choisies de Cicéron, traduction [de Villefort] revue par M. de Wailly, avec le latin à côté, sur l'édition de M. l'abbé Lallemand, et avec des notes. Nouvelle édition retouchée avec soin. 3 vol. in-12.

1779

397. Racines latines, à l'usage des écoles royales militaires, des Collèges de la Congrégation de l'Oratoire, par Joseph Villier, de l'Oratoire. Marque : *Et fructu et foliis*. In-8.

398. Amœnitates poeticæ, sive Theod. Bezæ, M.-Ant. Mureti et Johan. Secundi juvenilia, tum Johan. Bonnefonii Pancharis, etc. In-12, 5 à 6 fr.

Collection Barbou.

On trouve dans cette édition de plus que dans la première, *Lugd. Batavor.* (*Paris, Barbou*), 1757, in-12, en trois part., sans titre collectif, les Juvenilia de Joach du Bellay, l'une et l'autre sont ornées des portraits de Theod. de Beze et de Marc.-Ant. Muret, grav. par Ficquet. — (BRUNET).

Au commencement de cette nouvelle édition, est une notice très-bien faite des cinq Auteurs dont on trouve ici les meilleures pièces. Le goût et l'amour des lettres ont présidé au choix de ces poésies pleines d'agréments. Aux pièces des quatre premiers auteurs, on a joint, dans cette nouvelle édition, les poésies les plus intéressantes de du Bellai, trois nouvelles pièces de Muret, une quatrième de Lotichius, poète allemand, et une cinquième de Famien Strada, poète romain. (*Notice de la Collection des Barbou*, 1807.)

399. Caii Plinii Secundi Historiæ naturalis libri XXXVII quos

recensuit et notis illustravit Gabr. Brotier. Marque à la devise : *Meta laboris honos*. 6 vol. in-12.
Collection Barbou.
Cette édition, exécutée avec soin, est fort estimée, 30 à 36 fr. et plus en pap. fin. (BRUNET.)
1 beau frontispice par Marillier, gravé par Duflos (de 30 à 35 fr.). Edition recherchée, les exempl. sur pap. fin de 40 à 50 fr. (COHEN.)
Catalogue Delalain frères, Paris, 1893.

M. l'abbé Brotier, connu si avantageusement par une excellente édition de Tacite, s'est chargé de celle-ci. Revue sur plusieurs manuscrits, sur la première édition qui n'avoit pas encore été consultée, et sur quantité de monuments antiques, elle présente plus de deux mille corrections, qui avoient échappées aux recherches savantes du Père Hardouin. Le premier et le plus brillant historien de la nature paroit, non-seulement dans le format le plus commode, mais le lecteur a encore le plaisir de voir continuellement les connoissances anciennes rapprochées de nos connoissances actuelles, et de juger de nos pertes et de nos avantages, tant dans l'histoire naturelle que dans les arts. Une Vie nouvelle de Pline fait connoitre son génie et ses travaux. Le frontispice, du dessin de M. Marillier, représente cet illustre amateur de la nature, mourant au pied du Vésuve. (*Notice de la Collection des Barbou*, 1807.)

1780

400. Renati Rapini Societatis Jesu Hortorum libri IV et Cultura Hortensis. Hortorum historiam addidit Gabriel Brotier. In-12 de XXXVI-319 p.
Collection Barbou.
Frontispice gravé par Prévot. (P. C. SOMMERVOGEL, VI, 1446).

C'est aux soins de M. l'abbé Brotier que l'on doit cette nouvelle édition du charmant poème *des Jardins*. Le savant éditeur n'a rien négligé pour qu'elle surpassât toutes les autres. On y trouve un très-bon abrégé de la vie du Père Rapin, les passages grecs et latins d'où l'auteur a tiré ses préceptes, les changements, les additions, les retranchements qu'il a faits à son poème. A la Dissertation du Père Rapin sur tout ce qui regarde la culture des jardins, le savant éditeur en a joint une autre de sa façon, qui en renferme l'histoire depuis la création jusqu'à nos jours. Enfin, il a terminé son édition par un index alphabétique fort ample, dans lequel il explique les termes les plus difficiles du poème. (*Notice de la Collection des Barbou*, 1807.)

401. L'Imitation de J.-C., trad. nouvelle revue par l'abbé Valart.
Collection Barbou.
Front. et 4 fig. Même édition que celles de 1759 et 1773.

402. Du Mas (Ph.). Liber psalmorum versibus heroïcis latine redditus. In-12.

1781

403. Quinte-Curce. Histoire d'Alexandre-le-Grand, traduction par Beauzée. 2 vol. in-12, 5 fr. (BRUNET.)

404. Cornelius Nepos. Vies des grands capitaines de l'antiquité, traduites avec des notes, par M. l'abbé Paul. In-12.

1783

405. Lettres de Brutus à Cicéron (trad. par André Morellet). In-32.
On prétend que ce petit volume n'a été tiré qu'à 25 exempl. 15 fr. *m. r.* Mion, 12 fr. 50, Chatéaugiron et quelquefois moins. — (BRUNET).

406. Remarques sur la langue française ou prosodie française, par l'abbé d'Olivet. In-12.

407. Abrégé de l'histoire romaine par Eutrope. Nouvelle édition revue et corrigée avec la traduction à côté [de Wailly]. Marque : *Et fructu et foliis.* In-12 de iv-267 p.

408. Phœdri Fabularum, libri V cum notis et supplementis Gabrielis Brotier : accesserunt parallelæ J. de La Fontaine Fabulæ. In-12.
Collection Barbou.
1 frontispice, 7 vignettes et 5 culs-de-lampe par Durand, gravés par Fessard et Sornique. Bonne édition de 4 à 5 fr.; pap. fin d'Annonay, 5 à 7 fr. (BRUNET).
Réimpression de l'édition de 1754, avec le frontispice et les vignettes (usées) et sans les culs-de-lampe (COHEN).
Catalogue Delalain frères, Paris 1893.
<small>Cette nouvelle édition de Phèdre est, sans contredit, la meilleure de toutes. M. l'abbé Brotier, connu si avantageusement dans la république des lettres, n'a rien négligé pour la rendre de la plus grande correction. Le texte du fabuliste, corrompu dans plusieurs endroits, a été restitué dans toute sa pureté; l'ordre naturel de beaucoup de fables, interverti, a été rétabli ; deux fables dont il ne restoit que des fragments ont été habilement suppléées. Des notes courtes, mais remplies de goût, d'érudition et de critique, suivent le texte. Un manuscrit très-précieux par sa haute antiquité, sur lequel Pierre Pithou publia en 1596 la première édition de Phèdre, communiqué avec plaisir par M. Le Peletier de Rosambo, président au parlement de Paris, et un exemplaire imprimé, enrichi des variantes que Dom Vincent a recueillies du célèbre manuscrit de Rheims, qui malheureusement périt en 1774, dans l'incendie de la bibliothèque des Bénédictins de cette ville, ont particulièrement servi de base au travail de M. l'abbé Brotier. Il a placé à la fin du volume les Fables choisies, tirées ou imitées de Phèdre par La Fontaine. En rapprochant ces deux écrivains admirables, son intention a été de présenter la plus belle des poétiques, celle de l'exemple. Ils ont été l'un et l'autre la gloire de leur siècle : chacun a son caractère original de perfection. On voit dans l'un le goût sévère de l'élégance romaine; et dans l'autre, l'enjouement naturel de la gaieté françoise. Il n'y a rien qu'on puisse ajouter à Phèdre : il n'y a rien qu'on veuille retrancher dans La Fontaine. Voilà les deux règles du beau les plus vraies et les plus infaillibles. Cette nouvelle édition est de plus ornée d'un frontispice et de plusieurs vignettes, dont les sujets sont tous relatifs aux fables de Phèdre. Le volume est terminé par trois tables, et par un catalogue des principales éditions de Phèdre. (*Notice de la Collection des Barbou*, 1807.)</small>

1784

409. Cornelius Nepos. De vita excellentium imperatorum. In-12.
Collection Barbou.
Frontispice gravé. Même édition que celle de 1767.

410. Vie des pères, des martyrs et des autres principaux saints, traduction de l'ouvrage anglais de Buttler, par l'abbé Godenard, 2ᵉ édition (la 1ʳᵉ est de 1762). 12 vol in-8. (BRUNET).

1785

411. Sannazari (Jacobi) Opera omnia; editio nova. In-12 br. 2 fr.
412. Aventures de Télémaque. 2 vol. in-12 (portr. front. et fig.)
413. Novum Jesu-Christi Testamentum, ad exemplar Vaticanum accurate revisum. Marque à la devise : *Et fructu et foliis.* In-12.
Collection Barbou.
Frontispice de Gravelot, gravé par de Longueil et une carte.

Il a été tiré sur vélin 4 exemplaires de cette édition 80 fr. Saint-Céran en 1791, 129 fr. Mac-Carthy; 2 liv. 5 h. Hilbert; 40 fr. en 1838. (BRUNET).

Catalogue Delalain frères, Paris, 1893.

Ce volume de 572 pages est orné d'une fort belle estampe; elle représente le prophète Isaïe, qui paroît dicter à S. Jean son sublime exorde. On y trouve aussi une chronologie du Nouveau Testament, avec une carte géographique. Pour donner le texte le plus correct, on l'a conféré avec celui du Vatican ; deux hommes de lettres, connus par leur exactitude, ont apporté toute leur attention à la lecture des épreuves. (*Notice de la Collection des Barbou*, 1807.)

1786

414. Vanierii (J.). Prædium rusticum. Alia editio cum vita Vanierii. In-12, 4 à 5 fr. et plus en pap. fin.

Collection Barbou.

L'édition de 1774 ne contient pas la vie de Vanière.

Réimprimé chez A. Delalain en 1817, in-12 de xxxviii-373 p. (Brunet et Fournier placent cette édition dans la collection des in-12 Barbou, de préférence à celle de 1774, cependant plus belle, mais dont le format est plus grand (petit in-8).

Cet excellent poëme, qui comprend tout ce qui a rapport aux travaux et à la vie de la campagne, et qui est généralement estimé pour la pureté du latin, pour la douceur et l'harmonie de la versification, est imprimé avec le soin et avec l'élégance qu'il mérite. Un des deux hommes de lettres qui avoient présidé à l'édition de 1774, entièrement épuisée, M. l'abbé Capperonnier, de la bibliothèque du roi, s'est chargé de revoir celle-ci avec une nouvelle attention, et n'a rien négligé pour la rendre de la plus grande correction. On espère qu'elle obtiendra du public un accueil favorable, et même la préférence sur l'édition de 1774, à cause de la vie du Père Vanière, dont l'éditeur l'a enrichie, et des additions assez considérables qu'il a placées dans l'*index*. Le sujet allégorique du frontispice a été exécuté par deux de nos meilleurs artistes, MM. Gravelot et de Longueil. (*Notice de la Collection des Barbou*, 1807.)

415. Selecta M. Tullii Ciceronis Opera philosophica, Numeris et Capitibus ad usum scholarum distincta, notisque illustrata,... In-12 de 352 p.

416. Oraisons choisies de Cicéron, traduction revue par M. de Wailly. Avec le latin à côté, sur l'édition de M. l'abbé Lallemant et avec des notes. 3 vol. in-12.

417. Principes généraux et particuliers de la langue française... Dixième édition, revue et considérablement augmentée. Marque : *Et fructu et foliis*. In-12.

418. Selectæ e Novo Testamento Historiæ. in-12 pct. pap. rel. parch. 1 fr. 25.

1787

419. D. Erasmi Encomium Moriæ. In-12.

420. Oraisons choisies de Cicéron, traduites, revues par d'Olivet et de Wailly, avec le latin à côté, sur l'édition de Lallemant, avec des notes. Nouvelle édition retouchée avec soin. Marque : *Et fructu et foliis*. 4 vol. in-12.

421. Lettres de Cicéron à Atticus, latin-français, par l'abbé Mongault. 4 vol. in-12 rel. 13 fr.

422. Lettres de Cicéron à M. Brutus et de M. Brutus à Cicéron, par Prévost. In-12 rel. 3 fr. 25.

423 Manuel d'histoire naturelle, par Cotte. In-8 broch. 2 fr. 50

424. Procès-verbal des séances de l'assemblée provinciale de Moyenne Normandie et du Perche, généralité d'Alençon, tenue à Lisieux, dans l'Hôtel-de-Ville, aux mois de novembre et décembre 1887. In-4°. (Imp. de F.-B. Mistral à Lisieux.)

425. Th. a Kempis De Imitatione Christi libri quatuor... Edidit, Nic. Bauzée... In-32 de xvi-352 p., édition encadrée.

1788

426. Histoire universelle de Justin, extraite de Trogue Pompée, traduite sur les textes latins les plus corrects, avec de courtes notes critiques, historiques et un dictionnaire géographique de tous les pays dont parle Justin, par M. l'abbé Paul, ancien professeur d'éloquence au collège d'Arles. Nouvelle édition. 2 vol. in-12.

427. Principes généraux et particuliers de la langue française... Par de Wailly. Onzième édition revue et considérablement augmentée. In-12.

428. Les histoires de Salluste, trad. par Beauzée et texte en regard. In-12 (un plan gravé).

429. L'Imitation de J.-C., traduction par Nic. Beauzée. In-12.
Collection Barbou.
5 fr. et plus cher en papier de Hollande.
On fait beaucoup plus de cas de cette traduction que de celle de Valart. Les éditions de *Paris, H. Barbou*, 1801, ou *Delalain*, 1811, in-12 fig., sont moins belles que celles de 1788. Dans l'édition de *Paris, Saint-Michel* 1810, in-12 avec 4 fig., on a inséré les prières et les pratiques du P. Gonnelieu. — (Brunet).

Un frontispice et 4 figures, par Cipriani, Cochin et Lesueur, gr. par Prévost (de 3 à 6 fr.). Il existe des exemplaires en papier de Hollande (de 12 à 15 fr.). Ces figures ont encore servi à une édition sous la date de *Paris, H. Barbou*, 1801, et à un nouveau tirage de 1811 (*Delalain*), mais les épreuves en sont mauvaises. — (Cohen).

En même temps que l'édition latine, M. Beauzée donna une nouvelle traduction françoise de l'Imitation, très-estimée, exécutée avec le plus grand soin par le même imprimeur, et ornée de très belles figures. Ces figures sont différentes de celles qui se trouvent dans l'édition latine. (*Notice de la Collection des Barbou*, 1807.)

430. Plinii Secundi epistolæ et panegyricus Trajano dictus, recensuit J.-N. Lallemand. In-12 3 fr. 60.
Collection Barbou.
Frontispice de Marillier.
Catalogue Delalain frères, Paris, 1893.

1789

431. Th. a Kempis De Imitatione Christi libri quatuor, ad germanam lectionem reducti, juxta editionem Rosweidianam, ad fidem autographi anni 1441 recensitam. Edidit Nic. Bauzée, unus ex Academiæ Gallicæ Quadragintaviris, etc. In-12.
Collection Barbou.

Jolies figures de Marillier. 4 à 5 fr. et plus en pap. de Hollande. Edition préférée à celles données par J. Valart en 1758, 1764 et 1773 (BRUNET).
Catalogue Delalain frères, Paris, 1893.

Cette édition de l'Imitation de Jésus-Christ est, sans contredit, la meilleure qui soit sortie de nos presses. Revue avec le plus grand soin sur l'édition du P. Rosweide, jésuite, elle offre un texte pur et conforme au célèbre manuscrit original de Thomas-à-Kempis de l'an 1441, conservé à Anvers chez les Bollandistes : avantage infiniment précieux qui ne se trouvoit point dans les trois éditions, prétendues corrigées par M. l'abbé Valart, que nous avons imprimées successivement en 1758, 1764, 1773. La religion et la piété seront donc éternellement reconnaissantes du service que leur a rendu M. Beauzée, un des quarante de l'Académie françoise, professeur émérite de l'Ecole-Royale-Militaire, etc., en faisant imprimer dans sa pureté primitive, dans sa simplicité originale, cet excellent Traité de moral dont le fameux Leibnitz faisoit le plus grand éloge, et qui, au sentiment de Fontenelle, *est le livre le plus beau qui soit parti de la main d'un homme, puisque l'Evangile n'en vient pas*. Cette édition, remarquable par la beauté des caractères et du papier, est exécutée avec toute l'attention qu'exigeoit le mérite du livre. Elle est ornée de cinq belles figures, gravées par de Longueil, sur les dessins de Marillier. (*Notice de la Collection des Barbou*, 1807.)

432. Instruction sur l'histoire de France et romaine, par M. Le Ragois, précepteur de Mgr le Duc du Maine. On y a ajouté un Abrégé des Métamorphoses d'Ovide, de l'histoire poétique, de la géographie et une chronique de nos Rois, en vers : le tout en faveur de la jeunesse. Nouvelle édition, augmentée jusqu'à l'année 1789. In-12.

433. Novum Testamentum J.-C. In-24, rel. bas. 2 fr.

434. Le Nouveau Testament de Notre Seigneur Jésus-Christ, par Valart. In-24, rel. bas. 2 fr.

435. Histoire d'Alexandre le Grand, par Quinte-Curce, trad. par M. Beauzée. 2 vol. in-12, pet. pap. rel. 5 fr. 50.

436. Racines de la langue latine, par l'abbé du Plan. In-12, rel. 2 fr. 75.

Barbou frères

(1790-1796)

Raison sociale : Frères Barbou. Fratres Barbou.
Domicile : Viâ Mathurinensiun.
Marques : Les mêmes que précédemment.
Enseigne : Sub Ciconiis. Aux Cigognes.

1790

437. P. Virgilii Maronis Opera... Marque à la devise : *Non Solus* 2 vol. in-12, fig. 6 à 8 fr.
Collection Barbou.
Gravures d'Eisen, de de Sève et de Fessart.
Cette édition, donnée par Capperonnier, d'après le texte de Heyne, a la même valeur que celle de 1767. — (BRUNET).
Catalogue Delalain frères, Paris, 1893.

L'excellente édition de Virgile que M. Heyne, de l'Académie de Gœttingue, a publiée pour la seconde fois à Leipsic, en 1788 et 1789, a servi de modèle à celle qu'on offre aujourd'hui au public. Si l'on s'est quelquefois permis d'abandonner ce savant guide (un peu trop hardi peut-être dans les changements qu'il fait au texte), on ne l'a fait que d'après des autorités respectables qu'on a toujours eu l'attention de citer dans les notes placées à la fin de chaque volume, et dont les principales sont mentionnées dans la préface. On n'entrera pas ici dans le détail de tous les secours qu'on a invoqués; mais on se bornera à dire que deux précieuses éditions de Virgile, les plus anciennes et les plus excessivement rares, qui sont dans la bibliothèque du roi depuis peu d'années, et qui n'avoient pas été consultées par M. Heyne, ni peut-être par ses prédécesseurs, ont été collationnées avec une attention toute particulière. Cette collation, longue et pénible, n'a pas été infructueuse. Les diverses leçons intéressantes qu'elle a produites sont rapportées dans les notes et y sont appréciées. Les amateurs et les bibliographes liront peut-être avec quelque intérêt la notice, assez ample, des éditions du prince des poètes latins, données depuis le quinzième siècle jusqu'en 1790, et les jugements des savants qui l'accompagnent. Cette nouvelle édition de Virgile, exécutée avec le plus grand soin, doit, sans contredit, mériter la préférence sur celles de 1745 et 1767. (*Notice de la Collection des Barbou*, 1807.)

438. Selecta Senecæ philosophi opera... (comme l'éd. de 1764). In-12.
Collection Barbou.
Les ouvrages que contient ce volume, sont le Traité de la brièveté de la vie; celui de la Providence; l'Epitre LXXXVIII de Sénèque qui roule sur les sept arts libéraux, et huit lettres du même à Lucilius. Ces morceaux sont suivis de la traduction françoise, avec des remarques. (*Notice de la Collection des Barbou*, 1807.)

439. Matthiæ Casimiri Sarbievii Carmina... (même édition que celle de 1759). In-12 de VIII-472 p.
Collection Barbou.

440. Leçons élémentaires d'agriculture, par demandes et par réponses, avec une suite de questions sur l'agriculture, la topographie et la minéralogie, par Cotte. In-12, broché 1 fr. 50.

441. Histoire des deux Règnes de Nerva et de Trajan, par de Barrett. In-12 rel. 2 fr. 75.

442. Histoire de Théodose-le-Grand, par Fléchier. In-12 rel. 3 fr. 25.

1791

443. Grammaire générale abrégée, par Nic. Beauzée. In-8 br. 90 c.

444. Cicéron. Traité de la consolation, trad. par Jacques Morabin, avec la Divination, trad. par Régnier-Desmarais. In-12 rel. 3 fr. 25

1792

445. Catullus Tibullus et Propertius... Editio nova correctior. Marque : *Meta laboris honos*. In-12.
Collection Barbou.
1 frontispice de Bernard Picard, et 1 figure, 3 vignettes, les 2 premières non signées (usées), la 3ᵉ d'Eisen gravée par Legrand (femme couchée) a paru dans d'autres ouvrages notamment, dans les Epigrammes de Martial (1754).
Catalogue Delalain frères, Paris, 1893.
Nous avons apporté tous nos soins pour que cette nouvelle édition ne le cédât aux deux premières données par feu l'abbé Lenglet Dufresnoy, ni pour la correction, ni pour l'exécution typographique. Le texte de Catulle est formé sur l'édition de Venise, donnée par *Corradini* en

1738. Comme ce poète est rempli d'expressions singulières, ou d'un usage assez rare, on les a expliquées dans une table alphabétique. On s'est servi, pour épurer les textes de Tibulle et de Properce, des corrections des meilleurs critiques, et surtout des leçons de *Joseph Scaliger*. Les véritables poésies de Gallus sont à la suite de Properce, avec les six Elégies du faux *Maximien*. Les trois premiers poètes sont décorés chacun d'un joli frontispice, et de quelques autres ornements. *Corradini* ayant avoué depuis que le manuscrit romain, qu'il citoit à l'appui de ses corrections, n'a jamais existé, nous rétablirons dans la première édition, le texte, conformément aux leçons qui sont le plus généralement reçues. (*Notice de la Collection des Barbou*, 1807.)

1793

446. P. Virgilii Maronis opera ... (même titre que celui de 1768). 3 vol. in-12.

447. Titi Livii Patavini Historiarum ab urbe condita, cum notis Crevier. Marque des Cramoisy. 6 vol. in-12 rel. 19 fr. 25.

448. Entretiens de Cicéron sur la Nature des dieux, traduits par M. l'abbé d'Olivet. de l'Académie françoise. Marque : *Et fructu et foliis*. 2 vol. in-12 rel. 5 fr. 50.

449. Principes généraux et particuliers de la langue française ... par M. de Wailly. Septième édition. Revue et considérablement augmentée. Marque des Cramoisy. In-12, rel. 3 fr. 25.

450. C. Cornelii Taciti quæ exstant Opera, recensuit L.-N. Lallemand. Marque à la devise : *Non Solus*. 3 vol. in-12. 3 frontispices d'Eisen.

Collection Barbou.

Bon texte : 10 à 12 fr. La réimpression de 1793 est moins belle que l'édition de 1760. (BRUNET.)

Catalogue Delalain frères.

Cette édition ne le cède point à celle de Plaute. Le texte en est très-correct, et formé principalement sur la bonne édition d'*Ernest*. A la tête du premier volume, est le tableau généalogique de la famille d'Auguste, par *Juste-Lipse*. Cette édition est enrichie de notes sommaires sur tous les livres de Tacite; on les trouve à la fin de chaque tome. Il y a aussi une table des noms propres des lieux et des personnes. Chaque volume est orné d'un frontispice et d'une vignette gravés d'après les dessins de M. *Eisen*. (*Notice de la Collection des Barbou*, 1807.)

451. Eutropii Sexti Aurelii Victoris nec non Sexti Rufi Historiæ romanæ breviarium. In-12 (front. d'Eisen).

Collection Barbou.

Cette édition soignée par Capperonnier, mais mal imprimée, contient de plus que celle de 1754 le *Sextus Rufus*... Edition moins belle que celle de 1754, mais elle contient en plus *Aurelius Victor*. (BRUNET.)

Le public ayant favorablement accueilli les trois abréviateurs les plus célèbres et les plus estimés de l'antiquité latine, *Justin*, *Velleius Paterculus* et *Florus*, que nous avons imprimés, il y a déjà quelques années, nous espérons qu'il nous saura encore quelque gré de lui en offrir aujourd'hui trois autres, réunis en un seul volume. A la vérité, ils ne jouissent, ni de la même célébrité, ni de la même estime, cependant ils ont leur mérite reconnu depuis longtemps par les savants. Les textes ont été revus et corrigés par l'éditeur du Père *Vanière*, de *Justin*, de *Virgile*, etc., sur les meilleures éditions qui aient été données jusqu'ici. Les manuscrits qu'il a été à portée de consulter, ont donné de nouvelles leçons importantes dont il a fait usage. La notice d'un manuscrit du douzième ou du milieu du treizième siècle, qui se trouve dans la bibliothèque de l'Académie de Rostock, publiée à Leipsic en 1791, in-8°, par les soins de MM. Dalh et Zaepeliehn, ayant présenté quelques fragments attribués à *Eutrope*, l'éditeur a cru ne devoir pas les négliger. On les trouve à la fin du volume. La gravure du frontispiee est d'après un dessin d'*Eisen*. Eutrope avoit déjà paru seul en 1746, et avec un nouveau frontispice, en 1754. (*Notice de la Collection des Barbou*, 1807.)

442. P. Ovidii Nasonis Opera omnia quæ supersunt ... 3 vol. in-12. Gravures d'Eisen. Papier ordinaire sans figures ni vignettes, rel. propre bas., éd. des Auteurs latins, 10 fr. 50.
Collection Barbou.
Réimpression de l'édition de 1762; mais elle n'est pas belle. (Brunet).
Catalogue Delalain frères, Paris, 1893.

On a profité pour cette édition, dont la base est celle d'Heinsius, revue par Burman, des excellentes corrections que Politien a faites sur son exemplaire d'Ovide; exemplaire que l'on conserve à Florence dans la bibliothèque Laurentine. On les doit à M. *Heerkens,* savant de Groningue. Chaque volume de notre édition est orné d'une estampe et d'une vignette gravées sur les dessins de M. *Eisen*. On en trouve l'explication à la fin du second volume. (*Notice de la Collection des Barbou*, 1807.)

453. Vies des Grands capitaines de l'antiquité, de Cornélius Nepos, lat. fr., par M. l'abbé Paul. In-12 rel. 2 fr. 75.

1794

454. Abrégé de l'histoire romaine de L. Florus, lat. fr , avec des notes par M. l'abbé Paul. In-12 rel. 3fr. 25.
Florus, in-24, rel. parch., 75 c.

1795

455. Tusculanes de Cicéron, traduction par Bouhier et d'Olivet. 2 vol. in-12 rel. 5 fr. 50.

456. Les deux livres de la Divination de Cicéron, traduction en français par Régnier-Desmarais, avec le texte latin, suivis d'un Traité de la Consolation, par Morabin. In-12, rel. 3 fr. 25.

457. Les livres de Cicéron, de la Vieillesse, de l'Amitié, les Paradoxes, le Songe de Scipion. Traduction nouvelle, avec le latin, revue sur les textes les plus corrects. Nouvelle édition, augmentée de la lettre poiitique à Quintus, par M. de Barrett. In-12, rel. 2fr. 75

458. Cicéron, Traité de la consolation, trad. par Jacq. Morabin (1re édition 1753), avec la Divination, trad. par Régnier-Desmarais. In-12, rel. 3 fr. 25.

1796

459. Les Académiques de Cicéron avec le texte de l'éd. de Cambrige et des remarques nouvelles, outre les conjectures de Daviès et de Bentley, suivies du comment. latin de P. Valence, par de Castillon. (Ed. procurée par M. Capperonnier.) 2 vol. in-12, rel. 5 fr. 50.

Contient de plus la traduction du commentaire de P. Valence, par Castillon; mais comme elle est imprimée sur mauvais papier, il faut en prendre les exempl. en pap. fin. Un exempl. imprimé sur *vélin*, d'une qualité inférieure, 36 fr. Chardin (Brunet).

460. Les Offices de Cicéron, traduction nouvelle avec le latin, revue sur les textes les plus corrects, par de Barrett, 4ᵉ édition, In-12 rel. 2 fr. 75.

461. Métamorphoses d'Ovide. Traduction nouvelle avec le latin à côté. Nouvelle édition retouchée avec soin par de Barrett. 2 vol. in-12 rel. 5 fr. 50.

462. Les fables de Phèdre, traduites en français, augmentées de huit fables. Nouvelle édition. In-12, rel. 3 fr. 25

463. — Entretiens de Cicéron sur les vrais biens et les vrais maux, lat. français, par Regnier-Desmarais, in-12 rel. 3 fr. 25.

Joseph-Hugues Barbou

(1797-1808)

Noms : H. Barbou.
Domicile : Viâ Mathurinensium. Rue des Mathurins.
Marques : celle des Cramoisy, devise : *Et fructu et foliis*, initiales J. B. (1808).
Enseigne : Sub Ciconiis. Aux Cigognes.

1797

464. Instruction sur l'histoire de France et romaine, par Le Ragoic, précepteur de Mgr le duc du Maine. On y a ajouté un abrégé des Métamorphoses d'Ovide, de l'histoire poétique, de la géographie et une chronique de nos rois en vers, le tout en faveur de la jeunesse. Nouvelle édition. Augmentée jusqu'à la mort de Louis XVI. In-12, 3 fr.

1799

465. Leçons d'histoire naturelle sur les mœurs et sur l'industrie des animaux, par Cotte, 2 vol. in-12, rel. 6 fr. 50.

1800

466. Eutropii breviarium historiæ romanæ, in-24, rel. parch. 75 c.

467. Q. Horatii Flacci carmina expurgata, cum notis Juvencii et Appendice de Diis et Heroïbus poeticis, in-12, rel. 2 fr. 75.

468. C. Sallustii Crispi conjuratio Catilinæ, etc., cum notis. In-24, rel. parch. 1 fr.

469. Histoires de Salluste, latin-françois, par Beauzée. In-12 rel. 3 fr. 25.

1801

470. Sallustii Crispi, quæ exstant opera. Nova editio expurgata. Marque des Cramoisy. In-12, frontispice gravé, br. 2 fr. 40.
Collection Barbou.
Catalogue Delalain frères, Paris, 1893.

<small>Ce volume, dont le texte vient d'être revu et corrigé par M. Beauzée, de l'Académie françoise, contient la Vie de l'historien ; les Guerres de Catilina et de Jugurtha ; deux Lettres attribuées à Salluste, et adressées à César sur le gouvernement de la République ; les Fragments des histoires et de quelques autres écrits de Salluste ; la prétendue Déclamation de Cicéron contre cet historien ; deux tables, l'une des choses et l'autre des mots, et le catalogue des éditions de l'auteur. Celle-ci, très-élégamment imprimée, est décorée de belles estampes gravées d'après M. Cochin. (*Notice de la Collection des Barbou*, 1807.)</small>

471. L'Imitation de J.-C. Trad. Nic. Beauzée.
Collection Barbou.
Même édition que celle de 1788, mais moins belle. (BRUNET).

472. Juvenalis et Persii Satiræ. Marque à la devise : *Et fructu et foliis*. In-12. Gravures de Duflos.
Collection Barbou.
Catalogue Delalain frères, Paris, 1893.

<small>Au commencement du volume est la savante Dissertation de *Nicolas Rigault*, sur la Satire de Juvénal, adressée à Jacques-Auguste de Thou. On a joint à ces deux poètes la Satire de *Sulpicie*. Les gravures consistent en deux frontispices, et en plusieurs vignettes. (*Notice de la Collection des Barbou*, 1807.)</small>

473. Epitres et évangiles des dimanches et fêtes. In-18, rel. bas. 1 fr. 25, rel. parch. 1 fr.

474. La Journée du chrétien..., augmentée, rel. dorée sur tranches, 2 fr. 50.

475. Selectæ e veteri Testamento Historiæ. In-12, pet. pap. parch. 1 fr. 25.

476. Visite au Saint Sacrement et à la Sainte Vierge. In-18 rel. 1 fr. 25.

1802

477. Phædri Augusti Liberti fabularum libri quinque. Editio VI... Edebat Gabriel Brotier. In-12.
Collection Barbou.

478. L'Ange conducteur. In-18, 2 fr.

479. C. J. Cæsaris Comment. cum notis gallicis et indice Geographico. In-24, 1 fr. 25.

480. Commmentaires de César, latin-français, par de Wailly. 2 vol. in-12, rel. 6 fr. 50.

481. Nouveau choix des Fables d'Esope, avec la version latine, par Le Roi. In-12 cart. 1 fr. 25.

482. Considérations sur les causes de la grandeur des Romains et de leur décadence. In-12 rel., 2 fr. 75.

483. Rhétorique françoise à l'usage des jeunes demoiselles. 2 vol. in-12, 2 fr. 75.

484. Selectæ e profanis scriptoribus historiæ. In-12, pet. pap. rel. parch. 2 fr.

1803

485. M. T. Ciceronis pro Archia poeta oratio. In-4° de 11 p., 20 c.

486. M. T. Ciceronis Opera Philosophica selecta; de Officiis libri tres; de Senectute, de Amicitia Dialogi; Paradoxo ad M. Brutum; Somnium Scipionis; Tusculanarum Quæstionum, lib. I et V. In-12, rel. 2 fr. 75.

487. M. T. Ciceronis orationes, quæ in Universitate Parisiensi vulgò explicantur, cum notis ex optimis quibusque commentatoribus selectis, juxta accuratissimam D. Lallemand editionem, 3 vol. in-12 rel. 9 fr. 75.

488. Oraisons choisies de Cicéron, traduction revue par de Wailly, avec le latin à côté. 4 vol. in-12, rel. 13 fr.

489. — Grammaire ou principes généraux, etc., par de Wailly, onzième édition, revue par de Wailly fils. In-12, 3 fr. 25.

490. Introduction à la syntaxe latine, suivie d'un abrégé de l'histoire grecque et romaine, par J. Clarke, ouvrage traduit de l'anglois, augmenté d'un vocabulaire latin français, par M. de Wailly. In-12, rel. 3 fr. 25.

491. Préceptes de rhétorique (abrégé des) tirés de Quintilien. In-12 cart., 1 fr. 25.

492. Prosodie latine, par l'abbé Chevalier. In-8 cart., 60 c.

493. Histoires et Maximes morales, extraites des auteurs profanes par M. Heuzet, et traduites par M. de Barrett. In-12 rel. 3 fr. 25.

494. Traité de l'Amitié, par M. de Sacy, pet. in-12 rel. 2 fr. 20.

1804

495. Cornelius Nepos de vita excellentium imperatorum. Editio novissima, notis gallicis adornata. In-12 de 270 p.

496. Gradus ad Parnassum... accurante J. S. J. P. Boinvilliers, ex instituto gallico Academia Rhotomagensi, etc., etc., Decima sexta. Editio prioribus longè emendatior. — *Rhotomagi, ex typis Augusti Delalain, Bibliopolæ.* In-8 12 ff. et 1004 p.; rel. parch. 6 fr.

497. Eutrope, abrégé de l'histoire romaine, revu par de Wailly, mais sans nom d'auteur (même que celle de 1783). Rel. 2 fr. 10.

498. Appendix de Diis et Heroïbus poeticis, par le Père Jouvency. In-24 parch. 75 c.

499. Abrégé de l'Histoire des Dieux et des Héros des poètes, nouvelle traduction. In-12, rel. 1 fr. 75.

500. M. T. Ciceronis Eclogæ quas in usum puerorum selegit, Jos. Olivetus, édit. tertia. In-12, cart. 1 fr. 25.

501. Pensées de Cicéron, lat. fr. trad. par l'abbé d'Olivet, onzième édit. In-12, rel. 2 fr. 75.

502. Fables d'Esope, mises en françois, avec figures et les quatrains de Benserade. In-12, rel. 3 fr. 25.

503. Fables de Phèdre, avec des notes, des éclaircissements et un dictionnaire à la fin, par Bourgeois. In-12, cart. 1 fr. 50.

504. Abrégé de la Grammaire de Wailly. In-12, cart. 90 c.

505. Justini historiarum ex Trogo Pompeio Libri XLIV. In-24, rel. parch. 1 fr. 25.

1805

506. Publii Terentii Afri Comœdiæ omnino expurgatæ : interpretatione ac notis illustravit Jos. Juvencius è Societate Jesu. Vélin in-12 de 424 p. sll., 3 fr. 25.

507. P. Terentii Andria, broch. 75 c.

508. D. Junii Juvenalis et A. Persii Flacci Satyræ. Notis Novissimis ac perpetua interpretatione illustravit Josephus Juvencius Societatis Jesu. Cum Appendice de Diis et Heroïbus poeticis... Nova editio prioribus longe emendatior. In-12 de viii-446 p., rel. 3 fr. 25.

Le même, sine notis. In-24, rel. parch. 1 fr.

509. Pensées de Cicéron, traduites, pour servir à l'éducation de la jeunesse, par M. l'abbé d'Olivet, de l'Académie Françoise. Onzième édition, revue et corrigée avec soin. Marque : *Et fructu et foliis*. In-12.

510. De Viris illustribus urbis Romæ, auctore C. F. Lhomond. In-24, rel. parch. 75 c.

511. Dictionnaire Universel, françois et latin, par MM. Lallemand, dixième édit. In-8, 7 fr.

512. Dictionarium Universale latino-gallicum Boudot. In-8, rel. parch., 7 fr.

513. Abrégé de l'histoire sainte, latin-français, par Lhomond, trad. nouvelle. In-12, 1 fr. 75.

514. Eucologe ou livre d'église à l'usage de Paris. In-18, rel. 2 fr. 25.

515. Q. Horatii Flacci Carmina expurgata, cum adnotationibus ac perpetuâ interpretatione J. Juvencii. 2 vol. in-12, rel. 5 fr. 50.

516. La Journée du chrétien. In-24, rel. bas. 1 fr. 25.

517. Histoire universelle de Justin, par M. l'abbé Paul. 2 vol. in-12, rel. 5 fr. 50.

518. P. Ovidii Nasonis (Selectæ Fabulæ ex libris Metamorphoseon) ex recensione A. H... In-12. cart. 1 fr. 25.

519. Histoire d'Alexandre-le-Grand, par Quinte-Curce, lat.-fr., traduite par M. Beauzée, augmentée des suppléments de Freinshennius. 2 vol. in-12, rel. 6 fr. 50.

520. Cornelius Tacitus juxtà accuratissimam D. Lallemand editionem. In-12, rel. 3 fr. 25.

521. C. Taciti de moribus Germanorum et vitâ Agricolæ, broc. 75 c.

522. Vie de J. Agricola, pap. fin, broch. 1 fr. 50.

523. Excerpta ou Morceaux choisis de Tacite. In-12 br. 1 fr. 25.

524. P. Virgilii Nasonis Opera. In-24, rel. parch. 1 fr. 25.

1806

525. Aventures de Télémaque. In-12, portrait et fig.; rel. 2 fr. 75.

526. Œuvres du chevalier de Boufflers, membre de l'Institut. 2 vol. in-8, portrait gravé par Gaucher et 8 grav. de Marillier.

527. La Henriade, avec les variantes. In-12, 2 fr. 75.

528. Abrégé de l'Histoire Sainte, avec des preuves de la religion par demandes et par réponses. In-12, cart. 90 c.

529. Les hommes illustres de Rome depuis Romulus jusqu'à Auguste, lat. fr., nouv. trad. In-12, rel. bas. 2 fr. 25.

530. Dictionnaire. Cornelii Schrevelii Lexicon manuale græcolatinum. Editio novissima accurante J. Ph. Jannet, bibliopolà. In-8, rel. parch. 13 fr.

531. Epitome historiæ sacræ. Auctore Lhomond. In-12, jolie édit. très correcte, rel. parch. 75 c.

532. Fables choisies mises en vers par M. de La Fontaine, nouv. édit. revue avec soin; avec la vie de l'auteur, et suivie d'un Vocabulaire qui tient lieu de notes. In-12, gr. pap., rel. 3 fr.

Le même, pet. in-12, beau pap., rel. 2 fr. 40.

533. Le Vocabulaire seul. In-12, broché 60 c.

534. Fabularum Phædri libri V cum notis gallicis P. Syri sententiis, parallelisque fabulis J. de La Fontaine juxtà, édit. G. Brotier. In-12 cart., 1 fr.

535. Grammaire latine (éléments de la), par C. Lhomond. In-12, rel. parch.. 1 fr. 25.

536. Guide des humanistes ou premiers principes de goût, développés par des remarques sur les plus beaux vers de Virgile et autres bons poètes latins et françois, par M. l'abbé Tuet. In-12, rel. 2 fr. 75.

537. Histoire de France et romaine (instruction sur l'), par Le Ragois, nouvelle édit. augmentée jusqu'au traité de Presbourg,

avec les portraits de nos rois et celui du premier Consul Bonaparte, aujourd'hui premier Empereur des François et roi d'Italie. Gros vol. in-12, rel. 3 fr. 60.

538. Histoire de Charles XII, Roi de Suède, par Voltaire. In-12 avec portrait, rel. 2 fr. 75.

539. Histoire du Vicomte de Turenne, par M. l'abbé Raguenet, nouvelle édit. augmentée d'une addition à la vie de M. Turenne ; les médailles ont été retouchées et les légendes défectueuses ont été corrigées. In-12, rel. 2 fr. 75.

540. P. Virgilii Maronis opera, cum interpretatione ac notis C. Ruæi et Appendice de Diis et Heroïbus poeticis à P. Juvencio. 3 vol. in-12, rel. 9 fr. 75.

541. Idem cum notis tantum et appendice. In-12, rel. 3 fr. 25.

1807

542. Les Offices de Cicéron, traduction avec des notes par M. de Barrett, le latin conforme à l'édition de M. Lallemand. Cinquième édition. Avec des changements considérables, d'après les manuscrits de l'auteur. In-12.

543. Conciones sive Orationes ex Sallustii, Livii, Taciti et Curtii historicis collectæ. In-12 parch., 2 fr.

1808

544. Plinii Cæcilii Secundi epistolæ et panegyricus Trajano dictus. Nova editio. Recensuit Joannes-Nic. Lallemand. Marque : initiales J. B. In-12, 3 fr. 60.

545. Lettres de Pline le Jeune, traduction de Sacy. 2 vol. in-12, rel. 5 fr. 50.

TABLE ANALYTIQUE DES MATIÈRES

A

Abonnés au journal, 185.
Acquisitions, 61.
Affaires entre les Barbou de Limoges et ceux de Paris, 165 à 168, 172 à 176, 181 à 183.
Apprentissage typographique, 33, 51.
Armes des Barbou, 51, 72, 90.
Assemblée du Tiers état, 194.
Auteurs limousins du xvie siècle, 99.
Auteurs imprimés par Jean Barbou, 103
Autographe de Joseph-Gérard Barbou, 314.
Autorité du père de famille, 55.
Avis du typographe au lecteur, 308, 313

B

Bailes de l'hôpital Saint-Gérald, 17, 49, 50.
Banquiers de Limoges, 180.
Baptêmes, 54.
Bibliographie parisienne, 1770, 314.
Bibliothèque de Monimes, 88.
Biographie générale (Hoefer), 94, 111
Biographie Michaud, 306.
Biens meubles, 65, 66.
Branche des Barbou de Leymarie, 8, 92
— des Barbou des Courières, 8, 92
— des Barbou de Monimes, 8, 92
— des Barbou des Places, 9, 92.
Brésil pour la teinture des peaux, 167.
Bréviaires du diocèse de Limoges, 152, 171, 215.
Bull. de la Soc. d'agriculture, 134.

C

Capitaine de la milice bourgeoise, 17, 18, 47.
Catalogue de la ve Jean Barbou, 208-211
Catalogue de Léonard Barbou, 213-214.
Catalogue de Jean-Joseph Barbou, 289-291.
Catalogue de Jean et Joseph Barbou, 298, 299.
Catalogue de Joseph-Gérard Barbou, 315.
Catalogue de Joseph-Hugues Barbou, 316.
Chambre royale des imprimeurs-libr. de Paris, 168. V. Communauté.
Chambre syndicale des imprimeurs de Limoges, 185, 192, 207.
Chambre syndicale des imprimeurs de Poitiers, 192, 193.
Charges, 64, 65.
Charité, 52.
Charpin de Genétines (Antoine), évêque de Limoges, 34.
Chiffons pour la fabrication du papier, 169.
Ciceronis (M. Tullii) Epistolæ ad T. Pomponium Atticum, 149,
Clergé (comptes du), 177, 183.
Collecteurs, 17, 47.
Collections des auteurs latins, 278-281, 283-284, 301 à 312, 317.
Collège des Jésuites de Limoges, 31, 48, 157 à 161, 170, 203.
Collège Louis-le-Grand à Paris, 287.

Colophons de Jean Barbou de Lyon, 107.
Communauté des imprimeurs de Limoges, 195.
Communauté des imprimeurs de Paris, 286, 287, 292, 293, 294 à 296, 302 à 305.
Compagnie de Luxembourg, 46, 316.
Compagnie de Villeroy, 45, 316.
Compagnons compositeurs allemands, 297.
Consuls, 17, 18, 47, 48, 49.
Contes de La Fontaine, 315.
Costume féminin, 21, 22, 25, 46, 56, 78
Cour des Aides de Bordeaux, 45.
Courtage des vins à Limoges, 88.
Coutume du Château de Limoges, 58, 59, 60.
Croix de Saint-Louis, 42.
Crucifix des Carmes, 33, 51.

D

Décès, 57.
Dessinateurs parisiens du xviiie siècle, 311.
Domiciles des Barbou de Lyon, 100, 101
— des Barbou de Limoges, 144, 170
— des Barbou de Paris, 282.
Dot, 16, 21, 22, 24, 45, 46, 55, 56, 60.

E

Echevins, 50.
Editions des œuvres de Clément Marot, 107.
Enfants, leur nombre, 24, 53.
— leur éloignement, 57.
Emaux limousins, 87, 167, 177.
Entrée d'Henri IV à Limoges, 22.
Encyclopédie Ladmirault (Grande) 95
Evêque (traités avec l'), 147, 152, 164, 171, 207, 215.
Epingles ou pot de vin dans les ventes, 41, 64, 176.
Etat ecclésiastique, 52.
Etat général des biens, 64.
Ex-libris de Benoit Barbou de Leymarie, 88.

F

Famille Barbou, 5 à 89.
Feuille hebdomadaire de Limoges, 76 à 82.
Feuilles classiques, 160, 187, 199, 290.
Filigrane des papiers, 6, 8, 68, 83, 187, 191.
Fontaine des devis amoureux (La) 115
Francs-fiefs, 68.
Franc Maçonnerie à Limoges, 84.

G

Garde nationale de Limoges, 82, 83, 195.
Généalogie des Barbou (1re), 7 à 46.
Généalogie des Barbou (2e), 8 à 46.
Généalogie des Barbou, émanant de Paris, 71-73.
Graduale secundum usum ..., 149.
Gravures employées par Hugues Barbou dans les *Heures de la Vierge*, 148.
— dans le *Bréviaire*, 152.
— dans le *Graduel*, 150;
— des armes de l'évêque, 182.
— pour l'Intendance, 188.
Graveurs de Paris du xviiie siècle, 279, 280, 311.

H

Héritages, 39, 40, 43, 60.
Heures de la Vierge, 147.
Hommage-lige du fief des Courières, 92
Hôpital, bailes ou administrateurs, 18, 48, 49, 50.
— legs de 10,000 l. par Jean B., 39, 49, 50.

I

Immeubles, 64, 65.
Impressions de Jean Barbou, 105 à 107.
Impressions de l'Evêché, 171, 207.
Imprimeurs de Lyon, 99, 101 à 108.
Imprimeur (réception comme) dans la communauté des imprimeurs de Paris, 294-295, 303, 304.
Imprimeurs de Limoges au xvie siècle, 143 ; — au xviiie siècle, 191.

Imprimerie : vente du matériel de Ch. de La Nouaille, 13, 76, 136, 143
— traité avec les PP. jésuites, cédé par Isabeau Vauzelle, veuve de François Charbounier Pachi, 32, 163.
— cession du fonds d'imprimerie et de librairie de Limoges à Martial B. des Courières, 41, 186.
— inventaire du matériel, 136, 186, 192, 198, 199, 212.
— personnel au xviiie siècle, 136, 191.
— chiffre d'affaire, 137.
— chiffre du tirage des ouvrages, 187, 199.
— nombre d'ouvriers 137, 191, 192.
— association de Jean-Joseph avec Joseph à Paris, 28, 32, 87, 292, 293.
— compagnons compositeurs allemands, 297, 298.
Incendie de 1790, 83, 195.
Intendance de Limoges (comptes de l'), 173, 175, 177, 183, 194.

J

Jésuites (PP.), 41, 136, 152, 156 à 165, 170, 199.

L

Laque pour la teinture des peaux, 167.
Légitime, 45, 65, 70.
Lettres ornées de Jean Barbou, de de Lyon, 107.
Lettres ornées de Hugues Barbou, de Limoges, 149, 154.
Librairie (contrat relatif à la), 32, 163.
Libraires de Paris, 286, 287, 294.
Libraire (réception comme), dans la communauté des libraires de Paris, 286, 287, 292, 293, 302, 303.
Limoges au point de vue des ressources offertes à l'imprimerie, 141.
Livres de raison (généralités sur les), 5.
— des Barbou de Limoges, 6 à 46.

Livres de raison de Jean Barbou, 12, 70, 73, 96.
— de P. des Flottes, 15.
— de Jac. Barbou, 20.
— de Pierre Guibert, 22.
— des Dubois, 22.
Livres imprimés par Jean Barbou, formats, caractères, etc., 106.
Livres suivis au Collège de Limoges, 185.
Livres à faire venir, 185.
— classiques, 136, 160, 186, 187, 199
— de piété, 186, 187, 199.
Longévité, 56.

M

Magasin général des formules de Limoges, 196, 197.
— de Guéret et Angoulême, 196.
Maison, achat, 16, 62.
— réparations, 16, 62.
Maladies, 14, 19, 20, 21, 27, 36, 37, 38, 39.
Mariages, 55.
Marque de Jean Barbou de Lyon, 104.
— de Balthazar Arnoullet, 119.
— des Barbou de Limoges, 138, 139.
— des Barbou de Paris, 283-285.
— de Simon Bénard, 283.
— des Cramoisy, 283.
— des Elzévirs, 283.
Médecins limousins au xvie siècle, 153.
Mémoires sur les littérateurs limousins, 77.
Milice bourgeoise, 16, 17, 18, 47, 48, 49.
Monnaie, 13, 15, 16, 18, 19, 24, 62, 64.

O

Offices et charges, 31, 42, 44, 45.
Oratoire (PP. de l') à Juilly, 86, 193.
Origines de la famille Barbou, 70 à 76.
Ouvrages suivis au Collège de Limoges, 206.
Ouvrages écrits par les PP. Jésuites, 159, 199, 288, 295, 301, 312.
Ouvrages imprimés par Nicolas Barbou à Paris, 97, 98.

Ouvrages imprimés par Jean Barbou à Lyon, 117 à 130.
Ouvrages imprimés par Balthazar Arnoullet et les héritiers de Jean Barbou, à Lyon, 130 à 132.
Ouvrages édités par Hugues Barbou à Lyon, 132.
Ouvrages formant le fonds de Charles de La Noaille, à Limoges, 144.
Ouvrages imprimés à Limoges par
— Hugues B., 217 à 227.
— Jacques B., 227.
— V° de Jacques B., 227 à 229.
— Antoine B., 229 à 233.
— V^e d'Ant^{ne} et Martial, 233-234
— Martial I, 235-238.
— Ve de Martial I, 238-239.
— Pierre, 239-247.
— Jean II, 247-255.
— Ve de Jean II, 255-259.
— Martial II, 259-266.
— Léonard, 266-276.
Ouvrages édités à Paris par Jean-Joseph B., 321-323.
Ouvrages imprimés à Paris par
— Jean et Joseph, 324-333.
— Jean, 333-336.
— Joseph-Gérard, 337-369.
— Barbou frères, 369-373.
— Hugues Barbou, 373-378.

P

Papiers limousins achetés par les Barbou, 87, 166, 172 à 176, 177 à 179, 190, 191, 282.
Papiers de l'Angoumois et du Vivarais, 282, 310.
Papier (fabrique de) aux Courières, 62, 69, 190, 191, 196, 197.
Parchemin, peaux, p. la reliure, 167.
Parrains et marraines, 54.
Partage des biens, 60.
Péguilière, 24, 65, 70.
Permission d'imprimer, 193, 288, 293.
Peste à Limoges, 14, 15, 16, 24, 47, 151
Piété, 51.
Poésie en l'honneur de Hugues B., 48
— en l'honneur de Jean Barbou, 104
Poètes limousins du XVIe siècle, 151.

Prêtres de la famille B. ou alliés, 54.
Privilèges pour les ouvrages, 169, 201, 202, 293.
Prix d'impression d'un ouvrage en 1725, 296.
Prix des ouvrages des Barbou de Paris, 318.
Procès, 19, 39, 40, 67 à 69.
Propriétés des Barbou, 61 à 67.

R

Rapports d'affaires, 138.
Régiment d'Artois, 41.
Reliures de Limoges, 137, 167, 187, 200
Reliures de Paris, 173, 188, 282, 318.
— — dite Barbou, 382, 310.
Retrait lignager, 59.
Revenus et charges, 65, 66.

T

Tableau généalogique des Barbou, 92.
Testament de Jean Barbou de Lyon, 108
Testaments, 13, 14, 20, 21, 58.
Titre de noblesse, 51.
Tombeaux de la famille au cimetière des Arènes, 20, 21, 22, 23, 27, 58.
Tombeaux des Guitard à St-Michel, 28, 30, 31, 58, 62.
Tombeaux des Guérin à St-Pierre, 37, 58, 63.
Tombeaux des seigneurs de Monimes dans l'église de Bessines, 39, 41, 43, 58.
Trésorier de France, 42, 44, 45, 49, 50, 90, 92.
Trésorier des Ponts et Chaussées, 31, 50, 51, 92, 169, 176.

U

Université de Caen, 73, 74, 96.
— de Paris, 292, 294, 302, 303.

V

Ventes de biens, 66.
Vétérance des Trésoriers de France, 45, 49, 51.
Veuves des Barbou, 56, 135.
Vicaires des paroisses de Limoges, 54.
Vignes aux environs de Limoges, 16, 61, 144.

TABLE DES NOMS DE PERSONNES ET DE LIEUX

A

Albiac, v. Dalbiac.
Alesme, v. Dalesme.
Albiny, notaire à Limoges, 15.
Allois (Les), près Limoges, 47.
Amelot, directeur des fermes à Limoges, 177, 183.
Amsterdam, 43, 290.
Arbellot (l'abbé), 53, 151, 153, 158, 195
Ardent (Jean) l'aîné, 25.
— (François), 29, 30, 33, 34, 52.
— (Pierre), vicaire, 31, 34, 39, 46.
Ardant (Martial), imprimeur à Limoges, 197.
Arènes (cimetière des), 13, 20, 21, 22, 23, 27.
Arnaud, prêtre, 185.
Arnaudy (le P.), 292.
Arnoullet (Balthazar), imp. à Lyon, 11, 12, 57, 74, 75, 96, 98, 109, 110.
— (Isaac), son fils, 14, 57, 75, 116.
— (Olivier), son père, 75, 109.
Aubelley (Henriette), 77 à 81.
Aubusson (Marie), femme de Croisier, 33.
Audier (Jehan), marchand à Limoges, 20.
Auriac (d'), notaire royal à Limoges, 68.
Aurence, rivière, 68, 69, 190.

B

Baignol (Péronne), 22.
Ballard (J.-B. Christophe II), imprimeur-libraire à Paris, 294, 303.
Baluze (Étienne), 82.
Baralier, 33.
Barbou (généralité sur la famille), 5 à 89.
Barbou, branche de Leymarie, 8, 92.
— — de Monimes, 8, 9, 82, 92
— — des Courières, 8, 9, 82, 92
— — des Places, 9, 92.
Barbou, de Lyon (généralité sur les), 93 à 96.
Barbou de Limoges (généralité sur les), 133 à 141.
Barbou de Paris (généralité sur les), 85 à 89, 277 à 284.
Barbou (Jean), imprimeur à Lyon, 10, 11, 12, 54, 73 à 75, 79, 80, 96 à 108.
— Guillemine Rivoire, sa femme, 11, 12, 13, 79.
— Jacques, son fils, 11, 12.
— Denis, — 11, 12.
— Denise, sa fille, 11, 12.
— Jacquette, — 11, 12.
— Hugues, son fils, 10 à 20.
Barbou (Hugues), libr. à Lyon, puis impr. à Limoges, 10 à 20, 47, 48, 53, 54, 60, 61, 67, 71, 73, 79, 81, 114 à 116, 141 à 154.

Barbou, Jeanne Bridiers, sa femme, 11, 12, 79, 81.
— Anne, sa fille, 13, 57, 81.
— Jacques, son fils, 14, 16 à 19, 47 à 49, 53, 54, 77 à 81, 155.
Barbou (Jacques), imprimeur à Limoges, 14, 16 à 20, 48, 71, 155.
— Jeannette des Flottes, sa femme, 15 à 20, 56, 57, 59, 155, 156.
— Marie, sa fille, 17, 21, 56.
— Jeanne, — 18, 20, 56.
— Madeleine, — 18, 21, 56.
— Péronne, — 19, 21, 56.
— Antoine, son fils, 19, 22, 56.
— Marie, sa fille, 20, 22, 56.
Barbou (Antoine), imprimeur à Limoges, 8, 10, 19, 22 à 25, 54, 87, 157 à 161.
— Péronne Guibert, sa femme, 22 à 25, 54, 59, 157 à 161.
— Jean, son fils, 22, 23.
— Jean, — 23.
— François, — 23.
— Martial, — 23.
— Galliane, sa fille, 23.
— Balthazar, son fils, 24.
— Jeanne, sa fille, 24, 25.
— Catherine, — 25.
Barbou (Martial), imprim. à Limoges, 24 à 27, 53, 57, 162.
— Catherine Guitard, sa femme, 24 à 27, 56, 57, 59, 162, 163.
— Catherine, sa fille, 25, 92.
— Pierre, son fils, 26.
— Jean-Benoit, de Leymarie, drapier, 26, 28.
Barbou (Pierre), imprimeur à Limoges, 26 à 31, 49, 50, 51, 52, 53, 57, 58, 61, 72, 87, 163 à 170.
— Jeanne Mailhard, sa femme, 26 à 31, 38, 51, 57, 59, 60, 62
— Jean-Baptiste, jésuite, son fils, 27, 34, 35, 36, 37, 52, 57, 63, 86, 164.
— Jean-Joseph, son fils, 27, 37.
— Marie, sa fille, 29.

Barbou Jeanne, sa fille, 29.
— Jean, son fils, 29.
— Catherine, sa fille, 29,
— Martial, son fils, 29.
— Joseph, — 30.
Barbou (Jean II, des Courières puis de Monimes), impr. à Limoges, 31 à 38, 49, 50, 53, 54, 57, 60, 62, 63, 64, 68, 170 à 180.
— Valérie Farne du Fraud, sa femme, 31 à 41, 51, 57, 59, 60, 61, 63, 64, 66, 69, 70, 181 à 188.
— Jean, son fils, 32, 61, 64.
— Jean-Louis, — 32, 37, 61.
— François, — 33, 55, 60, 61, 65, 66, 70, 87.
— Léonard, son fils, 33, 61, 66, 68, 69, 70, 71.
— Joseph-Gérard, son fils, 33, 61, 65.
— Martial, son fils, 34, 61, 65, 68, 69.
— Marie, sa fille, 34, 56, 61, 65, 81, 87.
— Antoine, son fils, 35, 61, 65.
— Anne-Antoinette, sa fille, 35.
— Françoise, — 35, 61, 65, 81.
— Gabriel, son fils, 35, 61, 65, 66
Barbou (Léonard 1), de Monimes, trésorier de France, 10, 41 à 45, 49, 52, 60, 66.
— Barbe Maleden de Feytiat, sa femme, 41 à 45, 52, 92.
— Marie-Valérie, sa fille, 42.
— Marguerite, — 43, 44.
— Joseph-Hugues, son fils, 43, 44, 66, 82.
— Jean, — 43, 44
— Martial-Rémy, — 43, 82
— Martial, — 44, 82
— Marie-Valérie-Louise, sa fille, 44, 45.
Barbou (Jean III), de Monimes, officier du vol. 7, 49, 51, 53, 69.
Barbou (Martial II), de La Valette puis des Courières, impr. à

TABLE DES NOMS DE PERSONNES ET DE LIEUX

Limoges, 34, 41, 43, 50, 53, 92, 188 à 193.
Barbou, Marguerite Bourdeau, sa femme, 34, 43.
— Valérie, sa fille, 34.
— Léonard, son fils, 34, 67.
— Barbe, sa fille, 34.
— Henri-Joseph, des Places, son fils, 34, 316, 317.
— Hugues-Antoine, — 34.
Barbou (Léonard II) des Courières, imp. à Limoges, 53, 82 à 8", 92, 193 à 200.
— Constance Bonnin de Nouic, sa femme, 92, 194 à 200.
— Constance, sa fille, 92.
— Prosper, son fils, 92, 200.
— Henri, son fils, 92, 200.
— Alexis-Amédée, sa fille, 92.
— Hélène-Marie-Pulchérie, —92
— Valérie-Constance, — 92.
— Valérie-Constance, — 92.
— Amédée, — 92.
— Philippe, son fils, 92.
Barbou (Prosper et Henri) des Courières, impr. à Limoges, 85.
Barbou (Henri et Charles) des Courières, impr.-lib. à Limoges, 71, 72.
Barbou (Marc) des Courières, impr. à Limoges, 51, 85, 90.
Barbou (Prosper) des Courières, 52, 62, 82.
Barbou (Jean-Joseph), libraire à Paris, 28, 32, 34, 36, 37, 39, 43, 52, 60, 63, 69, 70, 85 à 88, 284-291, 300-302.
Barbou (Joseph), impr.-lib. à Paris, 30, 32, 39, 86, 87, 291-300.
— Anne-Antoinette de Béville, sa femme, 28, 32, 35, 87, 293
— Marie, sa fille, 87.
Barbou (Joseph-Gérard), impr.-libr. à Paris, 87, 88, 302-315.
Barbou frères (Joseph-Hugues, Martial et Martial-Rémy), impr.-libr. à Paris, 316-317.
Barbou (Joseph-Hugues), impr.-libr. à Paris, 89, 317 à 320.

Barbou Gay de Landeix, s. femme, 89, 92
— Eugène-Valérie, son fils, 89, 92
— Augustine-Hortense, sa fille, 89, 92.
Barbou (Gabriel), officier au régiment d'Artois, 41, 82, 92.
— Bony de Lavergne, sa femme, 41, 92.
— Marie-Gabriel, général, son fils, 82, 92.
Barbou (Henri-Joseph), des Places, lib. à Paris, 34, 316, 317.
Barbou (Joseph-Charles), de Leymarie, vicaire à St-Pierre, 26, 52.
Barbou (Ignace), de Leymarie, 26.
Barbou (Jean-Charles), de Leymarie, vicaire à St-Pierre, puis curé de Rancon, 52.
Barbou (Nicolas), imp.-libr. à Paris, 44, 73, 74, 96 à 98, 277.
Barbou de la Bourdaisière, 71.
Barbou de Hollande, 44, 70, 71.
Barbou (Jean), 72.
Barbou (Pierre), 72.
Barbou (Guillaume), 72, 73.
Barbou (Renaud), 72.
Barbou (François), 72.
Bardon de Brun (B.), 151.
Bardy, notaire royal à Limoges, 41.
Bargeas (Etienne), impr. à Limoges, 156, 168.
Bargeas (J.-B.), impr. à Limoges, 197, 199.
Baudrier, à Lyon, 75, 99, 103, 108, 109, 114, 115.
Beaubreuil (Jean de), poète, 149.
Beauvais (Moulinier de), procureur du roi, prop. de la maison rue Manigne, 36, 37.
Beaupeyrat, propriété près Limoges, 36, 37, 63.
Belanger, notaire au Châtelet de Paris, 40.
Belut, notaire à Limoges, 39.
Bénard (Simon), impr.-libr. à Paris, 282, 288.
— sa veuve, 283.

Benoist (Jean), s^r des Courières, 25, 26, 28, 62, 92.
— Catherine Barbou, sa femme, 92
Berger, fabricant de papiers, près St-Junien, 174, 183.
— sa veuve, 183.
Bernard, fabricant de papiers, à Rochebrune, près St-Junien, 183
— sa veuve, 183.
Béronie et Reignac, fab. de papiers, au Soleil, près de Tulle, 184.
Berri de Razès, juge de Monimes, 41, 69.
Berlin, subdélégué de St-Vaury, 183.
Bessines (paroisse de), 36, 38, 39, 40, 42, 46, 52, 58, 68.
Bétolaud (Jean), 149.
Béthune-Chabri (marquise Marie de), née Martin, 36, 37, 38, 63, 176, 181
Bettut, commis-greffier des Barbou, 184.
Béville (Anne-Antoinette), femme de Joseph B., 28, 30, 32, 35, 293.
Biais (Jean), élu, 13, 47.
Biais (Jacques), élu, 13, 14, 16.
— — sa femme, 16.
Blanchard (Antoine), impr. à Lyon, 19, 76.
Blanchard, vicaire à St-Pierre, 19.
Blanchon, bourgeois de Limoges, 17.
Blanchon (Joachim), poète, 48.
Blondeau (Gabriel), 62.
Blondeau (Jean), 15, 47.
— Balthazard, 24.
— (Jacques), 24.
— Jeanne, fille de Jacques, 24.
Boisdumont, paroisse de Bessines, 37, 40, 61 à 67.
Boisverd (François), vicaire de Saint-Michel, 23.
Bonnefont (de), chanoine, 39.
Bonin, vicaire de St-Pierre-du-Queyroix, 44.
Bonnin de Lavaubois, vicaire à Rancon, 52.
Bonnin, avocat, 2e époux de Jeanne B., 29.

Bonnin (Catherine), sa fille, 30.
Bonnin de Nouic (Jean-Claude), 85.
Bonnin de Nouic (Constance), épouse de Léonard B., 194, 195, 196, 200.
Bony de Lavergne (de) (Marie-Jeanne), de St-Omer, femme de Gabriel Barbou, 42.
Boudart (le P.), 292.
Bouillé, trésorier des troupes à Limoges, 177.
Bouillet d'Ossemont, employé à l'intendance, 183.
Boulesley, notaire à Limoges, 15.
Bouquet, notaire au Dorat, 40.
Bourbon (Nicolas), poète, 80, 103.
Bourbon-les-Bains (Hte-Marne), 32.
Bourdeau (Marguerite), femme de Martial B., 34.
Bourdeau (Jean-Baptiste), marchand de Limoges, 34.
— Marguerite Garat, sa femme, 34.
— (Thérèse), sœur de Marguerite, 34.
— (Martial), beau-frère de J.-B. 26, 34.
Boutaudon (Jean), époux de Péronne B., 21, 55.
Boutet, directeur du magasin général des formules de Limoges, 196, 197.
Boyer, receveur des décimes du diocèse, 177.
Brandi des Combes, 40.
Brau, libraire à Poitiers, 180.
Breghot du Lut, 94.
Brettes (pensionnat de Mmes de), 83.
Bridier (Jean), impr. à Paris, 12, 76.
— (Jeanne), sa fille, ép. de Hugues B., 12, 18, 21, 76, 115.
Briquet, fondeur en caract. à Paris, 173.
Brodeaux de Rethel-Mazarin, héritier de Mme Rachel Picon des Lézes, 40, 69.
Broua (Péronne), femme de Guillaume Gadaud, procureur, 19.
Bruneau (Marie) des Loges, 77.

Bruté, curé de St-Benoit, à Paris, 302.
Buesly (Jean), greffier de l'official de Limoges, époux de Madeleine B., 21, 22, 35.
Bure (Nicolas de), libraire à Paris, 63.

C

Cadilhac, fab. de papier à Chez-Cadilhac, près Saint-Léonard, 174.
Caen (université de), 73, 74, 96.
Caland, fab. de papier à Bourganeuf, 184.
Cantillon de La Couture, 26.
Caranove, libr. à Toulouse, 168, 180.
Carbonnière (François de), 39 ;
— N. de Guitard, sa femme, 39.
Carbonnières de Saint-Denis (Melchior de) et de Montjoffre époux de Marie Barbou, 39, 43, 55, 56, 81.
Cars (I.-F.), graveur à Paris, 167, 168.
Cassin (Anne), femme d'André Montaudon, 13.
Catineau, fabricant de papier à La Valade ou au Chambon, 174, 178, 182.
Chabannes (bois de la), 37.
Chabodie (David), médecin à Limoges, 153.
Chabrier, fabricant de papier, 173, 174.
Chabrol, vicaire à Saint-Michel, 82.
Chamboursac (domaine), paroisse de Couzeix, 25, 61 à 67.
Champagne, valet de Jean-Joseph, B., 14.
Chapoulaud (Nicolas), imprimeur à Limoges, 156.
— (Pierre), imprimeur à Limoges, 191.
— (Léonard), imprimeur à Limoges, 197.
Chaput, fabricant de papier à Ponté, près Saint-Léonard, 166, 172.
Charbounier-Pachi, imprimeur à Limoges, 32, 163.
— sa femme Isabeau Vauzelle, 32, 67, 163.
Charpin de Genetines (Mgr Antoine), évêque de Limoges, 34, 54.

Chartres (hôpital des Six-Vingt), 72, 73
Chasseneuil, paroisse de Bessines, 28, 38, 40, 42, 44, 45, 50, 60, 61 à 67, 69.
Chastaignac de Combard, chevalier, seigneur de Ligoure, Sussac, etc., 44.
Chastaignol, près Monimes, 68, 69.
Châtenet-Colomb, près Monimes, 37, 69.
Chati de La Jauchat, évêque de Limoges, 29.
Châtillon (Jean de), 72.
Chaud (Jacques), seigneur de Lenet, 40, 64.
Chenaud (Léonard), juge des Allois, époux de Marie B., 22, 24, 47, 55.
— (Etienne), fils de Léonard, 24.
— (Martial), juge des Allois, 25.
Chétardie (Louise de La) 77.
Chez-Béjas, près Monimes, 68, 69.
Chirac (Pierre), imp. à Tulle, 173, 184
Cibot, vicaire de Saint-Pierre, 36.
Cibot (Martial) cartier à Limoges, 180, 184.
Clamart, près Paris, 28.
Claudin (A.), 73, 96 à 98, 151, 156.
Clément-Simon (G.), 82, 103, 132, 160
Clerc du Fief, libraire à Niort, 180.
Clermont-Ferrand, 45, 49.
Clocher (le), canton du Château de Limoges, 18, 47.
Coetlosquet (du), évêque de Limoges, 30, 36, 63.
Colombat, libraire à Paris, 168, 174, 288.
Combes (les), quartier de Limoges, 15, 31.
Cornuaud, ingénieur, 190.
Cothu, fondeur en caractères à Paris, 173.
Cottier (Pierre), imprimeur à Paris, 11, 74, 98.
Cottier (Dominique), fils de Pierre, 11, 74, 98.
Cottin, fondeur en caract. à Paris, 168.

Couet (Pierre), 72.
Courières (les), fief, paroisse d'Isle, 31, 32, 43, 50, 51, 62 à 67, 92.
Cournuéjouls, 103.
Courson (Louis-Netty de), 89
Coustelier (Antoine Urbain II), imprimeur-libraire à Paris, 89, 278, 279, 283, 306, 307.
Coutances, en Normandie, 11.
Criteaud, libraire à Bourges, 167.
Croisier, receveur des décimes à Limoges, 33, 54.
Crucifix (chapelle du), à Limoges, 37.
Crucifix (chapelle du) dans l'église Saint-Pierre-du-Queyroix, 39, 63.
Cusson (J.-B.), imp.-lib. à Paris, 289.

D

Dalbiac de Mardaloux, beau-père de Marie-Valérie B., 45.
Dalbiac de Mardaloux, époux de Marie-Valérie Barbou, 45, 55.
Dalesme de Rigoulaine (Pierre), trésorier de France, 41.
Dalesme de Rigoulaine, époux de Françoise B., 41, 43, 44, 55, 81.
Dalesme (J.-B.), impr. à Limoges, 191.
Dalesme (François), imprimeur à Limoges, 194, 197, 199.
Dandrezel (Mlle), héritière de Mme Rachel Picon des Lèzes, 44.
Daniel, fabricant de papier à Chez-Giraud, près St-Léonard, 166, 167.
Darmendaris (Bernardon), 72.
David (Christophe) imprimeur à Paris, 279, 297, 307.
David (Jean), médecin à Limoges, 153.
Degain, syndic du clergé, 177.
Delalain (Nicolas-Augustin), imp. lib. à Paris, 293.
Delalain (Auguste), imp.-lib. à Paris, 89, 316, 318 à 320.
Delalain (Paul), imp.-lib. à Paris, 103, 316, 320.
Delalain (Henri), 320.
Delisle (Léopold), 103, 300.

Delpech, libraire à Saintes, 173.
Desbordes, libraire à Niort, 180.
Deselme, directeur des greffes et francs-fiefs à Limoges, 177.
Desflottes, maitre orfèvre, 19, 20.
Desmarets, ingénieur de la Généralité, 190.
Desprès (Guillaume II), imprimeur-libraire à Paris, 296.
Desvernay (Félix), 100, 103, 121 à 131
De Voyon, prêtre de Saint-Michel, oncle de François Ardent, 30.
De Voyon, chanoine, 189.
Didot (Ambroise-Firmin-), 94, 99.
Dilhon, corroyeur à Limoges, 167.
Doineys (Joseph), marchand à Limoges, 14, 144.
Dolet (Etienne), 103.
Dorat (Léonard), marchand de Limoges, 31, 33, 34.
Dorat (Jean), poète, 77, 149.
Dorat de Douhet, 66.
Dourneau (l'abbé), poète, 195.
Dubois (Françoise), épouse de Jacques Blondeau, 24.
Dubois (Joseph), 103.
Dubois de Chamboursat (Françoise), née Videau de Champagnac, 34, 44, 64.
Du Boys (Siméon), 79, 149.
Du Boys (Galiane), épouse de Pierre Guibert, 22, 23.
Ducourtieux (Henri), 84.
Dumas, gendre de Gadaud, praticien, 25
Dumas-Dunalou, notaire royal et juge de Monimes, 39.
Dupin (François), écuyer, secrétaire de M. de Tourny à Limoges, 35, 39, 44, 54, 69, 183.
Durant, 88.
Duteil, fabricant de papier, 68.

E

Elzévier, imprimeur à Leyde, 279, 283, 305.
Encausse, en Gascogne, 153.

Estienne, notaire royal à Limoges, 40.
Estienne de La Rivière, 43.
Etienne (Louis-Joseph), lieutenant de maire, 50.
Etienne directeur du dixième, 183.
Eyjeaux (paroisse d'), 62.

F

Fage (René), 143.
Farne, prêtre de Saint-Michel-des-Lions, 28.
Farne du Fraud (Valérie), femme de Jean B., 31 à 41, 57, 60, 63, 69, 70.
Farne du Fraud (Gabriel), drapier, beau-père de Jean B., 31, 32.
— sa femme Marguerite Vidaud, 31.
— Valérie, sa fille, épouse de Jean B., 31.
— N., — épouse de Thévenin, 31
— Marie, — épouse de Dorat, 31, 34, 39.
— N., — épouse de Lajoumard, de Saint-Léonard, 31.
— Marguerite, — épouse de Lanoaille de Puyjoubert, juge à Saint-Léonard, 34, 35.
Farne (Jacques), imp. à Limoges, 179.
Farne (J.-B.), imp. à Limoges, 191, 197
Faucon, libraire à Poitiers, 168.
Faugeras (Antoine), maître apothicaire, 19.
Faulcon des Lezes (Anne), 77.
Faulte (Psalmet), bourgeois et marchand, lieutenant de la milice, 18, 47
Faulte de Vanteaux, 69, 190.
Fayen (Jean), médecin à Limoges, 153.
Ferrandière, rue de Lyon, 100.
Ferrerie (la), canton du Château de Limoges, 47, 49.
Ferrerie (rue), maison, 15, 61, 144.
Feuillants (couvent des), 83.
Filiâtre, cartier à Limoges, 180.
Fleury, paroisse de Clamart, 28.
Flottes (Jeannette des), épouse de Jacques B., 15 à 22, 56.

Flottes (Pierre des), père de Jeannette, 16, 17, 18.
— Marthe Gadaud, sa première femme, 16.
— Marie Juge, sa deuxième femme, 16.
— François son fils, greffier du vice-sénéchal, 18.
— Jean, 23.
Fontaine Saint-Michel (place), 144.
Foucaud (Jean), fabuliste, 83, 195.
Fourie, canton du château de Limoges, 47.
Fournier (Joseph), échevin, 50.
Fournier le jeune, fondeur en caractères à Paris, 181, 182, 301, 310.
Fradin (François), imprimeur à Lyon, 10, 75, 100, 101, 104, 108.
— (Clémence), sa veuve, 12, 108, 114.
Francfort-sur-le-Mein, 297.
Fray-Fournier (A.) 83, 85, 103, 142, 194
Frelle (Jean et François), imprimeurs à Lyon, 104, 108.
Fuschambert (Charles Renard de), trésorier de France, 90.

G

Gadaud (Martial), procureur, 15, 18, 47.
Gadaud (Marthe), femme de Pierre des Flottes, 16.
Gadaud (Guillaume), 17, 19.
Gadaud, praticien, 25.
Gadaud, vicaire de St-Michel, 29, 30.
Garat (Marguerite), femme de Bourdeau (J.-B.), 34.
Garlier (Simon), libraire à Lyon, 75, 116.
Garnier (Claude), imp. à Limoges, 156.
Gartempe, subdélégué à La Souterraine, 183.
Gaudin (le P.), ses ouvrages, 162, 199, 202, 203.
Gay de Landeix, épouse de Joseph-Hugues B., 89.
Gay (famille), 89.

Gendron (Louis), 153.
Genève (livres imprimés à), 290.
Glaudé, fabricant de papier, 166.
Goudin de La Borderie (Martial), beau-frère de Léonard B. de Monisme, 44.
Goursat (François), fabric. de papier, à La Bregère, près Thiviers, 179.
Grangé, imprimeur à Paris, 279, 307.
Grellet frères, négociants à Limoges, 69, 179, 190.
Grionville (Charles de), recteur de l'Université de Caen, 96.
Gueiart (François), imprim.-libraire à Orléans, 104.
Guelques (Guillaume de), imprimeur à Lyon, 104.
Guérin, anc. propr. de la maison rue Manigne, 136, 170.
Guérin et fils, fab. de carton à Limoges, 179.
Guérin jeune et Vᵉ Guérin, cartiers à Limoges, 184.
Guérin, graveur, 183.
Guérin (Louis), imprimeur-libraire à Paris, 289, 292.
Guéroult (Guillaume), poète, époux de Jacquette Barbou, 12, 74, 100, 109 à 114.
Guibert (Louis), 5, 6, 52, 55, 56, 58.
Guibert (Pierre) et sa mère, 15, 22, 144
— Galiane Du Boys, sa femme, 22, 144.
— François, 23.
— (Péronne), femme d'Antoine B., 22, 57.
— (François), beau-frère d'Antoine B., 22, 23.
Guibert (Anne), femme de Martial Plaignard, de Solignac, 24.
Guillen, libraire à Uzerche, 180.
Guitard (..... de), femme de François de Carbonnières, 41.
Guitard (Pierre), prêtre, beau-frère d'Antoine B., 26, 28, 31.
Guitard (Siméon), vicaire à St-Michel, 24, 25.
Guitard (Grégoire), procureur au siège présidial, 13.

Guitard (Anne Romanet), sa femme, 13, 16.
— son tombeau à Saint-Michel, 16, 62.
Guitard (Catherine), épouse de Martial B., 24, 25, 30, 57.
Guitard (Anne), femme de Thevenin, beau-frère d'Antoine B., 26.
Guyon (Louis), médecin à Uzerche, 153

H

Hansy (de), fondeur en caractères à Paris, 168.
Harsy (Denys de), libraire à Lyon, 74, 75, 100, 116.
Harsy (A.), libraire à Lyon, 76.
Hédin, compagnon imprimeur, 175.
Henri IV, son entrée à Limoges, 22, 47.
Hérissant, fond. en caract., 172, 173.
Hervy (Émile), 164.
Hoefer, 94.
Houry (d'), libr. à Paris, 168, 174, 288.
Huguon (Jeannette), mère de Pierre des Flottes, 15.
Hullin de Boischevalier (Marie-Caroline), 89.
Hurault de Chiverny, 149.

J

Jacqson, graveur à Paris, 173.
Jordan, peintre, 77.
Josse, libraire à Paris, 173.
Josse, recteur de l'Université de Paris, 302.
Juge (Marie), seconde femme de Pierre des Flottes, 17.
Juge (Joseph-Jacques), échevin, 50.
Juge St-Martin (J.-J.), 196.
Juste (François), imp. libr. à Lyon, 104.

L

La Bachellerie (de), 185.
La Bastide (le Père Jean-Aymeric-Martin de), de l'Oratoire, 30.
Labiche (Valérie), femme de J.-B. Mailhard, beau-frère de Pierre B., 29.

La Borie, paroisse du Vigen, 35.
Laboissière, vicaire général, 35.
Labottière, libr. à Bordeaux, 168, 180.
La Bussière-Rapy, 67.
Lachapelle, directeur du dixième, à Limoges, 177.
Lacombe, fabr. de papier à Pezat, près Tulle, 184.
Lacoste (F.), fabricant de papiers, à Pissat et à Montchaty, près Thiviers, 8, 179.
La Cour, libr. à Bordeaux, 168, 180.
Lacroix (Paul), 280.
Lafosse (Martial), premier époux de Jeanne B., fab. de papier à St-Léonard, 17, 173.
— (Martial), son fils, 29, 34.
Lagrange (Paul), 170.
La Guérinière, abbé de Grandmont, 63, 68, 181, 301.
Laidiguive, notaire au Châtelet-de-Paris, 40, 63.
Lajoumard (Gérald), marchand de St-Léonard, 33, 35 176, 178.
Langlois (Simon), imprimeur-libraire à Paris, 302.
Lanoaille de Puyjoubert, juge de St-Léonard, 31, 35.
Lanoaille de Puyjoubert, subdélégué de St-Léonard, 183.
La Nouaille (Charles de), imprimeur, à Limoges, 13, 60, 76.
— sa femme, épouse de Hugues B., 13, 60, 76, 115, 116, 143, 145.
La Nouaille (famille de) 60, 76, 185.
Lanier, cartier à Limoges, 180, 184.
Lansecot, quartier de Limoges, 12, 49.
La Porte (Hugues de) imprimeur à Lyon, 12, 104, 108.
La Quintaine, près Limoges, 16.
La Quintinie (Léonard), libraire-relieur à Limoges, 183, 191.
Lascoux, par. de St-Jouvent, métairie, 31, 62.
Lavalette, par. de Bessines, 36, 63.
Lavallée, graveur à Limoges, 183.

Lavergne, dit Fissot, 45.
Leblois dlle, fab. de papier à Farebout, près St-Léonard, 166, 172.
Lecler (l'abbé A.) 19, 22, 27, 39 à 46, 195
Le Clerc de Lesseville (Charles-Nicolas), intendant, 88.
Le Fouladour, vicaire de St-Michel, 23.
Le Gras, notaire à Paris, 44.
Legros (l'abbé), 189.
Le Loup et Mérigot, imprimeurs à Paris, 279, 307.
Le Moyne (Jean), l'aîné, impr.-libr. à Limoges, 16, 144.
— (Michel), imp.-lib. à Limoges 19, 48, 67, 144, 155, 156.
— (Hilaire), imp.-lib. à Limoges, 155.
Lenglet-Dufresnoy (l'abbé), 278.
Lepenier, s^r de Montbaron, époux de Marie Barbou, fille de Joseph, 30, 35, 87.
— son fils, 30, 35, 87.
Lépine (de) recev. des décimes du diocèse, 177.
Lerolier (Philippe), marchand de Limoges, 76.
Leroux (Alfred), 48, 50, 52, 71, 96, 157 à 160, 164, 195.
Lescoux, de Ségur, 185.
Le Seurre, emp. à l'intendance, 183.
Levesque, notaire à Limoges, 90.
Lherbon, notaire au Dorat, 40.
Lèzes (Picon des), officier du vol, prop. du fief de Chasseneuil, 38, 40, 44, 69.
Limoges, ses ressources au point de vue de l'imprimerie, 141.
Lisandré (Côtes-du-Nord), 89.
Locornet (Guillaume), notaire à Limoges, 25.
Lombardie, vicaire de St-Pierre, 34.
— prêtre — 43, 44.
Lottin, bibliographe, 13.
Louison, serv. de Jean-Joseph B., 28.
Louveciennes (Seine-et-Oise), 89.
Lyon, 10, 11, 12, 73, 74, 75, 98 à 108, 290.

M

Mabre-Cramoisy, imprimeur à Paris, 86, 283, 289.
Mailhard (Paul) s^r de la Couture, 27.
— Isabeau Maquoy, sa femme, 27, 28.
— Jeanne, sa fille, épouse de Pierre B., 27, à 31, 32, 37, 38, 51, 57, 293.
— (Jean-Baptiste), son fils, trésorier de France, 27, 29, 38, 90.
— Valérie Labiche, 1re femme de J.-B., 29.
— Léonarde Pouyat, 2e femme de J.-B., 29.
Maleau de Dirnové, 80, 81.
Maleden de Feytiat (Pierre), trésorier de France, 42, 43, 46.
— Barbe, sa fille, femme de Léonard B. de Monimes, 42 à 46.
Maleden, employé à l'intendance, 183.
Mallet (David), avocat, 26.
Malevergne du Masdoumier, beau-frère de Pierre B., 29.
Manigne (maison, rue), 45, 63, 66, 83, 170, 195.
Maquoy (Isabeau) épouse de Paul Maihard, 27, 28, 30.
Marchandon, vic de St-Michel, 25.
Marcovaud, près Monisme, 37.
Mardaloux, château près Saint-Martin-le-Vieux, 45.
Marot (Clément), poète, 103, 105, 107.
Marsac de la Chabroulie (Guillaume de), 42, 46.
Marsac (Barbe de) femme de Maleden de Feytiat, trésorier de France, 23.
Marzat (de) anc. prop. de la maison rue Manigne, 36, 62.
Martin, notaire à Limoges, 13.
Martin, épouse de Béthune-Chabri (v. ce nom).
Martin (Jacques) sieur du Rouveix, 67.
Martin (Léonard), sieur de la Croix-Verte, 67.

Martin François et fils, marchands de papier à Limoges, 180, 185.
— Pierre, marchand de papier à Limoges, 180.
Martin-Dessables, veuve d'un impr. de Limoges, 168.
Mas-Jude (Le), près Panazol, 16, 47.
Massier, fab. de faïence, 183.
Massiot, greffier des Trésoriers de France, 17, 18.
Masson d^{me}, libraire à Blois, 167.
Mathieu, fab. de papier, 179.
Mathurins (rue des) à Paris, 282.
Maumot, née Dalesme, fab. de papier à Saint-Léonard, 169.
Mauple (Jehan), trésorier de France, baile de l'hôpital, 18, 47.
Maureil, praticien à Limoges, 25.
Maurensanne (de), époux de Marguerite B., 55.
Mauriceau (B.), impr. à Limoges, 153.
Meilhac (François), imprimeur à Limoges, 173.
Mercier (le P.), récollet de Saint-Léonard, 185.
Mercière, rue de Lyon, 100, 101, 102.
Merly (Jean), march. de Limoges, 17.
Michel (Antoine) beau-frère de Martial B., 18.
Minut (Jacques), 103.
Miomandre (Aimé de) archiprêtre de Bessines, 63, 68, 181, 301.
Miromenil (Gui de), garde des sceaux, 45.
Moncrif (de) procureur au Châtelet, ami de Jean-Joseph B. 28, 87.
Monimes, par. de Bessines, 28, 36, 37, 38, 39, 40, 41, 42, 45, 50, 55, 60, 61, 67, 68, 69, 88, 165, 176, 181.
Montalan, libraire à Paris, 297.
Montalescot, fab. de papier, 166.
Montaudon (Aubert), notaire à Limoges, 13.
Montaudon (André, mari d'Anne Cassin, 13.
Montazeau, praticien à Limoges, 25.

Montbron de Maledon (de), belle-sœur de Léonard B. de Monimes, 43.
Montempuis (de), recteur de l'Université de Paris, 292.
Moréliéras fab. de papier, 174, 175, 179.
Moréri, 93.
Morin (Bastien) imprimeur à Paris, 13, 74, 76, 115, 116.
Morin (Jean), imprim., fils du précéd., 13, 74, 76, 115, 116.
Morin (Romain), imp.-lib. à Lyon, 100.
Morterolles, (commanderie de), 67.
Moulin (Jean des), époux de N. Barbou, 73.
Moulin-Blanc, près Limoges, 69.
Moulinier (le P.), 292.
Moulinier de Beauvais, procureur du roi, prop. de la maison r. Manigne, 36, 62, 170.
Moulinier de Puymaud, 62.
Muraux (les), paroisse de Bessines, 36, 41, 63, 69.
Myt (Jacques), imprimeur à Lyon, 108

N

Nadaud (l'abbé), curé de Teyjac, 189.
Nantiac (Pierre), 20.
Naurissart (Louis), maire de Limoges, 50.
Navières du Treuil, 66, 83, 170.
Noailler, notaire des Combes à Limoges, 25.
Notre-Dame de Confort à Lyon, 10, 101.

O

Oger, directeur des francs-fiefs, à Limoges, 177.
Orsay (place d'), à Limoges, 50.

P

Panazol, 16, 34, 47.
Panissac, étang près Monimes, 37.
Papillon (J.-B.), graveur sur bois, à Paris, 312.

Paris, 11, 12, 13, 19, 28, 32, 35, 36, 37, 40, 43, 44, 73, 74, 277 et ss.
Péconnet, d'Eymoutiers, 185.
Peignot (Gabriel), bibliographe, 94, 306
Pénicaut (Jean), avocat, 14.
— (Madeleine), sa femme, 14, 19
Péricaud aîné, bibliographe, 94, 99.
Petiot de Taillac (N.), époux de Marie-Valérie-Louise B., 46, 55.
Petit Got, métairie, 36, 63.
Philippe-le-Bel, 72.
Philippe (Etienne-André) dit de Prétot, 279.
Picon des Lezes, propr. de Chasseneuil, 38, 64, 69.
Pineaud, fabricant de papier, 166.
Pinot, propr. de Beaupeyrat, 36.
Plaignard (Martial), de Solignac, beau-frère d'Antoine B., 23, 24, 47.
— Anne Guiçert, sa femme, 24, 26
— (Antoine), son fils, 25.
Plantin (Christophe), impr. à Anvers, 149.
Poilevé (Jean), baile de l'hôpital, 18, 47.
Poisson, directeur du bureau de tabac à Limoges, 177, 183.
Poncet (Simon), époux de Marie B., 21, 55.
Poncet (François), 23.
Poncet (Philippe), 25.
Poulénat ou Tralus, métairie, 31, 43, 62
Pouyat (Léonarde), 2e femme de Jean Maillard, beau-frère de Pierre B., 29.
Puipichot, près Chasseneuil, 40, 69.

Q

Quimper-Corentin, 73.
Quintaine (La), village, commune de Panazol, 16.

R

Rabelais, 103.
Rachel d'Andrezel, ve de Picon des Lezes, prop. de Chasseneuil, 38, 40, 69.

Raisin, rue de Lyon, 101, 102.
Razès (famille de), 63.
Reculet, vicaire à Saint-Michel, 33.
Renaudin (Jean) dit le Bureau, baile de l'hôpital, 18, 47.
Renaudin, vicaire de Saint-Michel, 29.
Reynée, notaire au Châtelet de Paris, 40.
Rhoman (Philippe), impr. à Lyon, 104.
Riche (Jean le), recteur de l'Université de Caen, 96.
Richebois, batteur d'or à Paris, 167.
Rivoire (Guillemine), femme de Jean Barbou, 11, 12, 74, 98.
Rivoire, village près de Saint-Andéol-le-Château (Rhône), 11, 74.
Robert et fils, fab. de papier à Sannat, 172, 174, 175, 178, 182.
Robustel (Charles), imprimeur à Paris, 279, 292, 307.
Rochechouart (M.-M.-G.), abbesse de Fontevrault, 77.
Rochechouart, paroisse, 87.
Roger, gendre de Noailler, notaire des Combes, 25.
Romanet (Anne), femme de Guylard, procureur, 24.
Rose (Germain), impr. à Lyon, 101.
Rouard (Péronne), veuve de Desflottes, maître orfèvre, 19.
Rouen, 12, 72.
Rouhauts, près Monismes, 37.
Roulhac, lieutenant général à Limoges, 45.
Rozière (de), 88.
Rubella, 80.

S

Sabourdy (Jean), fabric. de papier à Laurière, 174, 178.
Saint-Alexis (sœurs de), 26, 53.
Saint-Antoine, paroisse de Lyon, 12.
Saint-Andéol-le-Château (Rhône), 11, 74, 98.
St-Benoit, paroisse de Paris, 37, 52.
— fontaine, 282.

Saint-Brice (marquis de), oncle paternel de Melchior de Carbonnières, 39.
Saint-Brice, faub. de Chartres, 73.
Saint-Etienne (chapitre de), 68.
Saint-Jacques (rue), à Paris, 282.
Saint-Joseph (chapelle de), à Saint-Michel-des-Lions, 28, 30, 31.
Saint-Jouvent (paroisse), 45.
Saint-Nizier, paroisse de Lyon, 12.
Saint-Martin, vicaire de Saint-Pierre, 34.
Saint-Martin-le-Vieux, paroisse, 45.
Saint-Maurice, paroisse de la Cité de Limoges, 27, 34.
Saint-Maurice (cimetière de), 30.
Saint-Michel-des-Lions, paroisse, 14, 17, 18, 20, 22, 23, 25, 28, 29, 30, 31, 38, 46.
Saint-Pardoux, paroisse, 52, 68.
Saint-Paul (cimetière de), 14.
Saint-Pierre-du-Queyroix, paroisse, 12, 13, 33, 34, 35, 36, 37, 38, 43, 44.
Saint-Priest (de), 185.
Saint-Symphorien, paroisse, 69.
Sardine (Martial), imp. à Limoges, 181.
— sa veuve, 191.
Sartine (de), 136, 191.
Sauger, époux de N. Barbou, 72.
Saussay (Manche), 11, 73, 74, 96.
Sauvage, marchand de chiffons et fabric. de papier à Saint-Léonard, 169, 174.
Segond, fab. de papier à St-Léonard, 169.
Ségur (cour d'appeaux de), 41, 69.
Sellier (Louis), 88.
Senemaud (Jeanne), femme de Jean-Benoit B. de Leymarie, 26 à 29.
Sicard (l'abbé), 160, 161.
Silhouettes (de), 87, 167.
Sire, corroyeur à Limoges, 167.
Sistorius, fondeur en caractère, à Bâle, 173.
Solignac, 14, 24, 47.
Stein (Henri), 89, 293.

T

Tanchon (Jean), échevin, 50.
Tardieu, fabricant de papier aux Betoules, près St-Junien, 183.
Tardif, fabricant de papier, 179.
Tardivet, fabricant de papier à Saint-Léonard, 169.
Taules, quartier de Limoges, 15, 17.
Teulier (Pierre), beau-frère de Martial B., 25, 28.
Texier, vicaire à St-Michel, 29.
Texier (Martial), cartier à Limoges, 180, 184.
Texier (l'abbé), 147.
Thévenet, dlle, fab. de papier marbré à Limoges, 179.
Thévenin, époux d'Anne Guytard et beau-frère d'Antoine B., 26.
Thévenin (Grégoire), époux de N. Farne de Fraud, beau-frère de Jean B., 31, 33, 35.
— Gabriel, son fils, 35.
Toinet (R.), 103.
Tolet (Pierre), 103.
Tombeau, libraire à Bourges, 167.
Tovennit, notaire à Paris, 44.
Tourangeau, fab. de papier à St-Auvent, 179.
Tourny (de) (Aubert), intendant de la généralité, 39, 40, 69.
Touzac, receveur des tailles, 183.
Tralage (de La Reinie de), conseiller, 22
Tralage (Nicolas de), Françoise de Sainte Thérèse, 177.
Tranchar, marchand à Lyon, époux de Marguerite, fille de Jean B., 12.
Turgot, intendant, 62, 189, 190.

V

Valleyre (Gabriel), impr.-libr. à Paris, 302.
Vauzelle (Isabeau), v° de François Charbounier-Pachi, impr. à Limoges, 32.
Ventenat, prêtre de la communauté de St-Pierre, 34.
Veyrier, marchand, 20.
Vialetes (des), de La Forge, près Jumilhac, 185.
Vidal, md de papier à Bellac, 180.
Vidaud de Champagnac (Marguerite), femme de Farne de Fraud, belle-mère de Jean B., 31, 32, 35.
Vidaud (Françoise), femme de Dubois de Chamboursat, 31, 24.
Vidaud d'Envaud, greffier en chef de l'élection, 36.
Vidaud d'Envaud (Jean-Baptiste), garde du corps, 68.
Vidaud du Teil, beau-frère de Jean B., 32.
Vigen (le), 35.
Vigier, veuve de Brandi des Combes, de Laurière, 40, 69.
Villepontoux, md de papier, à Bergerac, 180.
Vincent (les héritiers de Simon), libr. à Lyon, 104.
Vintenac, fab. de papier marbré à Limoges, 179.
Vitrac (l'abbé), 77, 80, 81, 82, 189.
Voisin (J.-B.), imp. à Limoges, 191.
Voulté (Jean), poète, 103, 104, 105.

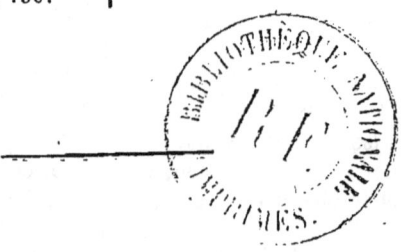

TABLE DES OUVRAGES IMPRIMÉS PAR LES BARBOU

(Les chiffres indiquent les pages où se trouvent les ouvrages,
et non les numéros de ces ouvrages)

A

Ablancourt (Nic.-Perrot d'). V. César.
Abrégé de l'histoire sainte, 377.
Abrégé des particules, 336.
Administrateurs du district de Limoges, 263.
Adresse à tous les bons républicains, 271.
Adresse aux habitants du département, 276.
Adresse des élèves du Collège, 271.
Alciat (André), ΠΑΡΕΡΓΩΝ juris, 123.
Aler (Paul). Gradus ad Parnassum, 334.
Alletz (P.-A.). Præcepta rhetorices, 350.
Amaltheum poeticum, 238.
Amelotte (D.). Le nouveau testament, 271.
A Messieurs le Sénéchal ..., 260.
Ami du peuple français (l'), 263.
Amœnitates poeticæ, collect. Barbou, 343, 364.
Analecta breviarii, 236.
Andrelinus (P. Faustus). Disticha, 125
Ange conducteur, 276, 374.
Annonciation (de l'), 220.
Annuaire du dép. de la Hte-Vienne, 274
Ansart (P.). Eloge de Charles Quint, 336, 360.
Anthologie française, 349.
Antiphonale ad usum ecc. Lem., 255.
Antonius de Arena, 344.
Apologie de la religion, 331.
Apparatus Virgilii poeticus, 328.
Ariaz (P. François). Traicte de l'oraison mentale, 226.
Aristote. Rhétorique, 228.
Arrêt donné par Nos Seign., 244.
Arrêt du conseil d'état, 249.
Arrêté du comité de surveillance, 272.
Arrêté du directoire du département, 268.
Astyanax, tragédie, 344.
Aurelius (Victor Sextus). Hommes illustres, 245, 377; — Historiæ romanæ, 250, 328, 330.
Aventures d'Ulysse, 332.
Avis donné par Monseigneur, 245, 246.

B

Ballet de Mars (le), 334.
Bandel (Jean). Traité de la dévotion à saint Martial, 231, 274.
Barbou des Courières (L.). Lettre du 23 octobre 1790, 269; — Ordre pour la confédération, 269; — Lettre aux Gardes nationales, 269; — Circulaire du 28 janvier 1792, 270.
Bardon de Brun (B.). Saint Jacques, 224.
Barrett (de). Histoire des deux règnes de Nerva, 370. V. Cicéron, de l'Amitié.
Baudory (le P. du). Œuvres, 347, 358.
Beaubreuil (Jean). Régulus, 221.

BEAUMELLE (de la). V. Sénèque.
BEAUZÉE. Grammaire générale, 350, 370. V. Quinte-Curce, Salluste, Thomas a Kempis.
BELLAY (Joach. du). V. Amœnitates poeticæ.
BELLEGARDE (de). Pensées édifiantes, 323.
BERGUE (P. Justin). Oraison funèbre de Mlle Marguerite de Canillac, 245.
BERTRAND (F.) Ruris de liciæ, 343.
BÉZE (Théod.). V. Amœnitates poeticæ, Bibliotheca insignis et regalis, 332.
BLUMEREL (Jean). Elegantiæ poeticæ, 231, 232.
BOEMUS (Joan.). Omnium gentium, 128.
BOINVILLIERS (J. S. J. P.). Gradus ad Parnassum, 375.
BONA (Joan.). De sacrificio Missæ, 237.
BONETIUS (Philib.). Subtillissimæ legis 407 (errata).
BONEFONS (P. Amable de). Fleurs des vies des saints, 325.
BONNEFON (J.). V. Amœnitates poeticæ.
BOUDOT. Dictionarium universale, 353, 364, 376; — Dictionnaire universel, 353, 364, 376.
BOUFLERS. Œuvres, 377.
BOUHOURS (le P.). Recueil de vers choisis, 336.
BOURBON (Nicolas). ΠΑΙΔΑΓΩΓΕΙΟΝ, 117; — Tabellæ elementariæ, 128.
BOURGUIGNON D'ANVILLE (J.-B.). V. César.
BOYER (J.-B.). Discours sur quelques opinions, 264.
Breviarium romanum (Lyon 1558), 122, (Lyon 1544), 131; (Limoges 1587), 221
Bréviaire du diocèse, 230, 231, 255.
BROTHIER (G.). V. Phèdre.
Bulle d'Urbain VIII, 231.
BUTLER. Vies des pères, 366.

C

Cahier de l'Ordre de la Noblesse, 267.
Calendrier ecclésiastique et civil du Limousin, 261, 266, 274.
Calendrier de la ville de Limoges, 270, 273.
Calendrier pour l'an VIII, 273.
CANAPPE (Jean). Le guidon en francoys, 123.
CANISIUS (P.). Petit catéchisme, 224, 235, 324.
Cantiques de saint Martial, 256.
CAPPERONNIER. V. Cicéron Académique.
Catéchisme du diocèse, 260.
Catéchisme ou instruction, 262, 276.
Catullus, Tibullus et Propertius. Coll. Barbou, 338, 370.
CERCEAU (P. J.-A. du). Carmina, 327, 328; — Opera, 328.
CÉSAR (C.-J.). Commentaria, 242, 246, 256, 348, 374; — Coll. Barbou, 341; — Trad. d'Ablancourt, 342; — Trad. Valart, 347; — Trad. de Wailly, 349, 361, 374.
CHABODIE (David). Examen cujusdam tractatus, 226.
Chansons joyeuses, 349.
Chanson sur la fête de la plantation, 272.
CHEVALIER. Prosodie latine, 375.
CHRETIEN (Guill.). Philalethes, 117.
Chrisalde, comédie, 343.
CICÉRON. Epistolæ ad T. P. Atticum, éd. Syméon Du Bois, 219; trad. Mongault, 360, 367; — Epist. ad familiares, 237; — In L. Catilinam prima, 258; — secunda, 258; — tertia, 258, 259; — quarta, 248, 259; — De officiis, lib. 3, 257; — Ad Marcum, 358; — trad. Dubois, 330; — Billets que Cicéron, 259; — Epitres familières, trad. Dubois, 326; — Oraisons choisies, 330, 341, 348, 358, 364, 367, 375; trad. Villefore, 333; — Le songe de Scipion, trad. Geoffroy, 330; — Epistolæ selectæ, 333, 347; — Traité de la consolation trad. J. Morabin, 337, 370, 372; — De l'amitié, de la vieillesse, trad. de Barett. 341, 352, 361, 372; — Opera philosophica, 341,

363, 367, 375 ; — Cato major, 344, 352; — Orator et dialogi de Oratore, 348 ; — Catilinaires, trad. d'Olivet, 349, 358; — Entretiens sur la nature des dieux, 349, 361, 371 ; — Traité de l'orateur, trad. Colin, 350; Opera, éd. Lallemand, coll. Barbou, 351 ; — Orationes, éd. Lallemand, 352, 353, 375 ; — Offices, trad. de Barrett, 352, 361, 362, 373, 378; — Pensées, trad. d'Olivet, 357, 376; — De amicitia, 358 ; — Œuvres choisies, trad. Villefore, 358 : — Traité de l'amitié, trad. de Sacy, 360, 375; — Tusculanes, trad. Bouhier et d'Olivet, 362, 372 ; — Lettres de Brutus, trad. Morellet, 365 ; trad. Prévot, 367 ; — De la divination, trad. Réguier Desmarais, 372 ; — Académiques, trad. Capperonnier, 372; — Entretiens sur les vrais biens, 373 ; — Pro Archia, 375.
Circulaire épiscopale, 257.
Clarissimis eloquentissimisque, 248.
Clarissimo nobilissimo viro D. A.-C. Poute, 261.
Clarissimo viro DD. Josepho Guinguand de Saint-Mathieu, 264.
CLÉNARD. Grammaire grecque, 230, 233, 235, 238, 243.
CLERC (Jean). V. Tite Live.
COCQUELIN. Interprétations des psaumes, 258.
COLIN. V. Cicéron, Traité de l'orateur.
COLLÉ. V. Chansons joyeuses.
Collegii Lemovic. Societ. Jesu, 242.
COLLIN (Jean). Lemovici multiplici, 234; — Table chronologique des évêques, 234; — Table chronologique et historique, 235; — Histoire sacrée de la vie des saints, 236.
Colloquia sacra, 355.
COMMIRE (P. Jn). Carmina, 323, 336, 337.
Concion de joie, 218.
Constitution du pape Clément XI, 244.
Constitution de la R ∴ ☐ ∴ de Saint-Jean, 274.

Copie de la lettre aux officiers municipaux, 267.
Copie de la réponse des officiers municipaux, 268.
CORDIER. Colloques, 341. V. Erasme.
Cornelius Nepos en françois, 337, 357; trad. Paul, 365, 372 ; — coll. Barbou, 351, 366 ; — De vita excellentium, 375.
CORNUAU. Cart. du diocèse de Limoges, 265 ; — Indicateur du diocèse de Limoges, 266.
CORNUAU et CAPITAINE. Carte de la généralité de Limoges, 264.
COTTE. Manuel d'histoire naturelle, 367 ; — Leçon élémentaire d'agriculture, 370 ; — Leçons d'histoire naturelle, 373.
CORROZET (Gilles) ? Fleur des sentences, 132.
COSSART (P. Gabriel). Orationes, 327.
CREUX (le P. du). V. Clénard.
CREVIER. V. Tite Live.
Curiosité (la), ballet, 334.
CURTIUS (B.) ? Tituli in sequenti, 130; — Enchiridion juris, 130.

D

DACIER (M.). V. Horace, Térence.
DANET (P.). Magnum dictionarium, 336. V. Phèdre.
DAVID (P. Joseph). Oraison funèbre de Mme de Fumel, 241.
DAVID (Jean). Traicte de la peste, 225.
Déclaration du Roy, 222.
Défense de vendre du beurre, 249.
Délices de la langue latine, 347.
DÉMOSTHÈNES. Philippiques, traduct. d'Olivet, 349, 358.
DEPLACE (P. Ch.). Maurèse ou les exercices, 247.
DESBILLONS (P. J.). Fabularum Æsopiarum, 344 ; — coll. Barbou, 353, 363.
[DESMARETS]. Ephémérides de la généralité, 262.

DESPAUTÈRE. Grammaire. V. Gaudin; Prosodie. V. Labbe.
DESROCHES (J.-B.). Histoire de Danemarck, 333.
Dévotion au Sacré-Cœur, 260.
Dictionnaire abrégé français et latin, 352.
Dictionnaire français et latin, 360.
DINOUART (l'abbé). Journal ecclésiastique, 354.
Discours prononcé par le Roy, 268.
Discours sur cette question, 270.
Dissertation sur l'écriture hiéroglyphique, 337.
Distribution des prix du Collège, 270.
DOURNEAU (Martial). Mes instants, 273.
DUBOIS. V. Cicéron, de Officiis, Épitres familières.
[DUMONT]. Réponse de l'ingénieur, 268.
DUPARC (le P.). Regulus, 344.
DUREY DE NOINVILLE (Jacq. Bern.). Histoire du théâtre de l'Opéra, 337.

E

Elementa rhetoricæ, 254, 258.
ELIEN. Historia, 242.
Empire de la Mode, 333.
Enchiridion, 225.
Envie (l'), ballet, 334.
Epicedia Ludovico Delphino, 321.
Epitres et évangiles, 363, 374.
ERASME. Préparation à la mort, 122; — De civilitate, 124; — Stulstitiæ laudatio, 349; — Encomium moriæ, coll. Barbou, 363, 367.
ERASME, PETRARQUE et CORDIER. Selecta colloquia, 349, 356.
[ESCOULANT (P. Pierre)]. Grammaire grecque, 335.
ESOPE. Fabulæ (libri XV). 353; — trad. Le Roy, 354, 374, 376.
Etrennes du chrétien, 354.
Eucologe ou livre d'église, 376.
EUTROPE. Abrégé de l'histoire romaine trad. Lezeau, 325; — traduct. de Wailly, 366, 375; — Breviarum Historiæ, 330, 331, 336, 373; — Coll. Barbou, 339, 371; — éd. E. Vinet, de Saintes, 408 (errata).
Exercice littéraire, 260, 261, 262, 270.
Extraits des avis et observations, 252.
Extrait du registre des délibérations, 271.
Extrait du registre du comité révolutionnaire, 272.
Extrait du livre d'architecture, 274.

F

FABRE (le P.). V. Ovide, 329.
Faciles additus, 350.
FAERNE (G.). V. Phèdre.
FAGNON (François). Apologie chrétienne, 230.
FAMIEN STRADA. V. Amœnitates poeticæ
FÉNELON. Aventures de Télémaque, 342, 366, 377.
FLÉCHIER. Histoire de Théodose, 370.
FLEURIAU (P.). Principes de la langue latine, 336, 351, 358.
FLORUS (L.-A.). Epitome rerum, 241, 330; — trad. Paul, 360, 372. V. Velleius Paterculus.
Fontaine des devis amoureux, 132.
FONTANELLE. V. Ovide.
FOUCAUD (Jean). Discours du 2 octobre 1790, 263.
FOURNIER le jeune (P.). Modèles de caractères, 335; — Traité historique, 344; — De l'origine et des productions, 345; — Observations sur un ouvrage, 346; — Remarques sur un ouvrage, 347; — Lettre à M. Fréron, 348; — Manuel typographique, 348, 349.

G

GALIEN (Claude). Thérapeutique, 128.
GALLIOT (Ch.) (?) Dissertation sur le dieu Sérapis, 346.
GAUDIN (le P. Jean). Epigrammata, 234; — Nouveau dictionnaire ou Thrésor, 237, 253, 322, 328, 333; — Novum

dictionarium, 237; — Grammaire de Despautère, 238, 244, 250; — Thesaurus trium linguarum, 246, 252; — Rudimens nouveaux, 262; — Apparat royal, 325.
GAULTERIUS (Jac.). Elegantiæ Aldi Manutii, 234.
GAULTRUCHE (P. Pierre). Histoire poétique, 328, 337.
GEDOYN. V. Quintilien.
GEOFFROY. V. Cicéron, Songe de Scipion.
GILLET (Fr. P.) V. Cicéron, Oraisons choisies.
GOBIEN (P. Charles). Lettres édifiantes, 322.
GODESCARD (l'abbé). Vies des pères, 347.
Graduale, 218, 257.
GRÆVIUS. V. Cicéron, Oraisons choisies
GRÉGOIRE. Décrétales, 123.
GUYON (Louis). Discours sur deux fontaines, 224.

H

HAMEL (du). V. Horace.
HERODIANUS. Historiæ, 239.
HERVETUS (Gent.). Orationes, 118.
Heures à l'us. de Limoges, 219.
Heures de Nostre Dame (1573), 217; (1582) 220; (1589) 222; (1594) 223.
HEUZET. Histoires et maximes morales, 375.
Histoire des Juifs, 325.
Histoire du martyre de S. Rustique, 235.
Histoire et paraboles, 276.
HOLDEN (H.). Divinæ fidæi analysis, 351.
HOMÈRE. Iliade, trad., 362.
HORACE. Opera, éd. du Hamel, 326; — éd. Jouvency, 326, 331, 334, 341, 359, 373, 376; — trad. Dacier, 331; — éd. S.-A. Philippe, coll. Barbou, 336, 339; — éd. Valart, coll. Barbou, 348; — éd. Lallemand, coll. Barbou, 361.
HOSSCHIUS (P. Sidronius). Elegiæ, 328.
Hymni in honorem S. Martialis, 245.

I

Illustrissimo viro D D. J.-B. de Voyon, 259.
Illustrissimo viro D. D. L. Romanet de Labriderie, 258.
Illustrissimis viris D. D. antiquissimæ, 250.
Illustrissimo viro Dom D. Royer, 247.
Illust. viro D. D. Antonio Goudin, 240.
Imitation de Jésus-Christ, 325, 326.
In divum maximum martyrem, 322.
In laudem Ludovici XV, 327.
In regales Ludovici XVI, 329.
Indicateur du diocèse de Limoges, 262
Indiculus universalis, 341.
In solemni affixionum, 257.
Instruction et manière de vivre, 220, 223.
Instruction pour les citoyens, 270.
Instruction sur les mesures, 271.
Instruction publiée par ordre du roi, 271.
Instructions dogmatiques, 274.
Instruction pour les trois premiers grades, 274, 275.

J

JOSSET (P. Pierre). Rhétorique, 232; — Dictionnaire nouveau, 232.
JOUBERT (P. Joseph). Dictionnaire français et latin, 325.
Journée du chrétien, 274, 374, 376.
JOUVENCY (P. Joseph). Orationes, 322; — Candidatus rhetoricæ, 322, 325, 327, 329, 334; — De ratione discendi et docendi, 329, 348, 363; — Appendix de diis, 331, 357, 375; — Abrégé de l'histoire des dieux, 375. V. Horace, Juvénal, Ovide, Térence, Virgile.
Jubilé de l'année sainte, 252.
Jubilé universel, 249, 252.
JUGE SAINT-MARTIN Observation météorologique, 268; — Proposition d'un congrès de paix, 273; — Changements survenus dans les mœurs, 275.

Justin. Œuvres, 240, 362, 376; — Historiarum (J. Pontanus), 241; — coll. Barbou, 354; — trad. de Wailly, 354, 356; — trad. Paul, 360, 368, 376.

Justinien (?) De verborum et rerum... 119.

Juvenal. Satyres, éd. Jouvency, 323, 332, 335, 337, 376; — coll Barbou, 340, 362, 374.

K

Kervillars (P.-J.-M.). V. Ovide.

L

Labbe (P. Philip.). Grammaticæ græcæ, 323; — Prosodia, 324; — Regulæ accentuum, 329.

La Fontaine. Fables choisies, 356, 377.

Lallemand. V. Cicéron, Horace, Pline le jeune.

La Rue (P. Charles de). Voy. Virgile, Carmina, 341.

Le Brun. Dictionnaire universel français et latin, 355.

Le Clerc (P. Paul). Véritables motifs, 246, 249.

Le Gaignard. Promptuaire d'unisons, 221.

Le Gendre. L'Arithmétique, 264.

Le Mascrier. V. César, Phèdre.

Le Ragois. Inst. sur l'hist. de France, 356, 359, 369, 373, 377.

Lespleigney (Thibaut). De usu pharmaceutices, 125.

Lettre de Mgr le Régent à Mgr l'Evêque, 249.

Lettre du 29 avril 1790, 269.

Lettre du 8 juillet 1791, 269.

Lettre du 6 septembre 1798, 269.

Lettre du Roy à Mgr l'Evêque, 249.

Lettres choisies de S. François-Xavier, 242.

Lettres d'amortissement, 244.

Lettres de la prieure, 244.

Lettres pastorales, 247, 255, 256.

Lettres patentes du Collège de Limoges, 262.

Lettres patentes du Roy, 228.

Lezeau. Premier livre des fastes d'Ovide, 323. V. Eutrope.

Lhomond (C.-F.). De viris illustribus, 376; — Abrégé de l'hist. sainte, 376; — Epitome historiæ sacræ, 377; — Eléments de la grammaire latine, 377.

Linacer (Thom.). De emendata, 127; — Rudimenta, 127.

[M. Liron]. Le temple de Gnide, 261.

Livre de l'internelle consolation, 122.

Lotichius. V. Amœnitates poeticæ.

Lucain (M.-A.). Pharsalia, coll. Barbou, 351.

Luce (L.). Essai d'une nouvelle typographie, 357.

Lucrèce, de rerum natura, coll. Barbou, 338.

[Lusse (de)]. Recueil de romances, 350.

Lusuum poeticorum, 232, 233.

M

Madelenetus (Gabr.), Carmina, 329, 341.

Malherbe (François). Œuvres, 328, 342, 348, 302.

Mandement, 230, 245, 247, 249, 250, 251, 252, 253, 254, 255, 256, 257, 275, 276.

Manière de recevoir... (la), 239.

Manuel de dévotion, 248.

Mariage de Thesée, 329.

Marin (Pierre de). Amours sacrées, 228

Marot (Clément). Œuvres, 125.

Martial, Epigrammata, coll. Barbou, 340.

Mas (Ph. du). Liber psalmorum, 365.

Masenius (P. Jacques). Sarcotis carmen, coll. Barbou, 342, 357; trad. Dinouart, 342.

Maucroix (de). V. Cicéron, Oraisons choisies.

MÉLANCHTON (Ph.). Dialectique, 120.
Mémoire p. d^me Magdelaine Regnaudin, 262.
Mémoire pour le s^r Barbou, 335.
MERCIER (Nic.). Manuel des grammairiens, 333, 353, 362.
MERVILLE (P. D.). Leçons de mathématiques, 346.
MÉSUÉ (Jean). Aloën aperire..., 120.
Méthode courte et facile, 260.
Mcursii (J.) elegantiæ latini sermonis, 343, 360.
MEUSNIER DE QUERLON. V. Erasme, Malherbe.
MILSONNEAU (P. Louis). Proprium sanctorum, 236.
MINUT (Jacques). Oratio funebris a Io. Vulteio, 121.
[MIRABEAU]. Réflexions d'un gentilhomme, 267.
Missæ defunctorum, 257.
Missæ propriæ sanctorum, 233.
Missale (Lyon, 1544), 132, 256.
MONNET. V. Anthologie française.
MONTAIGU (P.-Cl.-H.). Ratio conscribendæ, 322.
MONTESQUIEU. Considérations sur les causes, 374.
MONTOUZON (Marcellin). Vérité triomphante, 228.
MOQUOT (le P.). V. Clénard.
MORELLET (André), V. Cicéron. Lettres de Brutus.
MORUS (Thomas), V. Erasme.
MURET (M.-A.). V. Amænitates poeticæ.

N

NANTIAT (de). Lettre à M. de Laipaud, 270
Nation (La), la loi, le roi, 270.
NIEWPORT. Mœurs et coutumes des Romains, 356.
Nouveau testament, 129 ; — trad. de Wailly, 360 ; — trad. Valart, 369.
Novum Jesu-Christi Testamentum, 343, 355, 369 ; — coll. Barbou, 350, 366.
Novus apparatus, 334, 340.

O

Officina latinitatis, 326.
OLIVET (l'abbé). Ciceronis eclogæ, 350, 353, 376 ; — Remarques sur la langue française, 350, 366 ; — V. Cicéron : Oraisons choisies, Catilinaire, etc., Démosthènes.
Orationes ex Sallustii..., 364, 378.
Ordo du diocèse de Limoges, 219, 240, 276.
Ordonnance de M. le lieutenant général, 268.
Ordonnance du juge de la Cité, 249.
Ordonnance du Roy, 222.
Ordonnances épiscopales, 231, 245, 246, 253, 255.
Ordonnances synodales, 243.
Origine des jeux (l'), ballet, 335.
OROUX. Hist. de la vie et du culte de saint Léonard, 346.
OVIDE (P.-N.). Métamorphoseon, éd. Jouvency, 329, 349, 357 ; — Elégies, trad. de Kervillars, 342 ; — Œuvres, coll. Barbou, 347, 372 ; — trad. Fontanelle, 349 ; — trad. de Barrett, 363, 373 ; — Selectæ metamorphoseon, 377.

P

Pastoral du diocèse, 239, 240, 243, 253.
PAUL (l'abbé). V. Cornelius Nepos, Justin, Velleius Paterculus.
[PÉDON (Publicola)]. Journal du dép. de la Haute-Vienne, 270.
PELLOUTIER (S.). Hist. des Celtes, 356.
Pensez-y bien, 264.
PÉRIÈRE (P. Jean de). Oraison funèbre de Mme Elisabeth d'Aubusson de La Feuillade, 244.
Permissions épiscopales, 249, 250, 251, 252, 253, 254, 256.
Petit apparat royal, 349, 352, 362.
PÉTRARQUE. V. Erasme.
PHÆDERICIS (Steph. de). De interpretatione juris, 118.

Phèdre Fables, 254, 373; — Fabulæ, 330, 337, 349; — éd. Le Mascrier, coll. Barbou, 338; — éd. S. A. Philippe, coll Barbou, 338, 366, 374; — trad. Bourgeois, 355; — éd. Brothier. 377.

Phedrus, Syrius, Faernus, Fabulæ, 362

PHILIPPE (S.-A.). V. Cicéron, Horace, Phèdre, Catulle, Lucrèce, Virgile, Lucain, Velleius Paterculus, Eutrope Juvénal, Salluste, Cornelius Nepos, Térence.

PHILIPPE V. Hispaniarum regi, 321.

Pieuse paysanne (La), 274.

PLAN (DU). Racines de la langue latine, 369.

PLAUTE (M.-A.). Comœdiæ, coll. Barbou, 345.

PLINE l'Ancien. Hist. natur., coll. Barbou, 364.

PLINE le Jeune. Epistolæ et Panegyricus, coll. Barbou, 354, 368, 378, trad. de Sacy, 358, 360, 378.

POMEY (P. Franç.). Pomarium latinitatis, 241; — Flos latinitatis, 242; — Novus candidatus rhetoricæ, 242, 321; — Particules réformées, 248, 250, 258; — Indiculus universalis, 341.

PONTANUS (P. Jac.). Poeticarum institutionum, 227, 241. V. Justin.

PORÉE (P. Charles). Gallis ob victoriam reducem, 322; — In laudem Ludovici XV, 324; — Exempla amoris, 324, 325; — Utrum jure, 329; — Utrum informandis, 331; — Regulus, tragédie, 334; — Fabulæ dramaticæ, 346; — Orationes selectiores, 346.

PORTAL. Rapport fait par ordre, 263.

POUPIN. V. Santeul.

PRÉVOST. V. Cicéron, Lettres de Brutus.

Prières à la Sainte-Vierge, 276.

Principia linguæ græcæ, 247, 325.

Procès-verbal de l'Assemblée de la noblesse, 267.

Procès-verbal de l'Assemblée électorale, 268.

Procès-verbaux de la confédération 268

Procès-verbal de la fête de la raison, 273.

Procès-verbal des essais faits, 263.

Procès-verbal des séances, 368.

Proclamation, 272.

Programme pour la Confédération, 269

Prolongation d'avis, 251.

Propositions, dicts et sentences, 218.

Proprium breviarii, 216, 251.

Proprium sanctorum, 240.

Publications d'indulgence, 274.

Q

Quantité du Petit Behourt, 356

QUERBEUF (le P. Yves de), v. 347.

QUINTE-CURCE. De rebus gestis, 258, 341; — Coll. Barbou, 343: — trad. Vaugelas, 348, 358; — trad. Beauzée, 365, 369, 377.

QUINTILIEN, de l'inst. de l'orateur, trad. Gedoyn, 355, 356; — Préceptes de rhétorique, 375.

Quinze effusions (les), (1582) 220; (1589) 223.

R

Racines grecques augmentées, 325.

RAGUENET, Hist. du vicomte de Turenne, 368,

RAPIN (P. René), Carmina, 327; — Œuvres, 329, 337; — Hortorum, coll. Barbou, 365.

RAVISIUS TEXTOR (J.), Epitheta, 234.

Récit de ce qui s'est passé, 236.

REGAUHAC. Etude lyrique, 361.

Regi Christianissimo Ludovico XV, 328.

Règle de S -Augustin, 238.

Règlement des religieuses de Sainte-Claire, 229.

Règlement du Collège de Laval-Montmorency, 264.

Règlement de la *Société des Amis de la Paix*, 268.

Règlement provisoire pour la Garde Nationale, 269.

RÉGNIER-DESMARAIS, V. Cicéron, de la divination.

Regulæ et instructiones, 238.
Regulæ perpetuæ, 219.
Rhétorique française, 375.
RICHELET. Dictionnaire, 325.
RICHEOME (P.-Louis). Très humble remonstrance, 227.
Rituale Lemovicense, 257, 241.
Rituale Lemov. pars altera, 248.
ROULHAC DE ROCHEBRUNE. Lettre à M. le comte des Roys, 267.
[ROUX (Joseph)]. Homélies sur la fréquente, 254.
ROYAUMONT. Le Vieux et le Nouveau Testament, 265.
RUBEN (G.). Discours funèbre, 237.
Rubricæ generales, 239, 240, 248.
RUTILIUS (B.). Jurisconsultorum vitæ, 121, 122.

S

SABBATHIER. Dict. p. l'intelligence, 356; — Recueil de dissertations, 356.
SACY, V. Cicéron de l'Amitié, Pline le jeune.
SAINT-AUGUSTIN. Retractationes, 117.
SALLUSTE (C.-C.). Opera, 258, 331, 349, 373; — trad. 325, 330; — coll. Barbou, 340, 347, 360, 374; — trad. Beauzée, 353, 356, 360, 361, 368, 373.
SANADON (P. N.-E.). Laudatio funebris Ludovici Delphini, 321; — De mala ingeniorum contagione, 322; — Carmina, 323, 328, 341.
SANNAZARUS (J.). Opera, 366.
SANTE (P. Xavier de La) Ludovico XV regni, 327; — Jonathas le Machabée, 327, 333, 336; — Telegone reconnu fils d'Ulysse, 334; — An et quaternus ars, 334; — De opinionis imperio, 335; — Orationes, 337.
SANTEUL (J.-B.). Œuvres, 332; — Hymnes, trad. Poupin, 346.
Sapientiæ et omnibus, 259.
SARBIEVIUS (P. M.-C.). Carmina, coll. Barbou, 345, 370.
SAUTEL (P. P.-J.). Lusus poetici, 329; — Lusus allegoricus, 341.

SCALIGER. V. César.
SCHOTEN (Herman). Vita honesta, 124.
SCHREVELIUS (C.). Lexicon Manuale, 350, 377.
SECOND (Jean). V. Amœnitates poeticæ.
SEGNERI (P. Paul). La véritable sagesse, 326.
SEGUY (A.). Philosophia, 360.
Selectæ e novo testamento, 349, 353, 360, 367.
Selectæ e veteri testamento, 374.
Selecti psalmi Davidici, 355.
SÉNÈQUE (L.-A.). Tragœdia Medea, 248; — Selecta philosophi opera, coll. Barbou. 347, 370; — Pensées, trad. de la Baumelle, 353; — Analyse des traités des bienfaits, 362.
Series ordinationum, 236, 245.
Sermon notable, 129.
Simple psalmodie (la), 238.
SMETIUS (Henr.). Prosodia, 233.
SNOYGOUDAN (R.). Psalterium paraphrasibus, 124, 130.
SOARIUS (P. Cyp.) De arte Rhetorica, 234.
Société d'agriculture et des arts, 274.
Société populaire de Limoges, extrait du procès-verbal, 272.
Société populaire aux ci-devant prêtres, 272.
Société républicaine, extrait du procès-verbal, 272.
Socrate rustique (le), 261.
Solennité de la canonization des SS. Ignace et Xavier, 229.
SOLIER (le P. François). Traité de l'oraison, 226. Martyrologe romain, 227.
Statuts et règl. des églises S.-Pierre et S.-Michel, 230.
Statuts et règlem. du dioc., 230, 239.
Statuts et règl. pour les confréries, 231.
Statuts synodaux, 229.
SYRUS (P.). V. Phèdre.

T

Tableau du maximum, 273.
TACHARD (P. G.). Novum dictionarium, dit du duc de Bourgogne, 331, 337, 341.

TACITE (C.). Opera, coll. Barbou, 346, 371 ; — Opera, 346, 353, 377 ; — De moribus Germanorum, 377 ; — Vie de J. Agricola, 377 ; — Excerpta, 377.
Temple de la gloire, 327.
TÉRENCE. Comœdiæ, 130 ; — éd. Jouvency, 323, 324, 325, 340, 376 ; — coll. Barbou, 338 ; — éd. Mme Dacier, 342 ; — Andria, 376.
Testamentum novum, 129.
Thèse de J.-B. Rigaudie, 260.
THOMAS A KEMPIS. De Imitatione Christi, 254, 357 ; — éd. Valart, coll. Barbou, 343, 359 ; — éd. Beauzée, 368 ; — trad. Valart, coll. Barbou, 345, 346, 348, 357 ; — trad. Beauzée, 368, 374.
TITE-LIVE, Opera, 325 ; — éd. J. Clerc, 335 ; — éd. Crevier, 352, 356, 371 ; — coll. Barbou, 361 ; — trad. 328.
TOLET (Pierre). Opusculum recens, 123.
Traduction en prose, 349.
TUAUT (Jean). Lesguillon des devots, 229.
TUET. Guide des humanistes, 377.
TURGOT. Mémoire présenté au conseil, 267.
TURINUS (Andrea). De embrocha nova, 120 ; — De curatione pleuritidis, 120.
TURSELINUS. Historiæ, 330.

V

VALADE (P.). Medulla totius philosophia, 240.
VALART (Joseph). V. César, Horace ; Nouveau testament, Thomas a Kempis
VANIÈRE (le P. J.), Gradus ad Parnassum, 326 ; — Œuvres, 332 ; — Prædium rusticum, 336 ; — Prædium rusticum, coll. Barbou, 359, 367.
VAUGELAS. V. Quinte-Curce.
VELLEIUS PATERCULUS. Historiæ romanæ, 236, 322 ; — Histoires, 244, 246 ; — Coll. Barbou, 339, 362, 363 ; — trad. Paul, 355.
VICQ-D'AZYR. Observations sur les moyens, 262.

Victoire et triomphe de J.-C., 238.
Vie de Notre-Seigneur Jésus-Christ, 130.
Vie de Madame Sainte-Marguerite, 222, 223.
Vie des saints, 265.
[VILLART (l'abbé)]. Méthode pour la traduction, 347.
VILLEFORE. V. Cicéron.
VILLIER (Joseph). Racines latines, 304.
VIRGILE. Bucoliques, 239, 259, 267 ; — Œuvres, 250, 258, 323, 351, 371, 377 ; — Œuvres, éd. du P. de La Rue, 321, 322, 327, 330, 364, 378 ; Œuvres, éd. du P. Catrou, 323, 332 ; — Œuvres, éd. S. A. Philippe, coll. Barbou, 339, 350 ; — éd. Capperonnier, 369 ; — trad. de La Landelle, 354.
Virgini assumptæ, 259.
Visite au Saint-Sacrement, 374.
VITRAC. Eloge de M.-A. Muret, 262 ; — Eloge de Jean Dorat, 262 ; — Eloge de Baluze, 283 ; — Éloge de Grégoire XI, 263 ; — Eloge de l'institution des religieuses Filles N.-D., 266 ; — Traité élémentaire du genre épistolaire, 264, 267.
Voici votre foire, 275.
VOLTAIRE. La Henriade, 377 ; — Hist. de Charles XII, 378.
VOULTÉ (Jean). Epigrammes, 118.
[VUILLERMET (le P.)?]. Placide, tragédie, 345 ; — Oraison funèbre du duc de Bourgogne, 346.

W

WAILLY (de). Selectæ e novo Testamento, 348 ; — Abrégé de la gram. française, 350, 355, 363, 376 ; — Grammaire française, 353, 355, 363 ; — Principes de la langue latine, 353, 362, 363 ; — Principes généraux, 355, 358, 367, 368, 371, 375 ; Introd. à la syntaxe latine, 358, 375 ; — V. César, Cicéron, Eutrope, Justin, Nouveau testament.

ERRATA ET ADDITIONS

Page 13, ligne 19, *au lieu de* : Mantaudon, *lisez* : Montaudon.
Page 63, ligne 16, *supprimez* cette ligne.
Page 71, lignes 14 et 36, *au lieu de* : Babou, *lisez* : Barbou.
Page 79, ligne 29, *au lieu de* : *oflete, lisez* : *offerte.*
Page 85, ligne 28, *au lieu de* : Posper, *lisez* : Prosper.
Page 86, deuxième alinéa *à modifier* d'après le document donné aux pages 286 et 287. Depuis l'édit de 1686, le nombre des imprimeurs de Paris était fixé à trente-six au lieu de vingt-quatre ; mais en réalité il y en avait le double à cette époque.
Page 116, ligne 26, *au lieu de* : Gorlier, *lisez* : Garlier.
Page 117. *Ajoutez* l'ouvrage suivant dont nous devons l'obligeante communication à M. A. Claudin :

Subtilissi [|] mæ legis, neque | Natales. C. De Probationibus & | eius. glos. (quæ arduæ probandi ma | teriæ clavis & principium est) | Nova & utilis Interpretatio, | Repetitio, atque examinatio, | in qua præcipuæ Iuridicè | probandi Leges & Re | gule succintè et quo | dam ordine tra | duntur, | Philiberto Bonetio | Iur. Doct. & in Belliocen. & Dombarum | Bailliuatu pro Rege ordinario Indice, ac generali locum tenente Auctore. | Lugduni, Apud Scipionem | de Gabiano, sub signo Fontis. | Cum Privilegio ad triennium, | Anno M.D.XXXVI. In-8, car. italiques, sign. A. F., 81 p. plus 2 ff. lim. non chiffrés. Au recto du 1er f. : *Lugduni* | *Excudebat Ioan* | *nes Barbous,* | *Alias le* | *Normand.* | *Anno M.D.XXXVI.* | Sur le verso du 2e f. Marque de Gabiano à la devise : *Ego sitienti dabo de Fonte aquæ VIVP gratio (Apoc. 21).* Une fontaine dont l'eau tombe de la partie supérieure dans une vasque ; à droite et à gauche, un génie recevant l'eau sur la tête et ayant un bras dans la vasque. Sur la vasque les initiales G R.

Nous donnons (p. 146), d'après leur registre brouillard, la liste des « livres vieux reliés » qui se trouvaient dans le magasin des Barbou et nous prévenons le lecteur que les titres trop sommaires ne nous permettent pas d'identifier ces ouvrages. Le R. P. Carlos Sommervogel a bien voulu nous signaler les corrections et additions suivantes :

Page 146, ligne 2, *au lieu de* : Sinensis *lisez* : Senensis.
— ligne 11, *au lieu* du titre fautif, *lisez* : Emmanuel Sa, S. J. Notationes in totam scripturam. La première édition de cet ouvrage est de 1598.

Page 146, ligne 12, *au lieu de* : Suarum, *lisez* : Suarez, S. J.
— ligne 17, *au lieu de* : Arriage, *lisez* : Rodrigue de Arriaga, S. J.
— ligne 22, Après Leo Magnus, *ajoutez* : ... ex editione Theophili Raynaudi, S. J. *Lugduni*, 1633.
— ligne 32, *lisez* : Bernardi Aldreati in I^{am} partem *Lugduni*, 1662, 2 vol. in fol.
— ligne 46, *ajoutez* : Peut-être aussi l'édition de Louvain de 1663.
Page 149, ligne 22, *au lieu de* : Espıstolæ, *lisez* : Epistolæ.
Pages 160, ligne 2 ; 163, ligne 7 ; 171, ligne 39, *au lieu* : de Creuxius, *lisez* : du Creux.
Pages 168, ligne 7 ; 174, ligne 10. Après le mot almanachs, *ajoutez* : de d'Houry et de Colombat.
Page 171, ligne 40, *au lieu de* : *Principua*, *lisez* : *Principia*.
Page 222, lignes 17 et 21, *au lieu de* : Desery, *lisez* : Descry.
Page 226, ligne 13, *au lieu de* : eum, *lisez* : cum.
Page 232, ligne 8, *au lieu de* : 1752, *lisez* : 1652.
Page 234, ligne 7, *au lieu de* : Aristole, *lisez* : Aristotele.
— ligne 11, *au lieu de* : subticiuntur, *lisez* : subjiciuntur.
— ligne 16, *au lieu de* : Anno næensi, *lisez* : Annonæensi.
Page 236, ligne 26, *au lieu de* : Con, *lisez* : Can.
— ligne 40, *au lieu de* : promuntianda, *lisez* : pronuntianda.
Page 237, ligne 22, *au lieu de* : 271, *lisez* : 671.
Pages 240, ligne 18 ; 259, ligne 35, 261, ligne 11 ; *au lieu de* : Regia consiliis, *lisez* : regi a consiliis.
Page 241. Après 1698, *ajoutez* l'ouvrage suivant : Eutropii Historiæ romanæ, per E. Vinetum Santonem, 1 vol. in-18.
Page 242, ligne 21, *au lieu de* : prinum, *lisez* : primum.
Page 246, ligne 18. Après le mot auctoritate, *ajoutez* un point virgule.
Page 247, ligne 31. Le titre de l'ouvrage est : Maurèse ou les exercices spirituels de saint Ignace. D'après le P. Carlos Sommervogel, cet ouvrage anonyme est du P. Charles Deplace, S. J.; la première édition est de 1845. Toutes les éditions très nombreuses sont de Lyon, *Pélagaud*. Il est douteux qu'une seule porte l'indication Lyon et Limoges (V. *Dict. des anonymes*, col. 542.)
Page 249, ligne 31, *au lieu de* : L. P., *lisez* : I. P., Instruction pastorale.
Page 281, ligne 26, *au lieu de* : latinis sermoni, *lisez* : latini sermonis.
Page 353, ligne 5, *au lieu de* : Dictionnaire, *lisez* : Dictionarium.

TABLE

	Pages.
Préface...	1

LA FAMILLE BARBOU

Généralités.......................................	5
Livre de raison des Barbou.......................	10
Analyse du livre de raison.......................	47
Brevet d'enregistrement des armes de Pierre Barbou, imprimeur (27 février 1699).............................	90
Contrat d'acquisition de la charge de trésorier de France dont était pourvu Mre Charles-Renard de Fuschamberg, faite par Jean-Baptiste Mailhard de La Couture, beau-frère de Pierre Barbou (18 novembre 1688)..	90
Hommage-lige du fief des Courières rendu par Jean Barbou des Courières (23 juin 1723)........................	92
Tableau généalogique des Barbou.................	92

LES BARBOU DE LYON

Généralités.......................................	93
Jean Barbou, imprimeur (1524-1543)...............	96
Balthasar Arnoullet, avec les héritiers de Jean Barbou (1543-1545).	109
Guillaume Guéroult, correcteur (1545-1569).......	111
Hugues Barbou, libraire (1558-1566)..............	114
Ouvrages imprimés par Jean Barbou................	117
— — par Balthasar Arnoullet avec les héritiers de Jean Barbou...	130
Ouvrages édités à Lyon par Hugues Barbou.........	132

LES BARBOU DE LIMOGES

Généralités.	133
Hugues Barbou (1568-1600)	141
Jacques Barbou (1600-1605).	155
Veuve de Jacques Barbou (1605-1620).	155
Antoine Barbou (1621-1652).	157
Veuve d'Antoine Barbou et Martial Barbou (1652-1657).	161
Martial I Barbou (1658-1680)	162
Veuve de Martial Barbou (1680-1686).	162
Pierre Barbou (1686-1714).	163
Jean II Barbou (1714-1736).	170
Veuve de Jean Barbou (1736-1751).	181
Martial II Barbou (1751-1784).	188
Léonard II Barbou (1784-1820).	193

Privilège pour le *Bréviaire de Limoges* de 1587.	201
— pour le *Thesaurus trium linguarum*, par le P. Gaudin, de 1675.	202
Compte de ce que doit le R. P. Levet, syndic du collège de Limoges, à Monsieur Barbou, 1707-1709.	203
Ouvrages suivis au Collège des Jésuites de Limoges, 1729-44.	206
Déclaration de Mme Pierre Barbou et de M. Jean Barbou, relativement aux impressions de l'Evêché, 1729.	207
Nomination de la personne du sieur Jacques Farne pour syndic des imprimeurs (15 avril 1751).	207
Catalogue de la veuve de Jean Barbou, d'après l'inventaire de 1751.	208
Inventaire du matériel de l'imprimerie de Léonard Barbou, 16 janvier 1811.	212
Catalogue de Léonard II Barbou, d'après l'inventaire de 1819.	213
Traité entre l'Evêque de Limoges et Jean II Barbou pour le *Bréviaire de Limoges* de 1736.	215

Ouvrages imprimés par les Barbou de Limoges :

Hugues Barbou (1568-1600).	217
Jacques Barbou (1600-1605).	227
Veuve de Jacques Barbou (1605-1620).	228
Antoine Barbou (1621-1652).	229
Veuve d'Antoine Barbou et Martial Barbou (1652-1657).	233
Martial I Barbou (1658-1680).	235
Veuve de Martial I Barbou (1680-1686).	238
Pierre Barbou (1686-1714).	239
Jean II Barbou (1714-1736).	247
Veuve de Jean II Barbou (1736-1751).	255
Martial II Barbou (1751-1784).	259
Léonard Barbou (1784-1820).	266

LES BARBOU DE PARIS

Généralités.	277
Jean-Joseph Barbou (1704-1717).	284
Jean-Joseph et Joseph Barbou (1717-1732).	291
Jean-Joseph Barbou (1732-1752).	300
Joseph-Gérard Barbou (1752-1790).	302
Barbou frères (1790-1796).	316
Joseph Hugues (1797-1808).	317

Ouvrages imprimés par les Barbou de Paris :

Jean-Joseph Barbou (1704-1717).	321
Jean-Joseph et Joseph Barbou (1717-1732).	324
Jean-Joseph Barbou (1732-1752).	333
Joseph-Gérard Barbou (1752-1790).	337
Barbou frères (1790-1796).	369
Joseph-Hugues Barbou (1797-1808).	373

Table analytique des matières.	379
Table des noms de personne et de lieu.	383
Table des ouvrages imprimés par les Barbou.	397
Errata et additions.	407

GRAVURES

Lettres ornées de Jean Barbou, à Lyon.	108
Titre de *La fontaine des Devis amoureux*, édité par Hugues Barbou à Lyon.	115
Marques des Barbou de Limoges.	140
Gravure du *Graduale secundum usum cathedralis ecclesie*, 1575.	150
Lettres ornées de Hugues Barbou, à Limoges.	154
Marques des Barbou de Paris.	285
Autographe de Joseph-Gérard Barbou.	314

Limoges, imp. V° H. Ducourtieux, rue des Arènes, 7.

PAUL DUCOURTIEUX

LES BARBOU

IMPRIMEURS

LYON-LIMOGES-PARIS

(1524-1820)

LES BARBOU DE PARIS (1704-1808)

LIMOGES
IMPRIMERIE ET LIBRAIRIE LIMOUSINE
Vᵉ H. DUCOURTIEUX
Libraire de la Société archéologique et historique du Limousin
7, RUE DES ARÈNES, 7

1896

Paul Ducourtieux

LES BARBOU

IMPRIMEURS

LYON-LIMOGES-PARIS

(1524-1820)

LES BARBOU DE LIMOGES (1566-1820)

LIMOGES
IMPRIMERIE ET LIBRAIRIE LIMOUSINE
Vᵉ H. DUCOURTIEUX
Libraire de la Société archéologique et historique du Limousin
7, RUE DES ARÈNES, 7

1895

OUVRAGES DU MÊME AUTEUR :

anach-Annuaire limousin (depuis 1859), du ressort de la Cour appel et du diocèse de Limoges, contenant avec l'organisation s services publics dans la Haute-Vienne et l'adresse des fonctionnaires et des commerçants de Limoges, *une série d'articles pour rvir à l'histoire du pays*, fondé et dirigé par Henri Ducourtieux de 359 à 1865. 1 vol. in-18 de 660 p. par année, rel. toile, 1 fr. 50, oché... 1 fr.

anach-Annuaire limousin pour la Creuse (depuis 1881). 1 vol. in-18 : 250 p. par année.. 50 cent.

anach-Annuaire limousin pour la Corrèze (depuis 1882). 1 vol. in-18 250 p. par année.. 50 cent.

anach-Annuaire charentais, années 1884, 1885, 1886, 1887 et 1888. vol. in-18 de 250 p. par année.................................... 1 fr.

ales manuscrites de Limoges, dites Manuscrit de 1638, publiées collaboration avec MM. Emile Ruben et Félix Achard, ornées de ux planches lithographiées. 1872, 1 vol in-8°............... 10 fr.

le Ruben, notice biographique. 1872, br. in-8°................ 1 fr.

Babaud-Laribière, notice biographique. 1873, br. in-8°....... 1 fr.

de Limoges, échelle approximative 1/5000°. — 1873. In-plano isin, tiré en rouge et noir..................................... 1 fr.

ques notes sur la destruction de la Cité de Limoges par le prince Galles, en 1370. 1878, br. in-8° (épuisé).

oges d'après ses anciens plans, 1883, 1 vol. in-8°, accompagné de atre reproductions d'anciens plans........................... 4 fr.

ionnaire complet des rues de Limoges, avec l'indication de leur nant et aboutissant, les cantons, divisions financières, arrondissements de police et paroisses, auxquels elles appartiennent, etc., etc. 84, br. in-18.. 25 cent.

ôtel-de-Ville de Limoges, orné d'une vue de l'Hôtel-de-Ville, 1884, : in-18... 50 cent.

logue de la Bibliothèque populaire de Limoges, rédigé en 70 par Emile Ruben, complété en 1878, 1885 et 1894, par ul Ducourtieux. 1 vol. in-18................................... 50 cent.

général de Limoges, d'après les documents officiels, en collaration avec M. Henri Ducros, tiré en neuf couleurs, et Dictionire complet des rues de Limoges, 1885. In-plano carré (épuisé).

ibliophile limousin (depuis 1885), catalogue trimestriel d'ouvrages ciens et modernes sur le Limousin et la Marche.

Bibliophile limousin, 2ᵉ série (depuis 1893). Revue bibliographique nestrielle paraissant en janvier, avril, juillet, octobre, par fasciles in-8 de 50 pages, plus un catalogue d'ouvrages limousins. onnement annuel.. 3 fr.

oges et ses environs. Guide du voyageur, orné de plusieurs gravures accompagné d'un plan de Limoges. 2ᵉ édit., 1886, 1 vol. in-18 é toile (épuisé).

truction populaire dans la Haute-Vienne (1869-1886), en collaration avec M. Adrien Tarrade, maire de Limoges, conseiller général. 1886. Br. in-8°, accompagnée d'une carte statistique de l'Ins-

www.ingramcontent.com/pod-product-compliance
Lightning Source LLC
Chambersburg PA
CBHW060327170426
43202CB00014B/2693